史品上中

菁英教育的缩影

Shanghai High School Through the Ages

A Century and a Half of History and Heritage

（第二版）

本书编写组

上海中学 SHANGHAI HIGH SCHOOL ·1865·

上海教育出版社

编委会成员

序

上海中学建校已140多年，跨越了三个世纪，经历了中国晚清、民国和新中国三个历史时期。上海中学的发展史是中国近现代教育发展史的一个经典缩影。

旧中国，上中先贤怀揣“兴校救国”之梦，励精图治。

上海中学创始于1865年，时值晚清的中国蒙受着两次鸦片战争的耻辱，一场以“师夷长技以制夷”为宗旨的洋务运动兴起，担任苏松太道兵备的丁日昌顺应洋务潮流“兴新学”，捐银创设龙门书院，成为上海开埠以来最早的地方官办新学，上海中学开始踏上“兴校救国”之路。

日俄战争中，日本以小取胜，震动了晚清朝野，取其要诀在于办教育、兴师范。1904年，学校承“革旧习、必立师范学堂”戊戌变法之要义，改龙门书院为龙门师范。辛亥革命后近代师范又以省立为制，校名遂改为江苏省立第二师范。

1927年3月，中国共产党领导的上海工人第三次武装起义胜利，中国共产党的社会主义教育家杨贤江被派任校长。4月，时局剧变，南京国民政府建立。随欧美教育思潮不断涌入，一批留学欧美学者满怀“教育救国”思想，力倡改革。这时，留美专攻教育归来的当时大夏大学教授郑通和先生，出任改名为江苏省立上海中学的校长，不久通过置换校舍，择现址建校区。传统的单一性师范校变为理、工、商、师范合科的综合性学校。学校声誉鹊起，被誉为“江苏四大名旦”学校之一。

1937年抗日战争全面爆发后，校园被日本军队占领，成为关押英美侨民的集中营。一批爱国知识分子聚首租界，借校舍顽强生存。为拒绝向汪伪政权登记，忍痛改名“沪新中学”。抗战胜利后，上海中学得以迁回现址复校。不久，迎来了新中国的曙光，翻开了上海中学历史的新一页。

这一时期中国共产党领导下的学生运动以“爱国救亡”为己任，学运享誉沪上，一大批热血青年走上革命道路，日后有50多人担任新中国党和国家省部级领导，如钱李仁、叶公琦等；有两院院士20余人。在2000

年国家嘉奖的五位“两弹一星”功臣中,两位校友屠守锷、杨家墀就是这一时期的毕业生。他们为新中国政治、经济、科技、文化、教育等各领域作出贡献的难以尽计。

新中国,上中群英大展“兴校报国”之志,与时俱进。

1949年新中国成立之初,百废待兴。学校从江苏省划出,并以上海这座光荣城市命名。1955年始任上海市上海中学校长的叶克平先生,全面贯彻党的教育方针,为社会主义基础教育作出了积极贡献。一大批教师在苏联教育模式基础上加以探索,涌现出以唐秀颖、顾巧英老师等为代表的一批名师。在历任校长与教师的共同努力下,学校为社会主义革命与建设事业培养了一大批杰出人才。

这一时期毕业的上海中学学子,有曾任或现任党和国家省部级领导50多位,有两院院士30余人,有受过党和国家三代领导人表彰的“国防科技模范”。他们一生奉献给了新中国的航空、航天、核工业等关系国家兴亡的尖端科学,卓著功勋但鲜为人知。同时,一大批毕业生成为新中国众多领域的开创者,在各个领域作出了杰出的贡献。

“文革”期间,上海中学成为重灾区,直至1970年被迫宣布停办。

党的十一届三中全会给中国教育带来了拨乱反正的春天。在海内外校友的呼吁与各级领导的关怀下,1978年经上海市委、市府同意,百年名校重获新生。

1989年以来,伴随着中国、上海改革开放新时代的到来,为上海中学再创辉煌提供了历史机遇。**在科教兴国、科教兴市和拔尖创新人才培养体系战略思想指导下,学校坚持邓小平教育“三个面向”思想,扎实推进素质教育,以“国内领先,国际知名”为目标,在“兴校报国”道路上勇于开拓,不断创新。**

世纪之交,经济全球化浪潮汹涌,新科技革命蓬勃发展,综合国力竞争日益激烈。科教兴国,教育为本。进入新世纪以来,学校在传承“储人才、备国家之用”办学宗旨中,形成了“乐育菁英”的办学理念。着眼于上海中学学生思、能、行可持续和谐的发展,在教育现代化、国际化和数字化等方面进行了开创性探索,努力探索高层次高中的素质教育探索之路,大力推进具有核心价值观、国际视野与创新精神的资优生可持续发展,基本实现了“全国领先、国际一流、教育高质、管理高效”办学目标。

龙门发轫进无疆，一柱中流海上。140多年的风雨历程，几代人的心血与汗水，铸就了上海中学的龙门精神：自强不息、乐育菁英、创新不断，打造了在上海、全国有影响的一流名校。

展望未来，乘中国和平崛起、实现民族伟大复兴东风，实现“兴校强国”，迈向世界一流中国名校责任重大。

努力推进中国的和平崛起，到21世纪中叶实现中华民族的伟大复兴，是每一位炎黄子孙的心愿。学校教育作为“培养人才的摇篮”，理应在完成新的使命上有前瞻性、开创性的思考。

胡锦涛同志指出教育要“在创新实践中识别人才，在创新活动中培育人才”。上海市委、市府提出要将“上海建成世界的经济、文化、金融、航运中心”，对此必须有“一流的教育”与之匹配。上海市科教党委、市教委回应“一流城市需要一流教育”的要求，提出了在全国率先实现教育现代化的宏伟蓝图。上海中学作为上海基础教育领域的历史名校，发展的视野不仅要立足上海、全国，更要面向世界。

与国际主流教育相比较，我们既有自己的优势与特色，也有许多需要向他人学习的地方。我校与不少世界级的名校有过各种层面的交往，如果将上海中学与这些世界级的名校作一个全方位的比较，我们既可以列出一长串毫不逊色的骄人业绩，同时也必须清醒地看到他们领先于我们的诸多领域，这是一场竞争，一场信息时代背景下基础教育的竞争，一场中国名校与国际主流教育环境下世界级名校的竞争，一场涉及下一代人才质量的竞争。这样的竞争没有硝烟，没有范围，没有裁判，但竞争的结果却可能影响到国家的发展，从形式上看，这是挑战世界名校；从本质上看，这其实是在挑战未来，挑战命运。

我们认为，只有合理吸收国际主流教育的先进经验，海纳百川、洋为中用，同时发扬自身特色，努力寻找适合国情的教育创新之路，才能进一步推进我国教育的发展，才能培养更多的、能参与国际竞争与交流的拔尖创新人才。上海中学将在教育民族性与国际性相容、数字化学校建设等方面作出新的探索，努力创建世界一流的中国名校，在世界舞台上展示我国教育的风采，进一步为上海、全国的基础教育发展作出自己应有的贡献。

140多年来，上海中学跨越了三个世纪；140多年来，上海中学始终与国家、民族的发展同呼吸、共命运。

新中国成立之前,上海中学在兴校救国之路上励精图治!

新中国成立之后,上海中学在兴校报国之路上开拓创新!

秉承"自强不息·乐育菁英"的办学理念,学校将在科学发展观引领下构筑未来学校的发展蓝图,为构建创新型国家、建设人力资源强国而乐育英才,将在兴校强国之路勇攀高峰!

上海市上海中学校长

唐盛昌

2009年7月

目　　录

第二版说明

上海中学在2009年9月出版了《史品上中:菁英教育的缩影》一书(以下简称2009年版)。从2009年到2015年,学校在资优生德育、拔尖创新人才早期培育、国际教育、数字化校园、绩效管理等方面又取得了新的进展,在优良文化传承与发展上又有了许多新的突破。2015年正值上海中学建校150周年,学校商议对此书进行修订后再版。

本书第二版仍然注重保持2009年版的编写思路,以学校发展历程中的自强不息为主线,将各个时期上海中学一些生动的、具体的创新探索与值得发扬的优秀传统(包括做法、制度、行为、精神风貌、氛围、习惯、语言、规范、教学方式、教育思想与观念等)尽可能详尽地予以叙述,从而引出不同时期上海中学是如何培养出一批批为当时社会发展、时代进步所需要的人才。形成了以自强不息的改革、探索而形成的优良传统为纵线,以培育各个时期、符合社会进步发展需要的人才为横线的《史品上中:菁英教育的缩影》的纵横网状框架。

在每个阶段的叙述中并不拘泥于就上中发展来讲上中故事,而是注重把握社会、时代、教育发展对人才培养提出的新要求,来分析上中在各个时期所作出的改革与创新,进而形成的优良传统。这些优良传统不仅影响着上中学子奋发图强,而且在一定程度上影响着上海乃至全国的教育发展。以此凸显上海中学优良传统的气魄、深厚的历史底蕴,以及与整个时代和社会发展的吻合,也显现了上海中学的发展是中国近现代教育发展的一个缩影。

我们觉得这样的编写思路,在第二版中应当继续予以彰显,使《史品上中:菁英教育的缩影》能持续体现思考的深度。关注从宏博的史实中去分析上海中学发展应对各个时期社会、时代发展对人才的需求,以及在这个时期学校给我们留下了哪些可以值得传扬的改革、探索经验,培育了哪些特别突出的人物。与此同时,对相应的这一时期的优良传统以及学校发展业绩,援引一些知名人士或新闻媒体的话语作简短的"述评"。

本书第二版的前四章内容,除了对部分文字、图片进行了修改外,基本沿用 2009 年版的内容。对于第五章的内容,由于近年来学校发展达到了一个新的高度,加上正逢上海中学建校 150 周年,学校积累的素材与资料也相对丰富,因而做了全面改写,使内容更充实与完善。

为编撰《史品上中:菁英教育的缩影》的第二版,本书编写组多方听取意见,查阅资料,走访校友、访谈学者等。编写组也多次征求上海中学原校长唐盛昌先生的意见,由冯志刚校长确定基本编写思路并仔细予以审稿,校长室牵头组织编写,刘茂祥、程林老师参与了具体的内容整理,朱臻、张泽红、徐岳灿、章健华、马峰、刘炼、吴世联、张阳等协助做了部分材料的文字修改工作。衷心感谢为本书修订提供资料、素材与帮助的校友、同仁。

经过本书编写组同志的齐心协力,全书于 2015 年 10 月校庆前夕得以顺利出版。我们也衷心感谢上海教育出版社方鸿辉编审与出版社的同志为此书出版所作的努力。仍需指出的是,本书的研究,仅仅从中国教育发展的脉络来梳理上海中学在发展过程中形成的优良传统,并不能涵盖上海中学优良传统的全部,也难以从各个角度来反映上海中学各行各业

龙门发轫进无疆　一柱中流海上(上海中学南大门)

的校友们的风采，这就期待更多的热爱上海中学的同仁日后去仔细挖掘与思考。

由于编写时间有限，加上抗战时期的变革、“文革”时期的停办等多种因素，使得许多史料难以收集齐全，疏漏之处在所难免，敬请广大读者匡正。

本书编写组

2015年9月

第一章　忧国忧民　探索近代新学教育之路

19世纪中期的两次鸦片战争，猛烈地冲击着中国传统的封建王朝，中国开始沦为半殖民地半封建社会。随之爆发的太平天国农民运动，历时十四年，席卷大半个中国。在内忧外患下，晚清朝野动荡不安。一则是“同治中兴”开始，另一则是中上层地主集团内部和地方实力派人物开始了一场“师夷长技以制夷”的洋务运动。在这历史潮流中，龙门书院于1865年应运而生，迈出了中国、上海近代在传统书院中探索实学与新学教育的艰难而又有意义的步伐。

将龙门书院划为新学探索之实，是因为其有别于传统书院，特点有五：一是教育思想新，不为科举，不为新洋修好；二是教育内容新，挣脱八股，西学格致、外文、自然科学；三是教育方法新，重思辨，重德行，重实用；四是教育对象新，有教无类，清贫子弟同样可入校，并发给生活补贴；五是教育目的新，“储人才，备国家之用”，培养能以新学、实学来挽救国难的人才。

在封建社会晚清制度下诞生的龙门书院，难免受到封建制度和传统教育的深刻影响，但却不满旧俗，开沪上书院探索近代新学之端倪。龙门书院走出了中国传统的书院教育旧制，开辟了中体西学的沪上办学新潮。龙门书院时期（1865—1904），学校形成以“忧国忧民”为主线的优良传统，办学宗旨中体现出不同于旧学的“储人才，备国家之用”，就是很好的说明。

若分说这时期形成的优良传统，可以概括为“忧国忧民”的主题，具体表现为传承中的思变精神，为国育才的办学追求，名师治校的办学宗旨，不重功名重德行，不求空谈重思辨，不逐名利重实用，严字当头的招生与管理以及中西兼容的教育内容等。这一时期的龙门书院作为当时沪上创办的地方最高学府与教育质量最高的学府，培养了一批近代中国、上海具有开放视野、胸怀爱国心，致力于探索近代实业、新式教育的人才与海防地理人才，为上海的教育、实业走向近代化作出了卓越的贡献。

第一节　近代沪上新学的历史开篇

上海中学渊源龙门书院，而龙门书院为当时沪上的最高学府，于传统书院中较早地融入实学与新学，所以称历史开篇。为何认定龙门书院为上海中学的发源？龙门书院是在什么背景下创办的？在龙门书院的开办过程中显现了哪些可为现今办学治校借鉴和继承的元素与传统？且听我们娓娓道来。

一、敢为人先的高起点办学

龙门书院的兴办，已经不同于传统的以科举为业的旧式书院，创办者怀揣“忧国忧民”思想，把握洋务运动、同治中兴的时代要求，兴教办学，在传承中求思变。上海本非兴教办学传统之地，然而是近代开埠最早、接触西方最先之域，实为洋务运动之重地。兴教办学，走出一条新学之路，是洋务运动四大主题之一。而丁日昌与继任者应宝时，作为“洋务运动”的重要幕僚，其在兴教办学过程中，显现了追求敢为人先的高起点办学特点，在龙门书院中注入了与旧式书院（以“科业”为目的）完全不同的成分——“传承中思变，为国育真才”。

1. 传承中思变的精神

凡到上海中学访问过或在上海中学就读过的人都知道，上海中学有一幢标志性建筑，叫做龙门楼。为何将这幢楼命名为龙门楼？这还得从上海中学的前身龙门书院说起。

● 龙门楼的由来

1865 年，即清同治四年，苏松太道（今俗称上海道台，是上海开埠后清政府设立的沪上最高官员）丁日昌，创设龙门书院于上海南园，并捐银一千两作为办学经费。由于其后升至两淮盐运使，继任者应宝时承丁日昌之志，促成了龙门书院的成功创办与发展。刚开始选在蕊珠书院（清时旧式以科举为业的书院，由于战乱而成为废址）旧有的湛华堂（也就是南园），聘请山长（现在称学校的校长）主讲，按月授课，然而南园地少而

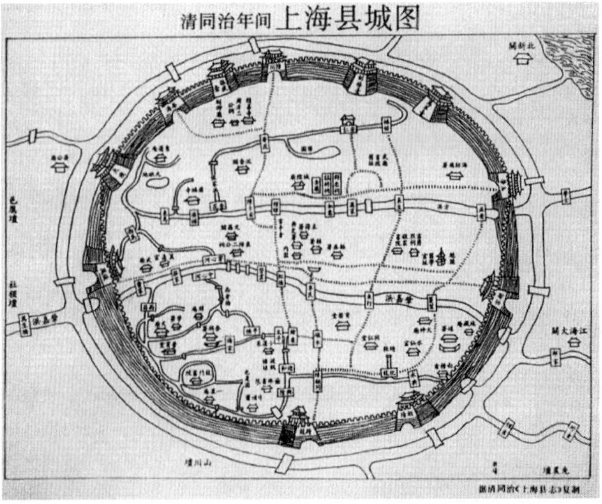

上海县城图中标示的龙门书院校址（右下角）

且狭窄，不足以容纳更多的学生。于是，继任的道台应宝时在1867年购得李氏的吾园（为乾隆嘉庆年间多次连任上海道台李筠嘉的私家花园，取名为“吾园”，地点在上海老城厢的西南，现在的尚文路龙门村），改建成“龙门书院”。应宝时的《龙门书院记》中记载：1867年3月20日动工兴建，当年9月20日落成，建造了讲堂、宿舍等41间，用银九千六百七十七两五钱一分七厘。建成当天，原在南园的山长及学生搬迁至新院。新院建造得十分漂亮，楼亭水阁交相辉映，是一个理想的治学修身场所。地方最高行政长官捐资办学，显示了龙门书院办学的高规格。后继上海道高度关注龙门书院的发展，也显示了龙门书院的高规格。有记载：光绪十二至十五年（1886年至1889年），时任上海道台龚照瑗还专门送了一批书籍（绝大部分是西学书籍）给龙门书院。

在原龙门书院旧址新中国成立后重建的龙门邨照片

上海中学主教学楼之一——龙门楼

1905 年科举制废除后,这里便改为官立苏松太道龙门师范学堂。直到 1927 年,与附近的陆家浜路、迎勋路的江苏省立商业专门学校合并,改为江苏省立上海中学,原校址为其初中部。1934 年,江苏省立上海中学迁至吴家巷(即上海中学现址)新建校舍。为纪念上海中学创设于龙门书院,故将新建校舍中的主体教学楼称为龙门楼。

校舍的沿革足以证明上海中学发轫于龙门书院,这也是从历史沿革的角度显现了学校传承中的变化历程。而要了解龙门书院创办的敢为人先与蜕变于旧学的"精髓",则要分析创办者为何创办"龙门书院"了。

上海县志刊载的龙门书院校景

● 龙门书院开办为何

龙门书院开办,不能不说在一定程度上是受到了当时洋务运动"重实学人才培养"的影响,希望通过培养具有实学的人才来挽救国难。西方列强的入侵使中国遭受了深重的灾难,以洋务派为代表的一些清政府官员与人士认识到,只有培养真学、实学的人才才能抵制外侵,其中包括学习西方的先进知识来"师夷长技以制夷"。而创设者丁日昌,本身既是洋务大吏,又是洋务派代表李鸿章的手下与被提携者,其办学当然就免不了受"洋务"思潮的影响。

丁日昌及其继任者应宝时创设的龙门书院,在"师夷长技以制夷"的洋务思想影响下,从一开始就对"龙门书院"注入了与"学习制艺(就是为了参加科举考试而研习八股文)"不同的新鲜元素,应宝时在《龙门书院记》中明确指出,"不以举业诗赋列入课程",从其教授内容来看,既有儒学内容,又有实学的内容。实学即指应付科举考试的八股之学以外,对国计民生有实际用途的学问。龙门书院成为沪上有别于教会办学、民间私塾和旧式书院的地方新学。

从毛祥麟《记龙门书院》一文中，可以看到龙门书院的创办，也有匡正当时民风学风之义。应宝时在向苏（苏州府）松（松江府）太（常州府）三地以及所属各州县学的谕告（也就是宣传办龙门书院想法的招生广告）中说，一些读书人为了求取功名，专攻八股剽窃，没有真才实学，心术已坏，以后即使登科被封官，对于吏治民风，有百害而无一益。办龙门书院，教学生治国平天下之实学，而不是只讲空话与大道理。要求龙门书院的学生务求实学，不要爱慕虚荣权贵，为人诚恳，言行一致，在学习过程中要成为乡里懂德行、心地善良的表率，从龙门书院肄业后就应成为国家发展所需要的人。

龙门书院在创办初期，还有弘扬儒家"正学"之意。应宝时在《记龙门书院》一文中指出，由于上海靠近海边，中外杂处（反映当时上海的外国人已经较多，势必会受到一些西方思潮、习俗的影响），所见所闻也日益广泛了，作为国家的中流砥柱，尤其要学好儒家的正学。只是从 19 世纪 80 年代起，龙门书院里的西学内容逐渐超过了儒学的内容，此为后话。

由以上可以看到，龙门书院的办学，在沿承上主要表现在两个方面：一是运用了传统书院的形式，一是注重弘扬儒学正统思想。基于时代发展的思变上则表现在不以举业为学习内容，注重真学、实学，致力于改变沪上的浮靡学风等诸方面。为什么龙门书院作为儒学书院体例还能兼容西学？为阐明传承中思变的原因，不得不在这里提一下道台办书院的时代背景。

● 由道台办书院的特殊背景说开去

复旦大学历史系周振鹤教授在《晚清上海书院西学与儒学教育的进退》一文中分析，上海道所办的书院，背景很特殊。上海道在晚清是一个特殊机构，具有与其他巡道与守道（为地方官的名称）不具备的特别职责。清代地方制度与前代有所不同，以行政区划而言，只有省、府（州）、县三级，道并非区划一级；但以政府机构级别而言，道员是巡抚（或总督）与知府之间的一级官员，府县文书必须先上报到道府，获"道"批后再送省府。

根据清政府与西方列强签订的不平等条约，上海成为通商口岸，必须有人与外国领事打交道，府县官员太低，巡抚级别又偏高，于是驻在上海的苏松太兵备是最合适的人选。而更加凑巧的是，各级传统官学中，惟独道一级不设学校，因此上海道实际上把自己办的书院作为道一级学校了。而龙门书院自然也成为当时沪上官办的最高学府了。【参见周振鹤：《晚清上海书院西学与儒学教育的进退》，华东师范大学学报（哲学社会科学版），1999 年第 5 期】

龙门书院由上海道兴办，由于办洋务，与洋人频繁接触，凡任上海道的一般较其他官员更了解西方所以进步的原因，理解西学对于国家摆脱落后状态的重要性，这也是龙门书院较早地容纳西学教育背景的原因之一。在西方观念渗入的背景下,一方面注重借“书院”制之体开展近代教育探索,发扬儒学的修身、齐家、治国传统;另一方面关注实学、新学、西学等,顺洋务潮流四大主题(军事工业、新式教育、近代工业和留学浪潮)之一的新式教育之风,以培养能为国家发展派上大用场的人才。

正是“传承中的思变精神”这一行为方式,使龙门书院成为有别于教会、民间私塾和旧式书院的地方新学,并日渐发展为沪上闻名海外的旧制新学堂。为国育人才,教育为先;教育出人才,思变为先。这一蜕胎于旧式思想的“思变”文化,是学校根据时代发展的需要不断革新的生命力所在。

2. 为国育才的办学思想

办一所学校,要突出办学与求学两个概念。一是为什么要办学?实质是办学理念;一是为什么要读书?实质是培养目标。在龙门书院创办与发展的过程中,无论是创办者还是历任主持教育事务的“山长”(现在称“校长”),均认真思考与解决了这两个问题,培养了一批日后在国家发展中作出重大贡献的人才。

● **储人才为国家所用**

龙门书院的创办,与同治二年(1863)清政府“把恢复和重建书院作为一项重要政策”颁令的实行密切相关,可以说创办者有响应朝廷政策的因素,但更为重要的是创办者在选择书院办学思想与教育内容上的“敢为人先”。他们看到了以“科举”培养人才,不但不能挽救国家,而且败坏了学风。于是,创办者提出了“储人才,备国家之用”的办学宗旨,且以实学、新学乃至西学影响学子,“不以举业诗赋列入课程”,在洋务思想的影响下,关注入学者实学、新学的学习。不以八股举业,而在传授儒学的同时,教授实学、新学,龙门书院已经与旧式书院育才目标大不相同了。

龙门书院要求学生具有实在的学问,拓展自身学力,修身养性,以报答国家兴贤育才之期望,为社会的进步作出自己的贡献。【参见《上海县志》卷九】要破旧习,的确需要创办者与主持者有“敢为人先”的魄力与勇气。此前旧式书院大多作为科举考试的早期应试场,学风败坏,沦为科举附庸。随着列强的入侵一步步刺痛国人科举误国的神经,创办者认识到只有真才实学才能救国家。因此,龙门书院在注重学生的品德修养的同时,关注真学、实学乃至西学的渗入,改变了沪上的浮靡之学风,而且闻名遐迩。

在洋务运动的社会背景下,作为沪上最早进行官办新式书院的探索,为国育才的办学宗旨更得以显现,新学、实学更足显现其在培养人才日后发展的价值,也反映了龙门书院的传承与变革的关系。受龙门书院办学追求的影响,在历任主持山长的努力下,培养了一批日后为国家发展所用的人才。

● **新一代口岸知识分子的代表**

在中国尤其是上海近代化进程中必然要提到口岸知识分子,而龙门书院学子就是新一代口岸知识分子的代表。龙门书院学子胸怀爱国心、开眼看世界，以救国为己任的使命意识与学以致用的责任意识处处表现在他们的实际行动中……

龙门书院山长刘熙载

美国汉学家柯文将19世纪50年代活跃于上海的王韬、蒋敦复诸人定名为“在中华世界的边缘活动”的“条约口岸知识分子”。在中国近代社会进入19世纪末，一批出身良好的书院士子在上海构成了一个相对独立于第一代“条约口岸知识分子”的文人群体，他们在办学、办报、兴办地方公用事业等诸多领域崭露头角，在对外交往中也表现出相当大的活力。这都标志着新一代口岸知识分子的形成，而代表人物就是龙门书院的士子。

新一代口岸知识分子多为刘熙载、鲍源深(两位均是龙门书院的山长)这样有地位的名儒的弟子，在清末立宪时期成为上海地方自治运动中的精英人物，影响一直延续至民国初年。张焕纶等先后在龙门书院肄业的士子，多出生在太平军初兴的动荡年代，而“同治中兴”——江南力图恢复社会秩序之际，恰是他们的青年时代。无论书院重建的社会气氛，还是应宝时关于龙门书院办学思想的阐述，都可从中感受到那是一个对于年轻士子相对有希望和进取的时期。

这些年轻士子不但在学业上得到良好的训练培养，品行方面同样接受了严格的传统训导。书院士子以正统自居，这是他们在冈千仞面前公开对王韬诸人有所鄙薄的理由，也是他们日后成为社会精英的重要基础，他们是当时上海、乃至中国相对有希望的一批文人。【参见易惠莉：《同光年间上海本邑绅士的生活价值取向》，《历史教学问题》，2005年第3期；《中日知识界交流实录——冈千仞与上海书院士子的〈笔谈〉》等文章】

除此之外，龙门书院的办学宗旨，还体现在日后一批批投身于实业、教育的诸多推进近代中国现代化进程的人才身上，如张焕纶为中国近代第一所新式小学——梅溪小学的创始人，为中国最早采用西方近代学校体制形式的学校——南洋公学的总教习；李平书则为上海实业发展作出了重大贡献。

● 龙门士子与日本学者的对话

龙门书院的学子成了较早开眼看世界的精英，不仅因为龙门书院地处开埠口岸的上海，更因为其“储人才，备国家之用”的办学定位与“不以举业为课程”、注重实学、新学的教育内容影响。在放眼世界中，龙门学子表现出鲜明的爱国情怀与民族立场，这可以从与日本学者冈千仞的笔谈中可以知晓(中日两国文字相似之处多，因此自古以来两国文人相遇，在思想沟通、文化交流等方面不存在多大障碍。尽管口语不通，但是可以通过笔谈的方式来进行交流)。

1884年，日本学者冈千仞(明治时期一名著名的汉学家，活跃于日本文坛)来华游历(后写成了《观光游记》)。在冈千仞访华前十年间，中日两国关系经历了日本侵犯“台湾”、吞并琉球，以及朝鲜壬午兵变等事件，两国关系日趋紧张，尤其在1879年琉球事件后，民间媒体中两国互不信任的言论亦渐见激烈。冈千仞在沪停留期间，就有一段到龙门书院参观及与龙门士子张焕纶、姚文栋等对话的生动经历。龙门士子以国家利益至上的心胸展露，体现出他们的爱国心、进取心及关心世界的胸怀，也反映了以龙门学子为代表的新一代“口岸知识分子”思想观念和价值取向。

1884年6月9日与6月15日，冈千仞与龙门士子张经甫(焕纶)、葛子源(士濬)、范蠡泉(本礼)、姚子让(文枬)等有过两次笔谈。有关笔谈的详细内容，可【参见易惠莉的《中日知识界交流实录——冈千仞与上海书院士子的〈笔谈〉》,《日本汉学家冈千仞与晚清上海书院士子的笔谈》等文章】。笔谈中有相当的篇幅涉及中日敏感问题，即琉球(今台湾)事件与“兴亚论”，反映了龙门士子的襟怀与抱负，具有时代进步的意义。

冈千仞游历江浙的行程因“马尾兵败”而中断，他在匆匆回沪的次日即主动与张焕纶、姚文枬、葛士濬等龙门士子诸人“慷慨论法事”。在琉球问题上，龙门学子张焕纶的态度可以从冈千仞《观光纪游》8月21日记载中看出：“……架上有姚子梁《琉球志》，经甫(即张焕纶)序卷首，痛摈我县琉球之为无名。”(这里所说的“我县”应是中国的领土)

对于冈千仞的“兴亚论”：“往时英法两国隔一海峡，百战争雌雄，淬砺锐锋。世以其战亘百年，曰百年之役，二国之强，雄视欧土，实由是战也。……如英法百年之役，则中日大舰巨炮、猛将健卒，视大海如平地，于是两国解怨讲和、协心戮力，西其锋，则欧米各国无一足惧者。众皆大笑。”龙门书院士子以大笑不置可否，反映了直入中日矛盾实质性问题的交流场景，是一种进步。

而龙门士子李平书在这段时间并没与冈千仞交流，有多种原因的解释，一种原因的解释是李氏有意回避，其原因是李平书曾在《兴亚策》中就“甲申事变”愤慨指责日本的言论，这一言论无法查证，但从冈千仞的《观光纪游》12月14日的记载中的以下一段话可略知一二：“若中土(即为中国)积区区之微嫌(指中日的矛盾)，目蔽邦(指日本)为有异图，责以匪衷之语，则东洋之事多源于此，传不言乎铤而趋险不可不戒焉(这应是冈千仞对李平书在兴业策中提到的日本对中国有所企图的一种解释吧)”。这致使李平书与冈千仞的书面交流迟至冈千仞游历京津回到上海才发生。

龙门士子与冈千仞的对话，一方面反映了他们开放的心态，另一方面又反映了他们的爱国心。19世纪后半期，中日文人的交流中普遍存在这样的两重性，即在挽回西力东渐下东方传统文化之颓势的问题上，双方有相当多的共识；但基于各自国家利益之立场，在两国关系问题以及所谓“兴亚论”问题上，却表现出相当激烈的对立。这种两重性在上述冈千仞与龙门书院士子的交流中就有了深刻展现，并留下形象而丰富的文字实录。中日文化交流在近代逐渐突破双方只能在传统文化情趣方面达到共鸣的狭隘局面，出现了“兴亚论”这样有近代意义的交流主题，这是由当时东亚局势所决定的。

1884年6月17日，冈千仞应邀参观龙门书院，龙门士子给其不同于吸食鸦片的第一代知识分子代表王韬的深刻印象与在敏感问题交锋上的由衷震撼。冈千仞在观后感中写道：“抵龙门书院，葛、姚二氏出迎。书院本李氏家园，应敏斋(宝时)为道台时买为书院，以待四方士子。有泉石之胜，竹树萧洒，亭台雅洁，略似我邦禅刹。堂壁录朱子白鹿洞揭辞，其设科一以经史宋学为主。延一间室供点心，赠刘融斋(熙载)著书六种，敏斋创书院聘致融斋督学政。弟徒慕德祠于学。”

龙门士子与冈千仞的两次笔谈，是在中日战争前夕，更具前瞻性。这说明日本学者关注中国，并以上海为重点，而上海的近代思想文化代表正是龙门学子。冈千仞在笔谈与参观龙门书院、蒙正书院(龙门学子张焕纶仿龙门书院创办)中也切实地感受到上海的新动向，这是他将两次笔谈的原件匆匆寄回国内发表(6月20日、7月1日发表在日本当时的《邮便报知新闻》上)的原因，日本的文化界对龙门士子的新思维产生了不小的震动。双方的交流反映了上海士子在对外交流中的积极进取精神，对话的核心是国家与民族利益，因此他们被认为是上海乃至中国有希望的一批文人。在这一方向上的深化，则更是近代中日文化交流中难得一见的例子。【参见易惠莉：《中日知识界交流实录：冈千仞与上海书院士子的笔话》】

● 上海城隍庙九曲桥旁的青铜像为何人

凡去过上海城隍庙旅游的人，都会注意到九曲桥旁湖心亭前，屹立着一尊铜像，他就是曾在龙门书院读过十年书的李平书。论官位，他最高至民政总长，相当于上海道台，时间不到一年，此前此后，官比他大、时间比他长的人有的是；他只是举人出身，进士没考上，在求取功名上不能算出类拔萃；论学术，他虽有宏论卓识，也称不上学富五车。那么，为何上海把县城中心的这个标志性位置留给了他？

李平书

李平书究竟办过多少实业，做过多少实事，大概谁也理不清。1904年他曾创立上海第一个医学会，1907年又领导上海禁烟运动，担任上海商团公会会长，还曾担任上海城厢内外救火联合会会长。李平书领导的地方自治组织,办了大量实事,共计辟建、修筑道路100多条,修理、拆建桥梁60余座,新辟、改建城门九座,建筑驳岸十个,修造码头六个。他还在上海建立了第一支消防队、第一所医学校……他办事业造福民众,难怪张之洞曾说他是"办事才"。

李平书集爱国民主于一身,集医国医人于一途,视野宏阔,思想开明,脚踏实地,造福桑梓,品德高尚,遗爱民间。他做人立德,做事立功,为文立言,儒家所谓人生三不朽,兼而有之。所以,上海人在县城中心,也在心灵深处,为他竖起了一尊永恒的丰碑。【摘自熊月之:《论李平书》,《史林》,2005年第3期,有所删改】这得益于其在龙门书院所受的熏陶。他19岁时,即1873年(同治十二年)考入龙门书院,在龙门书院断断续续学习了近十年时间。由于龙门书院西学藏书甚多,在读书期间,李平书醉心于西学,并与深通西学的同窗姚文栋、张焕纶切磋交流,朝夕相处,眼界大开,学识日进。在龙门书院的攻读,对他以后的实业发展打下了坚实的基础。

在上海近代化历程中,龙门学子作出了开创性贡献。他们对近代社会变迁作出了比王韬一代更具正面意义的积极贡献,这种差异一定程度上反映了近代社会变迁由边缘阶层向中心阶层逐渐渗透的过程。在此分析新一代口岸知识分子与李平书的例子,只是为了说明龙门书院的办学思想已经显现出了它与众不同的地方,在上海市政、实业、公益等方面都显示了"储人才,备国家之用"的办学宗旨的落实,显示了龙门书院的办学成功之处。

二、名师治校的办学理念

龙门书院创始人在创办时就认识到,办学要办得好,需要招聘名师("欲正其学,先在得师")治校办学。

龙门书院山长——翁斌孙(弢夫)官服像

当然,得名师并不易,但历史给予龙门书院难得的机遇。晚清时期,名师从传统文化营垒而来:他们是深明传统文化的大学问家,是深知晚清腐朽落后的朝廷命官,是不甘民族苦难的使者。龙门书院时期,历任山长有十余位,其中大多是声名显赫(刘熙载、鲍源深、翁斌孙、孙锵鸣、吴大澂等),他们或进士出身,翰林编修,或离政来校任职,任期总共超过35年。他们学问深厚,各有所长,曾官至高位,现又不在朝廷任职,这一时间延续了近四十年。各位山长在治校办学中融入了自己的个性与影响力,成就了一批日后有名望的学子。

大凡在龙门书院有所成就的山长,在主持书院教育时均显现出了一些共性特点,那就是重德行、重思辨、重实用,这也成为龙门书院到上海中学百年来注重聘请名师治校办学并取得良好发展的优良传统。

1. 不重功名重德行

旧式书院教育发展到晚清后期,求学者以求取功名、做八股文章为己任,学员间相互轻蔑,学生向教师请托的腐败之风盛行,道德败坏。而龙门书院从创办之始就与世俗相悖,强调不事科举,以励品学,重德行修养,树书院新风。因此,不重功名重德行成为学校发展的一大优良传统,这不仅反映在当时龙门书院所使用的教材(一部分就是时任山长所著的书籍)与学生的言行中,也反映在大师主持龙门书院的过程中。

● 龙门师长对胡适之父的毕业寄语

育人以德为首,既是中国传统文化的君子之道,又是为人立身行事之本。龙门书院教育尤重躬行,以励品学,非以弋功名。凡是龙门书院的学生,必须先学《小学》《近思录》,用来匡正学生的志向,并且在学堂上书有《朱子白鹿洞规》,作为对每一位学生的提醒,有大志的人不可以让追求功名之心蒙蔽,要关注获得真学问。历任山长,都从各自的领悟与德行出发,教弟子正学。这可以从刘熙载山长对胡适之父的毕业寄语可见一斑。

刘熙载山长(1813—1881,字伯简,号融斋,有名的大儒,咸丰皇帝曾御书"性静情逸"四大字赐之)曾任广东学政,因看不惯官场黑暗和腐败而辞职,1867 年应好友应宝时的邀请,前往龙门书院主讲,在龙门书院任职长达 14 年。他关注求学者的品学,有很深的学术造诣,也是一位儒学大师。他对胡适的父亲胡铁花先生离开龙门书院时,有一段十分精辟的论断:

胡铁花(安徽绩溪人,1841—1895 年,名传,字铁花)先生 1868 年春初进龙门书院,经过三年紧张的学习,于 1871 年离开龙门书院。在他离开的时候,刘熙载对他说:"为学当求有益于身,为人当求有益于世。在家则有益于家,在乡则有益于乡,在邑则有益于邑,在天下则有益于天下。斯乃为不虚此生,不虚所学。不能如此,即读书毕世,著作等身,则无益也。"刘熙载对"知行合一"为学主张的坚守,"学以躬行为本,躬行以慎独为本","言虽善,且不可以定人","知百而不能行,不如知一而能行"等思想,的确影响了一代龙门学子的求学价值取向。

在他的这种办学理念引导下,龙门书院的学子们"理学、经学、史学、天文、历算、诗、古文词,各擅其长,而仅仅工于时文,专揣摩举子业者,皆瞠乎其后。"也就是说,在科举制度下,龙门书院的学子们对科举并不热心。以胡适的父亲为例,他后来的"入场"多半是迫于家人的要求不得已而为之。

既然这些学子不热心科举,那么他们在书院干什么?追求学问并躬行践实。据铁花公记载,他们同学之间互相研究、讨论学问,常常"审问明辨,恒龈龈彻夜,不尽其蕴不止"。正是这种对学问的追求,对国家民族的感情,使龙门书院的学子们注重躬行实践。例如,胡铁花对我国边疆的考察,成为珍贵的地理资料,他出任地方官被誉为“能吏”。他的同学和好友张经甫既是著名的地理学家,还是有名的教育家。【冯远理:《龙门弟子何以淡泊名利》,教师博览,2005 年第 9 期】

在刘熙载的治学、教学生涯中,他还非常关注学生的书品、人品,认为书品、人品是应该融合在一起的。这一观点,值得我们现在继续加以关注。

● **书品、人品,鱼与熊掌可兼得**

在刘熙载的治校为学中,不仅注重自己的修身与为学之道,而且将自己的治学心得与学生一起分享。他在担任龙门书院的山长期间,写了大量的著作,从 1867 年到 1880 年的十四年里,他一面潜心讲学,另一面将自己的感悟整理成册,著有《持志塾言》(是他的教学随笔)、《艺概》、《四音定切》、《说文双声》、《昨非集》等。这些著作与心得,也成为他向学生授课的重要内容,其中尤其对“书品”的论述,值得我们进一步学习与弘扬。

古代书论中,论述“书如其人”或“书品人品论”这一问题的人不少,但大都是偶尔一提而已,而刘熙载则是不厌其烦的论述,强调书品、人品的重要,两者应是鱼与熊掌兼得。他在龙门书院任教时整理的《书概》里,对书品与人品进行了如下的论述:“书者,如也。如其学,如其才,如其志,总之曰如其人而已。”读书为人、著书立说,要言行一致,书如其人,这对于当今做人、做事来说,也具有积极的意义。

刘熙载不像以前书论家那样,仅仅简单地以书区分君子、小人,而是具体落实到“如其学,如其才,如其志”,这固然可以理解为读书人的学养、才气和志趣,但作为理学家,刘熙载所说的“学”、“才”、“志”有其特殊的含义。先说“学”,刘熙载认为:“学也者,学其性之所固有也。圣人之教,无非要人用力于仁义礼智。仁义礼智,非性所固圾者而何?”(《持志塾言·为学》)“学也者,学为君子也。学君子,必以道制;若以欲忘道,是学为小人矣。”“读书非独广才,实为养德。”次说“才”,他强调“才者德之用”,又说:“有气质之才,如凡智识、力量之过人者是也。有德性之才,如诚者之明、仁者之勇是也。”(《持志塾言·才器》)最后说“志”,志就是立志,“知性善则知立志”(《持志塾言·立志》),“立志只是立其为善不为恶,从正不从邪之志。”(《持志塾言·立志》)刘熙载进而认为:“志于道,则艺亦道也;志于艺,则道亦艺也。”(《持志塾言·立志》)

总之“学”、“才”、“志”与“人”,不仅仅是审美上的对应,更重要的是伦理首选上的皈依。为学者、读书人,当言行一致、表里如一。【杨抱朴:《刘熙载的书品人品论》,《北方论丛》,2007 年第 1 期】他在给学生授课时反复宣讲这些内容,从而深深地印在学生的心坎上。

2. 不求空谈重思辨

龙门书院的教育,注重山长(即书院的主持人与教师,兼有双重身份)与学生之间在“明理”、“学问”上的思辨，注重严谨求学，强调学生与教师之间的思想沟通与思维的逐步深入，使学生达到明事理的目的。同时，与晚清时期士人为求取功名，空谈理想与抱负，写空文章与大道理的夸夸其谈之风有着鲜明的对照。

● **“东方黑格尔”的“五日一问”**

刘熙载被称为美学大师，大凡当今研究美学者，必然要谈及他。他同时被誉为“东方黑格尔”，有很深的学术造诣，与诂经精舍的俞樾齐名。在他的文章与书籍里，具有许多思辨的内容，前面所述的“书品”说，就有一定程度的反映。他的这种治学个性，必然也反映到教学当中，注重与学生之间的对话与问答。他的“五日一问”教学，充分显现了他的思辨教学之风。

在沪与刘熙载交往多年、时任广方言馆中文教习的肖穆，对他主持龙门书院及平日待人接物有以下感想：给学生讲课终日不倦，每隔五天就要一一问学生读了什么书，学到了什么道理，勉励学生不要夸夸其谈，要崇尚实学，解答学生的疑惑，认清事物的客观真相。他会经常半夜里去察看学生是否按时到宿舍就寝，对学生要求严格，常常一人到学生斋舍检查考核。与学生相处、交往，总是和颜悦色，让人有亲切感。

在龙门书院，刘熙载每天按时到讲堂给生员们讲习功课，辩难析疑；晚自习给生员讲学，常到深夜；五天考查一次生员的学习情况，指出优缺点，要他们发扬成绩，修正错误；夜间还亲自去查生员宿舍，考查他们的作息情况。他教学认真，教法得当，学养深厚，深得生员爱戴。刘熙载以严师形象主持书院而为肄业士子所亲近，并能对他们在人生道路上的明理思辨打下坚实的基础。南洋公学总教习张焕纶就是其有名的弟子之一。

在教学生思辨中，刘熙载注重学生的立志意识与个人独立意识的培养，也就是我们现在所说的自主、自立意识。他在教学中充分肯定士人言论著述中的个人独立意识，提出“周、秦间诸子之文，虽纯驳不同，皆有个自家在内。后世为文者，于彼于此，左顾右盼，以求当众人之意，受诸在道德的影响，而非表是非的判定。”他对士人“出处之道”的阐释：“志于隐，志于仕，皆不可谓之立志。盖此乃志于境，非志于道也。君子之志，惟欲随在尽所当尽而已。”表达了一种士者无论“出处”，“随在尽所当尽”即为“志道”的见解。【参见易惠莉：《同光年间上海本邑绅士的生活价值取向》，《历史教学问题》，2005 年第 3 期】

如果说刘先生的“五日一问”注重培养学生的独立思考，善于独慎的能力，那么孙锵鸣山长在主持龙门书院时的“取重于世”则是另一种风格。

● **朝中宰相两门生的“取重于世”**

被李鸿章称为“经师人师，海内宗仰”的孙锵鸣山长（字韶甫，号蕖田，晚号止庵。道光十五年（1835）中举人，二十一年中进士，授编修），同样注重发扬书院的“博学之、审问之、慎思之、明辨之、笃行之”的光荣传统,但同时不拘泥于儒学,且注重实学、西学的大量引进,这是其与刘熙载教育举措的不同之处。

俞曲园曾致贺联给他:天下翰林皆后辈,朝中宰相两门生。这是因为李鸿章、沈葆桢是他在道光二十年初次主持会试选拔出的真才。孙锵鸣因是李鸿章的举主,遭到左宗棠的嫉恨,遂罢官归里致力于教育。他始终怀着忧国忧民的沉重心情来面对现实,政治生涯因“为民请愿”而结束,罢官时只有四十八岁。从此,他开始专心致力于教育和政治。

孙锵鸣主持龙门书院十年,以身作则,是我国近代最早用实际行动提倡学习西方科学的教育家。孙锵鸣作为封建士大夫,在办学中提倡思辨之风,他的思辨教学之风在于“取重于世”。其教育的学生与自己的家人说:“惟学习勤奋,诚笃为人,自能取重于世。”在光绪十三年(1887 年),曾一度同时主持四个有名的书院(温州肄经、上海龙门、金陵钟山和上海求志书院),【参见易惠莉:《同光年间上海本邑绅士的生活价值取向》,《历史教学问题》,2005 年第 3 期】门生数千。他教育学生“取与义关系甚大,君子观人即于此处着眼”。【参见胡珠主编:《孙锵鸣集》,上海社会科学院出版社,2003 年版】

以上观之,孙锵鸣的思辨教学之风与刘熙载的“慎独”之风不同,孙锵鸣更偏重教育学生要在各种关系的处理中,懂得什么该放弃,什么该坚持,注重取舍。从一定意义上说,龙门书院的山长注重以身作则的思辨教育之风,而在不同的山长身上又表现出不同的特点,如鲍源深山长(曾官至“五部”侍郎,后告休主持龙门书院),注重自学为主的个人理性思辨,就不一一细说了。

3. 不逐名利重实用

在科举制度下,晚清大多书院是以学习制艺为主。所谓制艺,通称八股文。其主要工作是举行课试,一般每月两次,一为官课,一为师课,旨在应科举。当时的许多书院学子求取功名利禄之风盛行。但龙门书院的教习,尤重躬行实践,不重名利重实用,在沪上开先气,树新风。龙门书院的山长历来强调读书学习必须要对家庭、社会和国家产生贡献。正是在这种经世致用思想的影响下,胡适之父胡铁花、日后创办梅溪书院的张焕纶等纷纷从书院毕业,他们或成为地方能吏,或成为推广新学的先驱,或成为投身实业的先锋,或致力于海防边学……

● 投身边防事业的使命意识

在龙门书院注重实学的风气影响下,出现了许多后来投身地理与海防工作的杰出人才,如胡铁花、姚文栋、张焕纶等,这也是龙门书院以救国难为己任的使命意识的鲜明反映。鸦片战争以后,中国边患日重,外患日重,俄国侵我北方,日本窥伺我东海,英吉利由印缅而窥滇藏,法兰西经越南而谋滇粤。边疆学、外交学成为经世学,成为许多忧时爱国之士着力考究的对象。地处中西交涉前沿、得风气之先的上海，涌现了一批这类人才，而龙门士子姚文栋，在边疆学和外交学两方面，有学术建树和重要实践，在晚清也是声名卓著。

姚文栋对边防、外交贡献很大。他是晚清著名边疆学专家，在其名著《筹边九论》中，有一整套御侮固边的理论和策略。在《筹边九论》中，姚文栋谈到了储养边才的问题。他把一国人才分为三种——吏才、使才、边才，因一般国人难以游历边境，不了解边情，故以边才最为难得。

● 龙门书院地理与海防方面人才为何频出

龙门书院为何出了一批地理与海防方面的突出人才？其因有三：

一是与办学宗旨"储人才，备国家之用"有关。既然培养的人才要为国家所用，就应该急国之所急，地理与海防人才当时国内相当短缺，需要引导学生关注国家最需要的领域。

二是龙门书院的学习内容关注实学，而在实学的学习内容中，地理与海防方面的藏书又相当丰富，在前面列举中龙门书院藏书中可见一斑，这对学生的影响很大。在教育方面很有贡献的张焕纶也是有名的地学研究者，其在自己创办的正蒙书院里还专门讲授地学。

三是龙门书院有两位著名的山长，曾是在地理与海防方面卓有成绩的官员，他们的主讲对学生的影响，以及对地理与边防的影响肯定很大。鲍源深是一位"海防论"者，咸丰十年，鲍源深以山西省抚标兵仿曾国藩直隶练兵之法，选练马队一营，步队二营，依次推行各镇。面对西文基督教与中国文化的冲突，一批襟怀开放的知识分子，要"打破心胸狭小的封闭民族心态。"吴大澂山长(1835—1902)，是一位有名的边防大臣，曾作为中国首席代表同俄国进行勘界会谈，收回了被沙俄非法霸占的黑顶子百余里的领土。后被革职，主讲于龙门书院，他的观点影响了很多学生关注边防事业。

以上充分说明了龙门书院的实学地位与影响。与此同时，我们还可以提出这样一个问题：为什么在1865年至1905年清废科举的40年间，龙门书院为何没有出现过进士类的科举人才，反而出现了地理三杰、边防人才和近代实业人才？这是与龙门书院不以举业为课程，重实用、重实学、重实业的传统一脉相承的，与"储人才，备国家之用"的办学宗旨一致。

● 淡泊名利的龙门学子

龙门学子何以淡泊名利，至少包括三方面的原因：一是创办宗旨使然，"不以举业列为课程"；二是当时的科举黑暗腐败，也为许多文人志士所知，通过科举是无法培养国家所需要的人才，龙门书院的办学之追求不在"功名"，而在"为国家所用"；三是当时沪上已经被作为通商口岸，价值观念的多元化在逐步影响着学子的求学取向。需要强调的是，"龙门学子淡泊名利"这一点也告诉我们：学校教育要"多一点理想主义,多一点献身情怀”,不能太功利,要注重学生的未来与国家发展的未来。

第二节 居安思危的教育和管理

两次鸦片战争给中国带来了沉痛的灾难,一些有见识的朝野人士意识到不向西方学习其先进的科学技术,国家就没有出路。龙门书院以培养国家需要的栋梁之材为己任,适应洋务潮流,尽管在开办时国内相对平稳(主要是指刚刚平乱、外国军队也刚好撤退),但一直居安思危,即使在战乱期间,也一直立足于储人才以备国家之用,先关注实学、后逐渐过渡到西学的大量引进,形成了招生择优录取,管理严谨有序,教育内容中西兼容,教学重明志求实、质疑思过、博览慎思的优良传统。

一、严字当头的招生与管理

龙门书院的招生与管理,严字当头,一反晚清书院入学的“请托”之风与在校的“松弛”之气,强调以良好的规章制度来促进学生养成良好的学习风气,从而保障了龙门书院良好的教学秩序与教育质量,为龙门学子日后成为栋梁之材创设了良好的氛围。

1. 招考严格,择优录取

创办者为何取名“龙门书院”,我们无从考证,但我们想应该隐含“鲤鱼跳龙门”的典故。此典故在《三秦记》中叙述如下:“龙门山,……每岁春季有黄鲤鱼,自海及诸川争来赴之。一岁中,登龙门者,不过七十二。初登龙门,即有云雨随之,天火自后烧其尾,乃化为龙。”由鱼升龙,是经过重重磨难的,实在是不容易。

● 鱼跃龙门非易事

自古想进龙门书院就读的人,也并非容易的事情。龙门书院的学生分正式住院生(即为正式录取的寄宿生)与旁听生(没被正式录取,但每隔一段时间可以到学校来学习的)两种,要求与待遇也各不相同。正式的学生要经过层层选拔才能入院学习,即使是旁听生,也要经过严格的审核。

毛祥麟在《龙门书院》中是这样描述的:在龙门书院第一期招生的时候,策题是《主敬说》《义利观》《开浚刘河考》,让苏松太三地的举人、贡生、秀才应考,各地有志应考的考生将文章写好后,交到基层“学”部,然后由学送县,由县汇送到道,等试卷交齐后,从中挑选出甲等文章与乙等文章。对于特别优秀的,由道台调取复试,录取优秀的进入龙门书院肄业。对于其他优等的学生则分别给予一定奖励,可以作为龙门书院的旁听生或候补生。

在《龙门书院记》中记载,第一期招生共得各地送上来的考卷 290 份,取超等 20 名,特等 22 名,第一名是松江府学生沈祥龙。这 42 名学生都进道台府复试,录取其中的20名作为第一批学生(由于一些特殊情况,一些录取生未能来学习,就从附近愿学报名入院选拔补足),送到书院里学习。以后,龙门书院招生人数也极为有限,在30人上下不等。从生源范围来看,刚开始是苏州、松江、太仓三地,后扩展到全国其他地区(胡适之父胡铁花就是从徽州前来求学的)。

● **“八行书”行不通**

如上所述,所有进入龙门书院读书的学生,必须按要求经过考核,层层选拔,从中选取优秀生源。要想开后门进龙门书院是很难办到的,有孙锵鸣山长的回忆文章为证。

孙山长在《将由龙门赴钟山》一文中指出,其在主持龙门书院的时候,有一年龙门书院的招生名额为36名,经过严格选拔,有33名学生符合条件入选,尚余3个名额。北京的当朝官员写“八行书”给他(在当时这种开后门的书信称为“八行书”),这种开后门的书信当时收到很多。有的竟然求外国领事写官文来请托,相当于带有一定的威压性(“八行书尺非灵券,竟向西官乞宝符”),孙山长均没有答应,全部“掷还不收”,可谓“宁缺勿滥”。【胡珠主编:《孙锵鸣文集》,上海社会科学院出版社,2003年版】

由以上观之,自古登龙门非易事,必须有真才实学才行。龙门书院的学生公开选拔,严格考核,择优录取;有教无类,宁缺勿滥;层层把关,不畏权势,唯才录取。正是由于龙门书院有严格的招生制度,保证了生源的良好质量,为龙门书院培育英才打下了基础。

2. 严谨有序的管理与运作

龙门书院严格的管理制度,包括课规制、请假制、住宿制、膏火制等日常规范,保证了书院良好的教风和学风的形成,从而锻造了龙门书院学子的独特气质。

● **途遇学徒,望而知为院中人**

“途遇学徒,望而知为院中人。”出自柴萼的《龙门书院》一文。龙门书院地处上海城厢西边的一处幽雅环境中,有山坡、池塘、芦苇等植物,很像一个村庄,讲堂和学舍,被清水环抱。书院规章制度十分严格……“途遇学徒,望而知为院中人”。万清轩、刘熙载两先生先后主讲的时候,书院在当时很有名气。每天中午,教师与学生在讲堂上相会,向教师请教或接受教师的考核,一年之中没有间断。除了听见诵读声之外,整日听不到有人说话聊天的声音。有私事必须请假,并且限定日期,没有超过期限而不回来的。

● **龙门书院正式的课规**

1865年,龙门书院创办时,有关学生的学习要求与管理制度还没有形成(“课规未备”),到了1867年迁入新校园(吾园)后,已经有了正式确立的课规。《上海县志》卷九中记载的《龙门书院》课规是这样的:在龙门书院住读的学生定额为30名,每年

龙门书院时扩入的黄婆祠

十一月由道台甄别与选拔,到三月、八月采用招考(投课)的方式,录取苏州、松江、太仓三府举人、贡生、监生,按次序作为候补者。课程教学内容以经史性理为主,而辅以文辞,尤重躬行。

● **住院生按月根据读书业绩领取津贴**

住读的学生每月给膏火,也就是读书津贴,从四两至八两不等,按考核成绩的次序给予相应津贴。入院学习的人,每月发给薪水四两银子。每月末,集中测试经古策略各一道,包括正式生与旁听生或候补生都参加。根据学生所写文章的情况,定出甲等文章与乙等文章,另外给予奖励。

● **每日填写做事、读书日记**

除肄业待遇优厚外,严谨的督管制度是龙门书院吸收优秀士子长期住读的重要理由。每个人发放行事日记、读书日记各一册,每日填记。逢五、十日呈请山长评论。每月十三日书院集中授课或答疑,不住院的候补生也参加学习,只给奖励,不给每月津贴。住读生要外出,必须向山长请假,到近的地方不能超过10天,到远的地方不能超过3个月。住院生"以长带幼"(大同学带好小同学)。当然,随着龙门书院的发展与主持山长的不同风格,之后又有了相应的变化与要求。

在龙门书院学习,能得到很高声望的教师指导,在院学习的时间长短也没什么限制(如李平书在龙门书院读书时间长达10年)。自龙门书院入住新校区(吾园)后,欲入龙门书院学习者太多,但龙门书院名额有限。同治十二年二月十九日《申报》曾有社论:上海的书院除龙门书院外,大多是培养八股科举人才(以制艺为宗),有时涉及诗赋,没有以经史切磋者。由于地处通商巨埠,经济活跃,各方学子都争相来沪,想到龙门书院读书,但招生名额有限,难以容纳前来求学者。因此,后任沈公,在同治十一年(1872)建设了诂经精舍，以此来改善士人求学的紧张……其课业不崇尚诗文，专讲经史。足以见当时龙门书院的地位与影响。【诂经精舍是江苏人阮元于1801年创办，后上海沈秉成有感于龙门书院的影响，建上海诂经精舍】

龙门书院严格的管理制度，保证了书院良好的教风和学风的形成，住院(相当于寄宿制)和督管制，塑造了龙门学子的特有作风和气质，"膏火"的优厚待遇与不同等级，保证了入院学习者以良好的状态投入到学习当中。正是在这样的环境里，学生的德行获得了良好的发展，赢得了良好声誉。

二、中西兼容的教育内容

龙门书院的学习内容，刚开始以经史性理为主，关注实学。如果说鸦片战争给中国的传统社会的冲击还不够沉重，那么第二次鸦片战争以后，一些有识见的朝野人士已经意识到不向西方学习其先进的科学技术，国家就没有出路。上海道经常与西方列强打交通，更加意识到学习西学对于培养国家需要人才的重要性。龙门书院作为道台办的学校，要实现"储人才，备国家之用"的宗旨，让学生学习实学、新学、西学也就是大势所趋了。到了19世纪80年代之后，龙门书院的西学内容越来越多，逐渐超过了中学的内容，当然导向还是让西学为强大国家的人才所用。中西兼容的教学内容反映了龙门书院的探索新学教育之路，也确实培养了一批新式人才。

1. 重强国实学

许多史料考证显示，龙门书院的学习内容与其他传统书院大不相同，其中一个突出的特点是重强国实学。在民国初所修的《上海县续志》中，记载了龙门书院藏书中的大量实学、西学书目，令人耳目一新。在这里尽管陈述重强国实学，但搜寻的《上海县续志》史料，则是将两者放在一起的，为了保持史料的整体性，放在一块分析。从一定意义上说，对西学的大量引进，也是寄希望龙门学子"师夷"以"制夷"，最终达到强国的目的。

● 令人耳目一新的龙门实学

《上海县续志》中，有大量的西书中译或与之相关西学、实学书籍名目，尤其凸显实学和自然科学的地位，涵盖数学、地理、历史、天文、物理、化学、教育等多方面的内容。现摘录一些书目如下，就能明白龙门学子所学的内容是与众不同的。

约章分类辑要、几何原本、重学、光绪海关贸易册、新译列国岁计政要(以上续卷购置)。

运规约指、制火药法、汽机发轫、汽机必以、汽机新制、开煤要法、地学浅识、金石识别(附表)、化学鉴原、化学分原、御风要术、航海简法、防海新论、器象显真(附图)、克虏伯炮说操法(附表)、克虏伯炮弹造法(附饼药造法)、水师操练、代数术、轮船布阵、行军测绘、声学、冶金录、海塘辑要、四裔编年表、海道图说(附长江图说)、海道总图、海道分图、化学鉴原续编、攻守炮法、绘地法原、微积溯源、炮准心法、测地绘图、算式集要、儒门医学、兵船炮法、光学、营城揭要、三角数理、井矿工程、格致启蒙、数学理、水师章程、爆药纪要、电学、谈天、东方交涉记、代数难题、化学补编、电学纲目、临阵管见、电学镀金、宝藏兴焉、化学考质、艺器记珠、水雷秘要、化学表、化学求数、格致小引、电气镀镍、西艺知新、西药药名表、英俄印度交涉书、三才记要、算法统宗、董方立遗书、九数外录、勾股六术、勾股开方表、名股对数表、弦切对数表、恒星图表、八线简表、八线对数简表、算学启蒙、西国近事汇编、类证活人书、通商章程汇纂(以上巡道龚照瑗送入)。

师范教科学校管理法及教育法令、实地测量补遗、最新植物学教科书、初等几何平面教科书、初等几何立体教科书(当时尚无平面几何与立体几何之称,故倒过来讲)、微分积分学、女子理科矿物及化学、土木入门、手工科教授指针、教育法规类钞、官令新报、世界读史地图附略说、现行法典全书、小学校管理法、教育制度、单式复式教授法、地学概论、各种学校教授法、中学博物示教、近世物理学教科书、动物新论、中等图学图说(以上东文书籍)。

天球仪地球仪(安徽石埭县杨氏所制)、洪氏中俄交界图、邹氏译印舆图(第一批)、支那沿革图、世界读史地图、万国新地图、外国地理教科书图、日本地理教科书图、沿海八省图、大地平方图、邹氏舆地公会中等课本舆图(以上储藏球图)。

从以上实学及西学书籍的入藏中,值得注意的是有两批书的后面还注明:一是续捐购入,一是巡道龚照瑗送入。龚照瑗光绪十二至十五年(1886—1889)在上海道任内,他所送书籍绝大部分是西学书籍,用意是极其明显的。续捐所购书恐怕还在这之前,因此至少可以说明,至 19 世纪 80 年代,实学、西学在龙门书院有独特的地位。

《上海县续志·风俗》说:“同治中叶,大乱初平,当道注意教育,主讲席者,皆当代硕儒,士风丕变,咸知求有用之学,不沾沾于贴括。当时以广方言馆、龙门书院为盛。”将龙门书院与专门讲求西学之广方言馆相提并论,信之有证矣。

以上说明,龙门书院在后期,学习内容发生了根本性的转变,新学、实学、西学已经成为龙门书院教育的重要内容。但在龙门书院前期,传统的经史之学内容占有相当的分量。这一转变,与创办时的国内政局相当平稳,而后期国家处于列强凌辱,希冀有真才实学的救国之才出现密切相关。龙门书院的强国实学教育,影响了一批龙门学子献身于实业和教育事业。前面我们所述的李平书,就是一位在实业上很有贡献的人物。龙门书院的学生还开沪上办新式教育新潮,张焕纶是代表。

● 第一所中国人办的新式小学

张焕纶是近代小学教育的创始人。张焕纶幼时随父亲识字读书,青年时入龙门书院。师从著名学者刘熙载而成为上海名儒。张焕纶不拘于迂腐空疏的义理考据,而是关心与国计民生有关的经世之学，对地理学、军事学都有深入研究，在教育上也受学校藏书的影响，在龙门书院就读时就在新建的求志书院主讲地理学，开始从教生涯。

张焕纶

他深刻地认识到“国家盛衰，系乎风俗人才，而风俗人才尤急于蒙养”，认为教育是强国之根本，而合乎社会需要之教育方式又是教育之根本。光绪四年(1878)，邀集同窗好友沈成浩、徐基德、范本礼、叶茂春等人创办了正蒙书院，租赁民房开学事教，实开中国新式小学教育之先河，是被公认的第一所中国人办的新式小学。就学的都是刚开蒙的儿童，课程内容大致上仿照西式学校，设有外语、国文、舆地、经史、时事、格致、数学等，所以它虽仍以“书院”命名，但实际上是一所西式学校。张焕纶将自己住宅的部分厅堂、庭院，拨作校舍，招收学生40余人，分班组进行教授。学校的办学体制、课程设置、教学内容以及组织管理都参照西方学校的方法。

光绪八年，学校更名为“梅溪书院”。为适应社会环境，增设英文、法文课，还注重体育和军事训练，“是上海最早实行军事训练的学校，同时是上海童子军的老祖师”。光绪二十八年(1902)改为官立梅溪小学。黄炎培曾说：“……吾国教育，上海发达最早，而上海小学，梅溪实开其先……”“正蒙书院”先后改名为“梅溪书院”、“梅溪学堂”、“蓬莱路第一小学”、“梅溪小学”，今校址在蓬莱路128号。【参见薛理勇：《上海老城厢史话》】

● 南洋公学总教习与中国最早的大学校歌

张焕纶不仅自己创办学校，同时还是最早采用西方近代学校体制形式的学校(北方为北洋西学堂)之一的南洋公学的总教习，对于近代师范教育发展作出了贡献。南洋公学的建设，是从师范院开始的，希望通过师范院的开办来培养南洋公学发展所需要的教师，龙门书院士子张焕纶作为南洋公学的首任中文总教习与师范院院长，他创办师范班，招生40人，学生经过培训后留校作为教师。他还为师范院撰写院歌——《警醒歌》，这首院歌也成为中国最早的大学校歌。歌词共四章，每一章都以“警警警”开头，“醒醒醒”结束。“惧而思奋，愧而思奋，勤学勤诲，急所当务”，警醒同道，激励师生的报国之志，是其主题。【参见毛翰：《大学校歌面面观》，《文摘报》，2005年12月28日】此举开创了中国近代师范教育的先河。

总而言之，龙门书院探索新式教育，培养了一大批忧国忧民的人才，这些献身于实业、救国的人才在各行各业上显示了龙门学子的良好形象，也开启了上海中学自强不息、乐育菁英的历史篇章。

2. 重方域边学

龙门书院的学子中,出现了许多后来投身地理与海防工作的杰出人才,这与龙门书院的藏书与教导密不可分。

● 同治《上海县志》开列的存院书目

在同治《上海县志》开列的存院书目中,经部有《禹贡锥指》,史部有《河防一览》、《浙西水利》、《农政全书》、《牧令书辑要》、《荒政辑要》、《捕蝗要诀》、《除蝻八要》等实用书籍,子部复有《梦溪笔谈》、《格致镜原》,集部有《王船山全书》等融合有科技或实学思想的书籍。最突出的是史部还有《瀛寰志略》一书,这是在晚清受西学影响下所写的一部以地理为主,兼及西方国家制度知识的重要启蒙书。《上海县志》载事止于同治十年。

从这些藏书,我们已多少可以看出龙门书院与传统儒学的不同之处,显示了实学、新学的地位。而这些藏书,既显现了不逐名利重实用的特点,也影响了龙门书院学子的学习追求。就拿其中的《瀛寰志略》、《河防一览》、《浙西水利》等地理海防方面的藏书来说,就影响了一批地理海防方面的人才出现。

● 晚清地理三杰

由于龙门书院地理方面的实学藏书颇丰,影响了一批龙门学子献身晚清地理研究与边防时务。在书院里,姚文栋与祁兆熙、张焕纶三人以涉猎新书、留心时务、有意经世、无意举业、不囿旧域、博求远方的不进秀才闻名,阅读了许多海外译作和国内著名学者的重要地理论著。这三人在晚清均有令誉,被称为"地理三杰"。姚文栋潜心于经世之学,尤重边疆地理,以精通边疆地理学著称。祁兆熙以通洋务著称,曾于同治十三年(1874)率幼童30人赴美国留学。盛宣怀之父盛康欲编《皇朝经世文续编》,向他讨教边疆地理的问题。【参见张敏:《略论姚文栋边防思想与实践》,《史林》,1999年第2期】在龙门书院习学经书之余,张焕纶对地理学、军事学进行了深入的研究,藉此"为经世之本"。1876年张焕纶尚在龙门书院读书时,就以其卓然超群的学业成绩,被创建求志书院的苏松太道冯焌光延请主讲舆地之学,并以冯先生的名义编写了一部专述历史上兵事所据地理得失的《历代方略纪要》。

● 胡适之父胡铁花与台湾防务

由于龙门书院非常注重实学,因而培养了中国近代一批具有实学的人才。胡适的父亲胡铁花(传)就是其中一员"大将",后来成为中国早期现代化地理研究的重要人物。下面从胡适口述中摘录一些语句反映其父亲在龙门书院所受的一些实学教育,以及对其父亲的影响(文中的"父亲"就是指胡传):

父亲24岁进学为秀才,参加了几次"省试"(亦称"乡试"),乡试是朝廷特派的"主考"所主持的,乡试及格,便"中举"成为"举人"了。

父亲进学后,参加了几次"省试"都未能如愿。他深深了解他的学业为战火耽误了，所以决定到上海去进那些战后重开的“书院”，继续进修。经过慎重考虑之后，乃于同治七年(1868)春进了新近复校的“龙门书院”(编者：这里所说的“新近复校”应是1867年龙门书院搬迁至吾园一事，而非复校)。该院山长(院长)刘熙载先生是当时扬州有名的经师。父亲被录取后，便在该院读了三年——从同治七年至同治十年(1868—1871)。在父亲的回忆录里，他记载了当时书院里的生活，特别是一些同学之间的交往与学习的经验。他的同学之中后来有许多都在政治和学术上有相当大的成就。父亲对这位了不起的刘山长的教学方式也有记载。

(编者：胡传对刘山长的教学方式前已述，不再重复。很遗憾，我们没有找到胡传的回忆录，从易惠莉教授写的一篇文章中找到了一些胡传与同学张焕纶的友情，是记录在《胡适四十》中的，我们摘录了几句反映这个情况：我父亲生平最佩服的一个朋友——上海张焕纶先生。张先生是提倡新教育最早的人，他自己办了一个梅溪书院，后来改为梅溪学堂……。现在读中国教育史的人，很少知道这一位新教育的老先锋了……。张先生教人的宗旨只是一句话：“千万不要仅仅做个自了汉”。胡适曾在梅溪书院就读过，故对张先生比较了解与尊敬。)

在此期间，父亲曾对中国地理——尤其边疆地理发生了研究的兴趣，这兴趣是他在上海龙门书院当学生时便养成的。他继续对地理学深究的原因，也是受当时国际和远东重要变动的影响。据父亲的记录，他对当时政府和士大夫对世界地理和中国边疆——尤其是东三省——的地理之无知，感到震惊！所以便下定决心终身致力于中国边疆地理的研究。【唐德刚译注：《胡适口述自传》，广西师范大学出版社，2005年版】

对于胡适的父亲胡铁花的防台事务，在胡适口述自传中也有记载：

1892年，不但是我父亲原任所在的江苏省署，就是广东省署和新设的台湾省署，都纷纷奏请朝廷想调请父亲前往该省任职。但是北京中央则循新任台湾巡抚邵友濂(也为龙门学子)之请，调父亲去台湾任职，盖当时台湾省治新设，需要人才甚急，所以北京吏部乃遴选干员胡传，前往台湾，襄赞省政。奉命之后，父亲不得已只好暂留眷属于上海，于1892年只身赴台。其后在台湾一直任职达四年之久。

在台任职期间，父亲曾巡视全岛各地，并代邵巡抚亲往澎湖列岛视察军务。他的巡台日记，以及对邵巡抚的禀启，均曾由今日的“台湾省文献委员会”付印出版。父亲因为深谙地理之学，根据所学加以判断，他认为当时全台各地的防御工事，例如各地的炮台，对台湾的实际防御均无补于事。在(1885年)中法战后，我国南洋海军全毁，台湾门户洞开，全岛实际上无防御之可言。所以他在向省署的禀报中，坦白指陈当时散置全岛各地各种零星防御工事，以及落伍逾龄的各种武器，和那些装备训练均感不足的武装部队，全属浪费。父亲乃禀请省署将这些无用的设施，全部废弃。另行训练一支小型海军，以为全岛防务之用。【参见《胡适口述自传》】

● **姚文栋的边防、外交贡献**

姚文栋是晚清著名边疆学专家,在其名著《筹边九论》中,有一整套御侮固边的理论和策略。他是才智过人的高级幕僚,出入多位公使、督抚门下,参与机密事宜和重大外交活动,对我国的边防、外交作出了积极贡献。

姚文栋究心于经世之学,尤重边疆地理的根底是在龙门书院打下的。他在龙门书院求学期间,阅读了许多海外译作和国内著名学者的重要地理论著。他曾经购买、抄写、熟读了一批时人著述,包括魏源、徐继畬、姚莹、张穆、何秋涛、冯桂芬、薛福成等人研究边疆地理、海防塞防的重要著作,诸如松筠研究西藏与新疆的论著、西清的《黑龙江外纪》、何璟的《论台湾兴革事宜》、黄懋材的《论南洋形势》和研究西南边外舆地山川风土民俗之作、李云麟的《西陲述略》等,条分缕析,尽出腹笥,充分显示了他在这方面的精深造诣。

光绪初年,俄、英、法、日在中国四周不断挑起争端,边疆危机频频发生,极大地刺激了姚文栋,促使他研究中国与俄、英、法、日等国关系。他在边疆地理和海防塞防问题上,形成了一整套理论和策略。其中最著名的是《筹边论》。《筹边论》共九篇,包括:论俄罗斯,破庸人之论,论东北边防,论正北边防,论西北边防,论西南边外英法两国,论日本,论储养边才,论江海防。

九论概括起来,主要是以下四个方面的内容:

其一,唤醒国人对边疆危机的高度警惕性;其二,提出防俄为重,在诸多帝国主义国家中,俄罗斯与中国边界最长,对中国土地掠夺最多;其三,重视海防。此外,在筹边九论中,姚文栋还谈到了储养边材的问题。

姚文栋精舆地之学,到日本后奉委考求日本地理。出使日本六年的经历,深化

上海县城城墙

了姚文栋对日本的认识。他看到日本对中国的野心，感到日本有可能成为中国的肘腋之患。由此，他修正了自己以前联日抗俄的思想，发展为一面要联日抗俄，一面要尽力遏制日本的扩张，尤其是对朝鲜的觊觎。当时国内具有如此清醒认识的人为数甚少，介绍日本情况的著述译作也十分稀少，多数人还是以蕞尔小国，以无足轻重的眼光看待日本。有鉴于此，姚文栋将翻译介绍日本情况作为当务之急，他奉派考求地理，从《东槎杂著》目录我们可以看到他尽力将观察与介绍的视角伸展到各个方面。

姚文栋研究边疆地理，了解海外各国情况，研究它们与中国的关系，不是坐而论道，而是注重实践。他充分认识到云南的重要性，一直十分留意英法等国在云南的行动。光绪十四年(1888 年)，他在结束出使欧洲后，征得出使俄、德、奥、荷公使洪钧及总署同意，由巴黎起程，舍海登陆，顺道游历印度、缅甸、越南等地，经印缅边界入云南回国，以便考察西南边疆地理和形势。此时正逢中英即将开始中缅边境划界谈判，中方探得英印政府已派人分两路沿云南边界进行考察，出使英法意比大臣薛福成担心一旦英人勘察完成，熟悉边界情况，就会要求开始谈判，而我方却缺乏必要准备，谈判势必处于不利地位。所以当姚文栋道出巴黎告知打算时，薛福成立即委托姚文栋顺路寻访印缅商情及滇缅界务等切要情形，据实禀报他本人和云贵总督王文韶，以备他日谈判之用。光绪二十年(1894)签定的滇缅条约，划定尖高山至龙川江之间一段边界，虽失去野人山外蛮募土司之地，但能以野人山为分界，索回若干被英军占领的领土，均是依据姚文栋所提供的资料和地图。【参见张敏：《略论姚文栋边防思想及实践》，《史林》，1999 年第 2 期】

闭关锁国的晚清不知天下邻国，传统教育中更无方域地理内容，面对边患的危机和灾难，龙门书院无论在地理学教育和成就方面，还是人才的数量(抵御列强的中兴重臣)方面，其探索和实践对周边邻国以及清政府内政外交政策的影响，都永载史册。

3. 重英语与西学

源于沪上开埠风气需要，龙门学子已有学英语之课，书院也有英语藏书，特别是用汉字标注英语语音，实在是件绝活。

● 姚明辉(姚文栋之子)回忆

到 19 世纪八九十年代之际，龙门书院的教育内容有稍为详细的资料可以说明。当时在学住院者可以挈子弟门徒从住。或日间到院受学，称为龙门学生。时有姚明辉及其堂弟曾从父兄在龙门学习，后来有如下回忆：

期时院内群处三四十人，长者四五十岁，幼者一二十岁。长者领导，幼者附从，据旧学之基础，展新学之钻研。一因徐家汇天主教已有天文台之设置；二因制造局翻译馆已出西学之新书；三因求志、格致两书院之开风气；四因耶稣教学堂之教授科学；五因英人李提摩太广学会之译书日出；六因张焕纶设梅溪书院，仿新学堂之模样。龙门社会受其影响。而姚文栋历东西两洋十二年而归,介绍其见闻所得,故乃发求新之大欲,启请院长孙锵鸣大置新书,购天地之球仪,展中外之舆图,治算术则细译九章,观星宿则攀登屋顶。科学、哲学、教育、政治,自我学习,超此夕斯。理窟开而思想放,知识张而意气豪,开风气于士林,播风声于社会。惟是溺于举业者多诧为奇事,至目为疯狂,即敬业书院旧人,亦叹用夷变夏。

这段生动的描写,说明在龙门书院,西学已占据上风,以举业为目的儒学教育已无地位。孙锵鸣在光绪十年至二十年间(1884—1894)任院长,上述龙门书院的景象即是该年段的实录。【参见周振鹤:《晚清上海书院与儒学教育进退》】

龙门书院培养了一批既有儒学背景,又有深厚的西学知识的人才。有学者这样评述龙门书院:"龙门书院是讲求新学、思想活跃、群英荟萃的地方,所藏西书甚多,共有学生 30 人,其中姚文栋、张焕纶等均为深通西学的杰出人才。"这也是上海作为西学的传播中心,中国居住西人最多,西器、西制引进最多之地,所赋予龙门书院作为当时上海最高学府的先行使命。【参见熊月之:《论李平书》,《史林》,2005 年第 3 期】

● 由孙锵鸣学西文(英语)笔记说开去

龙门书院山长孙锵鸣是我国最早用实际行动提倡学习西方科学的教育家之一。他当时用"龙门书院读书日记"簿正楷笔录了如下学习英文的笔记。

西洋效中国音

孔夫子(康弗育休司)孟夫子(蛮弗育休司)北京(批开音)南京(纳俺开音)广东(铅汤)上海(秀哈哀)道台(砌他爱)知县(起宪)

西洋称谓

父(法特)祖(搿蓝法特)子(生)孙(搿蓝生)女(道偷)孙女(搿蓝道偷)母(墨特)母舅(墨特纳而恩克而)外祖(墨特纳而搿蓝法特)(按彼语搿蓝,盖取重复之义)妻(槐哀甫)妻兄弟(槐哀甫勃勒头)兄(爱而头白勒头)弟(盈搿欧白勒头)伯(爱而头恩克而)叔(盈搿欧恩克而)姊(爱而头昔司偷)妹(盈搿欧昔司偷)姊妹夫(勾勒须音牢)媳妇(道偷音牢)姑母(法特纳而挨恩脱)姨母(墨特纳而挨恩脱)姑夫姨夫(挨恩此吼司盆叠)夫(吼司盆叠)

按:此等字旨,试推其义,"恩克"而为长辈兄弟,"勃勒头"为平辈兄弟,"爱而头"为年长,"盈欧"为年少,"挨恩脱"为长辈姊妹,"昔司偷"为平辈姊妹,"音牢"则姻亲与家人同情者也。

【参见《孙锵鸣集》】

可见,他是采用中文注解的方式来学习和记忆英文的,这在当时难能可贵。在他的影响下,龙门书院的学生也主动地去学习英文,这从当时龙门书院的大量英文原版藏书可见大概。而大量英文藏书,与孙锵鸣在学习英语上以身作则以及其开放的办学思想密不可分。他在任的时候，不仅接受来自当时苏、松、太道的外文书籍捐赠与购置了大量新学、西学书籍，而且将原江南制造总局的部分藏书（包括一些外文藏书）移藏至龙门书院。

三、学生为本的教学特色

对于龙门书院的教学质量，上海社会科学院熊月之教授称之为“当时上海质量最好的书院”。【参见熊月之：《论李平书》，《史林》，2005年第3期】龙门书院时期的教学，形成了自身的特色：龙门书院较早地推行“课堂教学”改革，如根据学生的兴趣、特点和程度进行分斋教学；督导学生学习的日记教学法，以及推进学生博览群书等。在晚清这一特殊的年代，能够在世趋功利中不染俗气，的确难能可贵，在这些具体做法当中，隐含着用现在我们所说的“以学生发展为本”的很多有价值的传统要素，如明志求实、质疑思过、博览慎思等。

1. 明志求实

龙门书院的教学，贯彻“储人才，备国家之用”的办学宗旨，将修身与治学结合，求学与立志相融，故在教学中坚持明志求实，主要体现在名宿主讲的分斋教学上。

● 龙门分斋教学

从某种意义上说，分斋教学不是龙门的首创，但在晚清其他书院以事科举的情况下，龙门书院却兴分实学之斋，不失为教学的一大突破。

北宋经学家、教育家胡瑗（字安定）设“经义”和“治事”两斋，传授“明体达用之学”。所谓“名体”，即传授“经义”，包括朱子性理之学，以养成一代有道德、遵秩序的士子；所谓“达用”，即传授“治事”，也就是经世致用之学。

刘熙载主讲龙门书院以后，其教育思想受同乡胡瑗的影响很深，他有效地推行胡瑗的分斋教学法，还根据学生的程度、志趣、特长进行分斋教学。他的教学注重实践，引导学生乐学好学；强调仪表端庄，要学生远恶近善。他很会关心学生，被称为“冬天的太阳”，时人誉之为“以正学教弟子，有胡安定风”。

刘山长传承胡安定的教学形式，拓宽了分斋教学的内涵。应宝时在《龙门书院记》中云：教学要“月课性理、策论，期有合于胡安定经义、治事立斋之意，故不以举业诗赋列入课程，有志之士，自亦不欲以遇合之心，夺其学问之实也。”这为书院的分斋教学指明了方向。【《上海县志》，卷9，清同治十一年修纂本】

● 治学的最高境界为“三知”

龙门书院分斋教学采用名宿主讲，以刘熙载为代表。他从35岁中进士直到去世，一生清正自守，唯以教育为念，尽心竭力，孜孜不倦。

刘熙载在执教龙门书院的日子里，先后把自己的教研札记整理成《持志塾言》和《艺概》等六种著作，合刊为《古桐书屋六种》。他最有影响的文论专著是《艺概》，学术界至今还在研究它。《持志塾言》是他的教育思想论集。

刘熙载倡导“三知”,即“知本、知类、知变”,典出《持志塾言》。“知本、知类、知变”是刘熙载所称道的治学的最高境界,也是他在教学中所坚持的三种方略。所谓“知本”,就是学习知识,要知道其来源,而不是死抠读本;所谓“知类”是学习知识,要善于归类整理,按照一定的规律进行学习,要触类旁通;所谓“知变”是指对于知识的运用与深化,要能根据外在环境的变化不断更新、反思、改进,及时转变观念,调整策略,才能获得为学的最佳效果。这“三知”,对于现今为学、为师来说,仍然很有价值。

● **上海名绅李平书评说**

名宿主讲的龙门书院,为内忧外患、变乱纷呈的晚清社会培养了一批在政治上和学术上有相当成就的人才,其中不乏对于上海的现代化进程有突出贡献的人物,李平书就是其中一位。他在龙门书院修业十余年,对龙门书院的学习印象深刻,其自述云:“弱冠为上海邑庠生,时龙门书院初创,主讲席者为兴化刘融斋先生,盖经学大师而兼理学者也。先生为其高第弟子。虽习举业,而不屑为占毕之儒;为文汪洋恣肆,而一轨于正;博道经世之学,凡掌故、地理、山川、边徼,以至世界之大势,风会之转移,纵目遐览,不啻了如指掌。历来院长,如鲍花潭、孙蕖田诸先生,皆以通儒目之。”【参见《李平书七十自述》】

2. 质疑思过

有许多学者在研究中都提到了龙门书院的日记教学特点。龙门教学的“质疑思过”,突出的反映在日记教学上。

● **龙门教学模式**

张宇在《古代书院教育特点及其现代启示》一文中这样说道:1864年,长江下游的苏、松、太道建立了著名的龙门书院,书院章程规定每位学生必须备有两本笔记本:一本为行事日记册,另一本则是读书日记册。行事日记册能使山长了解学生每五天所完成的功课。学生在读书日记册中记录下所学的功课,同时也记下读书时所碰到的问题。书院章程规定:“所记宜实毋伪,宜要毋泛,不得托故不记。逢日之五、十呈于师前以请业请益,师有指授必宜服膺。”【《续定龙门书院课程另册》】

日记教学不是龙门书院的首创,但在其基础上分为行事日记与读书日记,则是龙门书院的一大创新。这两份作业的格式是书院统一印制的,卷端还印有勉励生员的古人名言。学生须逐日书写,每隔五日交给山长批阅。“读书日记”记授课与读书内容,而“行事日记”记学习心得与质疑,包括一天做了哪些事情。龙门书院的日记教学有两大特点,一个是重关注学生的学业情况,一个是重关注学生的行为修养。也就是说通过日记教学,将学生的做人与为学紧密地结合在一起了。而山长的每五日一检查,一方面可以了解学生在读书中有什么疑问,在行为方式上存在着什么问题,从而通过点拨的方式让学生的疑问得到解答,使修身上的缺失得到纠正。这一

教学创新被誉为“龙门教学模式”。【参见张炳嘉《论刘载熙教学—“课堂教学”摭谈》】

龙门的日记教学，在山长刘熙载(1813—1881)执教时影响最大，直到19世纪末在江苏仍有很大的影响力，他评阅批改学生读书与行事日记的教学方法成了19世纪末书院教育的宝贵遗产。为了做到治学循序渐进、融会贯通。他将日记阅后，以集体评讲辅以个别指导的方式鼓励学生多写点“心得与质疑”。同时创设问题情境，让师生经常一起辨疑析难，促成教学相长，这对于龙门学子的治学、成才大有裨益。

● 胡适对龙门日记的口述

胡适曾对其父胡铁花当年在龙门书院读书时的行事日记和读书日记作如下描述：所有在书院中受课的学生，每人每日都写一份“日程”和一份“日记”。前者记载为学的进度，后者记载学者的心得和疑惑。为方便这种“日程”和“日记”的记录，该院都有特别印好的格式，按规格来加以记录。这些日记和日程，父亲均保留下来。其中有趣而值得一提的，便是这印刷品的卷端都引有红字的宋儒朱熹和张载的语录。其中一份张载的语录便是：“为学要不疑处有疑，才是进步！”这是个完全中国文明传统的书院精神。【唐德刚译注：《胡适口述自传》，广西师范大学出版社，2005年版】

由此可见，刘熙载十分仔细地批阅学生上交的日记，并经常与优秀学生交谈至深夜，对学生在日记中所反映出的正确而敏锐的理解加以鼓励，表彰努力上进的学生。每五天要仔细阅读讲评学生的日记，帮助和指导学生改进对经义的分析，讲评之后，学生们又开始新一轮的阅读日记的记录与研究。这也从侧面引证了该院的日常管理严格与重视对学生学习的督导。日记上印有的一些儒家大师名言，也反映了书院办学者有弘扬儒学、注重品德修行的一面。龙门书院通过日记教学法培养学生学习能力的教学经验，在今天依然值得我们继承和发扬。【参见张宇：《古代书院教育特点及其现代启示》】

3. 博览慎思

龙门书院的教学风格，注重自学与督查，多采取比较自由的教学方法，鼓励学生博览群书，结合自身的实际进行思考。一般每隔一段时间由老师讲一次课，大多时间以阅读藏书为主。因此，书院的藏书就反映了书院的办学价值取向与人才发展方向。

● 龙门书院注重藏书

书院的藏书是对学生学习取向的一个有效引导。龙门书院的藏书丰富，一开始就非常关注书籍的购买。应宝时的《龙门书院》有记载：“日承指授，几肄业者，必先从事于小学近思录，以正其志。趋后及群籍，以备考索，故几经史诸书，悉购置焉。”【《上海县志》，卷9，清同治十一年修纂本】之后，历任山长都关注购置书籍，尤其是西学、实学的书籍。如前所述的令人耳目一新的书目中就可见一斑。

● **外文原版藏书价值最大**

邓洪波在《明清时期江苏书院藏书目录辑略》中介绍了龙门书院的藏书有三大特点：专门的女子理科藏书，大量地图、地理书籍，外文书籍。在对于其藏书的价值分析中，指出其收藏外文原版书籍的意义重大。并指出：从载民国七年(1918)刊《上海县续志》卷九上看，光绪时期龙门书院藏书，目不分经史子集之类目，而注以“以上续捐购置”、“以上巡道龚照瑗送入”字样，实乃院藏书籍之流水账目。巡道龚照瑗所送书籍多为西学、外文书籍。

又著“东文书籍”目录二十五种，多为包括《女子理科矿物及化学》等在内之教科书及教育法规等，说明龙门已开收藏外文原版图书之例，此点意义甚大，当为书院藏书历史进入近代化之重要标志。

书目著录内容仅为书名一项，凡有附表、附图及附录之书者，皆附注说明。光绪三十年(1904)书院改为龙门师范学堂，书籍皆由学校保存。【邓洪波：《明清时期江苏书院藏书目录辑略》，《江苏图书馆学报》，1996年第1期】

● **龙门书院藏书初略统计**

邓洪波在《简论晚清江苏书院藏书事业的特色与贡献》一文中指出，龙门书院在同治年间藏书166种，计其卷数，当在万卷以上，皆为传统典籍。及至光绪年间，续置图书171种，其中传统经史所占比例不到三分之一，一百一十余种为“新学”、“西学”之书，占了三分之二强，反映出倡导新学进入近代化已成为龙门书院的主旋律。

张伟在《近代上海书院变革略述》一文中也有记载龙门书院的藏书。其统计如下：“细查《上海县续志》，得知该书院存院书籍共计171种(注：此应为续置书籍，不是全部)，可分为三类统计。其中，中国传统典籍55种，工科用书54种，理科用书62种。”

古语云：“破万卷书，行万里路”。龙门书院学子在受传统儒家道德洗礼的同时，学习西学、实学、新学。日记教学法促进了学生博览群书之风，提高了学生的兴趣发展，学子从名师处得到指点，再从藏书中寻“黄金”，为日后成为博学多才的龙门士子俊杰奠定扎实根基。据记载“公车上书”签名人中，就有后来任职于龙门书院及师范的沈恩孚监督。(据《康有为自编年谱》)

述评 龙门书院四十年，英才俊杰辈出。其共同特点是忧国忧民，自强不息的精神一以贯之。无论是以龙门学子为代表的中国近代“口岸知识分子群体”，还是投身于近代教育、实业发展的实业家和教育家，均为上海乃至全中国近代化发展作出了卓越的贡献。挽救国难是一个具体的主题，为官从军守土固疆、从政为民请命、办学为国育才。“家有难，子之不幸，国有难，才之不幸。”然因国难而更显责任意识之重要的龙门学子，一身直面列强敢说不，有不惧列强不媚列强的民族风骨。龙门书院的学子开沪上办学之源流，无论是张焕纶创办梅溪书院及任职南洋公学总教习，还是吴馨创办务本女子学校等，都证明了这一点。

此外，有许多学者论述了龙门书院在当时的地位与影响，现列举如下：

● 龙门书院创办于1865年，由上海道台创办并负责，为上海县城最高学府。【参见张敏:《略论姚文栋边防思想与实践》,《史林》,1999年第2期】

● 龙门书院不仅改变了沪上的浮靡之风，而且名闻遐迩，各地有志之士纷纷效仿。【参见曾国藩:《复应宝时》,《曾国藩全集·书信》(九)，岳麓书社1994年版，第6476页】

● 龙门书院是1865年由上海道创立的一所学术研究与传授机构，为当时沪上最高学府。【见杨际开先生在《宋恕与儒学范式的近代演近》(宋恕系龙门书院的学生，为维新变法中一个有名的代表人物)一文】

● 龙门书院是苏松太地方最高学府。【见华东师范大学中国现代思想文化研究所易惠莉教授的《同光年间上海本邑绅士的生活价值取向》一文】

● 上海成为通商口岸，必须有人与外国领事打交道，府县官员嫌低，巡抚级别又偏高，于是驻在上海的苏松太兵备是最合适的人选。而更加凑巧的是，各级传统官学中，惟独道一级不设学校，因此上海道实际上把自己办的书院作为道一级学校了。而龙门书院作为苏松太道创办的学校，自然也成为当时沪上官办的最高学府了。【参见周振鹤:《晚清上海书院西学与儒学教育的进退》,华东师范大学学报(哲学社会科学版),1999年第5期】

● 对于龙门书院的教学质量，上海社会科学院教授熊月之称之为“当时上海质量最好的书院”。【参见熊月之:《论李平书》,《史林》,2005年第3期】

● 上海的书院除龙门书院外，大多是培养八股科举人才(以制艺为宗)，有时涉及诗赋，没有以经史切磋者。由于地处通商巨埠，经济为活跃，各方学子都争相来沪，想到龙门书院读书，由于招生名额有限，难以容纳前来求学者。因此，后任沈公，建设了诂经精舍，以此来改善士人求学的紧张……其课业不崇尚诗文，专讲经史。足以见当时龙门书院的地位与影响。【《申报》同治十二年二月十九日】

《申报》刊载“仿龙门书院设诂经精舍”的消息

第二章　挽救国难　探索中国师范教育之路

20 世纪初的中国教育，在国难不断深重的历史背景下艰难前行。对外，中法战争胜而不胜，甲午战败和八国联军对清王朝反复打击；对内，戊戌改良失败，义和团对京津及周边的冲击，特别是孙中山领导的资产阶级革命浪潮风起云涌，清王朝气数已尽。一向以中国为师的日本，自 1868 年明治维新后短短三十多年，竟以东亚强国的身份在亚洲逞强扩张。《马关条约》的利益和 1903 年日俄战争的取胜，使日本迅速崛起，从而震动了晚清朝野。1904 年教育上颁布《奏定学堂章程》。至此，龙门书院也应时而改名为“苏松太道官立龙门师范学校”。

“世界潮流，浩浩荡荡”，1911 年辛亥革命取得胜利，结束了长达二千年的封建专制的君主制度。1912 年中华民国成立，当年 9 月、12 月先后颁布《师范教育令》、《师范教育规程》，师范也由府立改变为省立。同年，龙门师范更名为“江苏省立第二师范学校”。期间再经袁世凯复辟帝制的倒行逆施、一次大战后的“五四”、1921 年中国共产党的诞生和中国新民主义教育思想兴起。1927 年，国民革命运动因蒋介石右派的叛变而失败，南京国民政府成立后，省二师再次更名为江苏省立上海中学，标志着上海中学开始了新的历程。

龙门书院、龙门师范时期的校舍图景

这一阶段是中国师范教育的学制设置、教育思想、课程教材、教学理论研究和师资发生巨大变革的时期。领跑于中国师范教育的龙门师范，从模仿日本起步，再引进美国杜威教育思想，成为近代中国教育的新转折。作为远东大都市的上海，师范教育无疑烙上这一时期的时代印记。

师范时期的龙门学校，传承着忧国忧民的时代精神，以挽救国难为己任，明确提出“立国以教育为本，教育以师范为根本”（沈恩孚《十周年纪念文》)的思想，走出了一条中国近代师范教育的创新之路。同时，龙门师范的教育思想和办学经验，在中国极具影响力，得到了社会的关注和充分的肯定。

从1904年到1927年，师范时期的龙门学校形成的优良传统，其核心可概括为从学习中起步，勇于开创中国师范教育体系，这奠定了学校在中国师范教育的开创性贡献。忧国忧民传统使命促使在这一时期形成“教育救国”思想，同时在理论上提出了“教育师范为先”的观念。龙门学校在思想和理论上的贡献是多方面的：注重教育理论和方法的研究，出版有《龙门讲义》(校本教法)《教育学、心理学》等，此外1909年教育杂志《龙门师范教授案选》(启发式)的出版和参与政府师范校章程、规程制定也体现了学校在教育方法研究方面的成就。

龙门师范教育中的一些优秀传统至今仍闪烁着耀眼的光芒。首先，注重学生全面发展的课程设置，开设有训育、知育、体育、美育等课程，已经形成后来的诸育发展的思想，特别是关注卫生教育，具有十分重要的意义。其次在学校管理方面，传承严格规章制度管理，制定了一系列章程、规程和规定。同时，秉承大师治校办学传统，出现了许多新的特点，即书院名师是离官任职，而师范则是离任受命，担当起中国历史变革时期的责任和新使命，如汤寿潜、沈恩孚、袁希涛、贾丰臻均系中国教育的巨匠。而这批巨匠直接影响和推进着中国教育的走向。

第一节　领跑中国师范教育的龙门师范

从龙门书院走向龙门师范，是大势所趋。从宏观上讲，外因是1903年的日俄战争日本取胜，德国革命后第二次工业革命的崛起，显示出师范教育兴国的效力；内因是继1885年我国在中法战争、中日甲午战争中失败，1900年的八国联军再进北京，洋务运动作为地主阶级自救运动以马关条约的签订而宣告失败，以扶清灭洋为口号的义和团农民运动，再次将清王朝推到了历史的拐点，孙中山领导的民主革命风起云涌，清王朝摇摇欲坠。以梁启超为代表的维新之士认为“中国之衰弱，由于教之未善”，而广兴学校，必须以立师范学堂为第一要义，兴学校必须建立我国的师范教育。

一方面清王朝为了挽救自身覆亡的命运，开始了立宪改革，这从政治上为龙门书院的发展提供了生存空间；另一方面是任职于龙门书院的山长，也发生了新变化，即从传统的朝廷重臣转变为具有革命思想和变革精神的新人。

龙门书院在上海近半个世纪近代化氛围的冲刷和洗礼中，从邻国成功的经验中感悟、奋发，再次“思变”，继续领先于上海乃至中国教育的发展洪流中。龙门书院总结四十年办学经验和成果，从模仿学习日本开始，改制师范，走出了一条中国师范教育的新路,从而揭开了领跑中国初等师范教育的历史篇章。

一、融入世界潮流的师范教育

甲午战争之后,龙门书院士子张焕纶担任总教习的南洋公学,率先建立师范院,表明中国人对师范教育的认识终于从思考走向实践,标志着中国师范教育实践的产生与萌芽,以及办学思想的变革。从世界范围来看,不仅欧美的师范教育体系已经完备,就连我们的邻国日本也因重视师范教育而成为推进国力发展的重要力量。有识之士在比较中日的教育,乃至到日本学习的亲身实践中,认识了兴师范、育师资对于改变国运、挽救国难的重要性。龙门师范以及后来改名为江苏省立第二师范,开始了从模仿、学习到形成中国师范教育理论体系的历史征程,一些优秀传统(起步博采众长、不拘旧式变革、学习为我所用)也逐步成形,随着研究的深入,也逐步揭开了它们神秘的面纱……

1. 起步博采众长

龙门师范是在整个时代的大背景下进行改制的。1904 年,清政府颁布了《奏定学堂章程》,是中国近代由中央政府颁布并首次得到施行的全国性法定学制系统。此学制规定的实施,需要大量的师资,尤其是中小学堂的师资,于是师范教育就显得尤为重要,这也是龙门书院为什么于 1904 年改制为龙门初级师范学校的重要原因。

要办师范教育,没有前车之鉴,必须在模仿中起步,借鉴国外的经验、博采众长,然后逐步形成具有中国特点的师范教育系统。在龙门师范时期,学校注重向日本学习;而到了江苏省立第二师范后,学校逐渐转向欧美学习。起步博采众长的传统自此初见端倪。

● 兴学必先师范

清末变法,废科举,兴学校,江苏接近海口,得风气之先,于是公私立小学一时勃兴,可是办校易,得师资难。当时学制学风骤然改变,一般私塾老师不但对于声、光、电的科学,以及英语、算术、体操、唱歌、手工等知识茫无所知,就是教授方法和管理手段也得改弦易辙,方可适应需要。因此造就师资的师范学校遂在各大城市次第设立,最著名的有南京钟山书院改设的两江师范,苏州紫阳书院改设的江苏两级师范,上海有以龙门书院改设的龙门师范。龙门师范对上海县及松江、太仓一带教育发展曾起过巨大的作用。

龙门书院山长——汤寿潜

1904 年春,汤寿潜主持龙门书院时,起草了拟将学校改为道(苏、松、太道)属初级师范(《奏定学堂章程》中规定,设立的师范学堂分为初级师范学堂——主要培养高等小学、初等小学的教员与管理员，优级师范学堂——以造就初级师范学堂及中学堂的教员与管理员为目的）的文案，交给董事会议商量，得到了董事会的拥护，于是报请苏、松、太道相应部门（会商院长）办理（即上呈江苏巡抚批准）。经过江苏巡抚的批准，1904 年秋，龙门书院改组为苏松太道官立龙门师范学校（就是我们经常称的龙门师范学校）。

改办初级师范学堂的缘由，在《苏松太道请将上海龙门书院改为初级师范学校并批》一文中有非常明确的表述："以兴学为救时之要……，兴学必先师范，师范必先初级。"这一表述反映了当时办学者试图通过办师范学堂来挽救国难的决心。而当时的情况是，要在全国范围内兴学，急需大量的教师，尤其是小学教师。在此报告中还指出："上海是通商大埠，中外瞩目，要期望普及教育，小学教员是多多益善。"【见《苏松太道请将上海龙门书院改为初级师范学校并批》】且江苏一带濒临海边，吸收世界新潮较早，虽然思考以教育救国家之危亡的大有人在，但师资极度匮乏是阻碍基础教育发展的一大难题。

● **从模仿日本中起步**

改为师范学堂后，学校如何办学？由于我国办师范教育较晚，必须向先行者学习。那究竟向谁学呢？从模仿日本起步。至于为何要先向日本学习，有几个方面的原因：一是外在动力，中国人注意日本的教育、日本的学制是从甲午之后开始的，甲午战争中日本的胜利，展示了中日两国在近代化发展上的巨大反差，给国人以强烈的刺激，促使先进的中国人研究日本日益强大的原因，进而从学西方转向学习日本，成了朝野的共识。尤其是 1903 年的日俄战争，一直不被看好的日本，竟然打败了强大的俄国，此事进一步震动晚清朝野。当时的有识之士就分析日本何以战胜俄国，得到的比较一致的结论是日本明治维新后，国民普通教育得到了良好的发展，是教育促进了日本的发展。而日本在发展国民普通教育的时候，尤重发展师范教育。二是外在动力，我国与日本一衣带水，文化接近，交流相对顺畅，当时日本经过"明治维新"，门户大开，学习西方教育思想与制度，变革自身教育，已见成效，颇有为他国借鉴的价值。所以日本成为当时中国派遣留学生，引进教育学及有关教师的首选国家。【崔运武：《中国师范教育史》，28—38 页】

袁希涛

此后，掀起了中国学生到日本留学的一次高潮。在被批准改名后，学校一面扩建校舍，一面从龙门住院生中选拔学生（沈恩孚、叶景澐、夏日

龙门书院改制为龙门师范时的倡导者之一沈恩孚

璈、袁希涛)前往日本弘文书院考察师范教育。四人学成于1904年冬天回国,着手起草办学规章制度与章程等。沈恩孚、袁希涛、夏日傲,这三位曾先后担任龙门师范的监督(相当于校长),离任后成为当时的江苏、中华民国教育的督学。

1905年4月25日,龙门师范学校正式开学。其后的几年里,基本是将日本的教育制度作为自己兴办师范教育的样本,并逐步探索建立中国的师范教育。从龙门师范学校的暂定简章中可知大概。

龙门师范学校分本科与简易科,本科修业三年(第一年招生的学生也是一年毕业),简易科修业一年,主要是从当时小学教员奇缺的角度出发的,相当于速成班。简易科内分理科与文科,并附属小学校(即现在的上海小学的起源)。本科科目为修身、教育、经学、国文、历史、地理、算学、理化、博物、习字、图画、体操、乐歌、英文。简易科之理科科目为修身、教育、国文、历史、地理、算学、理化、博物、习字、图画、体操、乐歌。文科科目为修身、教育、国文、历史、地理、算学、理化、博物、习字、图画、体操、乐歌,东文(日文)。一年分两学期,正式生定额100名(招苏松太地区学习),修缮费全免;非正式生(可以称委培生、插班生等)20名(非苏松太地区生源),每学期预缴修缮费15元。入学者要求品行端正,文理优通,身体健全,年在18岁以上、30岁以下为合格。当然,在后来的具体实施中略有变化。【参见《龙门师范学校暂定简章》】

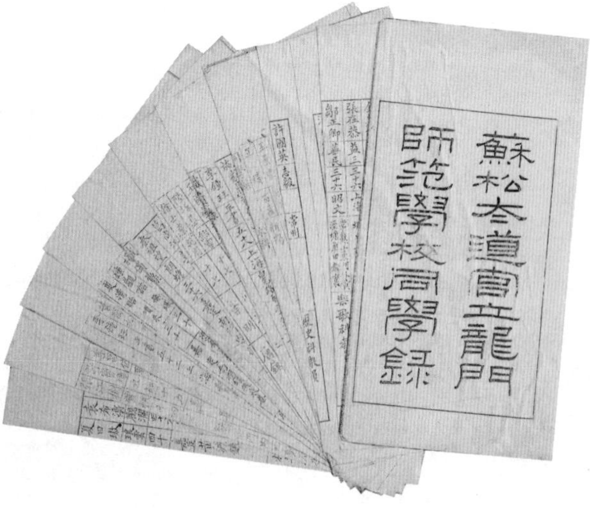

苏松太道官立龙门师范学校同学录

1910年3月,学校五年前派往日本留学教育专科的教员贾丰臻毕业归国担任教员(1903 年贾丰臻曾到日本考察过,回来参办小学,后成为龙门附小;1905 年,贾丰臻又被选送日本宏文学院留学至 1910 年归来),他先后任代理监督、监督,并兼任附属小学办事员(相当于附属小学的最高行政领导)。辛亥革命开始后,宁苏两教育机关废止,其他各校均中止办学,而龙门师范学校继续办学,实为不易。1912 年,中华民国成立,江苏省政府统一管辖所属地的各师范学校,在规定的地点次第分立,学校改名为江苏省立第二师范学校,简称"省二师"【参见《江苏省立第二师范学校十年大事记》】

学校改名但办学性质如故。贾丰臻在学校任职 18 年,刚开始办学参照日本体系,后又借鉴美国经验,并留学美国(1922 年奉命赴欧美参观考察七个月),教育思想与办学措施有所建树,成为学校历史上承前启后的人物。

● **美国现代教育之父杜威来校演讲**

随着国内的新文化运动热情高涨,西洋教育法大量传入我国,冲击着中国的学校教育系统,逐渐取日本的教育法而代之。我国原来沿袭日本的做法,大多是德国赫尔巴特的传统教育思想,即以学校、教师、教科书为中心的教学。上海作为开放的前沿阵地,也首当其冲。1919 年"五四"运动后国外的各种教育思潮与教育方法的大量涌入,以美国教育家杜威的实用影响最大。

由于当时的上海小学最多,感受外来的东西最快,省二师的教育方式与方法也不断革新,在这个时候受杜威的影响很大,尤其是杜威在 1920 年 5 月 29 日到省二师发表的演讲前后最为鼎盛。而此时正恰逢省二师建校 15 周年,杜威受邀请到校讲演,演讲的题目为"教育者的天职",他的讲演全文如下:

江苏省立第二师范时的校舍图景

今天我到这里来,恰逢贵校 15 周年纪念,我能在这里讲一篇话,真是荣幸。今天我所讲的题目是"教育者的天职"。这是完全对教师而言。教师是学生的领袖,他的资格有三种:(1)教师学问上有资格;(2)教师和学生接触上有资格;(3)教师在社会上有资格。

在讨论以前，先要说明领袖资格在哪里。领袖就是指导人，对于后面的人有指导的责任，坚持到底、不达到目的不止。譬如一块新的地方，后面的人没有走过的，那么指导的人应当逐一地指导他；但指导人必先自己对于目的地看得很清楚，方才可以领导人达到目的。这个是在知识方面讲的。还有关于感情方面，应当使后面的人发生兴趣和热诚。领袖并不是驱斥别人，是在前面引导别人。驱斥是强制、独裁；领袖是引导、感化。并且领袖不是像雇工一样，他自己站立的地位很高，对于后来的人，无论利害方面、感情方面，常常顾到。并不是对被指导者没有感情，你我分别，好像没有关系。譬如登山，山路崎岖，一群的人都不知道向哪条路走。有人先时曾经走过这条路，这个人就应当担负引导的责任，和他们共同登山的时候，应当跑在他们的前面，也不要走开太远，须激励他们的勇气、兴味、尽向高处跑去；不要到了一个小小的山头，就算是完全到了，应当跑过一个小山，又是一个小山；小山跑完，方才可以达到高峰。这种精神，就是指导者即领袖者应有的精神。

第一种的资格，是在学问上有领袖的资格。诸位同学在求学时期，应当达到求学上的目的。所以，在求学的时期，应当排除虚伪，崇尚真实；应当有彻底的精神去研究学问；应当有热诚的爱情，将来去和小学生同化。不过知识有两种：一种是没有什么紧要用处的，就是普泛的学问。这种知识有许多学生沾染到的，不过与人生没有一分关系；这种知识，好像包裹包在里面，将来掮到小学校里面去打开应用，决不能使学生有感受的地方。这种教师是敷衍钟点，学生都是被动，现出一种枯寂无味的态度。诸位在这里应当研究各门功课的一门，十分地注意，十分地探讨，将来在小学校应用起来，正是有了光的火爆发出来。这样的感动学生，岂非能够十分引起学生的感动为感受这种教材。我们说到这里，就有一种譬喻，世界上人的生活好像传染病一样，传染病的细菌到处传播，人的生活，好像处世、做人，也是传染一样。所以，教师须有一种兴趣，在教授学生的时候，也像微生虫传播一样的快。使感情全体能够感动学生，而学生也自然有一种感情。有许多教员，没有研究过教授的方法，他教授学生不能引起什么兴味，这不但学生无兴味，就是教员也一些儿没有快乐。所以，我劝各位同学，应当从许多学科的当中专门研究一种学问。这种学问永远继续地研究，于是学生自然被他教育得好。所以，我再劝各位，他日做教员，不要做机械的，不要拿普泛的知识去强使学生顺受；学生人人有个性，自然不能听他一致的容受。

第二种资格，就是教员和学生接触时的领袖资格。就是两方面要有同情。学问固然要紧，不过同情尤其要紧。教师教授时，应当注意个性的培养。是以个性更宜十分着重，好像某学生哪处是他的长处、哪处是他的短处。现在有一种教员，敷衍塞责，计钟点拿铜钱，对于学校除开上了课竟没有一些儿关系。这种雇工似的教员，对于教育者的天职自然完全不懂。他跑来跑去，好像人家的散工一样；一天做多少工，一天就赚多少钱。所以,要想免除这个弊病,必定要注意到学生和教师间的感情。所以教师对于学生心理方面,都要处处顾到。有长处的,应当鼓励他;有短处的地方,也要想个法子,叫他知悔。教师又要注意到学生家庭方面,知他的环境的影响,好的应当指导他去实行,不好的应当指导他去免除,使他一直往正轨上走。这样说来,好像教员太烦恼了;担任教课,已经很是艰难,还要去说什么考察个性呀、调查学生的家庭状况和环境呀,这未免太是苛求了。不过,这也是救济的方法去免除它。方法是什么?就是要对于学生有同情心,教员自己的兴趣也就增加了,一些儿没有苦恼了。但是雇工似的一般教员,从没有这样乐处。我们知道世界最有兴趣的事情,就是研究人的心理。学生与教员接触的时间既多,那么,就有考察儿童心理的机会。教员应当常常带一本日记簿,就是记在心里也可以。总之,对于学生的个性要时时记录起来。他的进步是怎样,退步是怎样。这是很有效率的方法。

袁希涛全家(1929 年摄于上海)

子袁世汾　二女袁世芳　长婿汪典存

媳葛敬璇　夫人秦织云　袁希涛　长女袁世庄

三孙女袁哲明　长孙女袁哲怡　二孙女袁哲衡　长孙袁哲俊　二外孙女汪安琳　长外孙女汪安琦　外孙汪安球

现在时常听说教员和学生有对抗的现象,这应当想一个方法去免除它。这原来的起因是因为政治社会的腐败,起了很大的风潮;于是一方怀疑、一方猛进,就起了误会,这时平时教员没有开诚布公的态度弄糟的。所以,要想免除这种恶现象,就除了"开诚布公"四个字,没有法子好想。

第三,就是在社会上领袖的资格。学校里面只读书,这只是改造社会的一部分。

我近来见到中国有一种很能够鼓励的事情，就是推广义务教育。叫一般没有读书的人都有机会去上学堂，并且我们想希望工商各界都能够觉悟，合全国人的力量去实行强迫教育。还有大家的目光，不要单注意在男子方面，也要注意到女子方面；不要单注意在城市上男女的方面，也要注意乡村中男女的方面。所以，我们现在最好从乡村里面扩充出去。我们在学校里读书，当然在他日到社会上去服务。我们大家都希望到城市里去做教员，因为大家以为城市里面工商业发达，并且教授便易。不过要希望中国将来的社会发达，必定要从乡村教育推广起来才是。中国自来是以农立国的，那么，自然从农民教育上着手，更加容易发达。所以，我们师范生人人应当有彻底的觉悟，我们看见新世界的精神，一定要好像传教士到非洲去传教一样。我们自己要有一种牺牲的精神，从容不迫，从乡村教育做起。并且全国结合，不但在城市着力，且及于乡村，这就是师范生的惟一精神。我这次在南京讲演6个星期，听说南朝有480个寺，这种数目，都是许多的魄力精神才能造成。从前的人既然这样；我们自然也当奋力去做，好像造庙宇一样。我们自己也要看重自己的目的，当做宗旨；中国的富强，岂是十分难的事情？诸君！起来呀！

【1920年5月29日，刘伯明口译，《民国日报》1920年5月30日；单中惠主编：《杜威在华教育讲演》，第425页】

1919年，省二师还专门编辑了《杜威在华讲演集》，由此可以说明，省二师在学习杜威以及在全国宣传杜威思想的积极与努力，成为欧美教育在中国传播与宣传的重要思想阵地。值得一提的是，当时的省二师不仅借鉴了杜威的思想，还传播与引进了诸如道尔顿制、爱的教育等思想，成为当时教育学术交流的重要场所。1924年的英国哲学家罗素、美国计划生育先驱山额夫人来校访问，1925年中国共产党著名领导人恽代英、杨贤江、李立三等来校演讲，均进一步显现了学校博采众长，思维活跃的风采。

总而言之，师范时期的龙门学校，从学习模仿中起步，主要特点是学习日本、美国、欧洲和其他先进的教育理论。这也启示我们，学校的发展只有基础宽才能起步高，只有博采众长才能发现他人之长短，找到自身发展新路。

2. 不拘程式变革

师范时期的学校，不断寻求新的发展空间，不断探索新的变革之路，不断思考怎样才能找到挽救国难的路径；无论是从府立改为省立，还是育人观的转变与读经一科的废立；无论是从当时省二师的改制，还是龙门书局的创办，都显示了这一点。不拘程式的变革还反映在学校在新文化运动与大革命洪流中的推陈出新。

为挽救国难，学校在师范时期战胜重重困难，积极主动地寻求新的发展空间。也许正如沈恩孚在《龙门师范十周纪念文》中所说的那样："患难为最好之良师。"学校校址、校名在不断变化，办学规模不断扩大，学制也在不断变化，历史影响也在不断延续……

● **校址的变迁与学制的沿革**

上海老城厢西南，石驳岸，吾园(今尚文路)。1904年，苏松太道袁树勋采用龙门书院掌教汤寿潜的建议，禀准督抚改龙门书院为苏松太道官立师范学校。请上海乡绅邑人李平书、姚文枬(也是龙门书院的有名学生)为校董，改建校舍，将原先在学校附近的先棉祠(黄道婆祠，纪念黄道婆改进纺纱技术而设)并入，并选派沈恩孚、袁希涛、叶景澐、夏曰璈赴日本考察师范规制。

学校复建于1905年竣工，共计添建楼房二十四幢，西式楼房七幢。由于学校在扩建中，拆掉了先棉祠，故在迁址到吴家巷——上海中学现址时，将建造的一幢教学楼命名为先棉堂，一则作为对先棉祠黄道婆所作贡献的纪念，一则是作为学校发展历史变化的见证。

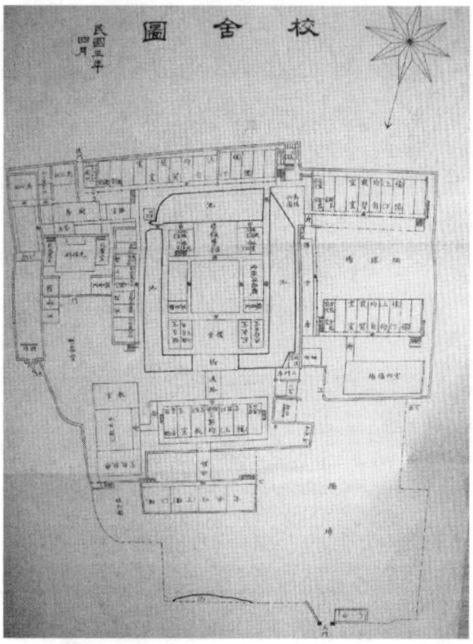

江苏省立第二师范学校校舍图

学校于1905年4月25日开学，沈恩孚为代理监督。定招简易科二班，分为文、理班，一年毕业；本科一班，一年毕业。仍然租借半段泾(现在的上海十六铺附近)愍忠祠与刘公祠经办原有之二十二铺小学堂，该学堂由邑人项文瑞、曹様、杨保恒、贾丰臻在日本东京弘文学院师范科考察回国发起，由李曾珂、姚文枬等筹钱创办，后改为附属小学，由杨保恒担任办事员(相当于现在的小学校长)。

1906年，招简易科一班，一年毕业；本科生一班，三年毕业，共有本科生二班(也即1905年有一班为二年级；1906年招入的为一年级)。这年冬，学校购买了三亩六分多居民地，建设宿舍十幢，并拓展操场。

1907年，招本科生一班，三年毕业，停办简易科，添加手工专修科一班(分正科，选科)，半年毕业(这一年开始，龙门师范附小开始招收女生，1922年，为金山县代办讲习所时，也招收了女生，从1924年起在本科中招女生)。1月19日，袁希涛被任命为监督，沈恩孚因调任报社编辑而辞职。1908年，招本科生一班，改定为本科课程，分甲、乙两部(甲部为三年毕业，乙部为四年毕业)。1909年，招本科生一班，遵照学部的要求，毕业期为五年。1月24日，夏日璈为代理监督(7月14日正式委任)，袁希涛到天津任职。7月14日，附属小学杨保恒辞去办事员，改由教员张树勋兼任。

1910年，招本科生五年期一班。3月，贾丰臻留日回国任教育专科教员，附属小学张树勋辞职，由贾丰臻兼任。7月17日，贾丰臻被委任为代理监督(前任夏日璈因病辞职)，教员杨嘉椿兼任附属小学办事员。当月，租赁石驳岸北鸿运里的民房，设

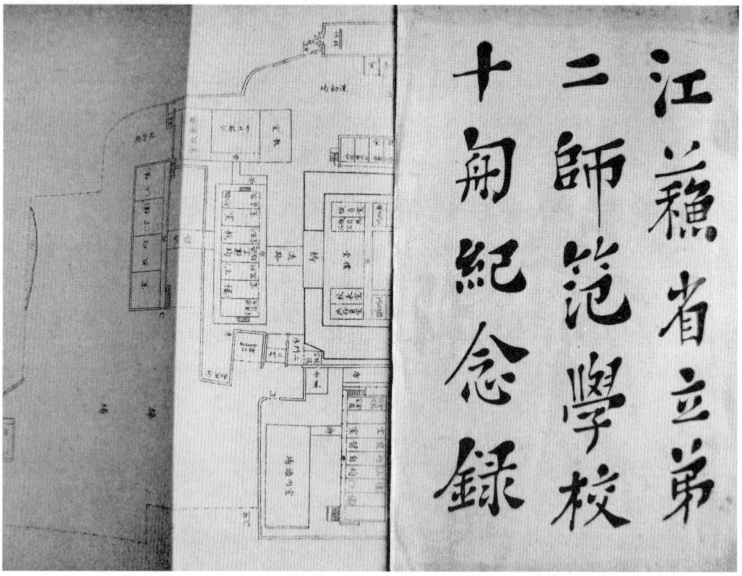

江苏省立第二师范学校十周年纪念录

附属单级(分年分级教学)小学。至此学校已有两所附属小学,体现了贾丰臻注重师范生教育实习的办学思想。

1911年,招本科生五年期一个班级。这年,添购了南面一块二亩五分多的土地。1912年,学校改名为江苏省立第二师范学校,委任贾丰臻担任校长。本校原有的乙部四年级,仍然按旧章程特许其于上半年毕业,另招新生一班,本科修业年限为四年,预科为一年,遵照民国教育部的新章执行。4月1日开学,定校训为"诚敬",附属小学的主管由"办事员"改称为"主事"。同年,学校新添置宿舍九幢,修建大弹子房一所,迁体操场于南面。

1927年大革命时期,
杨贤江受命担任省二师校长

1913年,学校改为8月招新生。5月,本科四年级学生到日本东京参观学校。7月22日,上海起战祸到29日停止,学校虽幸存但受到的损失不小。1914年7月15日,招考预科生一班,本科第二部生一班。这年夏,由于附属小学校舍太旧,学校在尚文路旧府署基地建新校舍十四幢,秋季开学,定名为本校附属小学第一高等科及初等科,入学者采用单式教授(同一程度在一个班级教学);原愍忠祠、刘公祠房屋为第二部单级及初等科,初等科采用复式教学(不同程度的在一个班级里学习)。

1915年,学级编制,在校共五班,本科第一部有四年级、三年级、一年级及预科,本科第二部一级。【参见《江苏省立第二师范学校十周年纪念录》】

1919年，震惊世界的"五四"运动爆发，省二师师生参加爱国运动。"五四"运动后，学校分为前期师范与后期师范，增设二年制专科培养初中文史地师资，以供教育实习。

1922年，选江苏省黄渡镇创办省二师分校，专门培养乡村师资。

1927年3月22日，上海特别临时政府任命中国共产党党员杨贤江任省二师校长，后因蒋介石发动反革命政变而未能赴任。6月，欧元怀受命出任省二师校长，并接受江苏公立商业专科学校全部(今陆家浜路)、江苏省立三中、江苏省立四中高中部(今松江二中)，前国立东南大学附属中学高中部分学生，经过合并改组，定名为江苏省立上海中学。7月，郑通和到校任校长。至此，学校分设两处，高中部在陆家浜路商业专科学校旧址，设普通科、师范科、商科等，初中部仍在尚文路原省二师校舍，自此学校踏上了教育救亡图存的探索……

● 读经一科的废与立

龙门师范是由龙门书院所改设，因此学校里仍保持有一些礼教传统。掌校的人员称为监督，由苏松太道聘任。监督是官名，如海关监督、矿务监督等，一定要具有道台头衔才有资格担任，虽为掌校，但实际上是放的差缺。监督平日难得莅校，一切校务由代理监督处理，他只在行开学和休业典礼时到校。

监督坐着绿呢轿，戴着蓝顶花翎，长班前后簇拥，教师屏息参见，十足一个大官僚。代理监督也要有知府、同知头衔。教务长、斋务长、中文老师等也必须是举人、秀才，他们都穿着箭衣外套，戴着红缨帽子，毕恭毕敬，雁行般跟着监督参加典礼。典礼最主要的一项节目是谒圣，堂上悬着大成至圣先师孔子的神像，监督率领全体教师学生向神位行三跪九叩首礼，拈香肃立，仪式非常隆重。最先几年，每逢朔望亦行谒圣礼，但监督不一定到，由代理监督领谒，到辛亥革命后才废止。

师范学校课程和普通中学相似，但添加教育学、教育法、伦理学、心理学等课。最为着重的是国文课，这一课分四目：(一)范文，选读两汉和唐宋八家文章，有时采用《经史百家杂钞》、《古文辞类纂》。(二)文学源流，自编讲义。(三)应用文，为预备将来应用需要，选授通行酬世小品。(四)读经，选授四书及《诗经》、《左传》(民国初元废)。

1916年6月袁世凯倒台，当时的军阀政府撤销了袁世凯所颁布的教育纲要，制定了"爱国、尚武、崇实、法孔孟、重自治、戒贪争、戒躁进"的所谓教育宗旨。【孙培青：《中国教育史》】此宗旨一出，立刻遭到了许多教育人士的反对，意见最集中的是"法孔孟"，要求设读经科。围绕着读经科的废立，展开过一场争论。这也是与"五四"提倡科学与民主的思想有紧密关联。在"读经一科的废与立"问题上，省二师主张废除读经科。

新文化运动所倡导的民主与科学的思想，在全社会尤其是教育领域产生了巨大

江苏省立第二师范学校大夏景图

凡响,省二师在这一时期的教育改革中,与之相匹配的一项改革,就是取消了对“读经”一科作为师范教育的必学内容。这说明,省二师在教育内容上已经摆脱了传统礼教的束缚,显示了育人观念的改变,已经迈向近代的思考。

● **部视学省二师报告**

龙门师范转型为省二师,全面育人的课程改革,以及在教育教学上所做出的变革调整(如自编教材、讲义,在当时是开先气的),在部(即当时成立的民国教育部)视学省二师报告中有鲜明的反映。1913 年上海《时事新报》所载部视学省二师报告的内容如下:

江苏省立第二师范学校,校址为上海县西门内,为 1904 年开办,开办原名为龙门师范学校。学校编制情况是这样的,教员 18 人,管理员 11 人(内有 3 人兼教员),学生情况是现有本科四年级 39 人、三年级 37 人、二年级 49 人,一年级 49 人,最大年龄 29 岁,最小 16 岁。学费照章全免,均为寄宿学生,历年毕业生为 322 人。学校勤杂工 16 人。

学校设备情况是:在龙门书院基础上改建,共有教室 4 间,理化手工乐歌专用教室各一间。操场一块,室内体操场一间。宿舍 41 间,教职员 19 间。器械标本,理化体操乐歌手工器械、博物画图标本均有,校具学校专用。

经费由省下拨,1913 年 1 至 6 月预算 18 633 元,支出与预算相差不大。教科书采用各种教科书,地理、动物、植物、理化、法制、商业均自编讲义,授课时间为每班 34 小时。

学校校训为“诚勉”,礼堂上悬挂学生自画的教育家裴斯泰洛齐与福禄倍尔两小像。体育除设立网球作为学生兴趣活动外,另设弹子房以练习学生的体力。

卫生方面,各教室光线充足,空气流畅,讲究清洁。调养室(相当于食堂)分设数间,土地位置较高,学生寝室及自修室的窗户开启自如,能保持室内空气流通。

这次部视学报告对于学校特为赞许,大致是说在龙门书院基础上改建的学校规模宏大,秩序井然,一切设备均讲求管理,训练除注重心育外,尤能注重体育以活泼学生的精神,强健学生的体魄。各科教学都勤勤恳恳。贾丰臻研究教育向来有心得,恪尽职守,坚持不懈,现在仍然不断改革,推进学校的进一步发展。如学生饭食,已改为分食(即由食堂用餐,一人一份,而不是大家共桌共菜吃饭),学生寝室、自修室、调养室,力求卫生,都能详人所略,尤为难得。

在这个报告中,反映了几点不拘于时代的变革意义:一是注重学生的动手操作与实际运用能力，各种理科与艺术活动教室具备；二是教材多样且自编讲义，具有现代“校本”改革的价值；三是礼堂上悬挂学生自画的教育家裴斯泰洛齐与福禄倍尔两小像，注重对国外先进教育经验的引入与宣传；四是重视学生的体育与健康。

● **龙门书局的由来**

不拘程式的变革除了反映在学校的观念、内容与体制的变革外，还反映在教师及学生勇于改革创新上，在一定程度上显现了学校教育在学生、教师的践行上。其中，作为省二师学生与数学教师的严幼之在学校的支持下创办龙门书局，就是一个鲜明的例子。龙门书局为当时大学、师范院校等教科书的出版、引进国外原版教材等方面作出了重要的贡献。至今仍作为一个教辅出版的品牌存在，被誉为“教辅出版的三驾马车之一”。

许多来访的人士看到学校的标志性建筑“龙门楼”，往往会不由问起龙门书局与学校有什么关联，下面就一一道来。

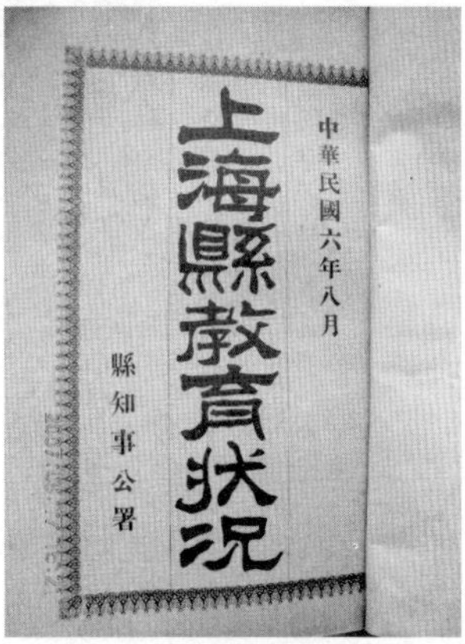

1916 年上海县教育状况介绍了龙门师范时期的教育情况

1925 年起，严幼芝(1900—1988 年，江苏东台人)在省二师毕业后留校执教(后省二师改名为江苏省立上海中学，继续做教员)，是学校优秀的理科教员，在教学时经常需要参阅一些图书资料，而在市面上能够购买到的或者价格十分昂贵，或者质量不佳，遂产生了为广大读者提供高质廉价图书的愿望。1930 年 6 月，经各方集资，学校参股，严幼芝在上海尚文路龙门师范学校的旧址借两间小屋办起出版社，故取名龙门书局，自任经理，出版的第一批书是供上海交通大学教学用的 70 余种课本。

经过一年多的摸索，龙门书局在图书质量提高的同时，营业额也直线上升，南京中央大学、杭州三江大学等以及不少外地读者也纷纷要求订货。由于龙门书局的资金、设备和印刷力量有限，那时只能承印预订的业务，没有条件自办出版发行，盈利不多。

1932 年，严幼芝为了把业务再向前推进一步，同股东们商议，决定追加投资，将龙门书局改组为股份有限公司，请郑通和先生为董事长。这时，书局从国外进口了一台石印机，增添了一些工人，建立了一个小型印刷厂。从此，既能承担预订图书的出版，也可以储存一些常用的科技课本以应付门市部销售，印数增加，成本也相应下降。那时北平、天津的一些大学前来订货的也不少，原有资金又不敷周转。经股东会商定，再次增资。

1934 年，严幼芝为了进一步提高印刷工艺，引进国外的先进技术，决定自费出国深造。行前将书局和印刷厂的工作做了妥善安排，以保持印刷、出版和发行业务的正常进行。严幼芝去英、德两国留学三年多，先在英国曼彻斯特科学技术学院和曼

江苏省立第二师范雪景图

彻斯特大学学习数理化和冶金学,1936年转到德国莱比锡印刷学院专攻印刷技术。1937年春,严幼芝在国外从报刊的字里行间预感到日本帝国主义在准备对我国发动侵略战争。是年5月初回国。不久,“七七”事变爆发,“八一三”日军又疯狂进攻上海,狂轰滥炸,龙门印刷厂被毁,化为瓦砾。上海沦陷后,龙门书局经过一段时间的努力,购买一些破烂的石印机器加以修理,邀请回到乡下的工人重新来到上海,在租界内租用临时厂房,在极端艰难的条件下,恢复了生产。

龙门书局创设之初,严幼芝更多的是出于感叹中国图书的匮乏和作为一名普通的教师为教育事业作出一点微薄的贡献。这个想法贯穿与龙门书局发展的始终。这同时也是由于深受龙门学校教育为先,救国救民思想深深感染的缘故。他是这样想的,也是这样做的。在书局建立之初,一直到19世纪50年代,龙门书局一直以影印西方科技、教育图书为主,先后出书3 000余种,为培养和造就中华民族的优秀人才和中国的科技出版事业作出了积极贡献。

特别值得一提的是,严幼芝感到中国当时的外文图书和资料的匮乏,这对当时急需要和世界文化接轨的中国尤为重要。20世纪20年代的新文化运动,使国人知道了“德先生”和“赛先生”,但究竟什么是民主和科学,西方是怎样对它们诠释的,对中国又有什么意义,中国应该怎样既结合自己的实际借鉴和吸取西方的民主和科学等等一系列问题在国人的脑海中还是蒙眬的。可见文化的启迪和激发对国人是何等的重要,而书籍作为文化传播最简便和最直接的载体是最好不过的。

因此,龙门书局在教育和科技方面大量影印西方的名著,为启迪国人思想,促进中国教育和科技发展起到了重大作用。同时,中国的印刷技术也得到了一次前所未有的创新:严幼芝在引进和介绍西方名著的同时,在1930年发明了化学制版的翻印技术,此种技术提高了效率,进一步减低了生产成本,解决了大批影印的生产问题,为贫苦的青年学子提供了价格比较低廉的国外优秀的科技教育类图书,在发展我国科技、培养科技人才等方面产生了深远的影响，同时为以后中国引进西方先进思想开通了方便之门。陈省身、华罗庚等著名科学家都是读“龙门”书成长起来的，20世纪80年代曾任国家科委主任的方毅、国际著名数学家陈省身等也都认为自己是龙门书局的忠实读者。

龙门书局之所以有如此大的成就与严幼芝在江苏省立上海中学的执教经验是分不开的。作为当时凝聚着中国最先进思想的教育机构，江苏省立上海中学无论对教师还是对广大的学生都产生了深远的影响。严幼芝把这种影响潜移默化地带到了自己的经营理念之中，不仅促进了龙门书局的发展，更重要的是促进了整个中国当时对西方思想的接受速度和深度，其意义已经远远超过一个书局在历史上的作用。

虽然龙门书局在1954年更名为科学出版社，但是龙门的精神始终贯彻其中。1993年8月，新闻出版署批复同意科学出版社以“龙门书局”为副牌的申请。阔别39年后，“龙门书局”这块当年指引青年走科技救国之路的招牌又重返中国出版之林。龙门精神又一次在新的历史时期推动了出版社的发展，推动了中国教辅出版业的繁荣，1999年被誉为教辅界的“三驾马车”之一的龙门书局自始至终都秉承着“专为青年学子出版学习用书”的传统，集中力量攻关文化、教育类图书，并已在教辅书界形成了品牌化、规模化的龙门效应。

● **五四运动对省二师的影响**

五四运动对省二师的影响是很大的，一方面是对学生思想的影响，原来省二师大多数学生都是循规蹈矩埋头读书。在“师者，人之模范也”的指导思想下，人人都以未来的合格小学教师自勉。五四运动后广大师生积极参加爱国运动，除以上所涉及的外，还反映在当时图书馆内留存的一些进步书刊中，例如《新青年》、《民国日报》副刊《觉悟》、《呐喊》，甚至还有无政府主义书报等，琳琅满目，不胜枚举。这就充分反映各种新思想早已传入省二师了。在新民主主义革命中，师范时期的学校师生与毕业生纷纷作出了自己的表率作用。俄国十月革命胜利的消息传到我国，又传来了中国在战后的巴黎和会上全盘失败的消息，大大地激发了群众的爱国热情，尤以知识界的情绪更为激昂。上海中等以上学校的学生也于1919年5月26日一律罢课。当时省二师学生积极投入了罢课、罢工、罢市的三罢运动。据说小东门一带商店率先罢市，就是在省二师同学的鼓动和宣传下实现的。以后省二师同学又回乡进行宣传活动，有的利用当地社戏演出的机会，举行化装表演，宣传亡国奴的痛苦等话剧，以唤起当地人民的爱国热忱。

另一方面的影响是省二师在迎合时代的主动变革上，主要有以下五点：

第一，在科学科目中，增设了国语，并聘请北方人士来校执教，讲授注音字母和练习普通话。师生中也逐渐有人用白话文从事写作，学生开始在校刊上发表用白话

江苏省立第二师范学校高中部

文写作的文章;国文教员胡怀琛(字寄尘)也曾在商务印书馆出版的《小说月报·小说新潮》栏中,发表过一首《燕子》的白话诗;教务主任朱香晚赴京学习注音字母,回校后在《说文解字》等教学中还加以运用。

第二,在教育思想方面,注重美国教育思想和方法的渗入。从龙门师范学校到五四运动以前的省二师,多模仿日本师范教育的一套办法,但在五四运动以后,美国的教育思想和方法开始大量传入中国,加上美国杜威的来华、来校讲学,道尔顿制等的相继传入,更助长了美国教育思潮的引进。特别表现在聘请留美回国的女教育家俞庆棠来校任教。以后又请校友赵宗预来校上课,讲授设计教学法。请校友舒新城来校介绍他在中国公学附中实行道尔顿制的经验。并在平民主义教育思想的影响上,在黄渡开办了乡村师范分校及附属小学。教育科目则常请如张子陶等南京国立东南大学教育科毕业生来担任。

第三,推行美国的"三三"新学制。1922年11月1日全国学校普遍开始实行"三三"新学制。其中对初级性质的师范教育规定:"一是完全六年的师范学校,二是后期三年的师范学校,三是高中师范科,四是师范专修科,五是师范讲习科。"省二师率先垂范,在1922年前后,既在校本部办理过两届讲习科,又在黄渡乡师分校办理了师范讲习科。这些师范讲习所,生源来自全国各地的教员,作为教师培训的基地,培养了一批杰出的人才,如湖南的徐特立(1877—1968,中国革命家和教育家,湖南人。毛泽东和田汉等著名人士的老师)等。1923年起,将新招收的预科生,作为六年制师范学校的前期二年级学生(其余原有本科各级学生不作变动)。1924年第一学期入学的新生,则作为六年制师范学校的前期一年级学生。到了后期师范,则分为文理两科。

第四,增设了文科专修科及初中部。正是由于各地普遍实行新学制,为了适应初级中学发展的需要,省二师又设立了文科专修科,招收普通中学及初级师范学校的毕业生,肄业二年,为各地初级中学输送合格的初中文科(包括国文、英文、史地等科)教员。当时洪深(1894—1955,中国早期电影开拓者,著名教育家和活动家)先生也曾到校任专修科教师,主讲演说学一科。为了供文科专修科学生在毕业前进行教育实习,还设立了初中部。

第五,实行男女同校。省二师原是一所专收男生寄宿的师范学校。但到了1922年为金山县教育局代办讲习科时,就开始招收女生入学。从1924年起,又在本科中招收女生,人数虽然不多,但毕竟为女生进入省二师创造了先例。【参见许德珩:《五四运动五十年》;陆人骥:《回忆省二师》】

● 北伐战争前后的省二师

五四运动后,省二师校园内的思潮异常活跃。1925年5月28日,是省二师的二十周年校庆日(是从龙门师范学校成立之日起算的),学校举行了各种庆祝活动。29日上午,除黄炎培外,还请来了中国共产党员恽代英、杨贤江两位同志演讲。5月30日,发生五卅惨案时,就有赵一帆等三位同学去参加的,后听到帝国主义的血腥镇压,激怒了省二师的广大同学,就在当天晚上举行了全体学生会议。5月31日下午,在进步同学的带领下,冒着蒙蒙细雨,集队出发,先到南京路惠罗公司的廊下,等待一拿到传单后,就分头在河南路等处散发。

第一次国内革命前夕,当时江苏省(包括上海县在内),正处在北洋军阀奉系孙传芳的反动统治之下。许多同学向往革命,有三位同学曾先后离校赴广东,进入了黄埔军官学校。除前面提到的赵一帆外,还有唐汉寅等(唐在进攻徐州时,献出了宝贵的生命)。还有一位叫西门宗华的同学,赴苏联留学(西门宗华、秦惠生等与蒋经国、屈武派一起赴苏俄东方大学留学),回国以后,专门从事编译有关苏联方面的一些书籍。

当1927年3月,国民革命军东路军从福建、浙江直达上海附近时,上海已为直鲁军所占据,白色恐怖非常严重,但在中国共产党员周恩来等同志的领导下,举行了第三次工人武装起义。在起义胜利的同一天(3月22日),成立了上海特别市临时政府,曾委派中国共产党员杨贤江同志任省二师校长(原来的贾校长离校)。杨贤江同志虽曾到过学校,但并未公开与全校师生见面,所以知者甚少。

同时,为了夺取上海政权,国民革命东路前敌总指挥的军队也进驻南市。东路前敌总指挥政治部,就设在省二师新建教学大楼内,并以后面一排学生宿舍作为工作宿舍。校友赵一帆同志曾任该部某科科长。因毕业班同学要求,由教务主任朱香晚负责先行开学上课,后来其他班级同学也陆续来校。当时负责图书馆工作的茅文培同学(省二师图书馆不设专职人员,由同学负责)曾购买了一大批长江书店出版的马列主义书刊,放在临时作为毕业班学生宿舍的校长住宅内。

这时,踏着工人血迹进入上海市内的蒋介石,在1927年4月12日发起了反革命政变,赵一帆同志因熟悉省二师环境,立即离职从后门出走,并担任了工人纠察队队长。王玉文在家乡如皋县进行武装斗争，在追回叛徒带走的部队时不幸中弹牺牲。省二师部分同学，虽处在白色恐怖的气氛之中，仍有同学（申金海）冒险（大门口由"政治部"的门卫把守）从校外偷偷地带来了一份郭沫若所写的《请看今日之蒋介石》的传单，给少数同学传阅。为了保密，托词生病，在宿舍内轮流偷偷地阅读，阅后即焚毁。整个学校虽仍在继续上课，但均处在静待接管状态之中。【参见陆人骥《回忆省二师》】

师范时期的学校不拘陈式变革，旨在探索中国式的师范教育之路。在晚清战乱与辛亥革命的历史大变革背景下，许多师范学校停办，而龙门学校却能一直延续下来，显示了学校变革求存的勇气与魄力。由龙门师范向江苏省立第二师范的转型过程中，学校思想观念、办学体制、教育内容、课辅教参等方面的也发生深刻的变革，育人观念也从传统的农业经济向近代化（工业化）的转变。

二、占领初等师范教育的制高点

尽管我国师范教育起步较晚，师范教育是通过学习起步的，但学校在学习的过程中注重为我所用，且注重根据当时中国的实情进行有所鉴别的"拿来"，逐步构建具有中国特点的有关小学教育、师资培养的一些观点与做法，占领了我国早期初等师范教育的制高点，这不仅反映在倡导形成自己的小学教育内容体系，推进乡村教育与普及教育改革实践，注重师范理论与实践的探究等方面，还反映在形成的领军团队影响上，如民国教育三巨匠——教育部督学袁希涛、江苏省教育会长沈恩孚、学校掌门人贾丰臻，形成了学习为我所用、开展理论与实践探究、办学实效重视社会认同的三大优良传统。

1. 学习为我所用与改造

对于先进教育理论的重视、关注、学习，是学校成功办学的经验所在。有鉴别地拿来主义的态度，是实现成功办学的基本立场。但根据自身的实践加以改造与创新才是制胜法宝。这主要反映在先后留学日本、欧美的监督贾丰臻的办学思想上。

● 对小学教科书的商榷

1903 年贾丰臻曾受地方政府资助，与杨月如（为龙门师范教员兼附属小学办事员，后成为江苏省立第一师范的校长）等三人留学日本进行短期考察师范教育、学习教授诸法，回国后参与协助开办二十二铺小学（即后来的龙门师范附属小学，现在的上海市上海小学），后任龙门师范教员。【贾丰臻：《二十年之教育生涯》】1905 年 7 月 17 日，贾丰臻在龙门师范担任教员时，被送到日本弘文学院留学。留学期间他专攻哲学、教育，思考国民对小学教育的要求。1910 年学成（中间有一段时间因病休学）回国，先后任教员，代理监督、监督。1922 年，贾丰臻奉命到欧美参观教育七个月，深受欧美教育的启发，提出了许多师范教育的新观点。

留学日本到欧美这段时间，贾丰臻冷静地思考着适合中国的师范教育方式，而不是盲目地推崇日本的师范教育学制与美国实用主义教育。这一思想突出地表现在其《今后小学教科书之商榷》(1917年)一文中。文章中的一些观点，不仅被当时的初等教育界广为认可，对现在的小学教科书仍有参考价值。现摘录几个观点以示参考。【参见贾丰臻:《今后小学教科书之商榷》】

贾丰臻认为小学改进，教科书尤为重要："励精图治，时不可失，而标本兼施，以教育为尤要，教育健行，以小学为尤要，小学改进，以教科为尤要，敢献千虑一得之愚，以为泰山河海之助。"

他指出，小学教科书有一种误解不消除，就会影响学生的成长："注重理论而不注重实验，注重文字而不注重器械，注重精神的而不注重常识的，注意抽象的而不注重具体的，注重终日伏案终日教室，而不注重实习工场实习农场……其害则一。"而改进小学教科书，要参考"本诸国民之生活现状，参诸世界之教育新潮"。

在论述了小学存在的弊端与改进小学教育的重要性后，他从立足于为职业教育做准备，全面阐述了小学各科教科书改革应当关注的重点：

对于修身科，他认为"不宜专用教科书"，"至于修身实践，应如何注意，须为教员者，凡关于平日所教授之孝友爱敬清洁勤俭诸美德，细察儿童能实践与否，暇时或访问其家庭能实践与否，能则已有效果，不能则再图改进。"

对于国文科，"除国文教科书外，宜多选读短篇之记事文，而论说辞章不与焉，此外所当阅看者，如新闻、杂志、广告、发票及收据、契纸、借据、书信、邮片、公文、告示等"。

对于算术科，"小学校中尤宜调查商店所用之簿记格式及登记方法，以教授儿童，并使之熟练。"

对于地理科，要"注意乡土地理"。

对于历史科，要"注意于近世史，则如五口通商前后之实业情形奚若，联军入京前后之实业情形奚若，欧洲战争前后之实业情形奚若，概括之，比较之……观感而兴起矣。"

对于理科，"若动物，若植物，若矿物，是与人生地理乡土地理不可须臾离，故教授地理时，即当参用。至生理卫生，为吾人身体强健之本，尤于将来之职业攸关匪浅。"他尤其注重在小学要关注卫生教育："是以在小学校时，无论饮食衣服住居，务当养成其清洁之习惯，而卫生上之常识，亦宜格外注重"。

对于图画手工科，"图画宜注重图案画、写生画"，手工应"注重实用的手工"。农业商业科，他认为"今之小学校，是否能注重实习，此一大问题也。若仅购坊间所出课本教之，遂以为农业商业之课事已毕，委实不敢赞成"，"至于实习之法，农业科宜有农场，凡关于土壤水利肥料农具耕耘栽培等事，均宜实习。商业科除贩卖部外，亦宜有商业实习室,应务账簿(分中式西式)、货币券(分本位补助)、代货券(分零整)、票据(分汇票、期票、支票、发票、定票)、单据(分提单、栈单、运单、保险单、完税单)等,以达实习之目的”。

尤其值得一提的是,在贾先生的文章中,还提别提到“英语、乐歌、体操”的教育,认为“英语除通常练习以上,凡小学校之有商业科者,允宜特别注重,而会话信札尤要。至西式簿记可勿论已”。认为小学英语以会说为主,作业就不需要了。

乐歌关注“关系于修身尤多,移风易俗,莫善于乐,将来职业之赖以进行,其为益固不浅也”。

体操“为体育之主要科目,与理科中之生理卫生有直接之关系,惟因从锻炼方面加意注重,若田径赛、足球、棒球、游泳、赛跑、击剑、柔道、拟战、夜行、运动、雪中运动等,不可不实行练习。”

贾先生的原文对以上各科教授内容的分析相当详细,尤其注重根据中国的实情加以改造,如重“乡土地理”,注重近现代史教育等。在一定程度上反映了对小学教育改革的整体思考。摘录的一些句子足以反映当时学校师范教育重视培养学生的全面发展,因为要培养小学生的全面发展,作为教师必定要全面发展。此文尽管从职业教育的角度进行论述,但许多观点至今仍闪烁着光芒。

● **学校二十年的真相**

师范时期的学校注重学习与改造,突出反映在学校课程注重改革与教育实习上,这点可以从贾丰臻《吾校二十年之真相》一文中看出。文中指出:“我校历任诸位先生,向来主张不求形式,但求实质……时间课程从未为部颁规程所拘束。”

1912年《师范教育令》颁布到五四运动之前,关于中等师范教育的建议与构想一直在进行着,贾丰臻的改革思想可谓独树一帜,他认为当时中等师范学校的课程主要是仿行日本,一个根本的不足是博而不精,缺乏必要的深度,必须进行改革。改革的具体方法是减少某些科目的教学时数而增加另一些科目的教学时数。他指出师范预科应增加地理、历史的教学时间,而减少国文、数学的时间;本科第一年可加物理、化学的教学时间,而略减修身、英语、数学的时间等。【贾丰臻:《今之师范教育问题》】

辛亥革命爆发前夕的各省教育总会联合会议议案中,指出当时多数师范学堂“既不注重教育,又无特别学风,名为师范,实与中学无异,甚至师范生并未实地练习,而亦居然毕业”。【参见崔运武:《中国师范教育史》,第62页】与当时弊端不同的是,龙门师范与省二师时期,学校有两所附属小学供学生教育实习。

贾丰臻还强调,作为师范生,必须加强实习,要求从制度上注重师范生的教育实习,并从附属小学的数量与设施上进行保证。他培养的人才顾树森、沈同一、李廷翰等均日后颇有建树。【参见崔运武:《中国师范教育史》,第60—62页】

可以这样说，师范学习的目的是为我所用，特别是不迷信外来经验，龙门学校对于先进教育理论重视和关注的同时，结合国情实践，奠定了师范时期的历史地位和影响。

2. 基于理论的实践探究

师范时期的学校教育，十分关注理论学习、理论引入基础上的实践探究。一种是继续向经验型平行发展，一种是向理论型深化发展，在此基础上形成自身个性特点的师范教育理论。需要指出的是，在国内局势不稳的情况下，这种实践探究的精神难能可贵。受制于当时的时代背景，有的设想还没来得及实践就夭折了，如龙门大学的构建，有的则取得了成效，如黄渡师范分校的创办，产生了广泛的影响。

● 龙门之义务教育普及的纪念

师范时期的学校的一个重要使命是致力于教育普及与乡村教育，这方面推进的代表是袁希涛。袁希涛在上海龙门师范学校成立后任校长，后筹设复旦公学、太仓州中学，历任以上各校教员、监督，兼江苏学务处议绅。

袁希涛的教育专著《义务教育》被收入万有文库

袁希涛自 1907 年 1 月 19 日起任龙门师范学校监督。其主持龙门师范两年有余，主张教育普及，师范为本。在《对于龙门之纪念》一文中，指出希望本校学生把教育当作事业而竭尽全力。认为日本能胜我国与俄罗斯，都是因为小学校教师为首功（即普及教师，提高国民素养的重要性），之前所花费的无限精力（即经历艰难困苦），丝毫不白费。他希望从事教育的同学亦要不断地努力，具有坚韧的毅力去投身教师的普及工作。

辛亥革命后，他与黄炎培一起参与江苏省教育设施事宜。1912 年（民国元年），应教育总长蔡元培之邀约,赴北京任教育部普通教育司司长,主张高等师范学校国立,并赴各省视察。后改任教学部视学,1914年(民国3年)任北京政府教育部次长,1919年代理教育总长,不久辞职。前后7年,亲自整理制定教育制度、法令课程,又草订全国义务教育计划。第一次世界大战结束,他组织"欧美教育参观团"。在美国参观了20多个州,又转赴欧洲,考察了10多个国家。这次欧美考察历时一年,回国后整理出数十万字的著述,内容丰富、题材广博。他倾心于办义务教育,对这方面的考察,记载尤详。1923年回国后被选为江苏省教育会会长。著有《义务教育》等有关教育普及的著作。

● **在乡村设立分校的渊源**

袁希涛是首先提倡在乡村设立分校的代表人物。他与黄炎培(曾在龙门书院学习过)等于1921年成立了义务教育期成会。他们认为中国的广大民众在乡村,因此推行义务教育必须着眼于乡村,而开展乡村教育,必须大力培养乡村师资。

当时的师范学校不仅数量少,且集中在比较繁华的城镇,更为不足的是毕业生无从事乡村教育的知识与技能,亦少有愿意到乡村从事教育者,这在县办的师范讲习所中也是如此。因此袁希涛在《师范学校添办乡村分校之建议》一文中指出:"为直接间接养成农村教员计,非先由省立师范学校添设乡村分校不可"。袁在江苏组织"义务教育期成会",联合各省共同探讨、推广,并倡设乡村师范作为推行义务教育的基础,从而将乡村师范教育机构提上了日程。

1922年,省二师在黄渡镇成立农村分校,乡村师范教育逐步开始从理论走向实践。【参见崔运武:《中国师范教育史》,98页】

● **龙门大学的构想**

贾丰臻任学校监督的时期提出将龙门师范改办成龙门大学的构想。曾任龙门师范学监、江苏省教育学会会长的沈恩孚对他的办学才干有独到而中肯的评论:"如贾君之年力与学行,庶几可久于斯任,而为斯校确树不拔之基础矣。"

贾丰臻在学校任职十八年,从龙门师范至省二师时期的治校办学,取得了良好的成绩,使省二师享誉全国。其曾荣获"嘉禾勋章"、理学大师称号,从而为龙门大学构想的提出创设了声誉基础。

贾丰臻提出将学校改办成龙门大学是基于学校发展的认识,其本人熟悉初等教育,对日本及欧美的教育有过深入的比较与认识,且初步形成了一些学校的"拳头产品",如自编教材出版、储备了一定的名师著书立说,如《龙门师范学校讲义》,沈恩孚《教育学》,吴馨的《简明实用教育学》,杨保恒《教育学》等。

然而,由于时局动荡和物力维艰,龙门大学的构想最终未能变成现实。这种构想的提出反映了从学日本到学欧美的师范教育发展历程,显示了学校富有个性的办学风格与独到见解,为成功开办黄渡师范分校创设了条件。

● **训练未来乡村领袖的“集团”**

1922年，省二师在黄渡创办了省二师黄渡分校，被认为是训练未来乡村领袖的“集团”，其创办一方面是受杜威平民主义教育思潮与国内的乡村教育思想的影响；另一方面是基于自身对普及教育的认识与承担自己的责任，是他们“教育救国”梦的重要组成部分。

省二师黄渡分校的开办，刚开始极为艰难。借民房开学，设二年制初师一个班，以后陆续建造校舍。从1923年至1927年，每年招收三年制初师一个班。1927年后随学校改名为黄渡乡村师范部，再后来成为黄渡乡村师范学校，建国后成为安亭师范。

黄渡分校在社会组织方面更多地继承了晓庄师范的模式，且取得了实效。他们在教学上实行“实验工学教育”，保持了晓庄师范通过实践学习的精神，要求学生具有高度的动手能力，尽可能地在实际操作中学习每门课程。黄渡师范分校有明确的宗旨，即训练学生成为将来的“乡村领袖”。他们指出，今日之师范就是训练未来乡村领袖的“集团”，要使他们具备各种“乡村领袖”所必需的知识与技能。

“乡村改进事业”是黄渡师范的一项重要内容。他们认为，一所师范学校设在农村，若不能推进乡村社会的建设，就失去了教育的意义。乡村改进事业的主要纲领包括以师范学校为推动力、师范生所办小学为改进乡村社会之中心，“以师范生为改进乡村社会的主力军”，“以组织民众、教育民众为工作之重心点”。

他们首先要取得农民的信任。学生们通过与农民交谈，办民众学校，联络小学生的家长，建立起与农民的联系，了解他们的问题，为他们解答一些疑难，介绍一些农业新技术新知识，逐渐取得农民的信任。在社会改造方面，他们开始筑路时，怕农民们反对，因此仅从学校附近开始，逐渐扩展道路，直到农民们觉得新筑的道路的确方便，才开始大规模修路，并把当地农民动员起来，由学校学生分派到各处兼作指导。

学校还动员地方村民组织青年服务团、儿童团、国术团、乡村改进会等乡村组织。其中乡村改进会类似地方自治机构，成员为合作社社员、小学生家长、民众学校的学生。改进会以小学作为活动中心，并由小学教师担任各村改进会的指导，其上级机构则是黄渡师范学校。师范学校不仅指导、帮助各村改进会的活动，并补助部分改进会的经费。改进会设执行机构，由村民选举产生，负责地方事务，有总务、建设、调解三部，帮助村民自治。【选摘自:《中国师范教育百年》】

黄渡分校以及后来的黄渡乡村师范部，其积极意义就在于真正将乡村教育的各种蓝图付诸实践，包括帮助成立地方自治机构、传播农业知识、进行儿童教育等，成为与陶行知创办的“晓庄师范”相互呼应、名声显赫的乡村师范学校，取得被群众认可的广泛成果。

师范时期基于理论的学校教育实践还反映在现代教育理论和师范教育理论在

对自编讲义的指导、教学的实际运用与案例的撰写上,形成一系列具有早期奠基与开创意义的师范教育规章制度。总而言之,成功的办学经验证明背后,一定要有成熟的理论支撑,成功的办学实践又推进更高层面的、具有个性特色和特点的理论发展,从而对当时教育的整体发展及全局具有指导和引领作用。

第二节 奠基近代师范教育的理论与实践

无可否认,中国的师范教育是从学日本起步的,但中国在兴办师范教育时应如何根据自己的实际情况和需求去做呢?师范时期的学校,又是怎样唱响近代师范教育的中国化之歌,从而为近代中国初等师范教育的理论与实践奠基呢?

一、师范教育理论研究成果丰硕

师范时期的学校,在借鉴的同时,学校监督/校长、师生都非常关注教育法、教授法理论研究,为近代师范教育的中国化之路作出了自己的努力。学校在师范教育的理论研究成果上所形成的优良传统,主要表现在自编教材讲义、规范课堂教学、方法兼容并蓄等多个方面。

1. 深厚底蕴的自编教材、讲义

师范时期的学校,已经在自编教材讲义上进行了开创性实践,主要原因是:一方面刚起步的师范教育不可能有国家或地方统一编写的教材与讲义,另一方面是学校作为全国最早开办的初等师范教育之一,应该有自己的教育教学内容。于是,《龙门师范学校讲义》与学校师生编写的《教育学》教材风靡全国。

● 龙门师范学校讲义

1902 年,清政府正式规定师范教育系统。师范独立分开后,又分为初等师范和优等师范(即高等师范)。其时,尚无正式的师范教材,上课时一般由教授口授,学生记笔记。1905 年,龙门师范学校的教师组织编写了《龙门师范学校讲义》,分为历史教授法、西洋史、算学等数种,作为教材让学生研习,成为当时师范学堂争相学习的蓝本。龙门师范自编教材供学生学习,在中国师范教材缺失的情况下,的确具有开创性意义。

自编教材讲义,自此成为学校的一个传统。1913 年 8 月 30 日,在上海《时事新报》中刊载了江苏省立第二师范学校的教育部视学的视察报告表中指出,学校在教科书使用上采用各种教科书,地理、动物、植物、物理、化学、法制、商业等均为自编讲义。【参见《江苏省立第二师范学校十周年纪念录》】

● 异彩纷呈的《教育学》

自《龙门师范学校讲义》(1905)实行后,师范时期的学校监督/校长、师生开始一方面学习西方的教育理论;另一方面尝试编写适合中国特点的教育家教材,在中国教育史上书写了重要一笔。

这个时期,学校使用的由本校师生与毕业生编写的教育学教材非常丰富,可谓异彩纷呈,如1908年沈恩孚校订的《教育学》,吴馨于1910出版的《简明实用教育学》,杨保恒的《教育学》,1927年舒新城的《教育通论》,杨贤江撰写的《新教育大纲》,都有一定的价值与积极意义。其中《新教育大纲》是我国第一部用马克思主义论述教育原理的专著。

宋桂煌校友在《回忆江苏省立第二师范》一文中,也反映了当时任教的许多老师都采用自编教材授课。他回忆道,杨保恒编写过师范学校教材《修身教科书》(商务印书馆出版),贾校长编写过一本《修身体教》(商务印书馆出版),他上课教室鸦雀无声,堕针可听。

师范时期的学校自编教材讲义,可以说是早期中国师范教育的首创性教育理论研究和实践成果,校本性的龙门师范讲义与权威性的教育理论著为中国师范教育理论的发展起了奠基作用。

2. 规范有序的课堂教学

师范时期的课堂教学,在关注教育理论与方法渗透的同时,非常注重规范性问题,这既是教育的进步需要,也形成了学校优良传统的重要组成部分,从而形成了课堂教学领先一般学校的显著优势。现从两篇当时的示范性教案分析中可见大概。

- **吴人英《初等四年级国文科教授案》**

教科书:南洋公学新订蒙学读本三编第六十七课;教材:自立说;教案:用三段法。(注:教学中也开始教学方法的运用,此为德国教育家赫尔巴特的“三段”,注重预备、提示、应用的教学方法)

预备:问人若遇穷困,则应求济于人乎,抑不求济于人乎?答:不求济于人。问何以不求济于人?答:若求济于人,则失自立之资格。问人而不自立可乎?答:不可。

汝等既知人不能不自立,今日即讲自立,汝等听之。此时书“自立”二字于黑板,并讲明其定义。(注:“预备”显示注重教学导入,引发学生的兴趣)

提示:将书中生字逐一书于黑板,与生徒问答,详细讲明,然后将书中字义及词句,逐一讲解之,并设问题与生徒问答(附问题)。藤与桂孰高?藤如不缘于墙亦能高于桂乎?墙崩则藤如何?人若依人而生,一旦失依则如何?(“提示”,注重引导学生解决质疑、注重基础知识的教授,联系形象的事物帮助学生理解,注重启发)

应用:凡人当求自立。若不知振作,依赖他人以为得计者,一旦失依,则必不能自存。观藤一植物也,其不足恃尚如是。吾人欲生存于世界,不得不亟谋种种自立之方法。(“应用”:注重联系实际,进行知识的巩固与内化)

讲毕后,教者先将全文朗读一遍,仍令生徒共读之,如再有暇时,或令行读,或令列读,随时酌定。本书无插图,教授时,在黑板上画极简单之藤如缘于墙上之形状,旁边画桂树一株。(注:教学中已经注重课文的阅读与教法的使用)

此教案反映了当时课堂教学的规范与注重方法的运用,由此可以看出师范时期的教学注重教学过程规范,关注知识结构严谨,关注启发学生思维,关注激发学生的兴趣。

● 顾树森《初等一年级国文教授案》

教材书:用文明书局初等小学国文读本第一册第五十八课。教材:方盘 圆盘 桃 梅 数数 五个 十个。教案:用三段法。

预备:问有人在市中购菜所提何器?答:篮。问篮以何物为之?答:以竹编成之。问:篮有何用?答:可盛物。问:盘亦可盛物乎?答:可。问盘与篮同乎?答:不同。教:盘是以木为之,可捧而不可提。今日是讲盛物之盘及盘之种种形状,诸生须细心静听之。(注重联系实际,启发学生的思维,引起学生的学习兴趣)

提示:先绘方盘于黑板上。问:此为何物?答:方盘。乃出方盘实物以示诸生。问:此方盘与黑板上所绘者同乎?答:同。问:此盘何以不称之圆盘,而名之曰方盘?教:因方盘四角皆方。故称方盘。问:圆盘有角乎?答:无。乃绘圆盘于黑板上。教:此盘因周围皆圆而无角,与方盘截然不同。又出圆盘实物而比较之。问:诸生方圆盘三字能与之乎?乃书方圆盘三字于黑板,说明其笔画之次序,并令读之。

问:盘中可盛何物?答:果实等物。乃绘方盘中桃子五枚于黑板上。问:此为何物?答:桃子。问:桃子熟在何时?答:五六月间。教:桃树在二月中先开花,花落而结果,至五六月熟。乃书桃一盘于黑板,令生读之。又绘梅一盘十枚于黑板。问:此为何物?答:梅子。问:梅与桃孰大孰小?答:桃大而梅小。问:梅子何时可食?答:四五月。教:梅较桃先熟,因梅花开时亦较桃花为先也。乃书梅一盘于黑板,令皆读之。

乃将所绘方盘中之桃子、圆盘中之梅子,一一数之。问:方盘中有桃子几枚?答:五枚。问:圆盘中梅子共有几枚?答:十枚。问:然则方盘中之桃与圆盘中之梅孰多孰少?答:桃少而梅多。问:梅较桃多若干?答:多一半。教:梅既较桃多五枚,则桃较梅少五枚,若再加桃子五只即与梅子同数,或梅子减去五枚则亦与桃子同数。乃书数字于黑板,令生读之。(在教学过程中,关注启发教学,注重师生互动)

应用:问:桃与梅如何生成?答:皆先开花,花落后即结果实。问:桃梅可食乎?答:可食。问:二者味孰佳?答:桃佳。教:桃子之味甚甜,梅子之味甚酸。诸生喜食桃乎,抑喜食梅乎?答:喜食桃。教:因梅不如桃之甜,故人不喜食之;而桃不如梅之酸,故人皆喜食之也。(注重对学习的事物进行比较,教学贴近生活)

以上两份教案刊登在1909年《教育杂志》第一期上,针对旧塾教师的教学改革而设计。这两份教案反映了当时学校教师在教学中比较注重采用德国教育家赫尔巴特的“三段”教学法,很好地帮助了当时教师编写教案与组织教学,也反映了师范时期的课堂教学注重规范的一面。

需指出的是,这两份教案均被选入华东师大已故教授朱有瓛主编的《中国近代学制史料》中,有编者按如下:“1909年,刚创刊的《教育杂志》开展了悬赏征集优秀教案的活动。教案有三段、五段,内容包括修身、读本、作文、算术、历史、地理各方面,得奖者多为教育界有影响的人物,推动了当时研究教法的活动。此处选入的几份龙门师范教师所作的教案,刊登在《教育杂志》第一年第一期上,是编辑者作为优秀教案的样板向大家推荐的。由此可见该校在当时的地位。”【朱有瓛:《中国近代学制史料》,华东师范大学出版社,第254页】

3. 兼容并蓄的开阔胸怀

师范时期的学校,非常关注教授的方法,关注各类教育改革方法的运用与组织形式的改革实验,可谓是教育教学方法兼容并蓄。

● 单式、复式、单级教学

在龙门师范教学中,关注对学生教授法的教授,即教师在不同组织形式中授课法则的运用。最初所授教育法,都取法于日本。龙门师范附小开设班级,根据生源的情况,采取三种不同的形式:其一是单式,即一级一个课堂,教法单纯;其二是复式,即两个年级合一个课堂,如一班在讲课,其他一班只好复习,一静一动,要有适当安排;其三是单级,即一年级至四年级合在一个课堂,一人要调度四级,使各级普遍获得教授效果,安排各得其宜。此种单级教授,在乡村中比较普遍,如缺乏熟练修养的教授法,无以应付。

为预备单级教学起见,龙门师范悉心研究教授方法:第一要熟悉编排单级课程表,第二要在课前配备计划教案,第三要充分实习试教,临场不至于慌乱。担任单级课是一项很艰巨的任务,龙门师范附小就有单级教学的实验,许多教员多因此受益,外校教师来观摩,也主要到单级课堂取经。

龙门师范在两所附属实验小学进行单级小学教授法的实验与探索,杨保恒(1873—1916)是其中的代表人物。他早年就学于龙门书院,1901年赴日本留学,研习师范教育。回国后,于1902年创立了上海最早的新式小学之一的私立二十二铺小学,在校内开展教育实验活动,成为中国近代实验教育的创始者。1904年该校成为龙门师范附属小学,杨保恒既作为教育专科的教员,

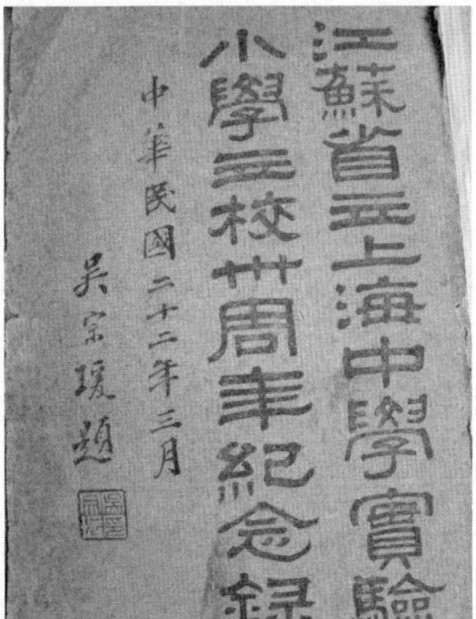

江苏省立上海中学实验小学
立校卅周年纪念录

又作为附属小学的主管,继续开展教育实验研究。1909 年再东渡日本,考察单级小学教授法,回国后受江苏省教育会邀请,举办单级教授传习所,培训各地小学教员,闻名一时。这种从日本学来的单级教授法,适应兴学初期的简陋小学的情况,具有一定的成效。民国十六年(1927)后,教育普遍发展,单级教授已不合时宜,乃成为历史名词。【参见崔运武:《中国师范教育史》,64 页】

● **道尔顿制引入的率先实践经验分享**

民国四年(1915 年)后,西洋教育法传入我国,道尔顿制、爱的教育、自学辅导主义,随后还有杜威、杜黎舒等教育法取日本教育法而代之。于是师范教育不断变换方式。当时的龙门师范及省二师非常关注教材教法、教育改革实验的探索,为师范教育的中国化发展记下了不可磨灭的一笔。道尔顿制引入的率先实践经验分享就是一个重要方面。

道尔顿制是相对于班级授课制的一种个别教学制度,产生于美国进步主义教育家柏克赫司特女士于 1920 年在马萨诸塞州道尔顿中学所进行的实验。道尔顿制将教室分为各科作业室,按学科性质陈列参考书与实验仪器,废除课堂讲授,将学习内容制成月作业大纲,规定应完成的任务;学生与教师订立公约后,按兴趣自由支配时间,安排学习;教师只是作为各作业室的顾问;设置成绩记录表,由教师和学生分别记录学习进度,进步快的可以提前更换公约,并缩短毕业年限。

道尔顿制引入的率先实践经验与教训的分享,首先在省二师进行。龙门师范的毕业生舒新城在全国率先于上海吴淞中国公学中学部试行道尔顿制。在实践的过程中,他不断将自己的经验与省二师学生分享,到省二师授课。在 1923 年,舒新城出版《道尔顿制概观》,在指出了道尔顿制的可取处时,也指出方法不宜照搬,应抱着实验态度。指出了对于国外的教授法、教育理论的引入,不能盲目照搬,而应根据学校实情进行实验,才能了解它是否对学校教育有价值。【孙培青:《中国教育史》,393 页】舒新城还编写《中国近代教育史资料》(上中下),至今仍是教育学者研究中国近代教育的必参史料。

● **礼堂悬挂学生自画的西方教育家画像**

师范时期的学校在教育方法的兼容并蓄还反映在对西方不同教育流派、理论的尊重与方法的选择。这可以从当时学校礼堂悬挂学生自画的西方教育家画像看出一些端倪。1913 年 8 月 30 日,在上海《时事新报》中刊载了江苏省立第二师范学校的教育部视学的视察报告中,有这样一个有趣的记载,在"礼堂上悬挂学生自画教育家拜斯他罗基、福罗拜两小像"。【参见《江苏省立第二师范学校十周年纪念录》】

"教育家拜斯他罗基、福罗拜"是谁呢?从名字来看,显然不是中国的教育家,而应是西方教育家英文名的中文音翻译。经过翻查,得知拜斯他罗基,应是 Pestalozzi 的中文音翻译,在外国教育史上的名字是"裴斯泰洛齐"(1746—1827),系瑞士教育家。裴斯泰洛齐认为，通过规劝、启蒙和教育，能激发人们的善良心愿，可以顺利地、自然地改变社会的不平等关系和贫富悬殊现象，并从根本上改变贫苦人民的生活状况。裴斯泰洛齐是瑞士伟大的民主主义教育家，他是西方教育史上第一位将“教育与生产劳动相结合”这一思想付诸实践的教育家。裴斯泰洛齐强调教师的权威性，但这种权威性不是来自对儿童的惩罚、告诫、命令和指示，而是自身的知识智慧与感召力。

江苏省立第二师范礼堂：中间为校训、左右两侧为世界著名教育家（画像）

福罗拜，应是 Froebel 的中文音翻译，在外国教育史上的名字是“弗里德里奇·福禄倍尔”（1782—1852），是 19 世纪上半叶德国的著名的幼儿教育家，他创办的幼儿园和提出的幼儿教育理论，对后世幼儿教育的发展有广泛的影响；他所提出的一些教育原则，对 20 世纪初的新教育思想也有直接的影响。1837 年，他在家乡附近的勃兰根堡开办了一所学龄前儿童教育机构，并于 1840 年将它正式命名为幼儿园（Kindergarten）。他在幼儿园的工作中，形成包括游戏与唱歌、玩具“恩物”以及作业的幼儿教育体系。

这两位西方教育家的教育主张与教育方法是不一样的，前者重视教师的权威，后者注重儿童的主体地位。学生自画两位西方教育家的画像挂于礼堂上，由此可见当时学校的教育教学大量地学习、借鉴西方的教育理论成果，同时显示具有不同风格的教育家在学校里同样得到尊重，这种博采众长是需要胸怀的。

20 世纪的世纪之交，是中国教育的重要转折时期。由于五四时期的新文化运动，西方教育思想和理论的引入在学校里得到了鲜明的反映，作为处于思维活跃之地的省二师，在中国师范教育的理论探索和实践具有一种开阔的胸怀。以贾丰臻、袁希涛等为代表的学校领导者，从师范实践起步，成为中国权威性的领军人物，既说明当时的成功和影响，也显示了学校立于不败之地的根基在于能够自强不息地吸收新的养料，学习为我所用，无论是日本师范教育理论、乡村教育理论还是杜威的实用主义教育理论等，都能取其长而立我本，促进自身的发展和形成特色。

可以这么说，这一时期的学校在师范教育理论引入和实践上具有领先和示范的地位，不仅有理论贡献（著作或观点），也有实践成果（办讲习所培养全国师资，单级教授法等），还有权威影响（如袁希涛参与国家政策法规的制定、教育行政机构的组织等）。

二、学生全面发展的课程建设

课程是学生发展的载体，师范时期的学校重视课程建设，从龙门师范与省二师的课程来看，一方面有鲜明的时代烙印，如在龙门师范时期的课程，是与清末教育宗旨“忠君、尊孔、尚公、尚武、尚实”相一致，而到了省二师时期的课程，对“忠君”“尊孔”的内容予以取消，与民国初年的“军国民教育、实利主义教育、公民道德教育、世界观教育、美感教育”五育并举的教育方针相一致；另一方面师范时期的课程又有一脉相承的要素，那就是注重灵活多样、注重各育并举、注重实践体验、重艺术修养。

1. 注重灵活多样

师范学校的学校课程，由于受各种教育思潮与时局变化的影响，以及学校各类办学实体的不断出现（如附属小学、黄渡分校的设立），使学校的课程呈现出灵活多样的特点，也正因为课程的灵活多样，学校在时局变化中仍然能保持顽强的生命力。龙门师范的课程分设本科和简易科，并附设小学。省二师的课程分一部二部、预科，后又受平民主义教育思想影响设黄渡师范，学校尤其注重自编师范教育的课程教材，自创师范课程教材的校本化，在当时的初等师范教育中发挥了示范作用。

● **本科和简易科的教育内容**

在龙门师范时期，学校课程分设本科和简易科，并附设小学。本科学制三至五年，简易科相当于速成班，学制一年。以教育普及为宗旨，于普通学科外，注意教授法的传授与管理学生的方法。

本科的课程，“修身”关注的内容涉及自身的道德修养，兴家族、处理人际关系、关注国家大事，了解世界关系。“教育”科涉及教育史、心理学、教育原理、伦理学、教授法、教育法、管理法，参观考察学校、实习教授。“国文”科涉及讲文法、作日记、用书简（查资料与典籍）、论说文、记事文、文学渊源、习官话、国文教授法。“经学”科涉及孝经孟子要义、诗经礼记要义、春秋要义、易书要义、尔雅要义、群经大义。“历史”涉及中国史、本朝史、世界史、历史教授法。“地理科”涉及地理总论、中国地理、外国地理、地文学、地理教授法。“理化”科涉及小学校高等级、中学校初等级、几何代数、中学校毕业级，理化教授法。“博物”科涉及地质学、岩石学、矿物学、植物学、动物学、人身心理学、博物教授法、实地考察。“算学”科涉及算术、几何、几何代数、代数、算学教授法。“习字”涉及楷书、行书、小篆、习字教授法。“图画”科涉及自在画、用器画、图画教授法。“体操”科涉及普通体操、兵式体操、体操教授法。“乐歌”涉及单音、复音。“外国文”涉及英文。后还开设手工专修课，由日人任教。

简易科的课程，“修身”科之理科与文科均涉及自身的道德修养，兴家族、处理人际关系、关系国家大事，了解世界关系。“教育”科文科与理科均涉及教育史、心理学、教育原理、伦理学、心理学、管理法、教授法。“国文”科关注讲文法、作日记、用书牍、记事文、习官话、论说文，文科强调应用文写作。“历史”科理科涉及中国历史之大略、外国历史之大略，文科涉及中国史、外国史。“地理科”理科涉及中国地理之大略、外国地理之大略，文科涉及中国地理、外国地理。“理化”理科涉及小学校高等级、中学校毕业级，文科涉及小学校高等级、中学校初等级。“博物”理科涉及地质学、岩石学、矿物学、植物学、动物学、人身生理学，文科涉及矿物学、植物学、动物学。“算学”理科涉及算术、几何、代数，文科涉及加减乘除分数、小学比例开方、算学教授法。“习字”文理均学教授习字之次序法则。“图画”科均涉及自在画、用器画。“体操”科均涉及普通体操、兵式体操。“外国文”文科教授东文，理科不作要求。【参见《中国近代教育史资料·师范教育卷》，上海教育出版社，784 页】

龙门时期的学校课程各科都有分年级要求，已经形成了一个相对完善的体系，从学校培养宗旨而言，是为了普及教育而培养教员，其教学内容是与清末颁布的“忠君、尊孔、尚武、尚公、尚实”的教育宗旨相匹配的。课程中的手工科聘请日本教师任教，新设栾歌科和东文课，毕业赴日留学，显示其视野的开阔。

● **省二师的课程亮点**

在省二师时期，学校的课程设置分本科一部二部、预科。五四运动后增设初中史地。关于省二师的课程，没有找到像龙门师范那样详细的课程分科分级资料，但可以从《1912 年 4 月至 1913 年 2 月省立第二师范学校之概况》(报告省行政公署稿)中分析“关于训育者、关于知育者、关于体育者、关于美育者”中可知大概(后有详述)。省二师的课程教学，与蔡元培倡导的“五育并举”之民国初年教育方针相一致。

在训育方面，学校关注养成共同性(主要做法是旅行、运动会以及运动各部——足球部、网球部、台球部、远足部，各种学校新闻——全体学生所组织的)。【参见《十年大事记》】

在公共课方面，注重心理学的教授与各科教授法的讲授，关注孩子的心理变化，也是比较超前的观念。

师范时期的课程显现出了明显的多样性、示范性与完整性，在前无可借鉴的基础上探索出中国式的师范教育课程，形成完整的师范教育课程理论和实践范本，这些为以后袁希涛在教育部制定相关规章时奠定了重要的基础。师范时期的学校课程还着眼于文化教育事业的开拓与实业的发展。

2. 注重各育并举

值得一提的是，师范时期的学校，已经非常重视德、智、体、美育，以推进学生的全面发展。在1913年上海《时事新报》所载部视学省二师报告中，可以看出“五育并举”的观念了。在报告省行政公署稿《民国元年四月至二年三月省第二师范学校之概况》中，对训育（与现在的德育相近）、知育（与现在的智育相近）、体育、美育与其他方面做了如下阐述，显示了学校“五育”的地位与影响。

● **关于训育者**

定校训。校训为“诚敬”二字，诚之目为勤、恳、奋、勉、朴、实。敬之目为顺良、信爱、威重。礼堂训话。逢年假暑假旅行运动会之前后，及校内有特别事故时，公开礼堂由校长职教员训话。教室训话。学生有特别事故或偶发事项，除礼堂训话外，即由校长于修身课时施以教室训话。养成共同性。如旅行、运动会以及运动各部，各种学校新闻，由学生分司其事。此外如校长职教员学生共同受业，共同游戏，共同聚餐等。养成爱国心。如校长职教员学生筹集爱国捐各项赈捐、及减膳助捐之类。此外，如雄辩会中讨论国事，每晨专差买日报，使之先睹为快。注意俭朴。于学生服饰用品，格外注意。

（关于训育，一个重要的方面是注重共同行为规范的树立，无论是校训“诚敬”，还是养成共同性的各类活动，无论是注重爱国心的培养，还是注重节俭，都体现了这一点。）

● **关于知育者**

定教程预定表（相当于教学流程表、教学计划）。本校教员固定者与流通者各半。自今始定一种教程预定表，较之教授要目，能使每学期教程可渐收划一之效。此外如教员课后填教案（为对原有的教案进行教学反馈补充，而非课后写教案），教务主任管总教案表，各级主任管每周授课考核表，较前大同小异。

主张练习主义之教授。此为欧美各国最新之教授法，师范为小学之母，影响甚大。校长于修身教授已实行此法三年。理化教授亦拟实行，种种器械正在预备中，而数学教授于此尤重。

加习世界语。本科四三二各年级之不习英文者习之，其习英文者得为随意科。设小学教科书研究室。备本科四年生之研究，得随意批评而藏书楼之书籍亦得随时借阅以资参考。

开雄辩会。各级于每星期四晚开雄辩会，藉以增长口才，预备将来实习教授时免去格格不入之病。参观小学校。备本科四年生之研究于实习教授，及将来充当教员时得所参考。听名人演讲。各级学生曾赴上海教育会听童季通先生演讲电学，王立才先生演讲传染病之消防法，李英石先生演讲军营生活，及青年会西洋诸博士演讲飞行器无线电报等。会课。各团于星期日有国文，会课习字、会课等，由该科教员校阅。此外又有喜习诗词者随时由校长阅改，择其优者而发表之。

（关于知育，有几点值得我们应予以传承与发扬的。一是重教学计划与及时的检查反馈。二是重视对学生进行知识的传授与巩固，“主张练习主义之教授”，尤其重视数学教育，可以说学校的数学教育优良传统自此得以开其端。三是注重对外语，尤其是英文的学习。四是重视课外活动，如开辩论赛、参观、听演讲等。五是重视研究与编写教材，设“小学教科书研究室”。）

● **关于体育者**

练习拳术。专请南通拳术教员张一清教授，学生颇有精于斯者。创造弹子房。学生往往有不喜运动者，然自弹子房成立后，厌者可谓绝无。常屋七间，共设弹路二盘。每日四时后分团演打，其兴颇能继续而备费仅用去七百金价。廉而物美，虽日本各学校亦未见此项设备也。扩张足球部。去年于校舍南新辟操场，广大学生练习足球，得有余地，并逢星期日随时与中等以上各校比较足球。野外演习。由体操教员随时于体操课行之。

厉行消毒法。于夏间厉行之，除臭药水外，硫黄石、碳酸亦间用之。去夏开假前一日，学生沈承源由常熟来，当日即发虎列拉症，旋殁于时疫医院。于是严加消毒各宿舍，及后到者之铺陈，悉用硫黄熏之，并在外间租屋三间预防续发者卷入，幸手续尚速得备而不用。检阅厨房荤素菜蔬。每晨，庶务员于菜担挑到时，检阅之，其不洁者，得摈而不用。注意各室空气。于庚戌秋间始，拆墙、开窗、拆洞不遗余力。于是以前本校盛行之脚气病得以逐年递减，去年新造之自修室，及宿舍其窗下不用砖壁而用百叶栅，得随时开闭以备空气流通。

（关于体育，有两点值得我们关注与发扬的：一是重视学生的体育训练，通过练习拳术、足球等方式进行，且弹子房还属于全国领先，即使同类的日本学校也无法比拟。二是树立大体育观，体育不仅要关注学生的体能训练，还要重视学生的身体健康，关注卫生安全。这在当时是开先气的。）

● **关于美育者**

练习音乐，常于课外由该科教员择志愿者而指导之。注意图画手工，学生极有兴味，故自习室内常见字画单条之张贴。而图画又与理科相衔接，凡理科发明家及各种气械，均由学生自画，以作标本。其手工一科，本校设备最早。成绩品尚美。近尤注意自造理科中用具。

（关于美育，在当时具有十分重要的历史地位和影响，首先表现在学生音乐与美术教育的重视；其次是自制理科教具，具有先导性与示范性；第三是手工一科的开设，设备在全国最早，且聘请日本人执教。）

3. 注重实践体验

师范时期的课程内容，在当时做得很领先的一项内容不得不说的是注重体验学习,主要表现在考察学校与远足旅行体验、卫生教育体验、课外活动体验、学习心理体验等方面。

贾丰臻在《吾校二十年之真相》一文中指出:“提倡修学旅行,从事实地观察,当时各学校所未见到,而我校早已实行了。”有一年,学校还组织本科四年级的学生到日本去考察学校。学生在考察与远足体验中,认识到了自身所肩负的使命,下面介绍一个学生在远足体验中的感慨。

● **龙华远足记**

高等三年级姚元鑫写了一篇《龙华远足记》,内容如下:

沪西之西南,有古迹曰龙华塔,相传建自孙吴,黄巢之乱时,为兵所毁,至宋而复建,迄今已一千六百余年矣。塔旁有寺,亦古刹也。丁未三月二日,本校高等科同学往游,远足会也。

是日天气清和,时钟九下,乃整队而出,携带校旗、军乐、风琴等具。自校至西门,出城西南行,军乐洋洋,步伐整齐,勇气百倍。及过斜桥,则各人壮气消灭,乐声肃静,面带怒容。究其故,则因行经法界,法捕房不准擅奏军乐也,若必欲奏乐,必先照会捕房也,呜呼,此为我国之地,而吾华人不得自主,名为租地,实为割地,所以吾同学对之不得不怒也。

行近龙华,两旁乞丐,见人索钱,不可胜数,苍头白发者有之,妇女缠足者有之,小孩裸体者有之,衣衫褴褛,饮食不完。有随西人之马车而求乞者,辄被外人嗤笑,或为外人鞭挞。此等耻辱,惟中国有之可叹也。

至龙华,见车马密布,人物拥挤,高塔巍峙于天际,寺殿雄壮,佛像伟大。遍殿一游,乃至后厢,有僧供茶,食面包毕,登塔眺览。西望一山高耸,东见黄浦,心旷神怡。及返,路遇日人,以牙粉赠人。

又见日本人闲游者,数人并肩而行,因叹,日本人之程度,较西人远逊,后由原路而返,时已薄暮矣。

【《龙门师范学校附属小学校杂志》第一期64—65页】

这一远足记,可以反映出学校教育的积极探索。一是学校注重让学生走出校园,不局限于书本,促进学生的实地考察与社会实践。二是关注学生体验国情,注重学生的爱国主义教育,激励奋发图强。

在卫生教育体验方面,也有许多材料能证明当时学校这方面的领先地位与对学生身体健康发展所带来的影响。在前述的上海《时事新报》所载部视学审省二师报告与《1912年4月至1913年2月省立第二师范学校之概况》(报告省行政公署稿)有所反映,不重复引述,在此引一小插曲。

● **进膳制改为分食制**

当时的许多学校食堂,都是7个人围坐在一桌,每次吃饭的时候,一般用大碗盛好菜，一桌的师生从大碗中夹菜吃，这样很不卫生，且学生每次使用的碗筷不分，当时也没有今天这样好的消毒工具，容易造成交叉感染。

由于战乱，许多学校疫病流行，本校也曾发生学生伤寒与疾病而死的事故。贾丰臻监督在学校大力推进卫生运动，让学生在卫生教育中得到体验与洗礼，厉行消毒，检阅菜蔬以外，尤注意于各室空气，拆墙、开窗、堵洞，使学校的流行病减少与逐步消亡，这种做法在当时得到了认可与推广。

贾监督办事认真，天天到校，督策学生用功，监督教师勤奋，改进校务措施，不到几年，校中面貌崭然一新。他到校后的第一项改革，就是把进膳制改为分食制，这种方法是他在日本留学时学来的。其基本方法是由学校食堂的师傅统一分饭菜，每人按编号固定碗筷，这样就避免了交叉感染，推进了饮食卫生。当时各处师范学校前来参观，都认为这样最为卫生，争相仿效。

学校的课外活动，被作为学校知育的一个重要组成部分，被学生广为推崇，而在活动中进行体验学习，更是学生提升素养的重要组成部分，当时学校的课外活动也是异彩纷呈的。

● **异彩纷呈的课外活动**

一般来说，当时师范学校的师生对课外活动是不积极的，这是因为师范学生年龄比较大，有好些已经做过塾师，入了师范俨然以师资自负，暮气沉沉，对于团体生活和社会活动，自然淡漠乏兴。学校通过多种办法来推进学生参加团体生活与社会生活，将之作为提升学生共同性的一个重要环节，逐渐改变了学生原来对课外活动的看法，课外活动也变得丰富多彩起来。

感兴趣的活动，首推教师和学生共同组织的“金石社”。该社分书法、篆刻两门，学生自愿报名入社，有指导四人，分组监督教授。为督促进步起见，规定社员每星期要刻交石章两枚，评毕批分，历年造就能书能刻者，为数不少。又设有图书室，供学生借阅。

学校对于教职工的课外活动重视，在1914年学校报省行政公署的《江苏省第二师范学校概况报告》中有相当多的内容反映。关于课外游艺事项有以下几个方面：

第一是拳术，为本校随意科（大概相当于今天的选修课），专门请南通人张一清为拳术教员。第二是蹴鞠（相当于现在的足球），学生课后练习足球并逢星期日，随时与中等以上各校比赛。第三是网球，学生于课后练习。第四是打弹子（注：拨以木棒，两相撞击，以角输赢，谓“打弹子”。起初为在沪洋人借以消遣，犹中国之围棋、马吊也……到了20年代，会打弹子的人多了，除了综合性娱乐场里设有弹子房外，在山西路福州路一带也出现了如民丰、和记、迎宾、钧天集等十余家专业的弹子房），本校专门设有弹子房，供学生课后练习。第五是野外演习，由体操教员于春东负责教授。第六是开辩论会，每星期一次，只在有战乱的时候暂停。第七是听名人演讲，随时进行。第八是会课(相当于现在的开研讨课、展示课、公开课、课堂教学交流),星期日有国文、习字等会课,由学生组织。第九是办杂志,由学生编辑的名为《教育界》,每月出一期,因1913年战乱、经济困难暂停,由职员编辑《校友会》杂志,每年一期。

此外,学校还重视学生的学习心理体验,以培养学生的爱国心,主要反映在学生的日记与作文的心理感受渗透上。这里选一篇当时学生的优秀作文与日记反映学生的爱国心。

● **国不能自立必受欺侮**

当时的龙门师范,尤其注重爱国教育,有一篇国文科毕业考试题是《问吾国学生现在宜具何等宗旨,将来当建何等事业》,学生朱钟奇作了如下应答,很有启发意义,当代学生当铭记,必须把国家建设得强大,才能不受到欺侮。现摘取其中的一些语句以示当时学生的心理感受:

国不能自立,必受人之欺侮;人不能自立,必受人之束缚;此天演之公理也。权也者,国际人群所必争之义,亦国际人群所公有之义也。一国有一国之权,一人有一人之权。国无权,不可为国;人无权,不可为人。凡政治之隆污、历史之荣辱、种族之进退,莫不视其权之有无、盛衰为衡。其以也,不知费几许精神,掷几许铁血,而始争得。一不爱惜保护,即溃裂飘散,荡奚无存,旋即失自主。此生存竞争、优胜劣败之理当然也。故国权完全无缺,方体国体,否则为半主,朝鲜之事日本,缅甸之事英是也。人以完全无缺,始具人格,否则为奴隶,印度、波兰,其前车哉。

何谓国权,即邦主自主之权是也。自主之权有二:曰内治权,曰外交权。昔法儒孟德斯鸠分行政、立法、司法为三权,使国家守此三权,鼎立勿失,则内治之权完。若人权之说,个人之自由权是也。其意在积人权而为国权,非侵国权而为人权。盖邦国权能发达扩充者,亦未有个人之权无缺,而国权不发达扩充者,国权与人权无分也。

呜呼!吾中国自败于日本后,国势为之一挫,今则国势之衰极矣,人权之丧失亦殆尽矣。关税路矿,国之命源也,而为人把持,为人要索,是失理财之权。遣使修好,简派由我也,而阻抑勿纳,必先应允而后定选,是失遣使之权。其他,英人又欲夺我江浙铁路权、西江缉捕权。夫欲恢复吾主以伸张吾国势,使吾祖国一跃而胜欧美者,此皆为中国今日学生之责任也。

吾辈今日在学生时代,当求完全之学术,为将来争回主权之预备。盖学术者,权之母也。吾国何以受人欺侮,因学术不及他国之完备也。然则,吾国学生今日最要之宗旨,在求学术,他日最重之事业,在争回主权而已。

【《龙门师范学校附属小学校杂志》第一期第58—60页】

以上文章,反映了国权的丧失即人权的剥夺,作为国人必须自强,而自强在于学有所成,树立国家主权。这些爱国言论,为当今的学生也必须记住,在另一学生的日记中也反映了为使国家不受侮辱,必须自勉自强的精神。

● **刘正芳日记一则**

吾自校发，见一儿大哭不已，或曰：受数人侮辱故也。余叹，中国犹此儿也，英法德美诸国犹彼数童也。虽然，儿童受侮，尚可申诉于己之父母，以责数儿之非。今中国受侮于英法诸国，将申诉于谁哉？无已，只有申诉于我少年。我少年安敢不勉。

此日记指出，当时的中国，处处受人欺侮，作为中国的求学少年，不能不自勉。【《龙门师范学校附属小学校杂志》第一期第50—52页；参见《中国近代教育史资料·师范教育卷》，上海教育出版社，第784页。朱有瓛：《中国近代学制史料》，华东师范大学出版社，第252—254页。】

4. 注重艺术修养

自师范时期，学校非常重视对学生的艺术修养的培养。在1913年《上海时事新报》所载部视学省二师报告中，就指出了学校有专门的音乐教室，重视图画手工教学，学校使用的各种理科教具以及悬挂的图画都是学生自己创作的。这些均反映了学校对学生的艺术修养的重视。在这里还可以从当时学校音乐教师的影响与一些革命歌曲中反映学校对艺术教育的重视，尤其是音乐教育，可以说师范时期的学校音乐教育是中国近代学校音乐教育的启蒙。

● **课堂音乐的启蒙**

师范时期的学校，十分重视音乐教育，这在近代教育中是一个突出的亮点，可以说是近代最早开设校园课堂音乐的学校之一。学校的音乐教师沈心工(1870—1947年)，是中国近代普通学校音乐教育初创时期最早的音乐教师之一，一生作有乐歌180余首，多数是采用外国歌曲的曲调，少数采用中国传统民歌填词或专门作曲。他所编乐歌，多数是儿童歌曲。由于他长期担任教师，对儿童的心理特点和唱歌要求有较深入的观察与了解，因而善于描写儿童生活中所接触到的一些事物，使儿童感到亲切。他也是最早使用白话文写作歌词的作者，所作歌词浅而不俗，简明易解。他选用曲调比较注意音乐语言的生动性和儿童特点。如他所编的《体操—兵操》、《赛船》、《竹马》、《铁匠》等乐歌，在学生中广为流传。其最有名的乐歌是《黄河》。

● **中华民国国歌与龙门人**

说到学校音乐，历史上的中华民国国歌与龙门人也有着一定的渊源。1912年1月1日，孙中山在南京出任中华民国临时大总统。教育部登报公开征求国歌，后选出沈恩孚(龙门书院学生，曾任龙门师范的监督)作词、沈彭年(曾为省二师教师)作曲的“国歌拟稿”《五族共和歌》刊登于政府公报，歌词是：

“东亚开化中华早，揖美追欧，旧邦新造。飘扬五色旗，民国荣光，锦绣山河普照，我同胞，鼓舞文明，世界和平永保。”

该歌在30年代之前也被留学美国的中国学生所取用作为国歌。这是孙中山时期的一首拟国歌，反映了曾任龙门师范与省二师在音乐教育的才气，以及对挽救国难的关心。

音乐是人生心灵之声,通过音乐可以表达心中的情感,后来还出现了有用革命歌声引导青年的音乐老师王贡三。从一定意义上是说,中国近代学校音乐教育的创始人是曾任师范时期的教师沈心工,如果说沈心工开创了中国的学校音乐教育,那么,师范时期的音乐教育可从龙门师范追溯起。

三、制度化管理的开创性奠基

师范时期的学校在制度化管理方面,在中国的初等师范教育历程中,当属开创性奠基。这一时期,学校发展已经有良好的规划,建立了一套相当完善的管理制度,在学校管理上已注重建立共同的行为准则与价值观,使师生共同围绕学校发展目标进行追求,在招生管理上有一系列的法则,在教师的任用上注重发挥教师的专长,乃至外聘有专长的教师进行任教,这些优良传统至今仍有一定的参考价值。

1. 学校发展有规划

我们通常说,学校发展规划是引领学校发展的美好蓝图,现在的示范校必须要有自己的发展规划,营造自己的发展亮点,这按照学术界的说法叫做"规划引领学校走向成功"。90 多年前我们的前辈们也知道通过规划来引领学校的发展。

● 90 多年前的学校五年规划

1912 年,省二师向省行政公署递交了《本校五年间之规划》,共分七大板块,最后有"附记"。行文如下:

	民国二年	民国三年	民国四年	民国五年	民国六年
学级编制	共五级,为预科及本科第一部、一年二年三年四年学生总数约二百三十人	同上。此外拟另招本科第二部一级,学生总数约二百八十人	级数与三年同,学生总数约三百人	同上	同上
毕业人数	阴历年底,本科第一部毕业三十八人	阴历年底,本科第一部毕业三十五人	阳历六月底,本科第二部毕业约五十人。阴历十二月底,本科第一部毕业四十九人	阳历六月底,本科第二部毕业约五十人。阴历十二月底,本科第一部毕业五十人	阳历六月底,毕业本科第一部第二部约各五十人
增筑校舍	教室四大幢合银四千五百元,大门及门房合银六百元,筑路合银三百元	拟增筑宿舍六幢,约计银二千元	拟筑平屋三大间,备职教员住宿约计一千元		
添置校具	添置教室桌椅约计银四百元	添置理化教室特别桌椅约计银千元,理化器械约计银千元	添置图画教室桌椅,约计银四百元		

（续表）

	民国二年	民国三年	民国四年	民国五年	民国六年
添购校地	拟拨领旧守备署基地，以建筑附属小学	拟购大门前陈姓地约一亩余，合银三千元	拟购大门右旁曹姓顾姓地，约二亩余，合银六千元		
附属小学	共九级，初等科四级，高等科三级，单级男女生各一级，约计三百五十人	同上	拟添二部教授约增百人。余同	同上	同上
附　记	本校校址系前龙门书院改作，虽历年来添购地十亩有零，然尺土寸金，究属规模狭隘于发展。教育上，不无影响，非另觅校地不可。目下所作规划表，虽就现在校址而论，然终非永久之计，尚望主持教育者有意善其后也				

从以上规划可以看出，以前的学校发展规划注重以下几个方面：重学校编制与毕业生的发展，重校舍的改造与校具的添置，重学校空间的拓展与实习基地的建设。除学校总的发展规划外，还有学校的年度发展计划与总结，现列举1912年与1914年对学校发展的概况与设想。

● 1912年4月至1913年3月省第二师范发展概况

在《民国元年四月至二年三月省第二师范学校之概况》报告省行政公署稿中，除前面我们所阐述的关于训育、知育、体育、美育外，还有其他方面的一些发展设想，大致包括以下几个方面：

增聘教务主任。

添筑自修室寄宿舍。本校原有之自修室、寄宿舍，只能容纳一百五十人。去春骤增至二百人，已觉拥挤不堪，若今夏再增学级势，非添筑不可。于去秋起，在原有之运动场添筑屋舍九幢，而以体操场迁至教室之南。

培养花木鱼鸟。本校系吾园旧址，花木鱼鸟素所著名。加以每年添购种种，尤

江苏省立第二师范学校雪景图

觉园林生色，使莘莘学子，不徒得科学知识之补助，且足以增其爱校心，而减少其离乡之感。好鸟枝头亦朋友，落花水面皆文章是为本校第一特色。

约束仆役。自光复后，自由平等之说，为一般无知识者所滥用，而上海尤甚，去夏有沪地仆役联合会，其中会长会员大体全具，惟其宗旨不外乎同盟罢业要挟增薪，果也。于秋间有本校仆役六人，以与厨子冲突之故不告假而出。晚间关大门时，仍不归校至明才始到。本拟送警局严办，旋以苦求而止，乃全行罢去。后所雇用者严加约束，此风遂稍稍煞矣。

以上几个方面，一是人员的变更，一是学校校舍的修建，一是校园的绿化，一是对职工的规范与管理。

● 1914 年省二师的发展设想

对于学校未来的发展规划，在 1914 年向省行政公署递交的《江苏省立第二师范学校概况》中也有鲜明的反映。其中的内容是这样的："本校自今秋起，共六个年级，预科一级，本科第一部四级，本科第二部一级，每逢招考的时候，往往报名的达二三百人之多，'广厦万间'（注：引有杜甫的诗句'安得广厦千万间'之义），只是心中的空想。以前考察日本师范学校，有多至十几个级（班），本校若能够扩地建校舍，那么被拒之门外的学生就会少，毕业的学生就会多，这对于发展教育不无影响，甚至推动教育的发展。"同时，还提到要提升教师的素养与养成学生的良好学风。

2. 学校管理有制度

在师范时期的学校，已经树立了学校师生应共同遵守的行为规范与价值追求，且用一系列的规章制度来保障其落实。下面列举当时学校发展的"校训"与相关的规章制度的部分内容加以分析。

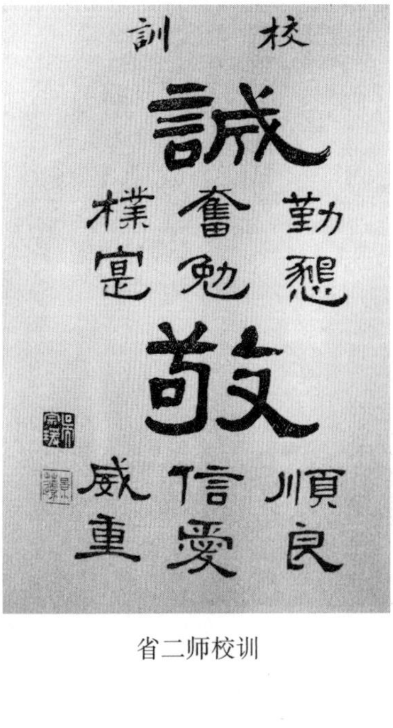

省二师校训

● 校训"诚敬"

师范时期的十周年与二十周年的校史纪念册上，都在开篇明确地指出了学校的校训：诚敬。在师范时期的学校礼堂正前方，也悬挂着校训"诚敬"两字，及其相应的解释。它反映了学校师生共同遵守的行为标准，是学校文化的核心，也成为学校优良传统的一个重要方面。

校训之"诚"有三个方面的含义。第一是勤恳，为学、工作要勤勤恳恳。第二是奋勉，要用于战胜困难，奋起前进，师生应共同努力，互助互爱，相互勉励。第三是朴实，为人注重勤俭节约，实事求是。

校训之"敬"，同样也有三个方面的含义。第一是顺良，做人、做事，要与人为善。第二是信爱，讲诚信，爱校、爱家、爱国。第三是威重，发扬君子之风格，威武不能屈，自尊自重。

用意诸君已明，勿需多言，理当共勉。

学校对学生的教育与管理，有一系列的规章制度来保障对学生发展"诚敬"要求的落实。龙门师范时期，学校管理有严格的规章制度，要求学生遵守，以下举出学校教室规则、寄宿舍规则、食堂规则和参观规则的一部分内容，供各位参阅，看是否有借鉴的地方。

● **教室规则 12 条**

第一节　上课散课，均鸣号钟。出入一律排班。第二节　先教员入，后教员出，教员就座离座时，均起立行敬礼。第三节　座位均依编定次序。第四节　教员宣讲时，概不提问。第五节　质问就答，必离坐正立。第六节　同坐生无问答。第七节　唾涕不至地，承以巾。第八节　非习业切用之图书器具，概不携带。第九节　修业一月后，每班举正副班长各一人，掌出入之排班。第十节　每日第一课前、末一课后，依座位次序，轮二人任拂拭整理之劳，名值日生。同班生有辍课者，达于教员；室内有损失或需修缮者，达于庶务员。第十一节　非散课不出，非上课及拂拭整理不入。第十二节　凡入室参观之客，教员行敬礼者，亦行敬礼。

● **寄宿舍规则 19 条**

第一节　起卧时刻，以节气为差。第二节　自习室座位，寝室榻位，每学期开学时，由监学编定。第三节　每日早晚，监学在指定处点名一次。第四节　入校一月后，每室各举室长一人。在北舍者，举舍长二人；在西舍者，举舍长一人。一学期一举，其职如下：舍长　注意同舍各室内外之整洁与否，传达监学之意于同舍生，代陈同舍生之意于监学，注意寄宿舍规则之实行。室长　注意室内之整洁与否，传达监学之意于同室生，代达同室生之意于监学或舍长。注意同室生规则之实行，掌室门之锁钥及就寝时之手灯，同室有抱恙者，达于监学。第五节　同舍同室各生，均有协助舍长、室长之职。第六节　衣服、卧具、器物、随时整理，置有常处。第七节　唾涕必入痰罐。第八节　每一寝室，早起轮一人扫除；室门一律由室长扃（读 jiōng，意关门）锁，至卧时始启。有要事入内，先告于监学及室长。第九节　在自习室，不以无益之言动，妨他人之自习。每室日轮一人扫除。卧前，由室长扃锁室门。第十节　卧后，一律熄灯，概不谈话。第十一节　行李除卧具外，勿过三件，以榻下能容为度。第十二节　卧具内之帐褥被单，以白色为宜。第十三节　非习业切用之图书、器具、概勿携带。第十四节　溲便器，概勿携带。第十五节　所携物品，受监学之检查。第十六节　室门均悬名牌，假出时，以自习室之名牌呈监学，换名签，交门房；返则取签呈监学，换名牌，悬如旧。第十七节　假出归校，以晚餐前为限。有要事迟归，须先达于监学，亦以大门未闭前为限，不宿校外。家近，偶一归宿者，亦须先达于监学，以不旷明日第一课为宜。第十八节　外人，概不留宿。第十九节　暑假年假时，所携物品，概不留校。

● **食堂规则 10 条**

第一节　鸣钟后齐集堂上，迟到勿过三分钟。第二节　每桌七人，职员单位，师范生双位，如单位尚虚，舍长亦坐单位。第三节　通堂齐坐，然后举箸。先食毕者，俟同桌齐毕，然后退散。第四节　职员、师范生均自添饭。第五节　当食物谈笑，勿唾涕。第六节　骨壳勿弃于地。第七节　进食以细嚼为宜，每餐须费十分时以外。第八节　关于饮食之事，由舍长代达于庶务员。第九节　概不自行添菜。第十节　暑天亦着小衫。

此外，还有诸如参观规则、接待来宾规则以及龙门师范附属小学生徒规则，不一一列举。由以上观之，师范时期的学校管理，建章立制，为学生的良好行为习惯的养成奠定了基础，也锻造了师范及其附属小学毕业生独特的气质。

3. 学校招生有规则

师范时期的学校招生，讲求规则与有序，在招生生源上也显示海纳百川的胸怀，原招收苏松太地区生源，自民国元年（1912 年）改为省立省二师后，扩大到上海、松江、奉贤、金山、南汇、青浦、川沙、嘉定、宝山、崇明等县，还涉及江浙皖等地，学生至师范时期（包括附小、分校毕业生）总计五千之众。随着招生区域的扩大、招生数量的增加，特别是男女生同校的出现（1907 年，附小开始招女生，1922 年，省二师开始招女生，男女同校），较早地冲击了封建传统文化，并弘扬了民主新思想。

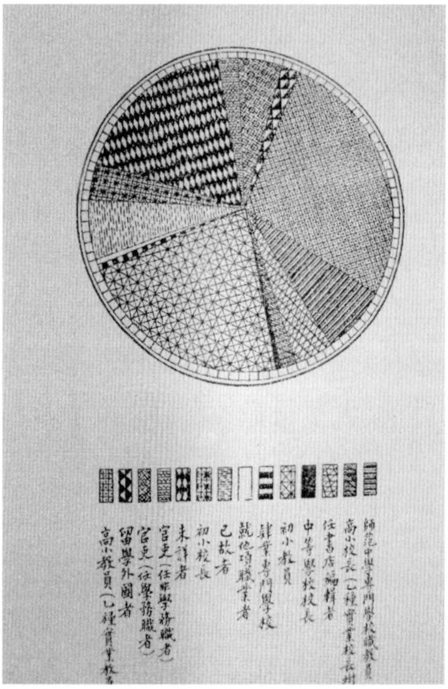

省二师毕业生就职示意图

● **师范时期毕业生计五千之众**

龙门师范时期的学生入学后的待遇，比一般中学优厚，免缴学费，住宿膳食也一律由校供给，入学时还发制服全套。学生只须在开学时缴保证金大洋拾元，并自理书本杂费。保证金为预防学生在校发生事故供赔偿损失之用，如在修业期内无事故也非中途退学者，到毕业时可以领回。本科生三年毕业时，要到苏州提学使处复试经义策论，成绩优良者奖给训导或贡生衔，但要为国家义务任教两年，如不任教而考升大学者，奖衔取消，这是当时师范学校通例。不过此项奖励，仅实行一两次，宣统二年（1910 年）之后，即行废止。该校所开班级，以本科为主体，每年夏季招收一班。光绪三十三年（1907 年）招收的，修业期为三年；宣统二年(1910 年)以后改为五年。

民国元年(1912 年)起校名改为江苏省立第二师范后，添招预科班，一年毕业，递升本科，本科改为四年毕业。1914 年冬季起，改招本科第二部一班，定一年毕业。1926 年秋季起，每年招收初中生一班，三年毕业。此外，有时还添办讲习科，修业期一年或两年，则为奉贤、金山、上海、南汇、青浦、崇明、松江府属各县委托代办，开班不固定。光绪三十三年(1907)曾开手工科两班，修业期仅半年。民国十二年(1923)曾开文科专修科一班，修业期两年，则为应当时学校需要，特别开班。

学校向来专收男性学生，自民国十年(1921)金山县托办之讲习科兼收女学生后，1922 年录取之本科第二部学生，1923 年录取之文科专修科学生，1926 年和 1927 年录取之初中学生，及 1922 年起历年录取之预科学生，均男女兼收，以适应时势之发展。师范时期的学校，统计先后招生四十三班，其中简易科十班，本科十四班，本科第二部九班，讲习班三班，文科专修一班。再加上师范附小、开办讲习所及分校的毕业生，总计五千之众。

● **生源地与服务地比较**

在省二师建校十周年的纪念册上，有四张图表值得一提，第一张是历年的学生规模比较图。该图显示 1904 年开办时，学校规模是 120 多名学生，之后逐年增加，到 1907 年的时候，在校学生规模是 160 余人，1911 年人数最少(当时正好是辛亥革命时期)，以后又逐年增加，1914 年校庆时为 240 多人。第二张是在校生的籍贯比较图，从图表中可以看出，当时的省二师学生来源相当广泛，除上海、江苏省生源(上海县当时属于江苏省管辖)，还有浙江、贵州的生源，还招了甘肃的插班生。第三张图是毕业生服务地点人数比较图，服务区有上海、江苏、福建、浙江、江西、河北等地。第四张图是毕业生职业百分比图，高小教员最多，约占 27%，其次是初小教员，约占 23%，以后依次是官吏、师范中学专门学校教职员、高小校长、初小校长、留学国外、中等学校校长、书店编辑员、肄业专门学校等。【参见《江苏省立第二师范学校十周年纪念录》】

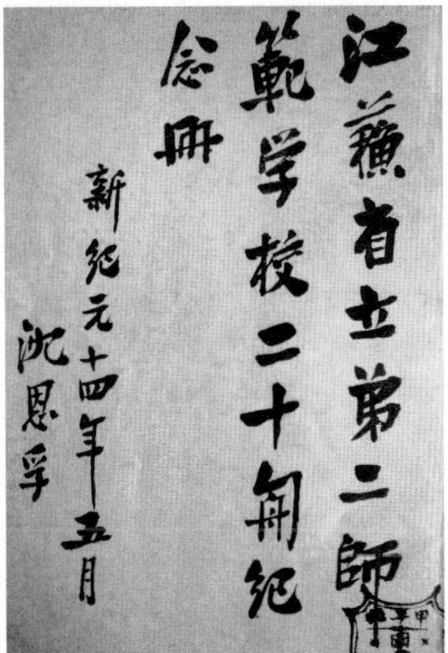

江苏省立第二师范学校
二十周年纪念册

1924 年，省二师建校二十周年，所做的《江苏省立第二师范学校二十周年纪念录》比起十周年纪念录要简单得多，只介绍了教职员工、校长纪念文章及四张图表，可能这段时间是中国国内处于北洋军阀政府时期，战乱较多的缘故。这四张图表是：一张是历年生徒数比较(最高的年份是 1923 年，达到 350 人的规模，1911 年至 1924 年均在280人以上);一张是毕业生服务地点比较图,服务地点拓展到上海、江苏、福建、浙江、江西、河北、山西、北京、甘肃等地。一张是在校生籍贯比较图表,由十周年的28个地区拓展到35个地区(在贾丰臻的《吾校二十年之真相》一文中,还记载从1914至1922年中,学校还收了甘肃学生8人),说明省二师的招生规模、人数、生源地、服务区域均比建校十周年时有所提升。

需要说明的是,以上统计不包括师范附属小学的学生(此时期的附小学生,后来有一批有成就者,于光远先生就是其中之一)。此时,学校的影响也相当大,自民国七年(1918)至民国十五年(1926),江苏省教育厅在每年春假期间考查各县小学教员,在省二师辖境内者,自民国九年(1920)起,均委托省二师办理。由于学生在校学习期间打下了良好的基础,历届学生毕业后在外都担任了重要职务。不过数年,太仓、松江各县学校及周边乃至外省市的一些有名学校的重要职教员,大都是龙门师范与省二师的毕业生,对于发展地方教育作出了贡献。

4. 学校教师有专长

师范时期学校的教师可谓是学有专长且兼容并蓄,既有本地区的名师,外省或地区的名师,还有国外的专长人员来任教。学有专长的师资队伍是师范教育高质量的保证和前提,一方面他们有着自身明显的专长;另一方面他们还是名师大家。

● 师范时期专长教员举隅

国文教师吴公之,常在《民立报》、《民权报》上发表文章,并著《宥言》一书。他主张火葬,主张对古来传统的孝道予以批判,守旧派的人都侧目而视,认为离经叛道,学生中则有不少人赞成他的观点。

提倡国学和朴学的国学教师顾铁(僧寔)、胡朴安(蕴玉),皆著述宏富,卓然名家,对学生掌握治学途径,影响不小。

史地课教师姚孟炟(明煇)、童季通(世亨),皆该科专家,所写著作,风行全国。省二师毕业生多延揽教授历史地理,是与姚、童两氏培植之功分不开的。

此外,学校对于体育、技术各课,亦颇注重,体育课除柔软操、器械操之外,尤重兵式操,学生平时分队编制,荷枪上操,有时还请上海制造局派员到校指导擦枪和装拆,还特请海门人教授国术。

学校为了响应政府推广国语运动,特请北京人来校教授普通话;由于手工科是新兴课目,国内缺乏师资,还特向日本延请手工专科教师小仓绳、田村半九郎到校任教。

师范时期的学校教员,可谓是海内外名师汇聚。【陆人骥:《江苏省立第二师范概述》】

● 从《登龙集》、省二师校庆纪念册上搜寻的名教员

从学校的校史资料中,可以找到《登龙集》、《江苏省立第二师范十周年纪念册》

(蔡元培题词)、《江苏省立第二师范二十周年纪念册》等记录学生与教员的材料，从这些资料中，我们可以找到两类名教员，一是在当时是名师的，如上面所介绍的一些，还有一些是在当时有教学专长，后来离校后成为有名的人物。

沈恩孚先生说："师范学校之根本，在于师范生之师，师范生之范。"龙门师范与省二师时期的任教者中，有许多后来成为某些领域和行业的创始人或领袖。

譬如吴馨(上海法租界华董)，杨天骥(教育部视学)，叶景澐(北京大学教员)，张树勋(江苏省视学)，杨保恒(省立第一师范学校校长)，沈心工(中国近代音乐教育的创始人)，钱临照(1927 年前后在校任教，后成为中国科学院院士，物理学家)，吕思勉(1920 年前后在校任教，后成为中国科学院院士，历史学家)等。

来校任教的教师来自于全国各地，有上海、浙江、安徽、湖南、松江、无锡、海门、江苏、嘉定、青浦等。日美外教也有，如田村半九郎(日本)，Bolde ain(美国)等。归国人员也有，如穆湘钥(字藕初，美国农村大学硕士)、留美女教育家俞庆棠等。

可以说，师范时期的学校吸收了一批学有专长、身正学高的大家、名家来校任教，出了一批后来成为各行各业的领衔人物。特点有二：一是以挽救国难为使命，二是走出校园，成为国家和栋梁人才。

述评　挽救国难，需要有一批为国家、为民众谋福祉、先天下之忧而忧的志士仁人。"凡授教育于及受教育于这个学校的人，试想一下……，立国的根本在哪里，外国欺侮我们是怎样的，今后教育的主旨，对内对外应造就民德、民智、民力的责任又怎样，已往的成绩还不是很多，而今后的希望是无限的。西方哲人有言：患难为最良之教育，国家的患难，是全民的患难。我校友共同奋斗吧。"【沈恩孚：龙门师范十周年纪念文】事实显示，为挽救国难，校友在不断地奋斗、前进。

师范时期的学校，取得了为社会认可的办学实效，有"全国教育看苏省，苏省教育看二师"之称。这也从一个重要的方面反映了学校并不是关起门来办学，而是根据社会的需要办学，重视社会的广泛认可。这一时期，学校也培养了一批为社会发展有所贡献的人才，包括革命洪流中的爱国人士；以及在近代文化教育、经济实业、科学、外交等均有所建树，尤其是对教育的发展贡献特别突出的龙门学子。

● 与厦门大学、南京大学创始的渊源

江苏省立第二师范的影响，可以从南京大学、厦门大学创始的渊源略知一二。先说与厦门大学的关系。厦门大学是从集美师范学校一步一步发展起来的，而集美师范学校的教员大部分来自省二师的毕业生。

1912 年秋，著名爱国华侨陈嘉庚从新加坡回国，筹办集美小学，视察同安农村，考察福州师范。发现当时福州师范招生官僚化倾向严重，闽南贫寒青年难以入学，致农村初等教育办学困难，特别是师资奇缺，当即表态："待力能办到，当先办师范学校,收闽南贫寒子弟才志相当者,加以训练,以挽救本省教育颓风。"第一次世界大战期间,嘉庚先生兼营航运业,获得良好的资本积累。为实现诺言,1916 年 10 月,派遣胞弟陈敬贤回故里筹办师范学校。

陈敬贤回到集美后,一手抓建筑校舍,一手抓聘请师长。1917 年 5 月,他专程赴华东各省考察教育,了解到省二师的影响很大,于是面托江苏省立第二师范校长贾丰臻代荐师长。贾校长立即介绍该校年底应届毕业生王绩为集美师范校长人选。8 月,聘定后的王绩校长,商定一切事宜,返沪后又组织本班十余位同学受聘集美师范教职员。12 月初,王校长和部分教职员先抵达集美。江苏省立第二师范学校应届毕业生应聘担任集美师范校长、教职员的消息在厦门传开后,社会上反响激烈。也就是说,集美师范学校的首任校长与骨干教师是省二师的毕业生,推进了集美师范学校的发展,后成为厦门大学的前身。

再说与南京大学创始的联系。南京大学的前身是南京高等师范学校。南京高等师范学校的创立,龙门人立首功。1914 年江苏省立第二师范学校校长贾丰臻等联合上书教育部和省公署,建议早日在南京筹建高等师范学校,以培养中等学校师资。南京高等师范学校筹建时,聘前教育部视学袁希涛(龙门师范学校时的监督)、省教育会副会长黄炎培(曾在龙门书院学习)、省教育会会长沈恩孚(龙门师范学校时的监督)为评议员,为筹划创办南京高等师范学校集思广益,商讨办学事项。

1915 年拟定《南京高等师范学校简章》以及《南京高等师范学校招考简章》。8 月11 日公开招考,9 月 18 日举行开校仪式。至此,南京高等师范学校正式成立。到 1921 年时,南高师的教授占教师总数的 56.8%,教师中曾在国外留学的有 30 多人。其中有许多长期从事师范教育的著名教授,如陶行知、陈鹤琴等。

1920 年前后,美国教育理念对中国教育的影响日益加深,特别是随着杜威(Dewey)、孟禄(Monroe)等人相继来华讲学,使中国的教育深深打上了美国的烙印,学制由清末民初模仿日本转而"抄袭"美国。随着美国"六三三制"的实施,中学教育从 4 年改 6 年,中学学生学习程度增高,高等师范学校升格为大学,已成定局。但升格后,是改为师范大学还是改为综合大学,引起了一场大争论。以郭秉文、顾树森(龙门师范学生)、许崇清、贾丰臻(龙门师范监督)、陈独秀等为一方,主张废止高师,将高师升为综合大学,后成为南京大学。

李廷翰

● 沪上遍开龙门花

我们收集到两本集子:一本是在省二师二十周年校庆前编辑的《登龙集》,刊载师范时期的龙门师范与省二师的教职工、毕业生信息；另一本是上海县知事公署于1917年编辑的《上海县教育状况》，其中刊载了各学校教职员工一览表。从这两本集子中可以看出沪上遍开龙门花，如沈维桢，上海南洋模范的创始人；李廷翰，上海市万竹小学（现在的上海实验小学的前身）的首任校长；穆藕初，上海市位育中学的创办人，此外，还有浦东中学、市二中学、中华职业中学、旦华小学等学校的创始与发展，也与龙门师范及后来的省二师相关联，不一一细说。

● 辛亥风云中的龙门人

晚清政府腐败懦弱，面对列强入侵，割地赔款，令国人蒙难。孙中山领导的辛亥革命，让人们看到了希望。在辛亥风云中，活跃着一批龙门学子的身影。

首先要讲的是龙门师范童子军在光复上海所发挥的作用。在龙门师范时期，体操课非常注重兵式操，当时的苏松太道发给步枪130余支，只是式样较老，无子弹，用作学生学习兵操用。逢地方出现小事故，学生便荷枪出外游行示威或分段站岗。当时上海的民间武装，除了城内的商会救火会外，唯一的武装队伍就是龙门师范的童子军。而商会救火会是由龙门书院毕业生李平书掌管的，龙门师范当时也是李平书任校董。在国民革命军光复上海时，正是在商会救火会与龙门师范的童子军两支武装（龙门武装的弹药问题在这个非常时期是容易解决的）与国民革命军里应外合，光复了上海。

其次要讲的宝山袁氏（一家人情系龙门，有七人在龙门书院或龙门师范或省二师以及省上中读过书）。中华民国成立时，向孙中山总统授总统印的就是毕业于龙门的袁希洛，是龙门师范的监督、也是龙门书院的学生袁希涛的弟弟。

袁希涛家属（1934年摄於苏州）

长婿汪典存　长女袁世庄　二女袁世芳　媳葛敬璇　子袁世汾

二外孙女汪安琳　长外孙女汪安琦　夫人秦织云　长孙女袁哲怡　二孙女袁哲衡

外孙汪安球　长孙袁哲俊　三孙女袁哲明

有关袁氏的龙门故事,1935 届省上中毕业生袁锷最有发言权。其回忆如下:

先伯父袁希涛曾就读于龙门书院,辛亥革命后曾任中华民国临时政府所属江苏都督教育科长。北京统一政府教育部司长、次长、代理总长。卸任后又被选为江苏省教育会长多年,致力于推进国民义务教育,奔走于卫生条件甚差的偏僻农村,终致得肠道病而故。又父亲袁希洛(1876—1962)亦曾就读于龙门书院(1890 年)。大半生从事教育工作,其遗著《辛亥革命见闻录》(刊于上海市人民政府参事室所编《史料选编》辛亥革命七十周年纪念专辑)涉及龙门师范首任校长沈恩孚参与辛亥革命光复上海、苏州。他在日本加入同盟会。中华民国成立时为授印代表。六叔袁竹一曾任龙门书院总教习(相当于教导主任)。据袁竹一(1876 年时肄业于龙门书院)之外甥孙铁明说及,其在任龙门书院总教习时,得意门生中有黄炎培、颜惠卿。

接着要讲曾是龙门师范监督沈恩孚与曾是龙门书院山长的汤寿潜。沈恩孚在其辞去龙门师范监督职务后,去苏州(当时江苏巡抚驻苏州)任抚署。1911 年 11 月 5 日,浙江独立,汤寿潜被推举为都督。12 月 2 日苏浙联军攻占南京,12 月 4 日江苏都督程德全、浙江都督汤寿潜、沪军都督陈其美,以及各省留沪代表沈恩孚等,在上海江苏省教育总会开各省代表会,列席会议的还有章炳麟、蔡元培等。大会议决"公电孙中山回国主持大政",国名定为中华民国,公推袁希洛为授印代表。在 1919 年五四运动中,校友沈恩孚、狄君武、穆藕初等,也表现出了鲜明的爱国主义情操,值得我们学习与传承这种精神。狄福鼎(字君武)教员还是声讨主张在"巴黎和约"上签字的卖国贼、火烧曹(汝霖)宅的第一人。

● **近代实业、外交、军事的先驱**

龙门人在近代经济实业发展方面有所开拓,穆藕初(1876—1943)就是其中的一位杰出代表。曾先后出任龙门师范英文教习兼学监。他任教英文,同时阅读了学校图书馆大量的实业方面的中英文书籍,对实业产生了浓厚的兴趣。清宣统元年(1909)赴美国留学,攻读农学、植棉、纺织和企业管理。获农学硕士学位归国后献身实业,获得巨大成功,成为棉纱大王。始终不忘"实业救国"的初衷,自己生活俭约,却将大量金钱无偿投入教育事业。民国九年(1920)曾出白银 5 万两,交北京大学校长蔡元培,选派"道德、能力与学问并佳"的高材生 5 名留学欧、美。此后,陆续资助六七人出国深造。又长年资助黄炎培创办的中华职业学校,还出资创建位育中、小学校。

在外交上的先驱,值得一提的是驻朝使节张维城。张维城又名维仁,字廷珍,早年求学于上海龙门师范,后进北京大学法科深造,获学士位。1929 年起,任公使衔驻朝鲜汉城总领事,并被领事团推选为首席总领事。在 1931 年"九一八"事变前夕,曾发生过一件"朝鲜排华惨案"。1931 年 7 月 2、3、4 日,朝鲜的《朝鲜日报》连续 3 天发行号外,这些号外登载大量日本长春领事馆提供的假消息,并冠以挑拨性的大字标题，称中国当局驱除朝鲜侨民。对这些假消息，朝鲜的《东亚日报》、朝鲜各地的日文、朝文报纸也大肆宣传，在日本殖民当局的纵容下，从7月2日开始朝鲜各地掀起惨烈的排华恶浪。对华人的暴行首先从仁川开始。7月2日晚，街上出现多股朝鲜暴徒殴打华侨、掠夺华人财物、砸毁华人店铺的行动。至第二天早晨，形势更为险恶，全城到处都在对华人打、杀、抢，日本警察名为保护，实为暴徒戒备。时任中国驻朝鲜汉城总领事的张维城，与日朝当局严正交涉。同时亲临现场，作出应变措施，全力保护华侨，历时半月，风潮才平息。他又及时作出调查报告，使事实真相大白于天下，以唤醒世人。他在这次事件中忠于职守，坚决维护祖国和民族的尊严，保护了华侨利益，因此受到了国人的尊敬。

在军事上的代表人物，是1911年在龙门师范就读后成为黄埔军校的奠基人之一的沈应时。1924年初，孙中山先生在中国共产党和苏联的帮助下，决定于广州黄埔岛创办国民党陆军军官学校，简称黄埔军校。2月1日，孙中山先生任命王柏龄、李济深、沈应时等为黄埔军校筹备委员会委员，沈应时还和邓演达专程到上海物色教职员、招收学员，动员青年到广州参加革命。1924年6月16日黄埔军校成立。沈应时任学生总队总队长，兼炮科教官。沈应时既有系统的军事理论，又有实际的作战经验，在筹备黄埔军校以及对第一、二期学员的培训中，他的学识、经验、才智得到了充分发挥，他和邓演达、叶剑英等为培养造就黄埔军校早期名将贡献良多。1925年在北伐中得病身亡。时任国民革命军第一军政治部主任的周恩来亲赠挽联：上联是“粤局初平，回思二度东征，君称健将”；下联是“国家多难，待看群魔北伐，我亦前驱”。

● **现代科学探索的足迹**

师范时期的学校，为献身现代化科技探索的人才培养奠定了坚实的基础。他们有相当一部分后来出国留学深造，为建设新中国效力。以下介绍三位代表人物。

中国近代物理学奠基人——叶企孙。1904—1907年他在龙门师范附小学习，后留学美国获博士学位。1925年清华大学创办本科，叶先生到校任物理系主任和理学院院长，是中国物理学界的一位杰出的组织者和领导者，得到全国物理学界的爱戴。他为人公正，很尊重别人的学术成就，丝毫没有门户之见。1993年4月25日晚，中央电视台的《新闻联播》第一次报道叶企孙为冀中抗日所做的贡献，介绍他培养出杨振宁、李政道、王淦昌、赵九章、钱三强等科技精英的事迹后，社会反响极为强烈。

我国第一个化学工程系的创办人——李寿恒。1910—1913年他在龙门师范学习，1920年留学美国，获博士学位。1925年回国后，先后任东南大学和浙江大学教授，一直从事有关化学工程理论的研究与教学工作。创建了浙江大学化学工程系和化工研究所，最先在中国招收化学工程研究生。他创办了我国第一个化学工程系，倡导并实现了“教学与科研相结合”等一系列教育思想，制订并推行了一整套教学与行政管理规章制度,培养了大批优秀的工程技术人才。

华东化工学院(现华东理工大学)创始人、我国早期物理化学学科的主要学术带头人——张江树。他1910年入学龙门师范,1914年毕业。1923年,考取公费赴美国留学,1926年获得哈佛大学理学硕士学位。毕生致力于物理化学领域的教学与研究工作,是我国早期物理化学学科主要学术带头人之一,与黄子卿齐名,因而素有"南张北黄"之称,为我国化学科学的发展作出了贡献,培育了中国几代科学技术人才。

像以上这样为中国现代科技事业作出重要贡献的师范时期校友,还可以举出许多,如1913届的王仲济院士(水生生物学家)、龚祖同院士(光学家),1918届的潘梓年院士(社会学家),1926届的于光远院士(社会科学家)等。

可以这样说,师范时期的学校在中国师范教育发展史与近代史上描绘了浓墨重彩的一笔。一方面是师范时期群体作用和影响,在当时具有开拓价值;另一方面是个体方面的实践作用和影响,具有先导性探索与实践地位。无论是近代文化教育事业的开拓,如严幼芝与龙门书局的创办;还是近代经济实业发展的开创,如穆藕初的"棉纱大王"与位育校董;无论是近现代科技的先驱,如叶企孙、张树江、李寿恒等,还是近代中国军事外交领域的贡献;无论是学校在战乱时局的持续发展,还是校友成为近代沪上社会名流(如李平书、为官从政的民国立法委员邵有濂等),都表明了办学的一个道理:办学成效得由社会认可,需要时间的检验,名校的社会价值和地位的认定,自有历史公论。

第三章　生生不息　探索救亡图存教育之路

1927年至1949年，是中华民族历史性选择和民族自强不息的重要时期。第一次国共合作掀起的轰轰烈烈国民革命运动，因国民党右派蒋介石的叛变而失败；日本帝国主义对中国发动侵略战争后，国共开始第二次合作，经过艰苦卓绝的抗日战争，中华民族取得了近代历史上第一次反帝斗争的完全胜利。中国教育，也在历史的阵痛中忍辱负重前行，延续着中华民族生生不息的精神。

这一时期的上海中学，视时机而发展，视形势而变革，尽管校址历经迁移，校舍几次被毁坏，但发展的纹脉始终没有被割断。其间，几条线交织前行：政治上的革命进步思想与反对国民党统治的斗争；教育上的日本殖民奴化、国民党的军国民教育与爱国教育思想的斗争；思想上的独裁专制控制与进步青年追求民主、自由理想的斗争。

这一时期学校的发展，可分为三个阶段：国民党统治下的教育（含1927—1937年和1946—1949年两段）、日本侵华时期的教育（1937—1945年）、解放战争时期的革命斗争（1946—1949年）。我们应客观地、历史地分析，既要看到合理的、值得发扬的优良传统，又要看到在国民党统治时期隐藏的意识形态性，更要看到推动其前进的进步洪流。

在此有一个重大问题要澄清：上海中学的创始应从何时算起？有一些人士将上中的创始定为郑通和与省上中的出现，这是不恰当的，从吾园→尚文路→龙门村→吴家巷的校址变迁，说明了学校发展的沿承，这是不争的事实。

这一时期优良传统的核心是教育的救亡图存探索，具体表现为以下几方面：

● 忧国忧民、忍辱负重的传统精神。从日本侵华时期的学校改名与被占，直至成为日军在华东地区最大的英美集中营就是例证。

● 追求真理、追求民主、追求科学的文化精粹。可从两个角度讨论：一是学术性的民主、科学和真理问题，教育教学方面为主；二是思想文化方面的问题，中共领导下的争取民族独立、自由和解放运动的发展。

● 注重学科教研的教育方法。体现在诸科计划和学科会议制，基础扎实和注重能力的提高。

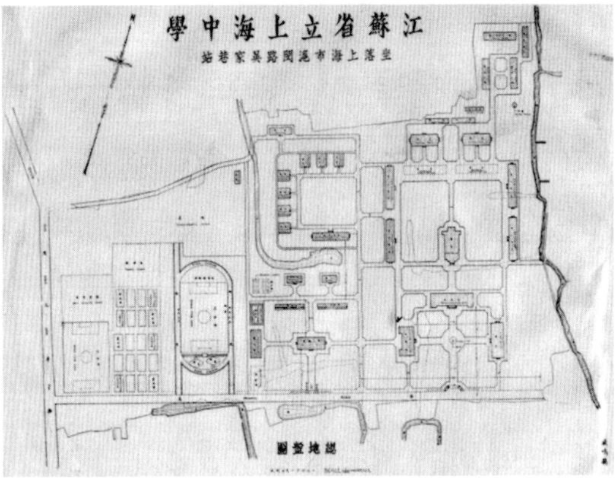

江苏省立上海中学地理位置图

- 重视毕业生升学和就业的指导。由于学校的综合性特点，出现独特的对毕业生的升学和就业指导。
- 置地建校和校园环境的建设，重点是置地建校。
- 欧美教育理论和思想的继续传播与实践。奠定了今日上海中学校址校园规模。郑通和、沈亦珍办学思想和实践，体现当时中国教育思想的走向：学欧美到亲欧美；同时，开展对外交流也以欧美为主。
- 坚定的人生理想，跟着共产党走向新中国。重点是党领导下的学生革命运动(分为三个阶段：大革命失败后党领导武装斗争的时期；日伪统治时期的反汪和抗日；争取和平民主，迎接新中国的革命斗争时期。)

第一节　坚忍不拔彰显龙门办学神韵

1927年到1949年，学校的发展在不同时期呈现出不同的特点。在1927年至1937年国共十年内战时期，主要显现出学校在教育思想、办学体制、规模及校址变化等方面。在1937年至1945年的八年抗战时期，主要反映在民族的抗争精神和“教育不亡则国不亡”忍辱负重的信念方面。在1946年至1949年的三年解放战争时期，主要表现在党的领导下，争取和平民主的社会主义新中国，为教育的发展争取安定、和谐的社会条件及国民党独裁专制教育结束。在这一时期的学校发展中，中国共产党领导下的进步力量与维护国民党垂危统治的交锋、反对日本侵略与殖民奴化教育的交锋，谱写了一首首可歌可泣、救亡图存的发展之曲……

一、国运艰难省上中曲折发展

在省上中时期，国内局势动荡，遭受了被日本侵略的屈辱。难能可贵的是，学校在这一时期，仍然能保持办学的延续性，曲折前行，生生不息。

1. 经久不息的办学追求

根据江苏省立上海中学校刊(复校第 9 号)记载：1947 年 11 月 21 日，学校举行庆祝省上中命名 20 周年的火炬接力跑活动，起点站是尚文路龙门村旧址，终点站是吴家巷省立上海中学新址。沿途校旗飘飘，军乐洋洋，观者如堵。这一火炬接力反映了学校从龙门师范到省上中的历史延续，而这一段历程，虽历经沧桑，但魂不灭，坚忍不拔的精神不息……

江苏省立上海中学原立今上中路老沪闵路交叉口的校名牌楼

● 从龙门村起步

龙门师范旧址龙门村至陆家浜路本校高中部旧址。1947 年 11 月 21 日下午五点，校车载送教员练为章、朱凤豪先生等赴南市区(今属于黄浦区)小西门尚文路龙门师范旧址龙门村前，由练先生点燃第一支火炬。

(插曲)话说尚文路附件有一个龙门村居民区(现由于市政动迁，大多已搬迁了)，其为龙门书院的校址。该居民区为何取名为龙门村，是由于这是上海中学创始源——“龙门书院”所在地也，后成为龙门师范、江苏省立第二师范所在地。1927 年春，国民革命军北伐至长江流域，江苏省立第二师范由国民革命军政府接管，派杨贤江(第一个系统研究马克思主义教育观的教育家)到校接替，校中印信款项，原学校主事贾氏托文书周承忠备册代交。

1927 年 6—9 月担任省上中名誉校长的马君武先生

同年暑假前夕，国共分裂，杨贤江以“共产党嫌疑”的罪名被列名通缉，他被迫避走日本。随后，中央大学校长张乃燕派大夏大学副校长、教务长欧元怀(其实也为共产

1927年9月后任大夏大学教务长的欧元怀先生来校担任校长

党员)兼任校长,欧先生请会计潘序伦代表接收,并将师范学校与上海附近的江苏省立商业专科学校、江苏省立第三中学、第四中学(今松江二中)及东大附中一部分,合并为江苏省立上海中学,其二三年级师范班,仍附在上中肄业,直到各班次第毕业。学校逐渐变成了普科、商科、师范科等合科的综合性中学。所有教职员学生,均由上述五校而来,分高中、初中、实验小学及黄渡乡师暨附小五处,内部情形相当复杂。师范科于1934年左右结束,改设工科。

欧校长莅校月余,声望、能力均在学校一般行政人员之上。由于当时大夏校长马君武先生为名誉职,实际校务由欧先生主持,欧先生有责任心,不能再兼任上海中学校长,遂向省政府辞职并推荐郑通和为继任人选。郑通和原为大夏大学训导长(相当于学习处处长),1927年上海市政府(南京国民政府管辖)成立,任教育局学校教育科科长,曾在美研习中等教育,曾兼任大夏附中主任一年,有中等教育管理经验。当时,国民党中央实施大学区制,江苏省及南京、上海两市划为第四中山大学区,学校被改名为第四中山大学区立上海中学。郑通和被聘为第四中山大学区立上海中学校长,约一年后大学区制废除,学校仍恢复为江苏省立上海中学,郑通和继续为校长。

可以说,尚文路校址是省上中的起源,故作为火炬跑的第一站。

曾任省上中代理校长的潘序伦先生

担任江苏省立上海中学校长的郑通和先生

● **异地建校**

练先生点燃第一支火炬交第一起跑员陆展千先生,陆先生手持火炬由尚文路前跑,经应公祠至中华路,登校车赴陆家浜路本校高中部旧址。

(插曲)当时初中设于上海小西门二师原址(今尚文路龙门村所在地),高中设于陆家浜商专原址,高中分普通科、商科及师范科(由于江苏省立上海中学的高中在陆家浜路,故被选为火炬跑的第二站)。两处共有学生八百余。时值北伐战争时期,初中部仍驻有军队,学校设备散失很多,校内情形亦颇复杂。

因高初中分设两处,联系管理均感不便,且两处均在市区,校地狭隘(高中占地18亩,初中占地23亩),无法扩展。1930年,郑先生试图把学校建成全国之模范,计划将高初中两处校地校舍出售,拟在本市郊区交通方便的地方,购地500亩,建设新校舍。郑先生在美国求学时学过学校建筑,其将迁校计划并附新校舍平面图数份,报当时的江苏省府核准,但未被采纳。1931年,时逢日本侵犯我国东北,"九一八"、"一二八"事件相继发生,国难当头,上中迁校计划暂告停顿。

江苏省立上海中学
1934年前高中部校门旧址

1932年,淞沪协定签字后,郑先生即向改组之后的新省府与教育厅详细陈述上中迁校之必要,得到了核准。核准之后,第一步是将原有二师房屋基地连同先棉祠、应公祠全数出售(应公祠原为龙门附小及后来的省二师附小所在地,故在火炬接力时经过应公祠)。当时陆家浜路的高中部较偏僻,每亩为9 000元;尚文路初中部校址,因靠近老西门和蓬莱市场,地价较高,每亩11 000元(当时的币值)。

第二步是购置新校区土地。在标售原校址的同时,郑先生曾在上海四郊勘察新校址。选址的原则有四个:地价要低廉;交通要便利;环境要适宜;面积在500亩左

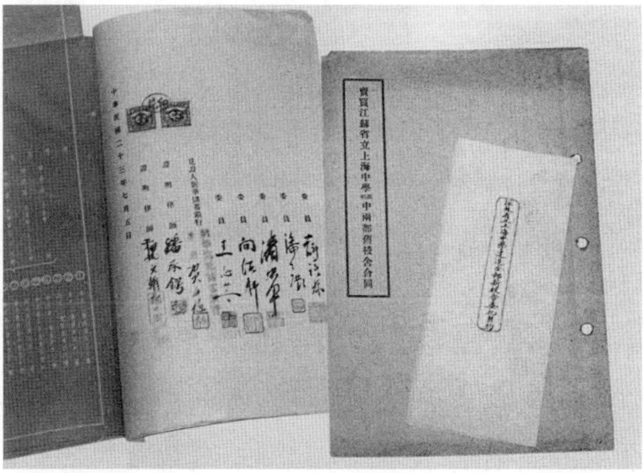

1934年江苏省立上海中学初、高中两部旧校舍买卖合同及契约书

右。经过3个月的考察，选定沪南漕泾区沪杭公路旁，距沪中心7公里的空地约500亩为新校址，并在漕泾区发布公告，向乡民收购。在1934年1月的三个星期日，购得四百余亩土地（此地当时的地价为200元左右，沿沪闵路每亩加价100元）。校内有村庄一所，坟墓一千五百余冢，均迅速迁移。

第三步为招标建设新校舍。1933年，郑先生按照新校舍实际面积，重绘制新校舍平面图，聘请戚明鹤建筑师照此平面图设计绘图，委托当时的新华银行招标承造。中标者为怡昌泰营造厂，于1934年3月15日动工，10月15日完工，迁入新校舍。自此，学校从"龙门村"走进了"吴家巷"，也即上中现在的所在地。

上海中学的两幢历史古建筑——龙门楼与先棉堂就是在此段时间修建完成的。在2002年7月，学校对龙门楼进行重新装修时，发现了一块当年的龙门楼建造纪念石。由于当时的装修队民工将石块打碎，后经收集，虽有两块碎片已经失落，但拼对石块后，龙门楼建造纪念石上全文依然清晰可见："本堂为瞿祖辉先生募款兴建，于1934年7月动工，10月完成，爱勒斯石（注：从国外进口的大理石石块名称），以志纪念。——校长郑通和谨识，1936年10月。"由此也可知道，当时学校新校舍的修建，也凝集了社会各界人士的关爱。

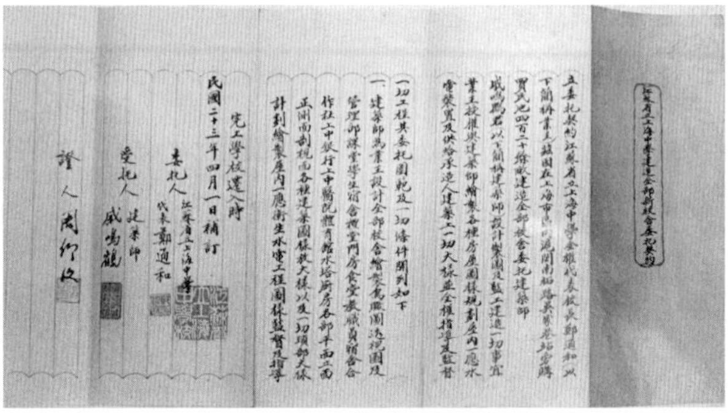

江苏省立上海中学建造全部新校舍委托契约文本影印件

学校从有迁校计划，到吴家巷新校舍完工，历时两年有半。在此期间，遭遇重重困难，如省市管辖（处于江苏省与上海市管辖的交界）之争，当时的市农会、区农会等团体反对标售原有校址，漕泾区乡民不肯卖地迁坟等困难，均被克服。迁址吴家巷后，学校发展进入了新阶段。【参见郑通和：《回忆上中缔造之艰难》；陆人骥：《关于上海中学迁址吴家巷的回忆资料》；《省上中校刊·火炬接力》；《买卖江苏省立上海中学高、初中两部校舍合同》】

关于龙门楼名称的由来，在开篇之时已经详叙，它反映了学校发轫于龙门书院的不争事实。这里想讲讲"先棉堂"名称的由来。先棉堂与原来龙门师范扩张时并入了为纪念改进纺纱术的黄道婆的"先棉祠"有关。

1934 年出版的江苏省立上海中学新校舍落成纪念册。
封面为现校区主体教学大楼龙门楼图案

黄道婆是乌泥泾(今上海华泾地区)人。纪念黄道婆的黄道婆祠,原来在乌泥泾。到了清代,上海城内也出现了一些祭祀黄道婆的庵庙。清道光五年(公元 1825 年),上海闵行人李林松申请,因乌泥泾庙在乡间,地方官祭祀不便,拟在城厢新建一专祠。上海知县许榕皋(字乃大)特遣邑人徐渭仁(字紫珊)筹办。地址选在城厢西门内李氏吾园右侧,次年建成大殿三楹,前有一戏台,称“先棉祠”,又称“黄婆专祠”。清道光三十一年(1905 年),原建筑在李氏吾园废址上的“龙门书院”(1867 年 10 月 17 日落成)改名“龙门师范”。在扩建校舍时,“先棉祠”的门头、戏楼及东西看楼被拆,祠前加缭垣墙,额题“先棉祠”。1933 年,当时的江苏省立上海中学另择新校址建新校舍时,将所有旧校址连同房舍一并出售,“先棉祠”也包括在内。

当时的上海市农会认为:“先棉祠”是有关上海农业方面的纪念性建筑,不宜废弃。为顾全大局,学校答应在新校舍中特列一幢建筑物,以“先棉堂”命名,作为永久

1936 年时的先棉堂

性纪念。这就是今天上海中学内“先棉堂”的由来。原来省立上海中学旧址上所建的民房,定名为“龙门村”,并保留有一条“先棉祠街”的名称,以示纪念。上海中学的先棉堂与上海植物园附近新修复的黄道婆堂(原黄婆祠)、原乌泥泾(今华泾东湾村)的黄道婆墓,都是对广大青少年进行爱国主义和乡土教育的最好课堂。

因省上中成立时并入了陆家浜商专原址,故将之作为火炬跑的第二站,途经应公祠是由于该地原为龙门附小及后来的省二师附小用地。

● **国难中借地续弦**

自陆家浜路本校高中部旧址到顺昌路是由戴汉仁先生接第二火炬,登车驶向顺昌路原本校第一部沪新中学门口。

抗战爆发后,省上中商借当时的美专作为战时临时校舍

设于陆家浜商业专科的省上中高中部主体楼

(插曲)1937 年 7 月 7 日,我国进入全面抗战时期。国难当头,学校以教育救亡图存的心不改,即便是在最艰难、最困苦的时期都没有停止过办学。学校在民族危难之际,深知上中偌大的校区蒙难在所难免,且由于抗日的需要,无法在原校址办学,故于 1937 年 9 月迁入法租界借助美术专科学校校舍继续上课,一切自给自足。高中理工科

凉,战争遗迹历历可见。

沈亦珍校长接任后,最重要的是恢复之前的办学声誉,遂订了复兴计划。第一步是先谋精神复员,保持过去之优良学风;第二步充实理科各实验室、工商科实习场所及其他各项必需之设备;第三步开始有关中等教育之研究工作;第四步恢复被毁之校舍;第五步完成原订校舍全部计划。在实验研究方面,他拟订方案,一面实验中学聪颖儿童教育;一面致力于学校课程、教学等项实施的改进。他主张"政治退出上中",开展"纯教育"实验。可惜的是,这一宏愿在国民党专制统治时期是不可能实现的,其提倡的纯教育实验也不得不以失败告终。【参见《情系上中》,第29页】

在历史的转折点,郑通和、沈亦珍奔走台湾。1949年第一季度,沈亦珍由郑通和(当时任台湾大学训导长)介绍至台湾大学任教。1949年4月,由于战事紧急,学校师生迁出吴家巷借一市内小学上课,校区被国民党作为军营。1949年5月上海解放后,师生迁回吴家巷,迎接新中国的诞生。学校由人民政府接管,1950年正式改名为上海市上海中学。

由上可知,学校校址、校名的变迁,反映了学校办学魂不灭的精神。特别是在民族灾难面前,上中历经沧桑仍坚持办学的不拔精神。而火炬跑的接力过程,则反映了学校从龙门书院→龙门师范→省二师→江苏省立上中→上海市上海中学不断延续的历程。有些校友认为上中的历史应从省上中开始算起,是不符合学校发展历史的。

毕业于解放前夕1948年的省上中初中甲组学生合影留念

2. 忍辱负重的使命意识

"国难教育难,国兴教育兴"。教育是民族和历史发展的见证,在艰难的国运面前,在中国共产党与爱国学生及社会各界的推动下,上中薪火不灭,理想不息。中国共产党在省上中时期领导爱国师生进行的抗日、反对国民党专制活动的运动，显示了中国共产党地下组织在省上中的发展与忍辱负重、迎接新中国诞生的使命意识。

● **中国共产党地下组织在省上中活动概略**

在省上中时期，中国共产党组织大部分时间是以地下党的形式开展工作的。但在每一个关键阶段，都承担了重要的使命，忍辱负重的使命意识得到了鲜明的体现。第一次国内革命战争时期，中共党员就在上中组织开展活动。学生党员多人投身于“五卅运动”，参加上海工人第三次武装起义。国民革命失败后，许多热血青年分赴黄埔军校武汉分校、俄东方大学学习，有的回自己的家乡组织革命斗争。

江苏省立上海中学时期的部分地下党领导为写上海党史和学生运动史时的合影
（前排左起：钱其琛、潘文铮、钱李仁）

1935年秋，高中同学组织建立了“社会科学研究会”，进步学生奔赴陕北参加革命。

1937年抗战爆发后，省上中成为政府军伤兵救护医院，许多进步学生参加上海市童子军战时服务团，救护伤兵，救济难民，为抗战做了不少工作。中共领导下的上海学生界救亡协会(下简称“学协”)成立，上中是市“学协”七个执委之一。根据中共江苏省委输送进步青年赴解放区的指示，学校出现了欢送“十三勇士”出征的激动场面。1938年5月，在“市学协”的推动下，高中学生组织了上谊剧社，发动同学去古拔路(今富民路)中国红十字会残废伤兵医院慰问抗战伤兵。

1939年2月，中共省上中支部建立。从此，学生运动和地下党斗争进入新阶段。

党支部建立后，先后组织发动过两次捐献和两次义卖活动。还参与市“学协”组织的全市主要街道各商店举行的抗议活动，以示对日本侵略行径的抗议。特别是针对汪精卫卖国求荣的行径，组织开展了二次反汪斗争。1940年3月至6月的第二次反汪斗争与六月护校斗争相结合，取得了重大胜利，使更多的同学认识到中共提出的“抗战、团结、进步”三者不可分隔的道理。

1940年太平洋战争爆发后，省上中成为日本在东亚地区
关押英美侨民集中营。图为龙门楼校舍被毁和关押英美侨民的情景

反汪斗争和“六月护校运动”，粉碎了汪伪勾结顽固派迫使上中登记投降的阴谋，在全市产生了一定的影响，对汪伪接管上海教育界的阴谋也是一大打击，当时上海好几家报刊和通讯社都作了报道。

1940年暑假，有43名爱国学生被校方开除，其他受处分者无数。大开除后的省上中只有三名党员，上级党组织又从外校调人考入省上中，组成新的党支部。提出了将政治学习、群众工作和自身的思想教育三者结合起来的工作方针，陆续发展在校的积极分子入党。

在学生组织被取缔的恶劣环境下，党组织将学生吸引到各种社团中来。“皖南事变”后，党在群众中广泛宣传解释，散发传阅《皖南事变真相》小册子。党的影响不断扩大，重新取得了对级会的领导权。

1941年底，日军进入租界后，上中改名为私立沪新中学。此时的党内会议停止，改为单线联系。党支部从学校实际出发，决定围绕学生生活普遍困难和民族灾难问题，组织开展“助学运动”和反对日本帝国主义殖民文化教育的活动。党通过义卖、义演、义赛和募捐等活动，不失时机地组建了全校性的“助学委员会”，该会日后在抵制日伪政权的奴化教育中起到了积极作用。

1942年六七月，省上中党员人数达50人左右，党支部改为党总支。党的抗日民族统一战线得到了进一步扩大。

1946年3月，党员中除一部分留在沪新中学外，20多人迁回吴家巷上中校园。针对国民党破坏和平、挑起内战、镇压爱国民主运动和物价飞涨，党发动同学积极参加“迎马(歇尔)”、“祭于(再)”、“助学”等几项全市性活动。在全市人民反内战大游行斗争中，党员事先联系好车辆，冲破校方严禁参加的禁令，发动百余名学生参加。为此，部分地下党员被校方扣发毕业文凭和开除。

1949年初，党组织通过“生活小组”的活动，围绕膳食查账反贪污和争取成立学生自治会开展斗争，如组织集会，散发新华社战报传单等。为了迎接上海的解放，党员根据党组织的指示，秘密测绘了学校附近数十公里范围国民党军队的防御工事分布图。利用校方搞“应变”将学校迁回市区的机会，组织开展护校活动。

1949年6月，新一届上中党支部成立。12月，地下党组织正式公开。

● **省上中地下党积蓄力量的成功经验**

省上中地下党组织从建立起，在上级党的领导下，经历了抗日战争与解放战争的考验，始终坚持阵地，战斗在第一线，多次开展了全校规模的群众运动与政治斗争，在社会上有相当的影响；结合长期细致扎实的工作，培养了大批积极分子，发展了140多名党员；配合了抗日战争和解放战争时期党的战略部署，给敌人以打击。在我党的影响下，团结校内广大同学，把一个国民党自诩为“远东第一”的正统官办中学，转变为我党在上海中等学校的一个地下堡垒。上中党组织的斗争是我党争取青年学生，争取知识分子方针在一个基层中学胜利贯彻的缩影，是执行敌后工作隐蔽精干，积蓄力量的成功例子。回顾这一段历史，有几点经验。

第一，深入细致的思想工作和组织工作吸引了大批学生。省上中学生文化素质好，作风朴实，不少人家境清寒。当他们未接受进步和革命思想影响时，一般容易偏于死读书，少问政治。但当他们目睹民族灾难深重，劳动人民饥寒交迫，尤其是他们自身学习与前途也受到威胁时，他们往往能忧国忧民，以天下为己任。他们一旦认识到真理，就认真执著、义无反顾，坚决为之奋斗，在祖国民族解放斗争中出现过娄廷芳、何以文、钱大文、陈祖兴等烈士，他们为革命事业坚贞不屈，贡献了年轻的生命。至今我们都十分怀念他们。这些都生动地显示出从爱国主义到革命的民主主义，一部人又前进到共产主义革命道路这一历程。这一历程的关键是无产阶级政党要密切同群众的联系，与他们同呼吸，共命运，做深入的群众工作，根据他们的特点和喜爱，组织各种社团，开展内容丰富的有吸引力的活动，将同学们吸收进来，使他们由浅入深，接受理论上的启蒙教育，同时要引导他们参加实际斗争，使之经受锻炼，逐步提高。这种深入细致的思想工作和组织工作，亲自经历者至今回想起来还认为是很宝贵的。

30年代学生黄朝治忧国作文《平津危矣》

第二，结合省上中新老生之间相互帮助的优良传统开展工作。省上中有个好传统，高中和初中之间，高中的理、工、商科之间的同学都能亲密无间的相处。高中同学主动地做初中同学的工作，对刚进校的初一同学，高中的党员就分工去联系教育他们。初中同学世界观尚未形成，可塑性大，党员关心他们，引导他们接受进步的革命的思想影响，并参加党领导的各种活动，使他们逐步形成革命的世界观。由于这样，省上中党的力量，骨干积极分子能够连绵不断地发展壮大。

第三，争取爱国教师的支持，重视统战工作。省上中的大多数教师业务水平高，有爱国心和正义感，对学生的爱国正当活动能不同程度地给予同情、支持。其中也有一些进步的教师，给学生以更多的帮助。即使是对一些曾与他们政治上有过斗争的教师，也有不少在某一问题上与地下党有过共同点。因此，在历次政治斗争与学生运动中，中共经常把取得教师的同情和支持放在重要的位置上，支部派学业成绩优良的党员学生去做争取教师的工作。在抗日战争时期，对校方、国民党、三青团采取既联合又斗争的方针，重视统战工作，是党的工作得以开展的极为重要的条件。

第四，善于研究实际情况，从实际出发。学校党支部结合斗争面临的实际情况开展斗争。例如反汪斗争后面临大开除的局面下，采取有秩序退却而不硬拼的方针；在一段时间中主要从事巩固和发展积极分子队伍；珍珠港事件后对于周围各种矛盾的分析和运用，都是较好的实例。只有把上级的指示结合实际，工作才能生龙活虎。

省上中地下党组织的战斗历史，是和抗日战争、解放战争时期党领导的白区学生运动紧密相联的。这一段历史为省上中的校史增添了光辉的一页，使从省上中培养出来的学生不仅有扎实的文化基础，而且有较好的政治素质。其中不少同志至今仍工作在社会主义四个现代化建设的各条战线上，有的担任党和国家各级的领导工作。我们殷切希望当年省上中地下党组织的一些优良传统，在今日的上海中学里得到继承和发扬，为源源不断地培养出德、智、体全面发展的四化建设后备力量而作出贡献。【参见《解放前上中地下党和学生革命运动简况》中钱李仁校友回忆文章】

2002 年校庆，时任校主要领导与校友中解放前地下党革命老前辈座谈

二、爱国荣校的校园精神

1946 年学校重回吴家巷后，各班学生全力捐建被战争毁坏的三层楼宿舍一座(即现在的总务楼)，可容纳寄宿生 300 人左右，可见其中的精神。还有一批校友为感恩母校，捐建两层楼之新校友楼一座。

学校校友会自 1947 年春大会决议募款兴建校友楼后，当即积极进行。由执行委员将捐册分寄各校友，以便筹集捐款，早日兴工。发动以来，各校友纷纷将捐款寄来。开学时，因物价波动甚烈，深感拖延愈久，建筑愈难，共需造价二十亿五千万元(当时的民国币已经相当贬值)，卫生设备及水电装置费，估计约需五亿七千元，业由母校设法暂垫一部分款项。1947年3月6日兴工建筑，预定两个半月完工。不久，校友楼(这幢楼后被国民党军队毁坏)就耸峙于体育馆北。这对于校友会工作之推进，以及各校友返校时的住宿，均感莫大之便利。当时，各届校友为校友楼的兴建，群策群力，积极从事募款工作，体现了校友对母校的感恩之情和广大师生对学校的热爱。

在省上中时期，学校内外部的形势变化多端，但值得我们珍视的在校园精神方面的优良传统可谓是多方面的，主要体现在三个方面的优良传统：一是在民族灾难面前的民族精神；二是在社会变革面前的革命精神；三是在追求真理面前的科学精神。

1. 民族利益高于一切

在民族灾难面前，上中师生的民族精神可敬可佩，他们的这种精神与敢于献身的魄力，值得我们继续发扬。主要反映在投身抗日洪流、反对奴化运动等方面，可谓是坚守"民族利益高于一切"的信念。

● 找寻"阿庆嫂"的原型

在电影《沙家浜》里，有一个生动的抗日女英雄"阿庆嫂"征服了亿万观众的心，也激起了许多同胞们的爱国热情。那么，"阿庆嫂"在现实生活中的原型又是谁呢？据《新闻晚报》2008年4月22日报道，在沙家浜人心目中，"阿庆嫂"是永远的英雄人物。在抗日硝烟过后的几十年，沙家浜人决定寻找真正的阿庆嫂。

为了找到阿庆嫂，沙家浜文化站遍寻历史资料。在经过一年的研究后，终于确定了阿庆嫂的原型。沙家浜文化站站长徐耀良公布该站的研究结果如下：阿庆嫂的原型实际上是复旦大学的毕业生，是个上海人。他说，寻找阿庆嫂的原型非常艰难，他根据原著中描述阿庆嫂的细节把原型确定出来。他们注意到一个细节，就是原著中"本地人"刁德一不认识阿庆嫂这个人。于是，一位来自上海复旦大学的毕业生朱凡走进了研究人员的视野。

朱凡原名陆惠卿，祖籍浙江宁波，在上海出生长大，1935年毕业于省上中。1939年，28岁的朱凡在复旦大学毕业。由于表现出色，她被调派到沙家浜做区委书记，组织当地的抗日斗争。当时，"胡传魁"原型胡肇汉势力不大，仗着"十几个人，七八条枪"经常在沙家浜抢东西。只要胡肇汉一到，沙家浜的商店住家都要被洗劫一空。而朱凡当时的活动区域恰好在胡肇汉经常抢劫的地区。于是，朱凡便与胡肇汉等屡次展开"智斗"。1941年7月，在一次"清乡"中，朱凡为了掩护群众撤退，被日本人抓住。日本人在昆山湖，把朱凡双腿绑在两艘汽艇上，活活撕开，朱凡壮烈牺牲，年仅30岁。

应该说，朱凡的抗日爱国精神在省上中已经播下了根深蒂固的种子。在1935年前后，省上中的革命与抗日社团异常活跃，“社会科学研究会”、水星剧社就是其中的两个。学生中也流露出对蒋介石“攘外必先安内”，消极抗日的不满，革命社团的一些进步思想得到了同学们的共鸣。甚至有一部分学生在这些思想的影响下，直接奔赴抗日前线。在这一段时间，上中涌现了许多勇于献身的抗日英烈，如曹仁寿烈士（1933届）、朱凡烈士（1935届）、柳肇珍烈士（1938届）、杨大雄烈士（1940届）……

曹仁寿

● **“无冕校长”的危难抉择**

在日本帝国主义侵略中国的时候，学校（此时，校名为沪新中学）坚持民族办学与反对日本奴化教育的思想，在吴瑞年的办学中得到了鲜明的体现。

为拒绝向汪伪政府的登记，保护校产与师资，吴瑞年在上海沦陷后，以一个教员的身份临危不惧，集聚了省上中的师生，改校名为私立沪新中学，延续了上中的传统，最重要的是保护了上中的师资队伍。尽管许多校友称他为校长，但实际上他并没有得到任命。舒浩武校友称他为一个没有头衔的“无冕校长”，为保持上中的延续作出了不可磨灭的贡献。

1978年时的吴瑞年

这段时间，学校师生的反日运动、反奴化教育运动日益高涨。与此同时，中国共产党领导的地下党组织成立，一支强大的新生进步力量在不断推进着学校向新的征程迈进，为拯救国难与推进民族教育、发展革命进步力量蓄势待发。

● **慰问抗日伤兵**

1937年11月上海沦陷，租界成了“孤岛”。那时有一批在“八一三”淞沪抗战中负伤的士兵，被救送进了租界，一直住在古拔路（今富民路）的中国红十字会残废伤兵医院内。医院对去看望的人不加限制，但对伤兵管理极严，不准他们外出一步，也没有文娱活动。因此这些伤兵平时被困在医院里，生活枯燥，以致有些重伤的士兵情绪低沉。

针对这种情况，省上中的爱国学生认为：他们为抗击日军侵略流了血，我们去慰问他们是正当的活动，无人敢反对。1938年5月，进步学生姚旭（后成为中国人民解放军中将)等人组织大批同学去医院慰问伤兵。并抓住这个机会成立了“省上中演剧队”和“省上中歌咏队”。慰问演出的剧目都是由田汉、尤竞(于伶)、丁玲写的独幕剧,幕间加唱救亡歌曲。

1938 年 8 月,淞沪抗战一周年纪念时,前去慰问的学生首次演出了《八一三之夜》、《逃犯》等话剧,还演出了集体自编自导的一幕控诉日本帝国主义屠杀我国同胞的哑剧——《锄头底下有自由》。此外,在幕间还穿插了京剧清唱和歌咏节目。这次演出取得了巨大的成功。

淞沪抗战爆发,省上中学生赴富民路战时医院慰问抗日将士(中间为姚旭)

住在医院里的是国民党军队的伤兵,而学生们所演的戏、唱的歌却是共产党人写的。学生给伤兵讲抗日民族统一战线和坚持长期抗战的道理,替他们写家信安慰父母妻儿,士兵们深受感动,抗日情绪更加高涨。临别时,学生们和伤兵交上了朋友,他们合影、互赠照片,并相互题词留念。有些同学至今还保存着与伤兵合拍的照片和伤兵赠的照片。

● **反汪斗争**

1938 年底,汪精卫公开投敌叛国。1939 年 5 月,汪把活动中心迁来上海。1940 年 1 月,汪与各派汉奸开会后,宣布定于同年 3 月 30 日在南京正式组成伪政府。蒋介石当时虽表面上在抗战阵营,但暗中与日、汪来往不断。从 1938 年 10 月起,蒋反共就渐趋积极。在 1939 年 12 月至 1940 年 3 月间,掀起了第一次反共高潮。

当时上海虽已沦陷,但由于日本与英、美、法之间的矛盾,在被称为“孤岛”的公共租界苏州河以南部分和法租界这一小块土地上,日伪还不能完全直接控制。上中从吴家巷迁入法租界后,校务最初由王达刚代理。上中是迁往“孤岛”上的许多“省立”中学中的“第一块牌子”,在全国教育界也有一定地位。汪派要控制上海教育界,省上中是首当其冲,他们要省上中向汪伪“登记”。在爱国师生的推动下,学校拒绝向汪伪登记。

上中党支部确定反汪运动的斗争目标是:第一,遵照党中央的指示,在上中尽可能争取同国民党、三青团(国民党的学生团组织)和校方联合反汪,揭露和声讨大汉奸汪精卫投降、反共、卖国罪行;第二,开展护校运动,反对汪伪政权接管上中,警告校方不得向汪伪政权登记注册;第三,要求驱逐附逆有据的汉奸师生;第四,通过反汪斗争,扩大党的政治影响,发现和培养积极分子,壮大党的力量。

1940年3月30日,在学校内部入口处贴出巨幅醒目的大字标语——反汪罢课。一早,在菜市路(今顺昌路)一部集合的同学,一队一队走向爱麦虞限路(今绍兴路)二部的操场,举行声讨汪伪的全校大会。那天正值有雨,场外有纠察队放哨,他们手持雨伞,一见有警探前来即举伞为暗号,传递信息,保卫会场。场内蒙蒙细雨中,1 000多个同学肃立在操场上,不顾风雨的袭击,热烈地开着反汪大会。同学们的心目中只有一个共同的目标——肃清汉奸汪派走狗!同学们把汉奸教员王禹图的财物搜出来,里面有地契、春宫图等,当众烧毁。但不久,法租界当局就出来干涉,迫使大会散会。

爱麦虞限路校区

反汪斗争使上中同学看到了自己的力量,提高了信心,也使更多同学认识到抗战、团结、进步三者不可分的道理。当时重庆正在谈论实施宪政、"还政于民"的问题,一些上中同学发起了一次拥护宪政的民主签名运动。这虽然受到学校当局的反对和压制,以及一部分成见较深的同学的造谣和破坏,但终于获得800多同学的支持而通过了。

初二一名学生带头发起护校运动,各班积极响应,于6月13日下午召开了各级代表会,请代理校长卢绍稷参加。代表们提出的要求主要是:请校方出布告保证不投降,不开除爱国同学。但是校方仍然一意孤行,在这年暑假开除43名爱国进步同学,受其他处分者无数。这些事实使更多当初抱着一片爱国赤忱参加反汪斗争的同学,认清了确实存在着蒋汪合流的严重危险,就这样一步步认识和接受了中国共产党的主张,有的还进一步走上为共产主义奋斗的道路。

● 反奴化教育

1941年12月8日,珍珠港事件发生。日本军队直接进驻租界,逐步接管租界当局的行政机构,取缔一切具有抗日色彩的活动和书报杂志。省上中已不能继续以原来的名义存在,卢绍稷也不能继续代理校长。在化学教师吴瑞年的领导下,上中改为私立沪新中学。但教师和学制等仍按原来上中旧习惯,1942年毕业生仍发省上中文凭。

在严重的白色恐怖下,中共党内会议暂时停止,改为单线联系。抗日进步书刊都被迫销毁或埋藏起来。不久,上级党组织指出,敌伪虽已直接占领租界,但它的统治力量暂时还伸不到每一个基层单位去,空隙很多,并且出现种种新的矛盾,应充分利用敌人统治的薄弱环节,开展工作。

支部在上级党组织的具体指示下,认真研究了本校情况。除了普遍的因敌伪加紧掠夺和镇压造成的民生凋敝、物价飞涨、失业增多、生活更加困难、民族仇恨更加深重外,上中还具有特殊性的两个突出特点:(1)学校由省立改为私立,学杂费陡然增加,更多同学面临失学的威胁;(2)国民党对学校控制减弱,敌伪还来不及直接插手,新校长需要得到各方面包括学生方面的支持。根据这些特点,支部不失时机地作出决定,发起全校性的助学运动,争取广大师生、校方和家长的同情和支持,争取在运动中建立合法的全校性学生群众组织,便于扩大影响,壮大力量。

135周年校庆时原上中中共地下党部分同志与时任校领导合影

不久,上海中学部分应届高中毕业生因家庭困难而无力升入大学的实际问题,支部提出组织同学依靠自己的力量,争取社会的支持,创立一所小学和一家旧书店。这个建议也得到热烈响应,在短时间里募得将近100担大米(每担160市斤)的款项,办起了"三一小学"(取民国三十一年之意)和一家旧书店,吸收了一部分上中毕业同学参加工作。设在工人区的“三一小学”一直存在到上海解放。

支部又提出，把历次运动中涌现出来的积极分子及时加以巩固提高，够入党条件的也应及时发展。到1942年六七月，党员人数达到50人左右，支部改为“支部——分支——小组”的结构。根据有的同志回忆，经过两年的努力，上中支部与大开除时剩下3名党员相比，增加了15倍左右。1940年夏季《省上中事件内幕》一文曾经预言：“爱国同学是开除不完的，散布的种子总会有萌发的时候，开除一个很快会产生两个。”这已被两年后的事实所证明。

在改名为“沪新中学”时期党小组的主要活动是：

(1) 围绕着学好功课，开展同学之间互帮互学和课外的各种兴趣小组，扩大交朋友的圈子。如组织家庭化学实验室，课外航模制作竞赛，业余无线电活动，数学解题、语文写作、文学研究小组等。通过这些活动，扩大同中间同学的联系，接受和改善了同教师的关系，提高了党员在班上的威信。党员绝大多数学习成绩都在中上水平，比右翼的学生好得多。这些都为以后各项活动打下了基础。

(2) 继续开展各种形式的社团活动，并扩大地下党的政治影响。社团活动中不仅有同学喜欢的联欢、交谊、集体游戏等，还举办小型的时事形势座谈(利用当时尚能公开发行的苏商《时代日报》、《每日战讯》等分析战局发展形势，主要介绍苏德战场，也谈到国内战场和解放区的战讯、动态……)、读书会、故事会，讨论青年的职业、前途、责任和修养等问题，讲一些有趣的寓言、故事等。这些活动使上海中学地下党组织在敌人统治下和各种压力下，始终巩固住思想上的阵地，在各班撒下了革命的种子，并在某些问题上敢于和班上的右翼分子展开辩论，批驳他们污蔑抗日根据地的谬论，迫使他们有所收敛。

(3) 分散开展助学运动。生活困难，上海中学地下党更强调要关心群众的切身利益。当时不可能组织全校性的大规模的助学运动，但可以在各班内进行大量的、分散的工读义卖活动，如卖报、送报、摆书报摊、擦皮鞋、卖冰淇淋(向店铺租用冰桶自己制作推销)和其他小食品、自制墨水、浆糊等小手工业品推销。当然赚得的钱为数不多，但对困难同学的支持鼓励特别大，影响非常好，加强了同学之间的团结。1944年下半年起，全市开展大规模的助学运动后，上中同学每年都积极参加。

(4) 抵制强迫学日语。在当时情况下，不可能采取公开正面冲突的方式，而是串联发动群众，进行各种方式的消极抵制。后来，有的班级就发展为公开拒绝上课。上中的教学楼有两个楼梯，教师上楼一般都走中间楼梯。同学们就派人在中间楼梯旁“放哨”，一见日本教员上楼，立即发出信号，全班同学就由旁边楼梯下楼。日本教员上楼进入教室时，教室内已空无一人。日本教员即扬言日语不及格者不能毕业。教务主任余源庆向同学私下打招呼，日语课一律给60分。同学们也“有理有节”，改变了抵制的方式。当时，朱凤豪、杨逢挺、徐子威、陆人骥等老师对学生的呼声都有一定程度的支持,从而迫使校方对日方讨价还价,不得不在某些问题如课程设置和时间上作出让步。【参见《抗日战争时期的地下党领导学生运动》、《我校第一个党支部》之第四部分——“关于上中建党、组成支部的经过”以及《火红青春》之钱李仁等人文章——《1940 年 3 月 30 日我的亲身经历》等三篇,《半个多世纪我的业余无线电活动》,《关于上中 40 届部分高中生抗日救亡活动的回忆》,包含进步教师与反动教师的斗争、反汪伪斗争、反日斗争等】

以上部分事例说明了上中进步师生在民族危亡时刻所表现出的坚定的爱国立场,在中国共产党领导下所开展的运动。在民族危难面前省上中学生的实践活动显示出了鲜明的民族精神。

2. 社会责任义不容辞

在省上中时期,学校成立了许多革命社团,在中共领导下开展革命运动,在民主与科学、革命与反动、理想与现实之间,显现出了在社会变革面前英雄的革命精神,在反对退步、追求进步、承担社会责任上义不容辞。由于国民党控制学校较严,在校学生很少与市内其他学校学生交往,但省上中毕竟是社会的一个组成部分,在省上中地下党领导下,学生中激发起来的爱国热情和追求进步的革命精神是不可阻遏的。

● **成立革命社团**

1935 年秋,商科顾濂溪,初中潘伯葵、陆文达、陶三多等同学组织成立“社会科学研究会”,有几十位同学参加。研究会组织大家学习《大众哲学》、《社会科学讲话》等通俗政治理论书籍,开展讨论,还邀请了学校的进步老师车铭琛(笔名车载)为大家讲哲学、社会发展史。

抗战爆发后,当时初中二年级学生陈传辛于 1937 年 8 月倡议在初二甲班成立读书会。最初成员有李大钦(李嘉和)、吴绍基、徐惠元和潘祖仪(潘文铮)等人。后增加了方玉书、薛焕珍(薛若梅)两人。读书会每周活动一次,这周讨论国内外形势,下周讨论哲学。讨论前唱救亡歌曲,讨论时由一人先作中心发言。讨论地点在徐惠元家里,他父亲是马利文具用品厂的经理,思想比较开明,对救亡活动同情支持。读书会订阅了邹韬奋主编的《抗战三日刊》以及《译报》、《世界知识》等进步刊物;学哲学是读《大众哲学》以及《译报》和《思想方法论》;学政治经济学是读《政治经济学讲话》,还有《社会科学基础教程》。这些当时十四五岁的年轻学生初步接受了马列主义启蒙教育,学到社会科学的基本常识,逐步形成革命的人生观,成为后来省上中抗日救亡活动的骨干力量。

1937 年 10 月以后,陈传辛等感到读书会圈子太小,又发起组织“海燕文艺研究会”。全班就有二十余人参加。研究会着重学习李兰译的《苏联文学概论》,还出版墙报《海燕》,既练习文艺创作,又抒发抗日爱国热情。不久研究会改称“海燕社”,扩大了活动内容:一是请林淡秋等著名作家来讲文艺创作;二是办小型流动图书馆,把参加“海燕社”同学家里的进步书刊集中起来,供同学借阅;三是慰问抗日将士,到当时被软禁在胶州公园的四行孤军谢晋元团演出《放下你的鞭子》等救亡戏剧,唱抗日歌曲;四是编写出版油印刊物《海燕》。1938 年下半年后为了更广泛的团结同学,在“海燕社”基础上扩大为全初中部的曙光社,成为综合性社团,组织球队、读书会等,参加的有 300 多人(1939 年下半年按照党支部意见,结束曙光社活动转入各班级活动)。

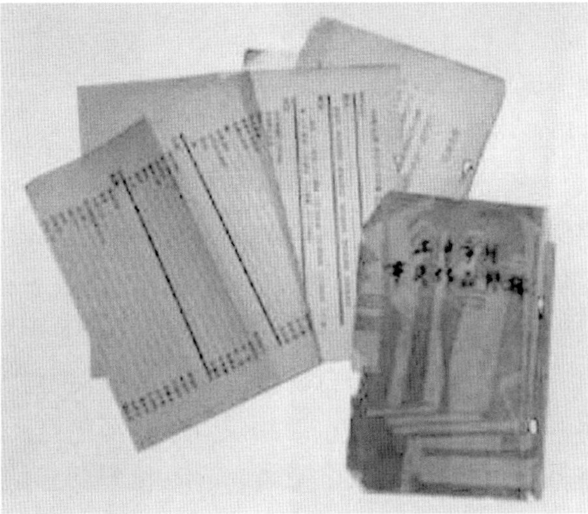

省上中时学生社团组织汇编的作品集

当省上中学生接受“学协”领导后,1939 年省上中是上海市学生界救亡协会执行委员会七个组成学校之一。上中将高初中的学生救亡活动结合成一股有组织的力量,成为当时上海中等学校进步力量的重要据点之一。省上中同学沈永直、郑昭孚、赵镛(赵韦民)、冯念慈、张效琳、陈大同等还先后担任上海市“学协”的执委;陆文达、姚旭、陈鸿堤、沈铮、陈锵等先后担任过区干事,分别联系负责一些中学的学生救亡运动。

蒋介石迁都重庆后,推行的假抗日、真反共的反动面目日益暴露。一些进步学生发起组织了话剧队和歌咏队。话剧队后来取名“上谊剧社”,有三十多位同学组成。市里“星期小剧场”还派人来指导。演出的剧目有《八一三之夜》、《锄头底下有自由》等。后来欲将“上谊剧社”扩大为“上中联谊社”,把话剧、歌咏、壁报等各项学生活动统一组织在里面。这时有人散布流言,说“上谊剧社”里有“赤色分子”,不能为“赤色分子”所利用。有的剧团成员在这种流言影响下,对剧务撒手不管,又拉走部分同学,另组“龙门剧社”。就这样剧社被分裂了,于是姚旭等人另组“水星剧社”,校内学协骨干都参加了“水星”,一支拥有三十多位同学的话剧队伍形成了。由黄子信、钟永衍具体负责。“水星”经学协介绍,成为上海业余戏剧交谊社的团体会员,在剧本、导演等各方面都得到交谊社的支持。当时吴晓邦、徐立等都来帮过忙。大家选了《梅雨》、《红灯笼》、《疯狂》三个剧本,排练成熟后,就正式公演,“水星剧社”办得很兴旺。

1939年初,水星剧社借大沽路上海女中大礼堂作首次公演话剧,还演唱革命歌曲,效果很好,观众有五六百人。之后,不少同学加入,“水星”扩大到五十余人,有些学校还邀请他们去演出。四月间,他们又去胶州公园四行孤军营地进行慰问演出,其中有个剧本叫《钢表》,台上台下高唱《义勇军进行曲》,表达了学生和爱国军人的抗日决心。

● 十三勇士义赴解放区

1938年初,中共地下党计划输送一批进步青年去根据地参加革命。是年春天,商三学生王文熹、曹宏熙等就带头积极响应,并在同学中进行个别发动酝酿。他们两位同学放弃即将拿到的高中毕业文凭,毅然决定离沪前往。其他一些同学也闻讯响应,至三四月间,集合了卢文华、金国雄、陈鸿堤、肖萍、顾佩荃、徐益康等十三人,决定择日取道武汉后赴延安。他们意气风发,隐瞒了家庭,避开了上海租界当局的注意,采取秘密筹备措施,决心奔赴革命圣地的英勇行为,被同学们尊称为“十三勇士”(由于当时租界刚放映过一部苏联电影《十三勇士》,而他们又恰巧为十三人,故由此得名)。“十三勇士”在上海中学的抗日救亡活动中,掀起了一次高潮,团结了更多的同学,产生了较大的影响。为了欢送出征同学,《上中文艺》发了征稿启事,出乎意料的是各年级同学来稿踊跃,决定将各人的亲笔手稿一字不改地张贴出来,壁报布置得生动活泼,总标题就是《欢送十三勇士》。接着在四月间由姚旭等同学主持,借阅览室,为这些同学举行了欢送会。

这些进步行动受到校方及复兴社(国民党三青团组织的社团)的注意,他们害怕扩大影响,就进行阻挠,终于在同学间引起了一场大辩论。以王文熹(王枫)、陆文达、顾振沪、陈鸿堤为代表的进步同学为一方,以复兴社成员为代表的右翼同学为另一方,展开了激烈的公开争论。一是要不要到抗日前线为抗日出力,还是读好书就是支持抗战;二是既是到抗日前线为什么要到陕北,不去大后方。他们挑起这场争论的实质在于阻碍同学去延安投奔革命,争论的焦点反映了“积极抗日”与“消极抗日”两种截然不同的政治态度。

通过辩论,同学们的认识有了进一步的提高。这十三位同学中,有的原是瞒着父母,后由于各种原因未能成行;有的还是排除障碍,毅然奔赴抗日根据地。曹宏煦同学到达陕北公学后,写来一封报道陕北情况的长信。其全文刊载在《青年作者》的铅印刊物上,同学们读了以后,了解到陕北革命根据地的一片大好形势,对去陕北参加革命的同学更加表示敬佩与羡慕。被阻未走成而留下的几位同学,在“学协”领导下投入校内的抗日救亡活动。

● **解放战争期间争取民主与和平**

抗战胜利后，郑通和返任不久，即由沈亦珍任校长。国民党恢复了对省上中的控制，这时省上中的中共党员尚有二十余人，大部分留下继续工作。1946 年 3 月，省上中决定由市区迁返吴家巷。沪新中学作为一所私立中学继续在顺昌路原址。党支部也一分为二，去吴家巷的党员 20 人，褚斌任支部书记；留沪新中学的党员不足 10 人，陈季琛任支部书记，沪新中学支部作为一个独立的支部，保持和发扬了省上中党支部的革命传统。到 1949 年解放前夕，沪新支部党员发展到七十余人，成立了总支部。省上中支部则在更加艰苦的条件下坚持战斗。

重返吴家巷后，省上中校方对学校的管理有个特点：打出"学生不问政治"，"党派退出学校"等幌子来加紧推行国民党的统治。组织上尽量切断学生与外界的联系。规定学生分两批轮流每两周回城一次，这给上中党支部与外界联系和本身各项活动的开展造成很大困难。当时上级党组织来联系支部的钱李仁，步行到吴家巷，在学校附近与党支部接头，来回要走三四个小时。在校内，校方禁止同学自己组织的龙门剧社、助学金委员会、上中学团联等团体存在。一切课外活动非有导师到场不能开始。甚至在假期中还派人进城监视学生活动，进行压制。

党支部的工作强调党员要密切联系群众，关心群众切身利益，曾要求改善学生伙食，成立膳食委员会，《文汇报》报道了这次斗争。又如周末同学进城，校车容量不够，党员设法与搬场公司联系租用车辆，价廉又方便，受到同学的欢迎。另一方面是抓住时机，揭露校方政治上的欺骗，冲破某些反动禁令，发动同学参加全市性的学生运动。如校方暗中指使三青团分子偷走同学自办的小型图书馆的大部分书籍，同学们就把被偷剩下来的书捐给了学校图书馆。同时发表告同学书，揭露这件事说明什么是"党派退出学校"的实质。

1946 年 6 月，蒋介石发动的全面内战即将爆发，上海人民团体联合会和上海学生争取和平联合会，联合发起组成上海人民和平请愿代表团，决定于 6 月 23 日赴南京请愿。党支部发动同学去北站为代表团送行，然后参加全市要和平反内战的示威游行。但学校远在南郊，去北站集合十分困难，党支部布置党员陈海耕和金声远向搬场汽车公司租好两辆大卡车，于 6 月 23 日清晨直接开到校内。两辆大卡车坐满同学后直驶市区，和先在那里集合好的同学一起到北站，总数达二百多人。

1946 年暑假，党支部为了帮助同学们认识国民党政府的反动面目，邀请著名的民主人士给同学们作形势报告。在国民党特务接连暗杀李公朴和闻一多之后，党支部想借西门路山东会馆的广场拟请民主人士作报告。一下子又请不到合适的人，便到陶行知先生家里去请教。陶先生说他自己不能出来讲，但热情地协助请来了加拿大著名人士文幼章先生。文曾是蒋介石的顾问，又是外国人，国民党特务不敢奈何他。

上述种种活动,使越来越多的同学提高了觉悟,省上中同学始终与全市学生在一起,积极投入反美反蒋的爱国民主运动,坚持到1949年5月配合人民解放军解放上海。

● **重返吴家巷的护校斗争**

在重返吴家巷的三年中,学校里师生的思想,可以分为三类:一类是亲国民党的;一类是不问政治、刻苦读书的;一类是中国共产党领导的地下党组织与进步师生形成的革命力量。后两类群体,在日后的保护校产、迎接新中国诞生与建设新中国发挥了积极的作用。在解放战争时期,争取和平、民主的教育思想和理论对省上中产生了积极的影响和作用。

抗战后仅存的省上中男生宿舍(后改造为总务、国际部招生办公楼)

1949年4月,由于战事紧急,国民党军队开进学校,发生了反动军队抢学生留下的生活品的事件。还发生了军队锯倒校园里的大树,登上龙门楼顶布岗,到处挖工事的事情,霎时美丽的校园又一次遭受破坏。之前,进步学生成立了护校队,负责保护与搬迁校产。有校友回忆:

4月22日黄昏后,忽然从两个方面传来紧急通知,地下党通过西门纪业布置,我为了保证校产完好无损地回到人民手中,要求当即组织起一支护校队。为此,必须在当晚先设法召开紧急级代表会议,通过决议,以取得护校队合法地位。另一方面校方宣布第二天(4月23日)全校同学放假回家。情况极为紧急!

我虽是级代表会议中唯一的地下党外围组织成员,但是工二、理二甲、理二丁等班级都有地下党员,他们和该班级代表如潘震苍、章廷英等都有密切的关系。因此,我们几个级代表配合默契,当晚顺利召开了紧急级代表会议。会中虽存有一定不同意见,但总算通过组织上中学生护校队的决定。并发动级代表会后立即回本班级招募队员,当晚约有30~40名同学报名。报名人员在4月22日晚上约定:4月23日返回市区家中作必要的准备,4月24日上午来校集合,开展护校,以保护面积达500

亩的偌大校园和十余幢建筑以及各实验室大量教学器具。

50年后回头来看，当年的护校队同学也就是一群十六七岁的大孩子，在共产党的领导下他们挑起的是历史的担子。当时校方反对学生成立任何组织，双方处于对立的状态，而且互相间不了解对方内部的实况，都有不少的猜疑。护校队的同学要防止一切可能的校产遭损失，包括校产被运往台湾、校方私行隐匿或破坏校产以及校外农村中贼匪侵入校内造成校产损失。

上中不愧为名校，在此极端危难时刻，学校不关、不停、不作鸟兽散，5月6日进行复课登记，5月7日即在淡水路"纳格那路"小学借教室复课。上海解放后，学校师生随即和被保护的校产一起迅速回归吴家巷，结束了"二别吴家巷"的故事，为时计33天。1949年6月初，在吴家巷复课，迎接新中国的诞生，宣告省上中成为新中国的新上中，并保留了现址至今。【参见许佛曾：《省上中二别吴家巷》及《艰难重建校园》(《情系上中》)；沈亦珍：《本校复校经过及今后展望》(《二十年校庆》)；《西门纪业纪念文》；蔡明恩：《解放前上海中学地下党的秘密外围组织"生活小组"》等文章】

省上中的革命社团、进步学生的活动，显示了作为社会一部分的学校是不可能置身事外，置国家与民族利益于不顾的，这种将民族与历史的责任放在首位的革命精神，在争取民主与科学、反对消极与落后的过程中表现得淋漓尽致，上中学子勇于在社会变革中承担社会与民族责任的精神值得传颂。无论是大革命时期参加革命，还是在抗日战争时期爱国斗争，还是在解放战争时期的争取民主，都表明了这一点。而在这一期间的一些进步学生、地下党的领导人，日后也成为建设新中国的党与国家的领导人、将军……

3. 科学精神坚定不移

在省上中时期，一批学子身上所显现出的坚定正确的人生理想与追求真理的科学信念，是他们能翱翔于省上中科学知识天空的根本。新中国成立后，他们又成为攀登科学高峰的领衔人，为母校赢得了荣誉。他们在校努力学习科学文化知识，打下根基后，又漂泊海外求学，这可以看出他们对科学的求索坚定不移。在这里介绍几个我们能收集到的资料中一些校友在科学上探索的事迹，其他的只能从学校校史纪念册中追寻了。

校友编写的《情系上中，学念师长》册子

- **赵彰明校友来自美国的书信**

在省上中时期，学校有一批毕业生留学海外，他们在海外怎样生活，有一则材料有所反映。有一封书信显示了省上中学生或被派往海外留学,或自费求学于海外,以学习先进科学知识回校报效祖国的例证。以下是复校后的《校友通讯》中所刊载的赵彰明校友来自美国的书信:

学生此次奉派出国实习,同行者共计九人。我是最末一批走的,只有三个人。九月八日乘戈登将军号轮船到旧金山。此次船期正好赶上开学日期。船上差不多全是学生,也可以说全部是中国人。太平洋在八九月中,正是风浪最小的季节。旅途风平浪静,常常感觉得好像是坐了招局的轮船,到汉口去似的。船上上中毕业的同学很多,可惜我们没有机会都认识。和我同舱的就有程树磁、徐名扬、杨天一、庄炳文等,他们都是自费留学生。船走了十六天,一切都很顺利。旧金山的天气很凉快,有人以为很像我国的青岛,只是范围更大一点。市街清静整洁。我们一到就忙着参观各处电台。在那里逗留了一个星期,就搭火车东行,经芝加哥、华盛顿而到纽约。巧得很,我们在上海动身是八月二十四日,而到纽约是九月二十三日,路上整整走了一个月。美国人的交通事业办得很好。火车是商办的。有很多火车公司。他们虽然互相竞争,但仍能互相合作。我们只要在旧金山买好到纽约的车票,行李也会替你送到目的地,沿途允许我们走六十天,可以自由选择路线,因为横断大陆的铁路线多极了。更可以在中间站自由停留几天再走,因为太方便了,车上的旅客,都只带了一只小提包,静静的上车下车,一点不拥挤,所以谁也不曾感到旅行是苦事。到了纽约,我们要住下来了。本来早该来信报告,只是忙着找住处等,一直没有空暇,现在已找到住的地方:

Willam Sloane House Y. M. G. A. 356 West 34 Street New York N. Y.

房间号数是994,如蒙,赐示,请径寄该处。……

【参见《江苏省立上海中学校刊》复校,第9号,1947年11月30日】

这些留学美国的校友一些学成归来,服务于新中国的建设或到校任教,也有一些仍然留在国外,成为某一领域的领衔人,但仍心系祖国与母校,如1941届的沈坚白校友先后获得麻省理工学院硕士和哈佛大学管理硕士,研制了美国最早的数控机床等,后回国讲学,担任原北京工业学院顾问教授,及投资建设长城饭店等项目;1949届工科毕业的林寿海校友在美国普林斯顿大学担任航空航天领域的教授,后被评为美国工程院院士,现在学校设立了以他父亲名字命名的"林毅伯科技项目奖学金",以鼓励一批上中学子致力于科学探究……

●"中国比尔·盖茨"的《教训》

闻名全球的电脑大王王安(1936届),被称为"中国比尔·盖茨",发明了"磁性记忆圈",创立了王安电脑有限公司,"苹果机"最早就是他率领的团队发明的。他的发展与在省上中所受的教育密不可分。王安博士在《教训》一书中曾说:"我十三岁的时候,开始上省立上海中学……我们在高中所用的代数课本,同若干美国高等院校一年级所用的课本是一样的。”这些话语表示，对于一些学有潜能的学生来说，学习国外同类乃至更高层次的内容，对于学生的潜能开发与日后的可持续成长大有裨益。这也是一个好的经验。

1978 年上海中学复校后，1936 届校友王安在时任市教育局长袁采陪同下访问母校

王安博士 1922 年出生在上海，曾一度迁居昆山。13 岁的时候，开始上省立上海中学，16 岁在高中普通科毕业以后，进了上海交通大学。1940 年在交大毕业后，留校当了一年电气工程学助教。1945 年赴美入哈佛大学学习，1948 年获该大学物理学博士。他是著名的小型电脑发明家和洛厄尔计算机和文字处理装备公司的创始人，并创办了一所王氏研究生院。1980 年 4 月，他应上海交通大学的邀请，回沪接受为交大校务委员会名誉委员。曾于 4 月 5 日下午回到中学母校——上中。1986 年又回上中访问，并将他著作的自传《教训》一书送给母校作为纪念。他在该书中，曾一再提到省上中对他科学事业攀登上的教育和影响。

1940 年省上中在临时校区拍摄的高理三全体毕业生暨教师合影

● 三峡情缘

在省上中的教育教学中,开设有广泛的有关科学知识、艺术、学术讨论的讲座,注重聘请名流来进行讲座,以拓展学生的知识视野。其中有一个讲座不得不提,它与现在的三峡工程有关,显示了上中校友在我国三峡工程独特的前瞻性。他就是留美归来的徐修惠校友曾给省上中讲三峡内容,原宜璞校友这样回忆道:"有两次印象很深:一次是一个留学美国归来的水利博士,给我们讲三峡水利工程,至今我还记得两点:一是中国人自己有能力建这三峡工程。二是三峡电站建起来之后有巨大的发电能力,输电范围达到以三峡为中心,与南京的距离为半径画一个圆。电价便宜到附近老百姓全部用电煮饭。"这显示出,在科学的殿堂里,校友的探索有良好的前瞻性。日后,该校友在新中国成立后也参与了对三峡工程的论证与设计工作。

校友编写的《龙门情结》

可见,上中学子早在三四十年代已经接触了三峡知识。【参见原宜璞:《纪念上中沈亦珍校长诞辰一百周年座谈会》,《情系上中》,16 页】

在省上中时期,一批学子在科学的道路上崭露头角,后来在新中国的科技、军事上树立丰碑,在外交、科教上显示业绩。中共中央原对外联络部部长钱李仁(1942 届)老先生就对母校有着深厚的感激之情,认为上海中学是他成长的关键期,学校为他提供了良好的早期教育,是他今后发展的立身之本,下面是他的一段感言:

1939 年下半年进入上中以后,学校教育对于学生素质的培养是有积极而长远影响的。对我感受较深的有:爱国爱校的精神,勤奋、刻苦、向上的进取心,认真探索、严谨朴实的科学态度,较高的文化素养和理解能力。我在上中打下的科学文化基础,对我后来的工作直接或间接地发挥重要作用,例如我在上中打下的英语基础,对我后来进一步提高英语水平、学习第二外语以及从事外事工作有直接的作用;我在自然科学方面的知识虽没有直接用上,但是对于后来我在联合国教科文组织的工作还是大有帮助的。

第二节　教育教学形成自己的个性特点

摒除意识形态的影响,学校教育有许多能够延续共通的规律。这是我们一直借鉴西方先进教育理论的原因,也符合唯物辩证法的要求。虽然省上中长期处于国民政府统治与管辖之下,但从教育发展的规律出发,认真研究省上中时期的教育特点与传统,认真分析在这一时期杰出校友所表现的治学风格,我们还是可以找到许多有价值的经验和规律。

在省上中时期,学校实现了从学日本向学欧美的转变,从师范教育向综合性教育的转变;在办学影响上,再次形成了从地区影响向全国影响的发展趋势,在全国的教育中有着自己独特的地位,享有“北有南开,南有上中”的赞誉,也被名列江苏省“四大名旦”之首(这四大名旦是江苏省立上海中学、扬州中学、苏州中学、常州中学,因这四所学校办学质量与声望在社会上影响最大,被老百姓称为“四大名旦”。)认真分析省上中时期教育发展的个性特点,可以找到一些为现在继承的优良传统,这是我们的胸襟与应有的态度。

一、欧美教育思想和理论的吸收与实践

在省上中时期,主要由学欧留美归来的郑通和与沈亦珍主持学校工作。他们为把学校建成“全国乃至世界的模范中学”,注重对欧美教育的吸收,如长期的合科制发展、开展的“纯教育实验”“天才班实验”等,均深深地烙上了民国时期中国教育发展的印记。学校曾一度随民国教育试行“大学院”与“大学区制”而改为中央大学附属上海中学。从总体上讲,这一时期显现的特点是融入“潮流”、追求“模范”。

郑通和校长与荣获江苏省禁烟演说高初中男女冠军的合影

1. 融入“潮流”

学校的发展,与教育历史的发展是同步的,这一点在省上中时期突出的表现为国民党统治时期的省立制与蔡元培主持的短暂的大学区制的实行。前者与学校的“江苏省立上海中学”相符合,后者与民国教育在1928年推行大学院与大学区制相适应,学校改名为“中央大学第四学区立上海中学”。而后者是与学习欧洲国家——法国

的教育体制相关的,反映了学校既与中国教育历史发展同步,又能有世界潮流相呼应。

● “中央大学区立上海中学”的由来

1928年,学校由江苏省立上海中学更名为“中央大学第四学区立上海中学”。这与民国教育模仿法国教育体制,试行大学院与大学区制教育有关。大学院与大学区制究竟是怎么一回事?在这里有必要做一个背景介绍。

1927年6月,国民党中央执行委员会第105次政治会议通过了蔡元培等人的提案,仿照法国教育行政制度,中央设中华民国大学院主管全国教育,地方实行大学区,取代民国以来政府设教育部,各省设教育厅的教育行政制度。10月1日,大学院正式成立,蔡元培为院长,大学院为全国最高学术教育机关。

与此同时,国民政府审议通过了《大学区组织条例》,并于1928年公布了《修正大学区组织条例》,规定全国各地按教育、经济、交通等状况划分为若干大学区,每区设校长一名,负责大学区内一切学术与教育行政事务。大学区制先在江苏、浙江、河北试点,当时省上中属于江苏,在试点范围内,故学校成为中央大学第四学区立上海中学。

中央大学区立上海中学第二届暑期学校教职员合影(1928年)

但这一名称在1929年时,又改回原名。原因在于大学区制在实行过程中,遇到了很多问题。蔡元培先生力主此项改革的目的是促使教育与学术的结合,实现教育行政机构的学术化,又可以让教育摆脱官僚的支配。实行大学院和大学区制的教育行政体制改革不可谓无道理,但在国民党专制独裁统治逐渐建立、经济文化极端落后的中国却难以推行。以至于在一年多的实行中,问题不少,物议频频,受到各方反对,中小学界与江苏中央大学区反对尤甚。故在1929年,大学区制遭到废止,学校故又恢复江苏省立上海中学。

尽管学校的这段改名经历相当短暂,但反映了学校发展在教育史上的一个缩影见证。【参见孙培青的《中国教育史》】在融入潮流的过程中,取得一定实效的是合科制模式与纯教育实验。

● **长期“合科”的学制模式**

学校实行合科制，在某种程度上说是大学区制革新下的一个延伸。中央大学区革新制度的一个重要举措是废除单科中学制，而采用美国综合中学制(Comprehensive High School)，或称多科中学制，将普通教师与职业教育合设于一校。因此中学可包括普通科及师范科，视各地原有情况而定。

在1927年省立上中时，除将原有之省立第二师范改设师范科，原有之省立商业专门学校改为商科，及将省立第三中学、第四中学暨东南大学附属中学一部分学生拨归省立上中成为普通科外，并将黄渡乡村师范划归为乡村师范部。初中部设于上海小西门尚文路第二师范原址。高中部设立于上海小南门陆家浜商专原址，分普通科、商科、师范科三部分，乡村师范部在黄渡镇(后独立成为一所师范学校)。

全校行政中心则在高中部，分教务、训导、事务三处，各设主任一人。普通科、商科及师范科(沈亦珍原任师范科主任、后任教务主任)、初中部则设立主任一人，其主要责任在训导方面，另设教务员及事务员。

在美国的近现代教育体制中，倡导综合制中学，一部分为升学，一部分为就业，这一体制上中发挥得淋漓尽致，与郑通和的留美经历密不可分。1932年，由于师范教育独立，高中师范科就停止招生。乡村师范及附属乡村实验小学也独立成为江苏省立黄渡乡村师范学校及其附属小学。于是省上中高中部就主要办理普通科和商科。1934年夏季，按国民政府教育部规定，中师分设，师范科完全结束，改设机械工科。实验小学也完全独立，改称江苏省立上海实验小学。学校规模虽日见缩小，但又兼办高中机械工程科，并将高中普通科改为理科，从而一变为高中理、工、商三科和初中部的合科制中学。此时，省上中将高中普通科改为理科。学校成为高中理、工、商三科和初中部合制的中学。1935年起陆续添建木工、铸工、钳工、机械、电气六处工厂及原动力实习室一所(后成为学校的校办厂房)。

这种合科制中学，在当时的社会条件下，既同时完成中等教育升学与就业的双重任务，又充分体现了初高中阶段“试探”与“分化”的两种职能。学校对各科学生一视同仁。对于初中毕业学生来说，因为同在一校内生活，对高中分科的性质和情况都比较熟悉，可以根据各自的志趣以及家庭情况来选择不同的分科。这种合科制，对在旧中国著名大学不多、社会经济不十分发达、社会各方面需求人才还很有限、家庭清寒学生众多的情况来说，成效是明显的，“亦可谓为全国中等教育制度之一大贡献也。”【陆人骥:《江苏省立上海中学的回顾》;见《情系上中》之《郑通和校长传略》篇】

《江苏省立上海中学校刊》复校第8号中，对有关学制的变化做了说明。

在理科方面:1.改订课程。2.举行科学讲演。3.举行数学比赛。4.注重理化生物实验。5.组织各种研究会。6.举行科务会议。7.举行修学指导。8.搜集著名专

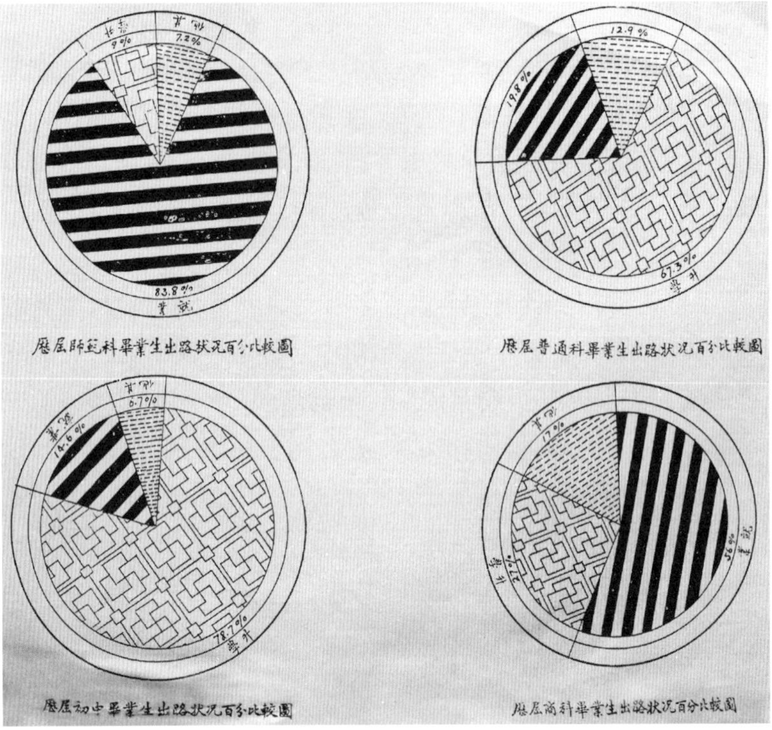

省上中时期某年毕业生出路状况图示

科以上各校章程及入学试题。9.举行升学指导。10.调查毕业生升学与服务状况。

自1927年秋改组以来，高中原分普通科师范科及商科。至1934年8月，师范科办理结束，另办机械工程科，并将普通科改设理科，成为理工商三科。工商科系职业科，各设主任一人。唯理科为普通科性质，一切事宜由教务主任办理。至1946年8月，沈校长以理科班数最多，乃设理科主任一人，专司其事。

在工科方面：1.改订课程。2.修理工厂。3.整理设备。4.添置实验机件。5.恢复制图室。6.重订实习进度。7.注重生产制造。8.恢复科务会议。9.参观工厂。10.调查毕业生服务与升学状况。

在商科方面：1.改订课程。2.恢复上中消费合作社。3.恢复上中银行。4.恢复中英文打字室。5.布置会计统计实习室。6.添置设备。7.恢复科务会议。8.举行数字及打字比赛。9.改订出外实习办法。10.调查毕业生服务与升学状况。

虽然合科制不是郑通和创设，但他在大学区制废止后，仍然一以贯之的实施合科制，则是其一个贡献。

● **纯教育实验**

沈亦珍校长在省上中任职期间，主张“纯教育”实验改革，这一方面与其在美国哥伦比亚大学教育学院留学的经历有关（以五学期两暑假完成教育博士学位，据称是“中国学生获此殊荣的第一人”）。他一方面受美国杜威在哥伦比亚大学附中设杜威学校，主张教育中立，不受政治的制约，探索儿童发展的教育规律的影响；另一方面，与当时国内政局动荡，想“游离于政治之外办教育”有关。尽管有局限性，但其提出的“教育信条十则”，既反映了他对教育的追求，也对现在有一定的积极意义：

一、我们深信建国之首教育第一。

二、我们深信教育之意义在图谋个人与社会之调和发展。

三、我们深信教育方针应德、智、体、群、美五育并重。而以人格陶冶为依归。

四、我们深信一切教育问题之解决，须从哲学及科学两方面着手。

五、我们深信中等教育应逐谋机会之扩充，随社会之发展达于普及之途径。

六、我们深信中等教育之主要功能在统一、试探、分化与指导，而以指导为重心。

七、我们深信单科中学制与综合中学制可以并行不悖。

八、我们深信学校行政仅为一种过程，其自身并非目的。

九、我们深信学校、家庭与社会应谋密切联系，以增进学校教育之效能。

十、我们深信教育是一种专业，从事教育工作者有充分专业精神之修养与表现。

江苏省立上海中学 1936 届商科毕业生合影

这教育信条对学生的影响还是很深远的。后任中华人民共和国教委主任的朱开轩校友对“十个深信”有过比较深刻的评价，他认为这“十个深信”对于办好新时代的“上中”以及做好国家整个中等教育工作都有借鉴意义。“十个深信”涉及一系列教育本质的精辟论述，诸如教育的地位、教育的意义、教育的功能、教育的普及、教育方针、教育制度、学校行政以及学校教育同家庭、社会教育的关系等。这些见解反映了在沈老先生漫长的教育工作生涯中，由于长期注重教育实验、重视教育规律的思考与归纳而逐步形成的教育思想与治学之道，已经在很多方面超越了他所处的时代局限，很值得后人重视。【参见朱开轩：《怀念沈亦珍先生》，《情系上中》，第 11 页】这十个深信的教育信念也促进了复校后的学校教育发展，影响了一批学生的成长。

● **名流来校宣讲欧美教育**

欧美思想在学校的传播，从国民政府教育部督学来学校专门介绍英国教育制度和办学特点，英国教育专家多次来校参观访问的记录乃可见其非同一般。1947 年 6 月 6 日英国文化专员赫德莱先生陪同英国教育家杜莱克先生及其夫人来校参观。对于本校各项设备及实施情形，询问甚详，均由沈校长予以解答。10 时 30 分，在大礼堂演讲。杜莱克先生讲述中英两国中学生活之比较，由沈校长口译大意一遍。中午，由英文教员陪同进餐后，始去。【参见《江苏省立上海中学校刊》，复校第 8 号。】国民政府教育部督学钟道赞，赴英考察教育，1948年12月10日乘轮船出国到达上海，沈亦珍知道后，马上约他于15日上午到学校演讲，讲题为英国中等教育制度。

在这段时间，欧美思想在学校的传播还有一个重要原因，那就是在抗日战争中曾被关押在学校的许多英美人士及其子女来校参观交流。后来，沈亦珍校长又与英国文化协会建立了联系，该协会也经常介绍一些英美人士来校参观与演讲。沈亦珍还由该会送往英国参观考察教育三个月。英国女教育家相继来校参观演讲，英国女教育家葛莱克博士(Dr. Mary Clarke)及格丽女士(Miss Lynda Grier)，应英国文化委员会之聘来华举行公开学术演讲。1947年4月10日上午11时格丽女士乘车来校，由沈校长陪同巡视全校一周后，并在大礼堂对全体学生讲演，讲题为英国社会改革家欧温之少年时代。【参见《江苏省立上海中学校刊》，复校第10号】

国外教育专家来访

从某种意义上说，郑通和与沈亦珍在实施与探索着一种与欧美各国现代教育思潮相吻合的教育观，其实质是一种引入世界主流教育的尝试。他们办学的愿望是为国家和民族培养人才，人才是国家和民族的希望，站在历史的角度办好教育，是历史的责任和使命。然而，在国民政府强大的专制面前，要实现理想，需要面对现实。这一时期的省上中教育，理想和现实产生了新的冲突和矛盾。但主动地分析世界主流教育的优势，并考虑到中国教育的实情，这是我们应当吸取的教育经验。

2. 追求“模范”

郑通和在主持省上中时，其宏愿是将省上中办成“享誉全国，闻名世界”的学校，这也是他为什么不辞辛苦易地迁校的原因。这一办学定位，一直影响着这一时期的教育实践，并为后继者沈亦珍所发扬。只是在国民党统治时期，这一定位难以成为现实。这一定位真正变为现实，则是在新中国成立后了。但在追求“模范”的过程中，有一些做法还是值得我们思考的。

省上中时期，学校名列江苏省“四大名旦”之首。1933年夏，江苏省教育厅举行第一次高中学生毕业会考，省上中名列第一。第二年由省立扬州中学夺魁，省上中屈居第二，而1935年至1937年的三次会考，仍由省上中获第一，从而名噪一时。而1946年重回吴家巷后，学校学生毕业无论是升大学还是就业的比率，都高于其他学校。

● 自主招生与选拔生源

学校办学质量优秀与否，与生源选拔密切相关。旧上海的学校，是自主招生选拔优秀生源，要想考进上中是不容易的。由于教学、住宿条件比其他中学优异得多，许多家长都想使自己的子女能考入省上中，因而在历次招考新生时，报名者非常踊跃。每年暑期，省上中高一、初一年级虽各招 300 名新生，但有时候前来报考的考生多达 12 000 人，入学考试竞争非常激烈。录取有时比例高达 20 至 21 名取 1 名，能被录取的，大多是各校的第一、二、三名拔尖人才。当时学校还办有暑假培训班，大多是为意欲进入上中的学生进行辅导以及对未能进入上中的学生进行教育指导。

当时考试制度也很严密，《准考证》背面的《考生须知》就规定："3. 试卷上切勿书写姓名，又浮漂不得自行撕去(试卷用密号书写)；4. 试场内，除应用笔墨及仪器外，不得携带其他物品；5. 各科试卷一律不得用铅笔书写；6. 考试时，不得发问；7. 考试时不得擅离座位；8. 考试时，不得与他人谈话，或有其他交头接耳等不正当行为，违者扣考；9. 题纸须附在试卷内同缴，不得携出"等。由于学生的各门考分比较接近，因而特别重视数学成绩。为此，数学入学试题，必须由易入难，才能做到择优录取，公平竞争。

江蘇省立上海中學校刊
復校
第四號
特載
指導實施綱要

江苏省立上海中学校刊

正是由于招考新生比较严格，学校的入学新生程度发展较好，而且比较整齐；由于入学不易，学生在入学后比较认真努力，循规蹈矩，这些都有利于教育质量的提高。同时，对各科教师来说，压力较大，非不断钻研业务，认真备课，努力提高业务水平及讲求教学方法的改进，就不易满足学生的要求。【陆人骥：《江苏省立上海中学校史》，第 35 页】

1946 年省上中重返吴家巷后招收了怎样的学生呢？

(1)优中选优。据统计，每年招收高中理、普、工、商科 6 个班级共计 300 名，而报考者达 5 000 余人，平均近 20 人中取一人。因此，被录取的学生，其学习成绩均非常优秀，这是剧烈竞争的结果。(2)投考者来自长江三角洲。(3)都受过优良的初中教育。省上中高中部理、普、工、商科的招生考试科目是："国文"、"数学"、"英语"、"理化"四项，每项科目的题目约 80％为基础知识，而有 20％左右试题有一定难度。许多初级中学都以历届有多少名毕业生考进省上中高中部，作为检验自己办学成绩的标志。(4)都是勤奋、刻苦学习的聪明学生。(5)家学渊源，大多有一个有文化背景的家庭环境。在旧社会，工人、农民处于社会底层，他们没有文化，没有社会地位，经济收入低，因此他们的子弟要坚持上学相当困难。当然也有他们的子弟进省上中，但他们大多还有知识分子或有一定经济地位的亲戚的资助。可以这样说，能进省上中的学生，其家庭或亲戚中大多有人受过较好的现代教育，家长中有从国外留学回来的,有交大、清华、圣约翰大学等毕业的高级职员和工厂企业的工程技术人员,有科研人员,有医师……而父兄在中学、大学里从事教育工作的比例就更高。(6)都想巩固和改善自己家庭的社会和经济地位。(7)大多数学生过着清苦的生活。当时,解放战争进入关键阶段,国民党反动派垂死挣扎,全力搜刮社会财富来应付战争需要。结果是乱发纸币,物价飞涨,上海大米紧缺。很长一段时间,早餐以十几粒盐水黄豆来佐餐。午、晚餐的伙食也难见油水和荤腥,蔬菜只用盐和水煮一煮,大家就这样熬过来。【参见钱重耀:《1946年省上中重返吴家巷后招收了哪些学生》,《情系上中》,第64—71页】

当时,省上中高中部工科只招收少量女生(据说因需掌握车、钳、铯手艺,女生不适宜),而理、普科每年要招收30名左右的女生(据说由于萱泽堂女生宿舍床位有限,故难于扩大名额)。由于招收女生的名额比男生还要严格,因此女生不仅在校时成绩突出,不少在班级中学业成绩名列前茅超过男生(要知道这是在省上中的优秀学生中冒尖,那是何等不容易),考进名牌大学犹如探囊取物;踏上社会后,同样工作出色,女部长、女科学家、女学者、女教授、女研究员、女高级工程师、女主任医师、女大学校长、女党委书记……不一而足。她们都是本单位的领军人物或核心人物,贡献至伟,令人称羡。【参见钱重耀:《1946年省上中重返吴家巷后招收了哪些学生》,《情系上中》,第70页】

● 上中精神之讨论

要办成"模范"中学,必须有自己的精神,这一点应值得重视。对于省上中来说,学校发展应当具备怎样的凝聚力?以怎样的精神来引导学校的发展?郑通和以"为公""前进""合作"六字创造上中精神。沈亦珍则以"乐观""进取""牺牲""合作"八字发扬上中精神。上中精神成为当时学校在发展过程中不停息的原动力。对于这一上中"八字精神",谢吉庭校友在《释上中精神》一文中有一个完整的诠释,现摘取核心解释如下。

一、乐观——乐观就是说把一切事情都看得很有希望。怯弱的哭,决哭不出一条出路,但是勇敢的笑却能够驱除一切的阴云。

二、进取——进取就是不断地努力。好的保存,坏的淘汰,这是"优胜劣败"的自然定律,没有谁能违反。朱光潜先生说得好,我们应该朝抵抗力最大的路闯,因为只有阻力最大的时候,我们才会加倍地警惕,加倍地努力,而收到意外的成效。

三、牺牲——牺牲就是舍己为人,不要自私。人们有一句常喊的口号"牺牲小我,完成大我"。我们每一个人都应该抱着佛教"我不入地狱谁入地狱"的决心,和"不入虎穴,焉得虎子"的勇气,从我做起,抛弃一切的私心,只向一个公的目标,去推行,去进行。

四、合作——合作就是一心一德共同工作。我们所过的生活既是群的生活,那么一个人的力量是微小的，我们要想产生一个大的力量，非群策群力不可。这里面包含着一个最重要的条件，这最重要的条件便是合作。合作不仅可以增加工作的力量，并且可以增加工作的效率，我们只有抛弃私见，开诚布公，互助合作，工作才能收效，目的才能达到。

上中的精神就是完全针对着现实的种种弊端而产生的，这是上中的灵魂，这是上中的主体，这是我们青年的指南针，也是我们青年的座右铭。到今天，这种精神已渗透了上中的每一个角落，形成了一种风气，但是我还觉不够，我们还要格外努力，我们还要继续发扬，我们要使上中精神——“乐观、进取、牺牲、合作”——不断地放出无限的光芒。【谢吉家：《释上中精神》，《江苏省立上海中学校刊》，复校第5号】

卢克宣在1947年校庆特刊上也指出，过去学校之所以有光荣的历史与迅速地复校的原因，关键在于学校有一种精神为他校不可及，此种特殊之精神就是上中精神。学校有这种精神，所以能够影响学子勤恳地学，毕业生升学与服务成绩优良，并得到社会与学生家长的协助。学校也因有这种精神，故同仁能安心服务至十年以上，以至二十年以上。今后要创造“上中新生命”，而成为国际著名之中学，必须进一步发扬与充实上中精神。【比较胡适曾经有过的一段“龙门精神”说，看看变化和发展。（见龙门资料汇编）】

正是上中精神的感召，使学校校友感恩母校；正是上中精神的感召，校友学成回归执教鞭。在学校任教的教师中，有一批是从学校毕业后留学美国，后又回校任教的。姚怀交校友就是其中一位。工科校友姚怀交在美国密歇根大学研究机械工程多年，后回国到学校任教、开设讲座。这一上中精神财富值得发扬。

● 五年一贯制天才实验班

沈亦珍主持省上中时候，受美国天才儿童教育的影响，一度进行“五年一贯制”（又称天才班）的教育实验，作为追求“模范”的一个突破口。沈校长在哥伦比亚大学的博士学位论文就是有关天才教育的研究。

鉴于录取的初中学生中，不乏成绩特别优异的学生。为此，从1947年秋季开始，从初中一年级新生中，选拔了40余名学生，编为一班，准备以五年时间，完成六年的中学生教育。沈亦珍亲自任英语课教师。平时考察甚严，一旦发现学生成绩稍差时，随即改入普通班。在1948年一学期和1949年上学期间，他本人曾两次离校，一次赴英考察三个月，一次赴台大任教。该班学生已学习两年，只剩下30余人。由于缺乏完整的实验操作方略，沈校长离校后，也无其他人员负责管理，一学期后，就将实验班取消，所有学生分别并入高中一年级下学期各班上课。两年半后高中毕业。从实际效果来看，一些学习成绩较优的初一学生，经过五年的教学，也是可以达到初、高中六年制毕业的水平。【参见陆人骥：《江苏省立上海中学回顾》，《情系上中》，第113页】

省上中学生晚自修情景

有关天才班实验进行计划大纲如下：

本校为实验优秀学生中等教育之设施，特举办实验班（以下简称本班）。本班学生由录取初中新生中，依左列标准选择之：年龄，智力测验，学科测验，过去成绩。本班学生人数至多以五十人为限。本班修业年限定为五年，在此五年中完成升学准备课程。本班各学年学程表，各学科学程纲要及成绩考查补充办法另定之。本班除变更课程编制外，并改进各科教学法。本班各科担任教师以继续担任五年为原则。本班学生生活训练，前三年由初中负责。后两年由高中负责。本班为研讨各项设施问题之改进，每月举行班务会议一次，由校长召集。本班学生一切设施，须有详尽之记载，于实验程序终结时，编成报告。

【参见《江苏省立上海中学校刊》（复校第 8 号），《实验班进行计划大纲》】

虽然，这一实验由于国民党统治的终结而告失败，但留给我们的启迪与教训是深远的。其经验是，对于特别优秀的人才，可以进行潜能开发实验，但要有完整的计划、充分的准备、持续的管理与追踪研究以及良好的环境支撑，才能取得成功。

1991 年“文革”结束后恢复的叔蘋奖情况介绍。上海中学再次作为叔蘋奖受奖单位

最后应指出的是，学校在这一时期追求“模范”发展，也受到了社会各界的关注与支持，各界人士及校友纷纷在学校设立奖学金，奖助家境清寒学生。据省上中校刊记载有志鹤奖学金、伯蕴奖学金、教职员奖学金、介生奖学金、王士良奖学金、沈亦珍奖学金、叔蘋公奖学金、中国通商银行奖学金等 20 余种。学校为清寒学生举办特种奖学金，甲种 20 万元（民国币）、乙种 10 万元（民国币），前者 50 名，后者 100 名。特别需要指出的是在省上中享受叔蘋奖的两位学生：一是当时读高二的高伯龙（在高二时，就同时被清华大学与交通大

学录取），后成为中国人民解放军将军，我国著名军事光学专家，国防科技大学著名教授，中国工程院院士；二是陈名烈，在“文革”后恢复叔蘋奖时，作为联络人，现在这一奖学金仍然在学校运作。

显然，学校“模范”的达成，有两层含义，一是自我目标，二是社会期望。实现模范的两个因素，一是自身努力，二是社会支持与大环境的支撑。脱离任何一个方面，都不能达成模范之目的。30年代的省上中，《校歌》的起始句为“龙门发轫进无疆，一柱中流海上”，充分显示了学校追求模范的气魄。

二、良师益友的教育终身难忘

1927年到1949年间，由于国内局势未稳，一些文人志士最有可能于学校中求得安宁，教学育人，传授自己的所长，表达自己对国家、民族命运的想法，因而在省上中集聚了一批名师。许多校友回忆，良师益友的教育教学让他们终身难忘。从教育教学特点来看，主要形成了三方面的优良传统值得发扬：着眼学生长远发展，重视“基础”；学习应当走出书斋，开阔“视野”；为人当求知立志，指点“人生”。

1. 着眼学生长远发展，重视“基础”

由于民国的教育体制一直在变化，不可能重视系统的国内教材编写。因而在省上中教师的教学过程中，教师往往从自身的特长出发，选用教材、自编教材与开展教学。许多教师由于是从国外留学回来的，英语功底比较好，重视英语教学，有的直接选用国外原版教材，开展学科英语教学，有的则自编教材。这些教师本身有很高的专业水准，如有的毕业于中央大学（南京大学）、浙江大学，有的从国外留学回来的，他们在教学中关注的就是学生的长远发展，重视奠定学生发展的坚实基础，这在学生的回忆中也能得到佐证。

● 重视英语学习

在1939届校友集体创作的《吴家巷校园生活的一天》中，有特别对姚志英老师英语教学的介绍：

那边一间教室显得非常安静，原来是班上的同学都在紧张地注视姚志英老师。今天这一堂英语课是背诵，姚老师在一只白信封内抽出一张写有某一位同学姓名的纸条；又在另一只白信封内抽出一张写有某一篇世界名著的篇名，然后就由这一位中选的同学背诵这篇短文章，直到高三时，那只信封内依然还能抽出高一高二时背诵过的篇名来。这是姚老师力主背诵以便积少成多，达到熟能生巧的教学方法，使每个学生都能熟记下几十篇各种内容的短文。后来在1939年夏，大学入学统考的英语作文试题是“The Beauty of Four Seasons”，此题看似易却难获高分，但对我们这些上中毕业生来说，个个考得眉开眼笑，这就不能不归功于姚老师的认真教学了。

除了背诵文选，注重语法等外，姚老师还规定：高一订阅《大陆报》，高二订《字林

省上中的教育教学设施

西报》，高三订《密勒士评论周报》等英文报刊，又鼓励大家看英语原版电影，达到学用一致的目的。在选读英文报刊的内容时，有一次报纸上报道了意大利侵略阿比西尼亚（今埃塞俄比亚），姚老师念的时候非常气愤，当时还讲了很多青年人应爱国自强的道理，可见当年省上中的教师，也并非是在死教书的。

方开舜校友在省上中读了六年的书（1933—1939年），他对学校英语教师的教学记忆深刻，在《上中教师给了我智慧与力量》中记载了这样几位英语教师的特点：

田定庵老师——田老师精明强悍，教学认真，他教书既严肃又活泼。有次徐国英回答"早餐"的英文单词 breakfast 误读为 blackfast，老师马上笑着说："那不是变成吃黑饭了吗？"众大笑。

朱易惕老师——朱老师待同学很和气，但对课堂考核认真。有次上课，他在黑板上写出题目：is covered with，马上点名要我上讲台造句，我思索了一下就写出 Our playground is covered with grass。他马上打分记录。朱老师爱唱歌，上中有几次晚会，他都登台欢唱《采茶歌》，气氛热烈。抗日战争时，他曾被日军逮捕，他坚持爱国，与敌斗争，令人佩服！

朱恢伯老师——朱老师教书有声有色，有次他教"An Appeal To Arms（诉诸武力）"文中有一段连用七个 If："If we wish to be free, if we mean to preserve our privileges..., we must fight."老师一口气念得大有气吞山河之势令人赞扬。还有一次他主动提出要我们从报纸上找条新闻，把内容叙述，他思考片刻，全部英译，而且用手、臂、身一同参加表达，我觉得他的情景教学法，真是呱呱叫！课堂活跃起来了。

顾正本老师——顾老师英语教得好！我们学得好……他对课本背诵、语法分析与作文锻炼都抓得很紧！我和徐德龄经常被抽出背诵，我们两人背得都很熟练，他笑着说："就要这么快和熟！"对于语法分析他用图解法，对各种句子由浅入深，认真分析，使你一目了然！对于英文作文只要你写得简明、语法正确、内容含意深刻，他准会给你批上"Very Good"的，甚至还要在班上表扬！

……

学校的许多教师还擅长用英语原版教材教学，大量使用大学的教材，甚至自编教材，有一些学生的回忆充分显现了这一点。

● 教学大量使用原版教材、大学教材与自编教材

校友胡厚予回忆：

那时数理化课本多数是英文的，不但学了数理化，也提高了英文阅读能力，而有利于后来的工作。如建国后主要学苏联、少接触英语，但上世纪60年代我去越南人民军炮司举办射击理论训练班时，越方拿来战场上缴获的美军英文资料，要求在合同外向他们介绍美军炮兵的最新射击方法，结果中越双方都满意，各有所获。当然那时也有用学校朱凤豪老师自编的《新三角学讲义》那样有名的中文课本，难题还用日本的。还有余源庆、杨逢挺等老师深入浅出、条理清晰的讲课，至今记忆犹新。

【参见胡厚予:《上中杂记》,《情系上中》,第21—22页】

工科校友施揆中回忆：

工一年级第一学期的课程有：物理、化学、数学、语文、英语等，加上一些专业课。其中物理课本是一本厚厚的英文版本，教我们物理课的女老师是学电机工程的。化学课教我们的是徐子威老师，编有示范教材《初中化学》。他授课熟练，讲授时顺理成章，不假思索，因我初中化学基础同样很差，一个学期听下来，收获很小。数学老师朱凤豪老师编有《新三角学讲义》。

当时，机械原理和热机学的课本，是刘仙洲编的大学丛书，包括还有一本汀白·布什著的电工学的中译本都已有相当年代，这些书就是我们几位老师当年上学时读的课本。

在非英语课的专业课中，有些课程采用了英文本，老师掺用英语讲写，耳濡目染，得益很大，为日后掌握英语打了点基础。

在一年级刚进校时，就碰到一本相当厚的英文版《勃、台物理》，虽然有些兴奋，但这本书太深了。唐秀颖老师给讲《范氏大代数》时，常用英语讲解。她发音清朗悦耳，再加上数学的内容和用语比物理简单，用英语讲解实际上是在枯燥的代数列式上稍加润色，更吸引了同学的注意力。

上解析几何时，唐老师询问同学喜欢用中文本，还是英文本，大家同声齐答：要英文本。说明大家的求知欲很高。解析几何的课本是当时龙门书局印刷的《斯、盖二氏解析几何》，顾锦城老师也喜欢在教课时掺用英语。而一些专业书，多是翻译过来的,常有许多英语词汇和专用名词结合起来使用。这些潜移默化的作用,加深了英语词汇的记忆,使我在解放后经过相当长时期的英语隔断期,重新启用时,也不觉陌生。

【参见施揆中:《梦萦师生情》,《情系上中》,第30—36页】

在关注学生的基础方面,还有一个方面值得一提,那就是关注实验实习,这对于一些学生日后从事科学探究工作奠定了坚实的基础。

● 关注实验实习

除了在课堂上传授书本知识外,对于有关的实验和实习也很重视,教学设备也较完善。例如理科学生从事物理、化学、生物等科的实验,商科学生既从事中、英文打字练习外,还从事上中银行和消费合作社的经管业务。工科则有宽敞明亮的制图室和三座工厂,从事翻砂铸件和各种车床等的操作。因而理科学生得的知识比较扎实,工商两科的学生都有一定的实际工作和操作能力,常为高一级院校及社会各界人士的欢迎。【参见陆人骥:《江苏省立上海中学回顾》,第14页】

在《吴家巷校园生活的一天》中记载:

当年理科的许多实验室设在先棉堂内,这天下午是理一乙在做生物实验。每一位同学都能分到一条蚯蚓,袁善徽老师要求同学要一丝不苟地细心解剖,并绷开钉紧,更需正确地详尽地把它描绘下来,多数打算毕业后考入交通大学念工科的男同学,本来就不大重视生物课,但在袁老师的认真教导下,也对该课程发生了兴趣,大家对试验做得十分认真。而对于后来学习医学的同学,在学前就受到了这种严格的基本技能训练,更是受益匪浅。

工科同学在下午有很多时间均在学校东北角上旁依水塔的两座呈曲尺形的实习工厂内度过的。有铸工、锻工、金工、木工等车间。有几位兼课的指导老师,均是从工作岗位如江南造船厂等单位中聘请来的,顾锦城老师还亲自到场指导。

【参见:《回忆省上中》】

当时省上中的教育教学,为学生未来的发展打下了基础。

2. 学习应当走出书斋,开阔视野

在省上中时期,学校除了利用自身的教师来促进学生的发展外,还注重让学生的学习走出书斋,注重聘请大学教授、各行专家、社会各界的知名人士来校做报告,以开阔学生的视野,让学生的学习不局限于书斋,多视野学习知识。

● 聘请名流开设讲座

在省上中的教育教学中,开设有广泛的有关科学知识、艺术、学术讨论的讲座来拓展学生的视野,这一点应值得我们发扬。前面我们讲到留美归来的徐修惠校友给学生讲三峡内容,诸如此类还有许多,现列举一些如下:

1948年12月1日上午周会请上海美术专门学校校长刘海粟先生演讲。【参见

《江苏省立上海中学校刊》,复校第10号】

另外,方开舜校友还提到这样几位名流来校讲学:黄炎培老师,解放前曾来上中作过《朝中华(上)(下)》的报告(两次)。他衣服朴素,语音不高,但很亲切。音容宛在,记忆犹新!回忆报告内容一是介绍美国风情,二是歌颂人民,特别是赞美清洁工人不怕脏累、酷暑、严寒,他们是起得最早的工人。

任中敏老师是上中《校歌》歌词的作者,全篇英勇雄壮,鼓舞人心。词中“何日国威扬、主权张、英才旺,毋负甄陶教泽长。勇往!上中青年勇往!重光!炎黄神胄重光!”气势磅礴,感人至深。老师曾来上中演讲过,身材不高,精神健壮!他勉励我们说:“要立大志,努力学习,否则你就不是钢,至少你不是真钢!”台下立即响起一阵阵热烈的掌声。

杜重远老师是东北实业家,爱国心切,创立《新生周刊》,因《闲话皇帝》开罪日本天皇,杜重远为保护作者易水而被捕入狱,最后被盛世才用毒酒害死狱中。杜老师这种大无畏的精神,确实令人感佩万分!杜老师在世时曾写过:“人不要死在手上!而要死在脚上。”【参见方开舜:《上中教师给了我智慧与力量》】

省上中时期的校歌

● **聘请大学教授来校讲课**

来校讲课的大学教授也不少,如国立中央大学(原民国政府设立)农经系教授刘子沛、工学院教授等讲《中国经济建设问题》和有关中国电气事业的课题。【参见《江苏省立上海中学校刊》,复校第10号】

工程研究会于1948年3月25日下午4时,在大礼堂,请中央大学教授、上海纺织工业专科学校教务长张实龄先生演讲,题为“读书方法”。演讲对于阅读工科书籍，指导极为详尽。1948年12月12日特请杨尚灼博士莅校，对工科同学讲演。杨博士在战争期间，曾任资源委员会中央炼钢厂厂长，留学归来，任国立交大教授，学识渊博，经验丰富，对于钢铁工程，大有研究，此次即以钢铁为讲题。先阐明钢铁之重要，次述钢铁之提炼方法，最后报告我国目前钢铁工业之概况。对前途之发展，盼望尤殷，同学静聆之下，靡不振奋。【参见《江苏省立上海中学校刊》，复校第9号、10号】

1949年4月28日上午9时，学校的商学研究会敬请上海银行学会秘书长，国立复旦大学银行系主任朱斯煌先生来校讲演。是日全体商科学生一百余人，齐集阶梯教室，先由商科主任康来文先生致介绍词，继请朱先生演讲"中国历年来之金融风潮"。既剖析其前因后果，复加以精辟之评论。同时对于目前之金融情形亦有所论及。讲毕，掌声历久始息。【参见《江苏省立上海中学校刊》，复校第12号】

除以上介绍的以外，还礼聘国学大师胡朴安、史学大师柳诒徵、经学家朱香晚、教育名宿江问渔、交大教授任孟闲、法学家查良槛、财经家刁培然等教师来校授课与开设讲座。这些讲座与讲课，既开阔了学生的视野，也激发了学生对科学知识学习的渴求，促进了省上中科技、艺术教育的发展，胡适先生也曾受邀到校演讲。显然，聘请名流来校开讲，是学校的一个优良传统，在省二师就已初露端倪，如杨贤江、恽代英来校的演讲等。到了省上中更甚，说明省上中一直重视课堂以外、书本以外的学习。

当然，我们也要指出的是，在学校开设的一些讲座中，有相当一部分是与国民党训育及宣传专制统治有关，这点是应当加以否定的。由于国民党对学校的控制甚严，对于省上中也不例外，当局总是在学校集会或重大活动时，派高官（如江苏省教育厅长、上海市教育局局长乃至当时教育部长）来校训话或演讲。1983年肖萍等校友的回忆录中就反映：每周一次的纪念周上，郑通和请的"名人"来演讲，请来的有宣传"攘外必先安内""一个主义、一个领袖"的官僚。

3. 为人之本于求知立志，指点"人生"

作为教师，不仅要教人求知，而且要教人立志，为学生的发展指明人生发展的道路。在省上中时期，尽管国民政府控制很严，但教师中仍然注重自身爱国意识的表露与对学生爱国、革命、进步思想的鼓励，使上中许多青年在求学中不断确立人生志向，走向追求人生正确价值的康庄大道。

● 学生心目中的良师益友

对于省上中的毕业生来说，在他们的心中，上中有许多可以称得上良师益友的师长，在这里只选取部分校友对一些教师的记忆片段，聊表追忆：

上课钟打了，整个校园中又是一片寂静，从各个教室的窗口中，传出了老师讲课的声音。其中以朱凤豪老师的语调最高，陆人骥老师说话的频率最快，姚志英老师逐字逐句的正确发音，都给同学们留下了永远难忘的印象。

国文教师章沦清先生向同学们介绍自己取名的原因，他在黑板上书写两行刚劲有力的粉笔字：国土虽沦亡，身体须清白。他就是以这两句话作为自己在国难时期处世做人的座右铭，并以此教育我们，即使生活在沦陷区也要保持民族气节。

音乐教师王允功，不但教唱，还在培养青年学子的慷慨、豪放、充满青春活力、与胸怀大志的精神。记得《军歌》词："中华男儿血，应当洒在边疆上，不怕雪花涌，不怕朔风狂！……刺刀擦亮，子弹进膛，冲锋的号响。"这雄壮的歌声，使我热血沸腾，经久难忘。当我们学到《校歌》中的"抚淞沪战创，勘不平约章，涌心头热血朝千丈！"摩拳擦掌，慷慨激昂！王老师教唱革命歌曲，如《祖国进行曲》、《大路歌》、《松花江上》、《义勇军进行曲》等，还教唱法国的《马赛曲》和美国的《为自由而战斗的呐喊》，唱出："我们下定决心：不自由毋宁死！""打倒卖国贼，……发出为自由而战斗的呐喊。"借用外国爱国歌曲，同样来激发我们为争取祖国独立自由不受敌寇奴役的决心。

被称为小洋房的教师住宅单元

英语教师姚志英，在选读英文报刊的内容时，有一次报纸上报道了意大利侵略阿比西尼亚(今埃塞俄比亚)，姚老师念的时候非常气愤，当时还讲了很多青年人应爱国自强的道理。

商科主任王贡三老师，亲授的"商业学"一课，屡次要求同学多学活的商业常识，看报上的经济市场消息，不能老是死啃书本，要学得活，要联系当前市场的动态，更要重视报纸上的经济新闻。

数学教师朱凤豪，同学们至今记忆犹新。他讲课时精神饱满，中气十足，条理清晰，对教材非常熟悉，记忆力又很强，还能说出范式大代数第几页第几行有错字。上课从来不看书本或讲稿。在上课时向我们大家表白自己的心声："我喜欢喝酒，但现在不喝，等到'天亮'时再喝。"同学们都明白"天亮"是指抗战胜利，到那时喝酒意味着庆祝胜利。

历史老师陆人骥，不但讲课内容有系统有引申，并把时代背景、社会动态、民间生产等结合在一起，使学生对某一朝代有个完整的概念，也了解这一个朝代的发展对后代的影响。

化学教师徐子威，讲课声音高，板书正，条理清。物理，化学既有教科书，又有他编的讲义，让我们参考对比。

诸多良师,不一一述说。

【参见《深切缅怀献身教育事业的先驱》,《上中教师给了我智慧与力量》,陆人骥《江苏省立上海中学的回顾》片段等】

● **针砭时局的学生作文受到老师的肯定**

高中商科毕业生黄朝治,至今还珍藏着一本高二国文教师徐澄宇评改过的《江苏省上海中学作文簿》,翻开一看,除用朱笔批改,圈圈点点外,还有不少眉批和各篇文章的评语。对"文"和"字",分别加以评分。

例如对《评航空救国》一文的评语为"航空救国,空谈妄语而已,作者分两层痛加驳斥,最有卓见。"则又在文学评价之外,更鼓励学生的独立思考及发表意见。他除了给予学生科学文化知识的传授与精神的熏陶之外,还给予志向的导引,帮助学生认清自己的发展方向。

庄德之校友(现负责1944届高中、1941届初中级友会的联络工作)回忆道:"在上中求学,一个重大的收获就是爱国主义思想的确立,立志要誓死保卫祖国。汉奸、卖国贼的教师是极少数,极大多数的教师是爱国的,而且不怕敌伪的残酷统治,在日常教学中把爱国思想,直接或间接地,或明或暗地灌输给同学,而且支持学生反对敌伪的爱国行动。"王安博士在返校座谈会上说:"……省上中教师不但教我以知识,而且还教我以为人之道。"【参见陆人骥:《回忆省上中》,第11页】

1946年至1949年的复校期间,学校深知教师是办好学校的关键,从社会上高薪(据校友传,有些教师以高出交大教授的薪金引进)聘请优秀教师来上中授课,并确定制度,凡德才兼备,教育有贡献,连续教学若干年的优秀教师,可享受公款去进修,于是在省上中有一批优秀教师为学生津津乐道……

省上中时学生出操队形

三、学校的课余生活与严格管理

在省上中时期,奉行"纯教育"思想。然而在大革命时期、抗日战争时期、解放战争时期，学校里的各种思想之间的斗争一直没有停息过，或隐蔽，或公开，或弱化，或激烈。为实现学校教育的理想，达成把学校建成为在江苏、全国有影响学校的目标，学校必然有一套严格的校纪校规来进行管理。同时，学校又保持长期的寄宿制传统，通过丰富的课余生活来使学生能安心学校生活，获得良好的发展。这一时期值得关注的传统是长期的寄宿生活、自主的社团活动、严格的校纪校规。

1. 长期的寄宿生活

省上中在吴家巷的生活，保持长期的寄宿传统。在统一要求上，保持一种半军事化的管理，在课余生活上，又不乏丰富多彩。下面两则材料可以说明。

- **半军事化的管理**

48 届校友原宜璞在《纪念沈亦珍校长诞辰 100 周年座谈会》一文中这样回忆道：

学生全部住校，规定只有两周才能回家一次。

全校严格的统一作息时间；学生穿统一的制服；作息时间不用钟声或铃声，而专雇一名号手来吹军号；每天的升旗仪式由学生军乐队伴奏晨操；宿舍统一床单和蚊帐；内务非常整齐，定期检查评比也列入操行分数，连食堂里都固定座位，每人专用的碗盆、热菜的酒精灯等都印上每人的学号；宿舍每层都派上一位老师担任舍监，维持宿舍秩序，保证按时作息，哪怕在考试前，也不准许在走廊开夜车，有人只能用手电在被窝里看书。

这种半军事化生活，对培养纪律、生活作风和集体观念很起作用。每天晚上二小时自习课，对我印象非常深，作业都在自习课完成、学习气氛都非常好，对巩固和提高学习成绩非常重要。【参见 48 届校友原宜璞：《纪念沈亦珍校长诞辰 100 周年座谈会》，《情系上中》，第 16 页】

省上中自行车队

寄宿的各项规章制度比较严密，执行又很认真，借此以养成学生的生活规律和独立生活的能力，既便于同学间的切磋琢磨，又使学生在毕业以后，较易适应高一级院校及职业生活。同时校内建有教师住宅及教职工宿舍，师生朝夕相处，不但便于随时可以质疑问难,而且教职员工更须处处为人师表,言教之外,尤注意以身作则的身教。

课余及节假日,学生们往往三三两两来教职员住宅及宿舍访问,亲如家人。因而师生之间情谊甚笃,有似英国公学的"导师制"(Tutor System),形成了尊师爱生的优良传统。

● 吴家巷校园生活的一天

在1939届高中、1936届初中校友的集体回忆——吴家巷新校舍的一天中,可以看出学校的课余生活可谓是丰富多彩(其中也涉及上课的内容,在这略去):

清晨,起身号一响,本来寂静的宿舍里,人声逐渐多起来。同学们正忙着把自己床上的卧具整理好,再罩上一条一端印有三条蓝色阔带中嵌"上中"两字的白色被单,然后分赴每层楼中间盥洗室,用着印有自己姓名的白色蓝字的面盆和漱口杯,放了冷热水龙头,洗脸刷牙毕,仍将用具放回到白漆的木架上。再以很快的速度,奔向处于东西四幢宿舍之间的早操场上,高初中同学分东西两边列队南向而立,在号声中行升旗礼。

升旗后进行早操,操毕列队依次进入东西两座膳厅用早餐。在早餐后到第一课的间隙时间内,校园中充满着一片生气,到处是书声琅琅,有在读古文的,有在背英语的。当上课预备钟声传来时,才各个带着书包走向教学楼。

上午的课程结束。同学们又云集到那块早操场上,仍列队鱼贯进入饭厅。当时早已采用分食制,每人一只搪瓷盆,分为二格,今天的午餐是一格内两只咸鸭蛋,另一格内是咸菜豆瓣汤,一荤一素。每人都用印有自己姓名的餐具。在饭厅的东侧,另设一张圆桌,是供给教师合餐的,菜肴非常丰富,鸡鸭鱼肉都有。由于同学的伙食还可以,所以从来就没有人看到老师的一桌而馋涎欲滴的。师生在同一座饭厅中用餐,在当时的其他寄宿制中学,是很少见的。

下午,有的先上两节课,有的做试验,工科同学去实习工厂。在下午的时间内,上中银行和上中合作社开始营业,这是除了为全校师生员工服务外,主要还是商科同学联系实际的好场所。其中职员与营业员均由商科同学轮流担任,账册等均与所

课余体育篮球

学课程如"银行会计学"等有一定的联系。达到了学用结合的目的。此外,就可以到操场上进行体育活动了。

暮色降临,晚饭后的宿舍内最为热闹,有的唱歌、吹口琴,也有摔跤的,一时欢声四起,青年时代相互间的嬉戏,甚至打打吵吵,往往会结下了终身的友谊。也有的静坐一隅,正在缝补衣袜,也有在盥洗室内洗衣的。上中历来采取学生寄宿制,每一个学生都被培养为具有独立工作、独立生活能力的青年。

晚自修的号声一响,个个寝室顿时安静下来,按校舍原设计,每间寝室放四张单层床,后因女生宿舍换房,女生住西二斋南部及三楼全部,分门进出,所以每间寝室的窗边打横添加一床,每室住了五人。上中当时的课外作业是抓得很紧,又有自学的参考书,学习量很大,绝大多数的同学都能自觉地在晚自修时间内完成当天的作业,整幢宿舍是静悄悄的,偶尔从走廊中传来有人在走动的声音,那是训育老师或常务导师来宿舍作例行的巡视。当训育老师的脸出现在房门的玻璃窗上时,大多数人均不理不睬,依然在埋头用功,也有个别顽皮的同学,偶尔对他做上一个鬼脸,他也装作不见,继续逐室看过去,这种巡视虽是学校的一项制度,但对大多数同学,尤其高中同学来说,确认为无此必要。

两小时的晚自修即毕,同学们涌到盥洗室洗足,也有热水供应,一切临睡前的杂务处理完毕,熄灯号一响,就上床就寝。这一天也就这样地过去了。【参见《吴家巷新校舍的一天》,有所改动,选自《回忆省上中》】

学校的寄宿生活,反映了当时省上中的有序管理。这对于培养学生的独立自主、集体意识大有裨益,对学校取得良好的办学业绩也起了推动作用。其中一些重要传统至今仍然被延续下来。

2. 自主的社团活动

由于实行寄宿制,学校学生自主的社团活动也相当丰富,既有体育、文艺和生活团队、也有一些学生组织、邀请教师参与的各类竞赛活动,使上中的校园生活显得丰富多彩。

● **学生体育、郊游、各类竞赛**

为丰富学生的课余生活,学生自主地开展各类社团与竞赛活动,从《江苏省立上海中学校刊》上,可以了解许多相关的社会活动与各类竞赛,一些例子如下:

有国语演说比赛志,每学期举行国语演说比赛一次。1947 年 5 月 16 日下午 3 时 30 分,在大礼堂举行初中国语演讲比赛,请练为章、朱凤豪、余元希等五位先生评判。

有音乐会速写。每学期亦必举行音乐会一次。1947 年 5 月 30 日下午 7 时 30 分举行了一次。节目共分两部,前半部有初一女生三部合唱春游,张锡龄之提琴独奏小夜曲,赵筠秋之口琴独奏胜利之舞,陈恩慈之独唱意大利文歌,彭永生之提琴二重奏 Mazas 及梦,郑根永之台琴独奏王昭君,王凤仙之独唱天伦歌,苏海天之吹箫(曲名妆台秋思),孙金森之口琴独奏双鹰进行曲及夜上海,刘正贤之钢锯独奏月夜情歌,郭大章之独唱枫桥夜泊,曹小定顾墨琳之钢琴合奏军队进行曲。临时,又有沈校长之男女公子沈中一、李怀安、李明安等三人之夜上海合唱。

下半部有初一女生之二部合唱春郊,吕白克先生之独唱,陈剑晨先生之口琴独奏,周净良先生之手风琴独奏蓝色多瑙河,王允功先生之女公子纪音小姐之钢琴独奏肖邦之夜莺,立司脱之"少女之愿望"。林起夏先生之提琴独奏。殿以口琴队二十余人之口琴合奏。当时观众对于各项节目,倍感兴趣,往往一曲方终,热烈掌声不断。使演奏者不能不"再来一个"。于此可见情绪热烈之一斑,及演奏之精彩。

有英语演说比赛。为使学生练习英语演说起见,1947 年 6 月 2 日上午 8 时半,利用周会时间,举行初中英语演说比赛。【参见《江苏省立上海中学校刊》,复校第 7 号】

初中学生曾有上中市政府的自治组织,高中学生曾组织过剧社、歌咏队、军乐队、篮球队等。每学期还举行春秋两季全校运动会和音乐会。【参见陆人骥:《江苏省立上海中学回顾》,第 14 页】

省上中学生文艺队

高三学生组织升学互助会。理科主任朱凤豪先生,为实施高三学生升学指导起见,特召集理三各组学生举行高中学生谈话会。决议组织高中升学互助会,内分事务、调查、出版三股,事务股负责采办会计、保管、文书事宜,调查股负责收集各大学概况及试题,出版股负责出版事宜。每股设股长一人,干事四人,每级推一人分任,计董楚莹君当选为事务股长,魏信芳君当选为调查股股长,宋贤君当选为出版股股长。并请教务主任,各科主任,以及三年级各有关教师担任指导,闻联合壁报已出版多期。各级同学,获益匪浅。工三学生亦有一部分参加云。【参见《江苏省立上海中学校刊》,复校第 9 号】

● **举行专题研究与兴趣研究会**

学校在课余还举行专题探究，1948 年 5 月高中学生专题研究，定为数学、物理、化学、生物、商学及工程学六种。各科研究题目，经各学科会议决定后，业由教务处公布。规定于 5 月 20 日以前交稿，择优发给奖品，并留校陈列。

兹将题目录之于左：(1)数学 学习数学之困难与心得；(2)物理 宇宙射线(Cosmic)Ray；(3)化学 塑胶(Plastics)；(4)生物 动物之呼吸与循环；(5)工科 工程师应有之修养；(6)商科 如何争取外汇等。【参见《江苏省立上海中学校刊》，复校第 12 号】

《江苏省立上海中学校刊》复校第 9 号上公布的新成立的各种研究会有：

国乐研究会：该会主要目的，在陶冶性情，提倡正当娱乐及发扬国乐。有会员三十余人。由沈鲁瞻、孙芳藻、吕德矩诸先生为指导，于 1947 年 11 月 20 日成立。分胡琴、箫笛、琵琶三组，练习寄生草、雁落平沙等曲。每学期举行演奏会一次。

国画研究会：会员计五十余人，由孙芳藻、李伯扬、傅伯良等先生担任指导。分西画、国画两组，国画组练习水墨山水。

平剧研究会：有会员三十余人，请杨逢挺、赵泽寰、宋子仪诸先生指导，业已开始练习。

省上中运动队

此外，学校还有演说会、文艺研究会、英文研究会、数学研究会、社会科学研究会、自然科学研究会、商业研究会、工业研究会、篮球队、排球队、小型足球、口琴会、钢琴会、军乐队、歌咏队、演说会、摄影研究会、参观团、上中消费合作社、上中银行等社团活动。之前有工程研究会、商学研究会等。

学校的社团与各类竞赛、研究会，体现了几个方面的特点，一是广泛的自主性，二是涉及的内容与范围广泛，三是体现一定的社会公益性，校园生活的丰富多彩使上中学生难忘内容。学生的课余生活照片还在国外(墨西哥、印度)展览。【参见《江苏省立上海中学校刊》，复校第 12 号】

3. 严格的校规校纪

省上中的校规校纪，是十分严格的。诸如作业规范、零用钱使用管理、食堂管理制度、分级与个别谈话制度等。这些规范的建立，有些对于规范学生的学习行为，形成良好的行为品质，保障学生的生活卫生具有重要的作用，一些则具有训育的成分，但又不乏有积极意义。

● **课余作业的规范与练习**

1947 年 6 月，学校专门制定了《课外作业实施纲要》，内容如下。

目标：丰富学校生活，发展个别才能及兴趣，充实课内作业，培育正确理想态度及习惯。

原则：

(1) 关于课外作业组织之原则：各种课外作业须有统一之组织与计划；各种新组织须得校长或训导处之许可，方得成立；有关学校行政事项不得讨论。

(2) 关于课外作业指导之原则：每种课外组织须聘教师为指导员；各指导员凡遇各团体开会时，须先协助筹划，并列席指导；各团体如有印刷或揭帖事项，各指导员须负责指导。

(3) 关于课外作业范围及学生参与课外作业限度之原则：各种课外组织，须适合学校之情状与需要；课外作业之发展，宜渐不宜骤；课外作业须与课内作业并进，并须以辅助课内作业之不足为准则；各种课外组织，须使学生有选择余地，以便适应个性之差异；各种课外作业之组织，须能鼓励学生多多参与；各种课外组织，须使学生皆有同等之参与机会；学生参与课外活动，应有限制，以免妨碍课业。

(4) 关于课外作业其他行政方面之原则：各种团体开会之秩序与时间，须预先规定，报告训导处。晚间集会之次数愈少愈好，以免妨碍自修。各种课外组织应有预算，其费用以少为宜，以减少学生之负担。对于学生课外作业成绩较优者，分别考查，予以奖励。

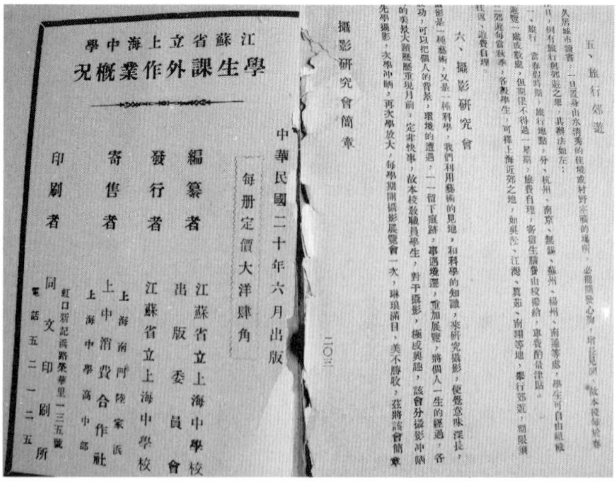
江蘇省立上海中學
學生課外作業概況

編纂者 江蘇省立上海中學校
出版委員會
發行者 江蘇省立上海中學校
寄售者 上中消費合作社
上海南門陸家浜
上海中學高中部
印刷者 同文印刷所
虹口新記浜路榮華里一三五號
電話五二一二五

中華民國二十年六月出版
每册定價大洋肆角

五、旅行郊遊

久居城市嘗書，一旦置身山水清秀的佳境或村野空曠的場所，必能開發心胸，增長見聞，故本校每於春日，例有旅行與郊遊之舉，其辦法如左：

一、旅行 當春假時期，旅行地點，分、杭州、南京、無錫、蘇州、揚州、南通等處，學生可自由組織遊覽一處或數處，但期限不得過一星期，旅費自理，寄宿生膳費由校發給，車費酌量津貼。

二、郊遊 每當秋季，各級學生，可擇上海近郊之地，如吳淞、江灣、真茹、南翔等地，舉行郊遊，期限須往返，旅費自理。

六、攝影研究會

攝影是一種藝術，又是一種科學，我們利用藝術的見地，和科學的知識，來研究攝影，使覺意味深長，動，可以把個人的背景，環境的遭遇，一一留下痕跡，事過境遷，重加展覽，將個人一生的經過，各的美景大觀歷歷重現目前，完非快事，故本校教職員學生，對于攝影，極感興趣，該會分攝影冲晒先學攝影，次學冲晒，再次學放大，每學期開攝影展覽會一次，琳琅滿目，美不勝收，茲將該會簡章

攝影研究會簡章

二〇三

省上中课外作业概况

实施：

(1) 关于课外作业指导方面：本校设课外作业指导委员会，委员由校务会议推定，以训导主任为主席，综理全校课外作业行政之实；每种课外作业组织，须设指导员一人

或数人，负责该组织指导之责。除由学校特请者外，概由学生敦请校内教职员担任。

(2) 关于课外作业社团方面：本校各项课外作业，均以学生自动发起组织为原则，但须经训导处之许可，方得成立。

(3) 关于课外作业指导办法方面：谈话　指导员及导师，随时召集学生，举行个别谈话或团体谈话。列席会议　学生各种集会，均请指导员列席会议，随时指导。解决困难　学生如有困难，无论学业方面，生活方面，得随时与指导员商量、指导，宜为设法解决，并加鼓励。

(4) 关于课外作业规约方面：本校学生各种课外组织，均须在训导处注册，为合法团体；每种组织须由学生五人以上之联合，呈请训导处备案，并须附呈简章及计划书等件，经训导处核准后，方得成立；每种组织须设指导员至少一人，除经学校特请者外，概由学生敦请校内教职员担任之；每生于每学期内最少须加入一种会社，至多不得过三种（级会除外）；学业成绩总平均分数在六十分以上者，得入一种会社；在七十分以上者，得加入二种会社；在八十分以上者得加入三种会社。【参见《江苏省立上海中学校刊》，复校第7号】

这一课余作业规范，有几个方面的积极价值：一是对于规范学生课余作业，取得切实成效具有作用；二是加强教师的指导作用；三是对于社团的健康发展有着一定的参考价值。

省上中时的校气象观测点

● **学生零花钱使用规范**

因省上中有商科，学校专门成立了上中银行。为了训练学生养成节约习惯，学校订定了学生零花钱使用规范与办法：高初中各级学生，须一律将家中所给零花钱，立刻存入上中银行。由银行给予活期存款利息，至学期终了时，核结照付。每周向银行取款时间及数额由学校规定。各级学生每周取款如超过规定数额，须事前声明用途,经常务导师核准,否则银行不予照付。不遵守该办法者,一经查出,应受操行成绩考查实施办法处分。

本办法实施后,由训导处随时与家长取得联系,协同管理。本办法经校务会议通过后施行。【参见《江苏省立上海中学校刊》,复校第4号】显然,这一规范在当时有一定的意义,但如今随着时代的发展与个性的追求,是不可能再强行统一管理学生的零花钱了。

● **食堂分食制**

校学生膳食委员会为注重膳食卫生起见,强迫学生实行分食制,以保证学生的饮食健康。同时改造厨房。

分食用具,每套包括饭碗(上有号码)、汤碗、菜盘、菜盆等四件。厨房分洗菜间、装菜间、烧菜间、煮饭间、账房间、米仓间、工友卧室等,除粉刷、修补、油漆外,墙壁四周加砌四尺高油砖,饭灶菜灶一部分改用瓷砖,门窗加置纱门纱窗,室内设备在耐用、美观、适用之原则下,亦大加充实,不仅焕然一新,且极整齐清洁。【参见《江苏省立上海中学校刊》,复校第11号】

省上中时期的学生食堂。上图为东、西餐厅。下图为食堂内景

在《情系上中》一书中也有证明:

复校第一餐是晚上,规定两荤两素一汤,八人一桌。其实荤菜也是素底,上面铺成了一层肉,切成纸一样薄,洒开了铺在菜上,像满盆都是肉。因为同学以前都是走读的,自由散漫不守纪律,因此,有少数调皮的学生带头抢肉吃,吃了这桌又去抢那桌,一时就乱了套。第二天办法就改了,先让八个人一桌坐定,再上菜。后来又改为按名单对号入座,情况是好了一些,但同一桌上仍然有抢吃的。最后,改成分食制,校里定制了一套餐具,白底蓝字,一只菜盘当盖,一只汤碗做底,当中一只饭碗,携带比较方便。

【参见郑企华:《对解放前后"上中"的回忆》,《情系上中》,第56页】

● **分级谈话制与个别谈话法**

分级谈话制　学校为加强指导功能，实施团体指导，特举行级别谈话；级别谈话由各级级任导师（相当于年级组长）担任；级别谈话以利用晚间自修或课外时间为原则；级别谈话地点在各级教室；级别谈话每学期规定二次至三次，时期由训导处决定后，分别通知各级任导师；除级别谈话要点由训导处依据指导实施纲要分期拟订外，各级任导师得按各级情形，补充谈话内容；级任导师实施谈话时，可令学生提出问题或建议，供指导之参考；每次级别谈话举行后，由级任导师按级别谈话记载表逐项填载，送训导处存查。

1939 届校友姚旭

个别谈话法　学校为加强指导功能，实施个别指导而举行个别谈话；个别谈话由各级级任导师担任；个别谈话利用课外时间；个别谈话由导师择定适当地点举行；个别谈话每学期二次，时期由训导处决定后分别通知各级任导师；级任导师遇必要时，得随时向一部分学生举行临时个别谈话；个别谈话内容由级任导师根据学生个别状况及在校情形分别决定，其对学生有深切了解及适当指导；每次个别谈话举行后，由级任导师按个别谈话记载表逐项填载，于学期终了时送训导处存查，必要时训导处并得随时向级任导师取阅。【参见《江苏省立上海中学校刊》，复校第 9 号，1947 年 11 月 30 日】

以上校规，在一定意义上是有利于学生的身心健康发展的。然而在学校所制定的校规中，有相当一部分是国民党专制统治下的学校训育内容，如学生生活报告、劝退制、童子军等。也说明了当时郑、沈两校长配合国民党专制统治需要而采取的控制措施，以破坏党领导的学生运动。有关训导的本质和进步学生被开除的情况，在前面我们已经详述，在此就不再重复。也就是说，对于省上中时期的学校规章制度，我们要一分为二地去看。

述评　省上中时期，办学者立志于将学校办成“全国之模范”。经过长期的努力，上中名声显赫。“北有南开，南有上中”的赞誉在此阶段形成，学校名列江苏省“四大名旦”之首。

省上中时期，是国家民族危亡的特殊时期，青年学生却承担起了民族解放和科学发展的历史使命，为上中历史上出现第二次人才高潮作出了贡献。这一时期的爱国才俊，是在救亡图存的烈火中锻造的。这一时期的上中人才按特点可以分为两大类：一为推翻国民党专制统治的革命青年，走向新中国，成为中国革命和建设的领导者；一为具有高素养的科学学术先锋，包括在国内学习或出国留学回国的毕业生……

1927年至1949年,有一批龙门学子(含龙门师范与省上中时期)为了新中国的诞生而英勇献身,我们应当记住他们,如曹仁寿烈士(1933届)、朱凡烈士(1935届)、柳肇珍烈士(1938届)、杨大雄烈士(1940年届)……为了中国人民的解放事业而献身的英烈们永垂不朽!这一时期,一些救国于危难的青年学子在日后发展成为党和国家的领导人,一些成为中国人民解放军将领。

2003年4月上海中学南京校友分会部分同志返校合影留念

随着新中国国际地位的蒸蒸日上,航天、军事业成为一个国家立足世界的关键,为了鼓励科学家继续在航天事业上艰苦跋涉,为了对这些默默无闻的科学家表示最高的敬意,时任国家主席的江泽民连续几年予以嘉奖,我们的校友也频频出现。如2000年被嘉奖的"两弹一星"科学家中,有两位是上中校友:原国家航空部总工程师、中科院资深院士屠守锷(1936届)和原国家航天部总工程师、中科院资深院士杨嘉樨(1937届)。

杨嘉墀在省上中选学的是机械工科,他的表兄屠守锷也是一位尖子生,在上海中学时比他高一届。后来,屠守锷也成了中科院院士。"两弹一星"研制工作也要求他们必须密切配合。这虽似偶然,实属事出必然,可算得一桩科坛佳话。在三十多名高中同班同学中,杨嘉墀和唐有祺是班里的佼佼者,成绩常列班里一二名。唐有祺后来任北京大学化学系教授、国家教委科技委主任,与杨嘉墀同为中国科学院院士。

这一时期的锤炼为其一生的发展打下坚实基础的还有:中国四大战地记者之一的陆诒(1928届)、著名胸外科四大泰斗之一的顾恺时、著名的国际大坝工程专家徐修惠(1936届)、空调机制造家杨天一(1936届)、世界卫生组织顾问曹小定(1948届)……

第四章　尊师重教　探索社会主义教育之路

1949年10月中华人民共和国的诞生，揭开了百年上中历史发展的新纪元。随着社会主义革命和建设的发展，中国社会主义教育事业也开始了艰难的探索历程；上海中学伴随着新中国教育事业的发展在探索中前进。

从1949年至1978年，学校的发展历史大致可以分成几个阶段：1949年6月至1955年七年间，主要是废除旧中国教育制度和体制，为建立社会主义教育奠定基础。1955年至1970年，前后15年，主要是探索实践社会主义教育之路。这阶段可以分成两个时期，前五年主要是学习和借鉴苏联教育体制和教育模式；后十年，随着60年代初中苏关系的破裂，特别是1959年党内反右斗争的展开，中国社会主义教育出现了新变化。指导思想上的"左"倾，直接导致十年"文革"对教育事业灾难性影响。从1970年开始，上海中学被迫停办至1978年，前后长达八年之久。

新中国成立后，基础教育风雨历程的前七年，主要是学习和借鉴苏联教育思想和理论，在我国社会主义基础教育的建设时期，上海中学出现了享誉全国的顾巧英生物教学成果。为了促进新中国高等教育和文化建设，一批名师被选派进大学或进入文化机构。同时，为了建设新中国和抗美援朝、保家卫国，一大批有志青年投身于火热的社会主义革命和建设的洪流，谱写了新中国光辉历史的新篇章。叶克平校长作为党的教育工作者，精于管理，严谨治学，创造形成了"重基础，重理论"，"理论联系实际"的办学治校思想。上海中学的集体备课、"滚雪球"、"十年成果展"等，成为这一时期的突出成果。

1966年那场史无前例的"文化大革命"，实质上是我国社会主义发展的一场灾难，社会主义教育因此遭到了严重破坏。上海中学在1966年至1978年这段时间里，也遭受了一场浩劫。1966年11月，上中党支部停止组织生活；1967年5月，上海市教育局革命委员会成立，11月上海中学革命委员会成立。上海中学作为"培养修正主义的苗子"的"重灾区"。学校的正常教学秩序完全被破坏，学校的知识青年也投入到上山下乡运动中……1970年7月，上海市革命委员会成员来校宣布，上中停办，全体教职员工全部另行分配，校址成为"五七京剧训练班"和"五七音乐训练班"。直到1978年在海内外校友的强烈呼吁下，上中才得到恢复。历经磨难的上海中学，再获新生。关于十年“文革”的上中历史，本章节不作为具体内容撰写。

叶克平校长为上中发展鞠躬尽瘁

这一时期学校优良传统的核心是坚定不移地全面贯彻党的教育方针，地位是上海市首批市重点中学之一。主要特征是：

● 爱国荣校的校园文化传统。为建设新中国，选派优秀教师进入高校和文化单位；在“抗美援朝，保家卫国”运动中，师生踊跃捐款，学生投笔参军、参干等。

● 坚持贯彻党的教育方针和办学思想，注重又红又专人才的培养。

● 注重“有的放矢”的心灵启迪，学生德育注重人生观、世界观、爱国主义、集体主义和生产劳动教育。

● 严谨治学的教学风范，注重基础，提高课堂效率；开展课外活动，培养兴趣和特长；注重夯实基础和提高能力。

在这一时期，学校注重抓教育与生产劳动相结合，着力培养又红又专的社会主义建设者与接班人。毕业的校友也非常注重尊师与感恩，显示了上中学子对母校的情怀、情结、情谊、情意。

第一节　传承爱国荣校精神的新史篇

1949年5月27日，上海解放。6月，上海市军事管制委员会文化教育接管委员会市教育处派舒文来学校接管。自此，学校进入了新的历史发展时期，走上了社会主义教育探索的光辉而曲折的道路。

社会主义教育是一个新生事物，它的发展必然要经历一个艰难而曲折的过程。从中国教育的发展历史来看，学校的发展与建国后前八九年社会主义教育制度的改造、学习和初步探索时期同步，主要是学习苏联的教育理论和方法，进行社会主义教育改造。随后，为适应社会主义革命和建设对教育提出的要求和任务而开展学校教育探索。在这承前启后的历史时期，上中在社会主义教育探索中形成了自己的教育特色和成果。

一、上海中学的凤凰涅槃

新中国成立后，上海中学进行了社会主义改造，实现了一次重生，经历了一次真正意义上凤凰涅槃式的洗礼。在进行社会主义改造和社会主义教育探索的过程中，学校坚持党的领导，不计较学校得失，以大局为重，涌现了许多先进的事例与典范。在这一时期，学校主要的优良传统体现在坚定不移地坚持党的领导，面对党的召唤义无反顾。

1. 坚定不移地坚持党的领导

上海解放前夕，由于校舍被国民党军队占用，学校暂借市区纳格勒小学（现在的比乐中学）等地上课几周。师生迁出吴家巷后，在地下党的领导下，学生组成了护校队，为转移校产与保护校产不受损失起了重要作用。上海解放后，学校师生很快就回到了吴家巷校址。“解放了，新的生活开始了”是上中师生发自内心的呼声。全校性的学生组织——学生自治会在普选的基础上于1949年6月20日成立。

● 接收改造中迎来新曙光

1949年6月28日，是上中值得纪念的日子。这一天，上海市军管会派舒文来校接管，接管政策与中共中央的要求保持一致。接管旧有的学校教育事业是党在新解放区的一项重要工作，党中央要求接管城市时要“原封原样、原封不动”。对于学校，毛泽东和朱德在1949年4月25日签署的《中国人民解放军布告》中作了这样的宣布：“保护一切公私学校、医院、文化教育机关、体育场所，和其他一切公益事业。凡在这些机关供职的人员，均望照常供职，人民解放军一律保护，不受侵犯。”布告起了安定人心的作用。对上海中学的接管属于对公立学校的接管范畴，是指原由国民党政府举办的“公立学校”。国民党政府垮台以后，这些“公立学校”就成为无主办单位、无经费来源的办学单位，需要通过接管由人民政府主办，转化为人民的学校。【见《中国社会主义教育的轨迹》，第54页】

上海中学刚刚被接管时，百废待兴。据校友黄胜文回忆：

人民政府派了新的校长来，他就是孙福熙。他的哥哥孙伏园是一位与鲁迅非常熟悉的作家。鲁迅的文章里曾不止一次提到过他，因而为常人所知。

（插曲）孙福熙、孙伏园兄弟与鲁迅兄弟是好朋友，在周氏兄弟的帮忙下，都曾在北大旁听。1936年10月19日鲁迅逝世，10月22日孙福熙与由定县匆匆赶来的孙伏园一起到鲁迅在北平的寓所拜奠先生。在鲁迅先生的客厅西壁上，还悬挂着他当年赠给鲁迅先生的插图画《山野掇拾》，画上的题字依然那么清晰：豫材先生教正，学生孙福熙。

新校长为人非常和气,文质彬彬,对学生讲话很热情,其作风与原来的沈亦珍迥然不同。1950 年寒假之后,我们又来到了上中,这是最后的一个学期。学校更加安定,一切都走上轨道。可是窃据台湾的蒋介石,不甘失败,于 1950 年 2 月 6 日对上海又发动了一场轰炸。又过了两三个礼拜,正巧全校在礼堂开大会。我忽然听到天上有飞机声音,下意识地认为蒋介石飞机又来了。但是,事先没有预警,过了很久也没有警报。散会以后出来一望,明明天上有几架飞机在飞。这是怎么一回事呢?不知是谁突然大声欢呼起来:这是我们自己的飞机呀!这才恍然大悟。【参见《黄胜文诗文集》,第 269—271 页】

在接管改造的过程中,学校逐步走上了正轨,迎来了发展的新时期。学校接管之初,上级任命孙福熙为校长、陈光祖为副校长,王绍全为支部书记。在上级的领导下,上海中学进行了社会主义改造,包括对教职工进行社会主义的思想教育。上海中学党组织积极领导学生投入反国民党反银元投机等政治运动,青年学生的政治热情高涨,青年团组织发展了 300 多名团员,并于 1949 年 12 月 8 日成立了中国新民主主义青年团上海总支。

● **上海市上海中学校名的确立**

1950 年 2 月,上海市教育局通知,学校校名正式确定为"上海市上海中学"(以下简称"上海中学"),并直属市教育局管辖。自此,学校一直是上海市教育局(后改为上海市教委)直属的重点中学,也是唯一以上海城市名命名的学校。这是学校的光荣,也要求学校要为建设新中国承担更多的责任。学校的每一步发展都深深地打上了社会主义教育探索的烙印。

新中国成立后,党对上海中学的接管和改造具有历史性的意义。上海市上海中学的命名,充分显示了上中在上海基础教育界的地位和影响;几任校领导的任命也说明了将上海中学接管改造成为社会主义教育探索实验场地的重要性。上中要坚定党的领导毫不动摇,坚定社会主义方向毫不动摇,坚定为新中国的建设服务毫不动摇。

1951 年 8 月,孙福熙校长调任北京,军代表陈光祖任上海中学校长。1954 年 3 月叶克平从晋元中学调任上海中学副校长。1955 年 4 月陈光祖调任负责组建上海市教育学院,叶克平任代理校长。1956 年 4 月,上海市人民政府正式任命叶克平同志为上海市上海中学校长,叶克平同志担任校长一直到 1985 年。

1966 年"文化大革命"开始,社会主义教育遭到了严重破坏,上海中学也被停办了八年。1978 年,上海中学复校,上中迎来了改革开放的春天。

2. 在党的召唤面前义不容辞

新中国成立后,上海中学积极响应党的召唤,在保卫国家与建设国家的需要面前,舍小家为大家,展现了一幅幅壮美的、在党的召唤面前义不容辞的历史画面。

● 作为知识分子改造的重要阵地

新中国成立初，国家迫切需要一大批社会主义建设者与接班人，党中央尤其重视发展文化教育事业，首要任务是对旧知识分子进行接受与改造。1949年召开的第一次全国教育工作会议指出，新解放区教育工作的关键是争取、团结、改造知识分子；必须坚决地正确地执行争取、团结、改造知识分子的政策。

上海中学此时成为知识分子改造的重要营地，教育与团结一切愿意为国家建设贡献力量的知识分子。一批从各学校来的知识分子在这里集中学习，如原复兴中学校长赵鼎新等，就是在这里接受学习和任教的。学校教师的全面思想改造学习运动则是从1951年逐步开始的。

● 积极参加保家卫国、抗美援朝运动

在新中国革命和建设时期，上中学生踊跃响应国家号召，积极参军参干。在新中国最为紧缺的雷达兵、通讯兵、防空兵等兵种中，到处可以见到上中学子的身影。1950年，苏联派专家到上海，帮助我国培养航空雷达兵，在上海一共抽调了五六十人去学习，其中上中学生有39人，他们成为新中国的第一批雷达兵。

朝鲜战争爆发后，上中师生积极投入到抗美援朝的运动中，一些学生直接以参军参干的方式投入到保家卫国的行列。在1950年12月7日召开的动员大会上，当场有360多位同学表示报名参军入伍。第二天的报名会上，全校1 600多名学生，有726位学生报名，最后有205人正式入伍。51届暑假理科普通科学生踊跃参加市政建设，工商科学生100%地服从统一分配。教职工也进行了募捐活动，截止到1950年12月22日，学校为抗美援朝捐款物价值达2 131 071元。

现在，许多校友在回忆录里都记载了那段火一般的激情岁月。钱之何校友在《新中国第一代雷达兵》一文中这样写道：

为了上海人民的安宁，1950年7月30日，我参加了防空工作。提起防空，还得从上海解放后不断遭到空袭说起，上海人差不多都记得“二六轰炸”。1950年2月的轰炸使上海的电厂、水厂遭到严重的破坏，据统计伤亡逾千人。雷达是防空的前哨。由于雷达是科技型的装备，需要有一定文化知识的人才能掌握。经上海市政府同意，部队到各大、中学校个别动员在校学生参加防空工作。那时，参加部队防空工作就是参加革命，就意味着要放弃学业、就业，放弃个人利益而奉献自我。但为了上海人民的安宁，1950年2月至7月，先后有数百名学生参加了雷达部队。

7月份一批约200人。其中上海中学有40位同学，我们工科二年级有五位（詹树仁、陆梓淳、张鲁德、杨仲信和我）。时间是紧迫的，我们住校同学的行李都来不及送回家去，就被一辆绿色卡车拉到武夷路200号电讯训练队。我的行李是后来学生会送到我亲戚家中的，而那时我已在塘沽了。上海中学39人留了下来，是各学校中参军人数最多的。

徐南明校友《龙门情结》中的《在校两年半》一文,记叙了他们一代人的激情:

上中十大名师

1950 年在全国掀起抗美援朝热潮时,政务院和军委于 12 月联合发布了招收青年学生、青年工人参加军事干校学校的号召。我是一名青年团员,当然是带头报名参军。在上海市学生参加纪念"一二·九"运动的示威大游行中,我兴奋地举起了"上海中学 726 名学生报名参军"的木牌。

解放前后,上海中学的学生在学生运动中处处走在前面。当时在上海中学有个说法:过去上海中学是封建堡垒(只知道读书),现在是民主堡垒。我听了也觉得心里热乎乎的,这里也有我的一份贡献啊。

我们在"雄赳赳气昂昂,跨过鸭绿江"、"再见吧!亲爱的妈妈"的歌声中离开了母校。要离开我曾经学习、战斗过的母校;离开辛勤培育我们的老师们;离开风风雨雨同窗同寝室、亲密无间的同学们,真有些舍不得。我记得在学校欢送大会上,老师代表娄博生满怀激情地说:等你们凯旋而归时,我要到校门口一个一个地把你们抱进来。虽然现在离别已经五十多年了,但想起来这感人的场面似乎还在眼前。

这一时期一批参军、参干的学生,日后成为航空航天、军事方面的杰出人才与各行各业的领衔人物,一些中国科学院、工程院院士、将军就是代表,在此就不列举了。

● 对新中国文化高教事业的贡献

由于上海中学雄厚的师资实力和人才基础,学校有一大批人才进入了高教领域和文化事业单位,尤其是为高等院校的发展作出了重要贡献。新中国的成立"急需一批掌握现代科学与技术,全心全意为人民服务的高级建设人才"。党中央高度关注高等院校的建设,于 1950 年颁布了《高等学校暂行规程》。上中一批优秀教师被抽调到上海交通大学、上海的师范院校担任教授、学科带头人,后有一些成为院系的主任;有的被调到人民教育出版社。当时输送的著名人才有朱凤豪、顾锦城、余元庆、余元希、杨逢挺、徐子威、褚圻等。名师到高校任职、创建院系并任系主任,到文化事业单位担任较高的职位,都显示了上中雄厚的师资实力和人才基础。

胡伯威校友在《怀念解放初上海中学我的老师们》一文中,这样描述:

1952 年全国高等学校进行了院系调整,有少数老师在我们毕业前已经开始往大学调了。我们升大学以后,我们在的时候那些老师陆续的几乎是"一锅端"的也"升了大学”。去新建的上海师范大学的最多，也有去交大、华东师大等其他学校的，到那边都是当教授，有几个去当系主任。

更值得一提的是，在这段时期，学校为新中国重点建设的哈尔滨工业大学输送了一批优秀人才。新中国成立后，国家聘请大批专家按照苏联的经验办了两所示范性的高等学校，一所是中国人民大学，一所是哈尔滨工业大学。哈工大的办学是为重工业部门培养高素质的工程师，并为全国理工学院培养师资。由于上海中学当时在理工科方面办得很有特色，一批学子积极响应国家的号召报考哈工大。

日后，这批人才在国家的尖端科技领域与军事方面作出了突出的贡献。如 1954 届校友、现任哈工大教授、博士生导师、国务院学位委员会学科评议组成员、现代焊接生产技术国家重点实验室主任吴林教授，就是其中一位杰出的代表。他是将计算机技术引入到焊接领域的创导者之一，获得了世界上第一张焊接温度场实测图片；首次实现了 TIG 打底焊缝熔透信息的正面提取与控制，在熔透控制上取得了突破性进展……中国航天事业每一次的突破，都少不了他领导的团队在焊接技术方面的突破。

● **教育事关祖国的明天**

教育事关祖国发展的明天，这一时期培养的人才在后来的发展就证明了这一点。建国之后，上海中学成为了人民的学校，来学校求学的学生类型也多种多样，既有劳苦大众人民的子女，也有干部子女；既有海外华侨子女，也有国际友人子女等。这一时期入学的学生，形成了上海中学又一个人才高峰潮，有很多人日后为国家的建设作出了重要贡献。在这里略举几例：

对爱国华侨子女的教育。2002 年 10 月 4 日至 6 日，上海中学 55 届初三(5)班同学聚会，黄银水校友两次发言，讲到激动处，热泪盈眶，他强调华侨是爱国的，不管是在国外还是在国内。从他的发言中，我们才知道，他家是缅甸侨领，周总理首次访问缅甸时，他家受到了接见。第二年，他家有十一人回国求学，他本人是第一批到上中的华侨学生。他说，周总理要求华侨树共产党的红旗，做资本主义国家的生意，他们家就是按总理的指示做的。

印度华人工商巨子洪贵仁校友，在印尼的煤矿、森林、地产、电站、农产品等领域叱咤风云。他曾在印尼与中国的经济交流中发挥了“连心桥”的作用。《洪贵仁商学士画传》中是这样写他在上海中学的生活的：1951 年，17 岁的洪贵仁和姐姐洪梅花同时就读的“上海中学”，乃是一所名牌老校。姐弟俩分到一个班级，他们入学时正是万紫千红的季节，校园里绿柳掩映，疏林如画。洪贵仁对这样的环境十分喜爱。等到学校召开学生大会时，洪贵仁才发现，到这所学校来读书的有一多半是华侨子女(虽有点夸大，但显示了外侨子女在校就读人数之多)。他们来自世界各地，基本上都是免费入学的。能在这样好的学校里读书，而且不收任何费用，洪贵仁在内心里涌动着对祖国的无限感激之情,终身念念不忘。他的这段生活也反映了上海中学响应国家号召,在对华侨子女进行教育方面(包括新加坡、泰国、缅甸等国家的华侨子女)作出的贡献。

中国政府之所以如此,是因为没有忘记海外5 000多万华侨对祖国的一片深情。早在清朝末年,孙中山先生在为革命奔走呼号时,就得到了广大海外华侨的大力资助。华侨们对中国抗战的支持更是不遗余力。国共两党合作,中国军民团结奋战,打败日寇,赶走东洋鬼子,海外华侨功不可没。新中国成立后,华侨们看到了新的希望。他们十分推崇祖国的文化教育,纷纷把子女送回中国读书,一度形成了一股回国上学热潮。洪贵仁正是在这样的背景下走进上海中学的。

对国际人士子女的教育。当时一些社会主义国家将一些有发展潜力的孩子(包括领导干部的子女)送到中国来留学。

对烈属子女的教育。如毛泽覃、贺怡之子贺麓成1950年进入上海中学读高一,1952年考入上海交通大学。

对劳动人民与干部子女的教育。这些学生是上中学生的大部分,在这部分学生中,日后有一批学生走上了领导岗位。其中有两位是代表:一位是1955届的曾庆红,他曾任中共中央政治局常委、中华人民共和国副主席。1988年9月10日,曾庆红(时任上海市委副书记)来母校参加教师节活动,不忘母校教育之恩,表示"滴水之恩,理应涌泉相报"。另一位是1966届的李源潮,后任中共中央政治局委员、中华人民共和国副主席,在《上海中学66届初中校友50周岁生日庆典纪念册》写道:"理想在这里燃烧,智慧在这里沸腾,价值在这里检验,生命在这里永恒。这伸入大海的钟楼——有多少思想者为您献身,前进的每一步都是炼狱,只有结果是天堂之门。"这段话反映了他在上中所受的教育。

原国家副主席曾庆红回母校

● **少年理想主义者**

一天,主管校史编辑工作的薛建平副书记意外地收到裴腋成校友寄来的一本《上海中学66届初中校友50周岁生日·离校30周年庆典纪念册》,他细心地翻阅起来,纪念册中写道:

看,有一群学生在宿舍认真读毛泽东选集,有同台表演《收租院》的场景,有大串联到桂林,有走访革命前辈,有报名到黑龙江建设兵团的校友合影,有"志在四方,满怀热情,奔赴新疆"的上海赴新疆的火车上的挥手……

不能够忘记上中有过的这一代学生。20世纪60年代的学生，没有毕业就走向农村、工厂、部队等，这是一个特殊的年代所培育的青年革命理想主义者。

据陈先元校友的回忆："1966年7月26日，为了响应伟大领袖毛主席的号召，我班年仅16岁的陈蔚芳单身一人，奔赴四千多公里外的新疆'闹革命'……"而陈蔚芳则回忆说："历经磨难的我们这一代人仍将凭借我们的智慧与勇气去创造美好生活"。

杨先国校友说："30年前，在共和国蒙难的日子里，我们毕业离开母校。我们未拍毕业照，未唱《毕业歌》，也没有领到应该属于自己的毕业证书，义无反顾而又稀里糊涂地踏上征程。有的奔赴新疆、黑龙江生产建设兵团，有的前往江西、安徽农村，也有的留在上海当起工人。尽管这与当年考进上中时的理想有着巨大的差距，但是我们没有沉沦，没有迷失自我，没有背离师长的教诲，没有丢弃在母校所受到的良好教育……弹指一挥，30年过去了，当同学们在'五十而知天命'的岁数重逢时，大家惊讶地发现，许多人脸上有了皱纹，头发已经花白或开始谢顶……"

陆岩校友说："从一名典型的少年理想主义者，到白发依稀、久经磨难的中年人，既没有成为中国的艾青，也没有成为美国的惠特曼，唯有一点值得庆幸：在琐事俯拾、物欲横流的今天，我生命犹在，激情尚存。从扑向祖国大地的那一刻起，我从未停止过战斗。我更像一个永不退役的战士，用我那嘶哑的嗓音，吟唱着不倦的、你或许不曾听到的歌。"

上海中学66届初中校友纪念册

张明校友在《放学铃声》中写道："上中学生的脚劲是有基础的，起床后先要早锻炼，操场跑一圈400米；我们还经常跑到龙华苗圃（现在的上海植物园）。回宿舍后才漱洗、早餐，开始一天的学习。由此养成了良好的生活习惯，能够经得起磨砺的体魄，对走向社会后的我们是得益匪浅的。1968年四个面向，我选择了黑龙江生产建设兵团,到了后来以珍宝岛自卫反击战闻名的虎林县。在东北边疆风雨冰雪十一年,是上中的学校生活,给了我适应社会的能力。放学的铃声,至今还会萦绕在我的思绪中。离开学校,步入社会,这种刻苦自强的精神催人奋发向上。”

在这本校友纪念册上,他们回顾在母校的生活,觉得母校有许多方面是一流的;老师是一流的,设备是一流的,管理是一流的,校风是一流的。正是这许多方面的“一流”,构成了上中一流中学的总体面貌;也正是在这种一流的环境和氛围中,学生们潜移默化地养成了一种“争一流,创一流”的精神;学生毕业后又把这种精神带到大学的学习中,带到各自的工作岗位上,以这种“争一流,创一流”的精神,为祖国的经济发展,社会进步,科技腾飞,文化繁荣,作出各自的贡献。(56届校友郑杭生语)

应该可以说,上海中学为新中国教育事业的发展作出了巨大的贡献:一是响应党和国家的号召,接收革命前辈子女、归国华侨子女等特殊生源入校,并尽全力培养他们;二是大力支持抗美援朝运动,学生积极参军、参干,第一代雷达兵、通讯兵中有许多上中的学子,在新中国最为紧缺的防空兵种中,也可以看到上中学子的身影。上中还在支援我国的高教与文化事业的发展中作出了自己的贡献。

二、社会主义教育事业的成功探索

在这一时期,学校着重进行了社会主义教育的探索,为建国“十七年(1949 年到 1966 年)”的教育积累了丰富的经验。总结为一点就是,全面贯彻党的教育方针,坚持社会主义教育的探索,为中华的振兴与崛起努力育人。

1. 旗帜鲜明风气正

在新中国成立后 17 年的教育发展历程中,上海中学全面贯彻党的教育方针,坚持社会主义教育方向不改变,狠抓“三风”建设,形成了许多办学经验,从而丰富了社会主义的教育理论与实践。

● 写在校庆 120 周年纪念册上的成功秘诀

在 120 周年校庆纪念册上,以叶克平校长为代表的前一辈学校领导集体写下了新中国成立以来上中得到良好发展的成功秘诀。总结为一句话就是:坚持党的教育方针,抓好学生的思想品德教育,营造良好的学风、教风、校风,在实践中提升社会主义教育的办学经验,培养又红又专的社会主义接班人。

风气是革命理想、高尚情操、文明行为、学习习惯、工作态度的具体表现,它既是无声的命令,又是有形的榜样,对师生起到了潜移默化的教育作用。在以叶克平为代表的老一辈学校领导集体尽心尽力、艰苦卓绝的努力耕耘下,上海中学形成了优良的学风、教风、校风。

学风:刻苦、踏实、活泼、主动

教风:治学严谨、事业心强、工作勤恳、热爱学生、为人师表

校风：勤奋学习、艰苦朴素、尊师守纪、团结互助、热爱集体

“三风”的形成，与学校坚持正确的指导思想，着力探索社会主义教育规律密不可分。校庆120周年纪念册中明确指出：“我们办学的基本指导思想是一贯坚持以教学为主，贯彻全面发展的教育方针，努力培养青少年学生在德智体各方面都得到发展。”在实践社会主义教育的过程中，主要形成了以下一些基本经验：

一是重视针对学生思想实际，进行政治思想和品德教育。本校学生，既有当代青少年的一般特征，又有重点中学和寄宿学校的特殊性——思想活跃，有骄、娇两气；初进校时既过不惯集体生活，也不会独立料理生活，缺乏集体主义精神。针对学生这些实际情况，学校着重抓两方面的教育：着重进行革命理想前途教育，教育学生要有社会主义觉悟，逐步树立共产主义世界观、人生观；着重进行集体主义教育，进行集体主义教育，主要是培养学生具有集体主义观念，正确处理个人与集体的关系，形成热爱集体、团结互助的意识，从而培养自治自理的能力。

二是重视加强基础，培养能力，发展智力，因材施教，努力提高教学质量。为了提高教学质量，学校首先要求教师在思想认识上明确四个关系：教与学的关系，知识与能力的关系，多数学生与少数学生的关系，课内与课外的关系。尽量调动师生的积极性，按教学原则办事。并着重抓好下面两个环节：其一是提高课堂教学效率。认真备课，在教学过程中重视加强基础、培养能力、发展智力，努力提高课堂教学效率，是学校多年来形成的优良传统，也是提高教学质量的基本途径。其二是有目的有计划地开设选修课和开展课外活动。我校在20世纪20年代初就开始开展课外科技小组活动，1963年试行精简必修课时，开始设置选修课和试行跳级的办法。

校　车

课外写生

同学们参加义务劳动

新中国成立后的社会主义教育出现了新景象

学校是全面贯彻党的教育方针的实践者。在办学中坚持党的教育方针,坚持教育与生产劳动相结合。自己动手建校游泳池,开荒拓地;开展校园劳动和勤工俭学活动,到郊区参加农业生产劳动。

我们在接待这一时期的校友时发现,他们在畅谈成长的过程时,都十分怀念中学时代,并肯定当初“上中”的教育基础好,不仅知识、能力掌握得扎实,而且世界观、人生观等思想品德正是在中学时代开始形成的,身体素质也是在那时打下的基础。这些,对我们以后的学习和工作帮助极大。

绿树成荫的河边

舞　剑

课外活动打排球

● **三代人的情与思**

在《校园抒怀》这本小册子里,校长叶克平的八个子女在回忆其父在上中工作的岁月时,记录下了他们一家三代人对上中的情与思:

上中,我们难忘的家,您连接着我们全家三代人深深的情与思!

我们的父亲叶克平是1954年初调入上中工作的。哥哥姐姐由市区的公立重点中学转入上中就读。几年后,几个弟弟妹妹一一以优良的成绩考入了这所我们热切向往的著名中学,这所我们父亲为之付出全部心血的学校。那时,父亲正值壮年,我们亲眼目睹了他为上中建国后新时期的发展,为刚刚开创的新中国教育事业忘我工作的勃勃英姿。从清晨到深夜,在上中的每一个角落,总能听到他不停的脚步声,看到他不倦的身影。

那又是一个火热的年代。父亲针对重点中学、寄宿中学的特殊性,十分关注班主任工作。学生的思想工作主要是通过班主任的工作来体现的。当时,上中有许多即使用现在的眼光来看也依然是非常出色的班主任,如白宰理、方启敖……他们出色的工作,使全校学生沐浴在爱国主义、集体英雄主义、革命理想主义的熏陶之中。

正是母校,孕育了我们强烈的民族自豪感和社会责任感。正是母校,陶冶了我们的志向的情操。

父亲治校严谨,重学问,重真才实学,重品性人格。最重视的是教师队伍的建设。他注重名师执教,当年上中拥有一批很有名望的教师,如唐秀颖、陆人骥、娄博生、顾巧英、华铮、华莜,等等,他们都深得父亲的尊重与爱护,也是我们敬爱的师长和前辈。至今令我们受益终生的智力基础、学习方法、思维能力,都得益于母校这些优秀名师的亲授与教诲。

父亲一贯主张"愉快教育",一直强调"青少年时期是长身体的大好时光,不能负担过重"。他热爱学生犹如自己的子女,凡有关学生食宿、营养、体锻等安排都亲自过问。他积极倡导丰富多彩的课外科技与文体活动。那时的上中,课余饭后,在青青绿草坪,在宽广的大操场,在游泳池,在植物园,到处是欢腾雀跃、朝气蓬勃的男女学生。我们兄妹几个也都是当年学校舞蹈队、合唱团、篮球队、田径队、少年乒乓业余体校的活跃分子。

我们在上中校园里长大,从童年走向青年,与上中其他学生一起,在父亲及大批上中优秀教师的培育下,健康成长。

1978年夏,上海市人民政府在解放日报上郑重公告,向全市人民宣布了一个令人振奋鼓舞的消息——经过十年浩劫,被迫停办八年之久的上中正式复校。父亲重新被市府任命为上中校长。那时的上中,校园荒芜,师资流失,百废待兴,连复校庆典上用的彩旗都是向邻近小学校借的。为了上中的重新崛起,父亲不顾年迈体弱,多方奔走呼吁,紧紧团结一切可以团结的人,努力发挥一切可以发挥的力量,同舟共济。他们遵循教育规律,发扬上中独特的教学传统,提出并形成了上中自己的优良校风和学风。在很短的时间里,重振了上中。

这时,我们的子女,也是家属的第三代人,也陆续进入上中就读。与我们这一代一样,在上中校园里长大,由孩提时光走向青年时代。于是,我们又结识了一批青年一代的优秀教师,如张乾、许镇国、朱乾坤、朱震一、殷之慧、李英等这些改革开放时期上中新一代的精英教师,这些我父亲70高龄时的年轻同事们!我们的下一代,在他们的关怀培育下,又获得了第一流的教育,一个个进入了北大、清华、复旦等名校。

1984年,父亲被上海市人民政府任命为上海中学名誉校长,当时的上海市市长汪道涵同志亲手向他颁发了这一证书。这是父亲的荣誉,更是上中的光荣。三十多年来,我们的父亲与上中同呼吸、共命运,与上中共同经历世事变迁,风雨沧桑。他的生命已完全融合在上中的教育事业之中。

【参见叶洪　叶澄　叶清　叶淬　叶澔　叶溱　叶涵　叶淼记载着《三代人的情与思》】

叶克平从1955年担任代理校长起,直至1985年(1970—1978期间"文革")任名誉校长,在上海中学担任校长长达22年。叶校长是一名优秀的党的教育工作者,在他的率领下,学校坚定社会主义办学方向,奠定了优秀的管理和师资基础,形成了具有上中特色和特点的管理经验。

2. 尊师重教育人成

上海中学一向以治学严谨、校风优良著称,有尊师重教的良好风范。在这个和谐、融洽、优越的上海中学校园里,成千上万的上海中学学子度过了他们书生意气,挥斥方遒的峥嵘岁月;无数出类拔萃、久享盛誉的上海中学校友遍布祖国各地和世界各国与地区。这些学子走入工作岗位后,时刻惦记着自己的恩师,处处显现尊师重教的豪情。他们尊师重教、感恩母校、回报母校,形成了一个个动人的诗篇,如在第一个教师节庆祝活动上,曾庆红校友回母校探望,表示"滴水之恩,当涌泉相报"等。

● **部长的老师在京城走失后**

学校的尊师重教风气,在学生的心中扎根。他们进入社会后,也一直铭记师恩,并报答母校。这里有一个部长的老师在京城走失的故事。

话说1951届的朱开轩在任教育部长时,突然接到了一个北京市民打来的电话。那个市民告诉他有一个在京城走失的八旬老人,不知道回家的路,只知道说"朱开轩"的名字。得知这一消息,朱部长立刻驱车前往,将老人接回,并将他送回家。

这个老人就是唐秀颖,是朱部长在上中就读时的数学老师。因年老体迈随在京城工作的儿子居住,年过八旬后得了老年痴呆症,一天不慎走失,就发生了这一幕。

朱开轩在京一直关心着唐老师,其在《校园抒怀》里写道:

过去上海中学的师资一流,特别出名的是四位数学老师,现年已八旬的唐秀颖就是其中的一位。她水平高,为人更好。上她的课,你根本开不了小差,因为你的思想会被她紧紧抓住,被她深深吸引。德高望重的她桃李满天下,她先后曾在两所著名中学(南开中学与上海中学)任教。中国科学院院长周光召,便是唐老师当年在南开中学任教时最喜欢的学生。她前来北京住在我家时,特别想见见光召,又怕打扰他,是我给光召打的电话。光召一听是唐老师来了,立刻赶来。中国当今的首席科学家和我一起陪着老师吃了一顿饭,不管地位多高,在敬爱的老师面前,永远是学生。

得益于学校老师的教诲,朱开轩任部长时最关心的是学校的师资队伍状况,他认为这是办好基础教育最重要的条件。

● **能为社会作点贡献当归之于母校**

许多校友在回忆自己的学校生活时,他们对学校的感恩、教师的感恩溢于言表。朱开轩校友说:"能为社会作一点贡献,当归之于母校。""人生如何,学校如源,一生功名当还之于母校。上海中学,不仅是我,也是所有校友心头的骄傲。"

这一心声反映在许多校友身上,钱重耀校友回忆:

上海中学的教学质量闻名于世，其中一个重要因素是有一支治学严谨、教育有方、情操高尚的教师队伍。我们所知道的有著名数学教师朱凤豪、唐秀颖、张信鸿、余源庆、余元希，物理教师杨逢挺、江浩、化学教师吴瑞年、徐子威、谈冠英，生物教师袁善徵、顾巧英、褚圻，英语教师姚志英、陆福遐、吴德彰，语文教师陶庸生、侯砚圃、娄博生，地理教师陆人骥，历史教师孙大明，政治教师王绍铨、贺仁麟、程太堃等等。

献身于教育事业的优秀教师在上海中学还有一大批，而在全国更是不计其数。他们是"人梯"，闪耀着无私的"烛光"精神，以自己的辛勤，默默地培养着一代又一代的祖国建设人才。莘莘学子踩在他们肩膀上攀登事业的高峰、成名成家为祖国作出卓越的贡献；而老师们却以"燃尽自身将光明留给别人"的精神度过他们的一生。

60 届校友、中国教育心理学家林崇德在《一名教师的自述》中这样回忆：

1994 年 12 月，我似乎是"双喜临门"：一是被人事部批准为国家级"中青年有突出贡献专家"；二是被国家教委所认可的上海宝钢教育基金会评定为全国高校优秀教师十名特等奖的获得者之一。

站在宝钢剧场领奖台上，我思绪万千。眼前的剧场好像一下变成 1960 年 8 月 23 日的上中礼堂。那天上中在发放高校录取通知书后举行了 60 届毕业生告别母校大会，我被校领导指定在大会上发言：

"当我接到被北京师范大学录取的通知书时心潮澎湃，无限激动。是上中，这个培育人的摇篮，指引我走上当教师的道路。从初一到高三，我一直崇拜詹天佑，希望考上铁道学院，将来能当一名像詹天佑那样的铁道工程师，能够在建设南京长江大桥中贡献自己的智慧和力量。然而，今年 3 月，我受班主任孙钟道老师的影响，改变了自己的志向，决心报考师范并把所有的志愿都填上了'师范'。我希望自己当一位像孙钟道老师那样的人类灵魂工程师，成为一名教育家和心理学家。"

如今，林崇德校友已为全国中小学教师熟知，因为其提出的"中小学教师参加教育科研是提高自身素质的重要途径与方法"，已经化为推进教师成长与学校发展的重要力量，被美国《肯特日报》(1987 年 7 月 8 日)誉为"中国的 Benjamin Spock (本杰明・斯波克，美国当代教育家)"。

在 1949 年到 1978 年，除了学校成为重灾区那一段时间，上海中学坚持党的教育方针，积极探索社会主义教育之路，为社会主义革命和建设培养了一大批杰出的各类人才，这是上海中学重新确立沪上名校地位的重要考量。从人才培养的成功经验和大量实践中，学校形成的办学经验，主要体现在三个方面：一是坚持党的教育方针，培养又红又专的社会主义革命和建设事业的接班人和建设者；二是强调教育与生产劳动相结合；三是在特殊的经济改革背景下加强对社会主义教育的探索。

第二节　在学习与自主探索中树沪上名校新风范

社会主义教育是个新生事物,对她的探索是一个艰难而曲折的过程,特别是在学制改革与课程建设方面更是如此。学校的学制改造与课程改革反映了新中国教育发展的风雨历程。在这一历程中,学校先是全面学习苏联经验,在全国树立了一面旗帜,在生物教学改革上更是走在了全国前列。后来,随着中苏关系的变化,学校在社会主义教育探索中走向了自主建设之路,通过努力再现了沪上名校新风范。

一、学制改造和课程建设风雨历程

上中的学制与课程改革,被作为中国学制与课程改革的实验田与探索地;在 20 世纪五六十年代处于不断变化之中,可谓是经历了许多艰难与曲折,但每一步都印上了时代的烙印,值得追忆……

1. 关注学制与时代发展同步

这一时期,学校学制改革作为中国基础教育学制改革的组成部分,既反映了学校这一时期的学制改革与时代发展同步,也反映了学校的学制改革走在发展的前沿。

● 纯粹的普通中学制的出现

学校在省上中时期实行合科制学制。新中国成立后,这种合科制保留了一段时间。1952、1953 年,上海中学按照 1951 年学制与《中学暂行规程》的要求,将原有的商科、工科相继调出,变成一个纯粹的普通中学;在教育教学方式上,集中学习苏联模式,开展社会主义教育的探索。1958 年,全国"教育大革命"(也就是"教育大跃进",1958—1960 年)开始,对苏联的教育理论进行了不指名的批评,从此全国教育界和上中开始了社会主义教育的艰难探索阶段。

1957 年时的上海市上海中学校门

● **从完中到非完中再到完中的曲折反复**

1958年下半年，为适应“大跃进”的形势并迎接教育革命的高潮，学校停止初中招生。校园西南角被教育局划出成立沪闵中学，部分教师支援沪闵中学。高中招生16个班，并试行文史、理工、医农分科。

为了加强领导，更好地贯彻教育方针，学校成立了在党支部领导下的，经过民主选举产生的校务委员会，代替过去的校长负责制。校务办公室将过去校长室、教导处、总务处的行政管理工作集中在该室领导之下。在1958年的“大跃进”及整风运动中，学校建立年级组，全校分为初中、高一、高二、高三四个年级组；将同年级的教师集中在一起办公，进行统一的学习、劳动和活动，让同年级的教师在一起研究教育教学工作。同时，教研组仍然存在。

1960年，学校恢复完中模式。1961年上海进行学制改革，上中实行五年一贯制（1962年又停止试验）。1961年后，全国教育进入了“调整、巩固、充实、提高”时期；随后，教育领域有了《全日制中学暂行工作条例》（即中学五十条）的指导。上海中学在贯彻中学五十条方面积累了许多先进的经验。

2. 重视因材施教的课程探索

在社会主义课程建设初期，上中按照国家的要求，注重课程的统一性，没有选修课程与自主活动课程。1953年，国家教委在课程改革中，规定在学习国家规定的必修课程之余，可以广泛开展课外活动，以培养学生的兴趣。1963年左右，国家首次规定在统一课程的基础上，允许开设选修课程。这显示了学校因材施教的课程探索经历的一个过程。而上海中学在这一过程中，是早做准备、早做探索的。

● **早期的课外活动**

上海中学自20世纪50年代初就开始开展课外科技小组活动。当时，学生的课外活动，有文学、历史、地理、数学、物理、化学、航模、测量、摄影、无线电等三十几个学科研究小组，有1 400多名学生在教师指导下进行课外的研究活动。通过这些活动，学生的知识技能得到了提高，他们的独立思考和探究能力也得到了发展。

学校还有学生体育协会，有两千多名学生参加。在协会的指导下，同学们经常锻炼身体，提高了体育素养和技能。1956年，上中有88名运动员被选拔参加全市中小学运动会。其中，女子乙组铁饼和男子乙组标枪都打破了本市中等学校运动会的最高纪录。学生的文化娱乐活动也广泛地开展着。1956年我校参加上海市中等以上学校文艺会演，有四个节目荣获了优秀演出等14个奖项。这些活动培养了青年人多样的生活兴趣和爱好，也培养了他们勇敢、热情、活泼开朗的性格。

● **课余生活弦歌不绝**

学校在1963年开始试行精简必修课，设置选修课和跳级办法，有目的、有计划地开设选修课和开展课外活动，积极实施因材施教。这一时期的选修课，科技与艺术方面表现得很突出,前面介绍的主要是科技方面,下面是一个艺术方面的例子。

1957年校话剧团演出苏联七场话剧《她和他的朋友们》后的合影留念

《解放日报》1962年4月5日第2版报道,“上中的课余生活弦歌不绝”:

上海中学高三(11)班的教室里,课余时经常传扬出乐器声和歌唱声。该班45位同学,在选修课的影响与班主任的鼓舞下,差不多每人都学会了一种乐器。有的学会了拉小提琴、手风琴、胡琴,有的学会了吹笛子、箫、口琴,有的学会了弹奏琵琶、秦琴、月琴等;有的同学不但会拉会吹,而且还能弹能唱。在课间或课外活动时,经常可以听到他们嘹亮的歌声和悦耳的琴声。

以上只是从一个侧面反映了学校对选修课与学生课余生活的重视。学校在1978年复校后,进一步有目的、有计划地开设选修课,大力发展课外学科小组、科技小组、各种讲座以及文体社团活动,积极贯彻因材施教的原则。因材施教是全面贯彻党的教育方针的体现,对于为社会主义现代化建设培养人才,促进早出人才、快出人才,有着重要的意义和作用。

3. 注重教育与生产劳动相结合

在社会主义教育的探索中,一个突出表现就是在课程上推进教育与生产劳动相结合。两者的紧密结合在培养又红又专的社会主义接班人与建设者方面,发挥了良好的作用。学校在这方面的工作很有成效,突出的表现就是1956年秋开设了基本生产技术教育课。由于“教育大跃进”的影响,教育与生产劳动相结合在学校贯彻的过程中,曾一度出现过于关注生产劳动而忽视教育的偏向,这是我们应当引以为鉴的。

● 制度化的生产劳动教育

20世纪50年代初,上海中学就开始组织学生参加公益劳动。从绿化校园开始,又配合教学活动开辟了教学实验园地和教学实习工厂。1956年,与国家课程改革同步,学校开设了基本生产技术课。

经过多年的努力,生产劳动教育实现了制度化,有了充实的劳动基础。原有的实验园地逐步增加了生产因素,荒芜的土地被开辟成新农场,学校还建立了饲养场、果园、苗圃等,农业劳动有作物栽培、动物饲养和校园绿化等项目。校办工厂由仅供教学实习,发展到接受校外的生产任务,工种包括木工、车工、焊接、装配,为学生接受多种基本生产技术训练提供了条件。在校外,学校同周围的农村苗圃、牧场、种畜场和各种工厂,建立了协作关系,组织学生参加一些力所能及的工农业生产劳动,开辟了更广阔的劳动场所。校内外多样性的工种,使师生在劳动过程中受到了多方面的思想锻炼和技术训练。

此外，学校还组织学生参加部分服务性劳动，让他们在平凡的劳动中学习为人民服务的精神，如自己动手建校游泳池，开垦荒地，开展校园劳动和勤工俭学活动等，有效地推进了教育与生产劳动相结合的理念。

工厂实习

田园实习

上几何课

教育与生产劳动相结合

● **活跃在教育大跃进中**

1958 年 1 月，毛泽东主席提出社会主义教育的方向应当是“又红又专”，强调教育与生产劳动相结合，同工农群众相结合，从而出现了“教育大跃进”运动。

在“教育大跃进”期间，首先是开展思想整风运动，勇批“不劳而获者”。上海中学从 1958 年新学期开始整风运动，全校张贴了一万多张大字报、小字报；出现了文娱创作的高峰，十天内创作的节目达 18 000 多个，有的班级达一两千个。

然后是响应中央的号召，积极参加生产劳动。中共中央、国务院颁布了《关于教育工作指示》，要求培养一支数以千万计的又红又专的工人阶级知识分子队伍，促进教育与生产劳动相结合。1958 年春假，1 200 多名师生到上海县颛桥乡帮助农业生产合作社修筑垄沟，三天挖了 3 600 立方米的土方。

这一时期，教育出现了过分强调生产劳动的现象。后来，经过“调整、改革、充实、提高”阶段的教育改革，学校的教育与生产劳动相结合又走上了正确的轨道。

让学生参加生产劳动，是社会主义学校教育的一项重要内容，是把青少年培养成为有社会主义觉悟的有文化的劳动者的一项重要措施。在“文革”之前，上海中学的生产劳动教育已经做到了有正确的指导思想，有健全的组织领导，有明确的目的要求和教学内容，充分显示了教育为无产阶级政治服务的方向。同时，学校重视思想政治教育,积极创造新经验,总结新办法。无论是开拓校办工厂、勤工俭学等方式,还是建立严密的组织,都说明了这一点。

二、在学习与借鉴中走向自主建设

新中国社会主义教育探索的起步,是从全面学习苏联开始的。在社会主义阵营与帝国主义阵营严重对立,帝国主义国家对我国实行全面封锁的情况下,我国只能向苏联"一边倒",向苏联寻求援助。当时,也只有苏联能够援助我国。学习苏联的教育经验是全面向苏联学习的一部分,上海中学也不例外。当然,在学习与借鉴的过程中,学校并未完全照搬,而是根据学校的实际与时代的发展逐步走向自主建设之路,这尤其反映在顾巧英的生物教学探索上。随着中苏关系的变化,学校在社会主义教育的探索中进一步走向自主与自强。

1. 在学习中走向自主

新中国社会主义教育的起步,是从学习借鉴苏联模式开始的,这是毋庸置疑的。有一点是要肯定的,这就是学校的学习与国家的大政方针保持一致,同时积极地探索走社会主义教育的自主发展之路。随着中苏关系的变化,这一点表现得越来越突出。

● 回眸"学苏"历程

建国初期(1949 年到 1953 年)是中国教育学习苏联的兴起阶段。在这一阶段,学校一方面对知识分子进行社会主义思想改造运动,另一方面仿照苏联模式进行社会主义教育探索。这段时间学习苏联的一个重要方面是要求建立、健全教学研究组织,即教研室或教研组,将教同一学科或同类学科的教师组织起来,共同研究教学计划、教学大纲、教材,研究改进教学的措施,改变解放前教师各自为政、互不联系、交流的状态。

1950 年 5 月,苏联青年代表团部分团员在团长米哈依洛夫带领下,由团中央书记冯文彬陪同,来校访问。米哈依洛夫在龙门楼前对同学们发表了简短的讲话,他的翻译是毛泽东主席的次子毛岸青。

1951 年,国家教育部颁布的《中学暂行规程》(试行)。规程指出,中学教育的任务是用马克思列宁主义的理论与中国革命实践相结合的毛泽东思想和普通文化知识教育青年一代,使他们的身心获得全面的发展。其中一项重要举措是各学科设立教学研究组与开设政治课。这一时期,学校与苏联的专家、学生交流频繁。上海中学率先实验探索社会主义中学教育之路,一方面实行政治课教学,加强对教师的社会主义思想改造运动;另一方面学习苏联,在学校建立教学研究组,即教研组。

1953 年至 1958 年,是整个中国教育学习苏联教育的高潮阶段。学校在这段时间,也出现了学习苏联经验的高潮,形成的许多典型经验在全国得以宣传。1956 年到1957年，《人民教育》为贯彻“百花齐放、百家争鸣”的方针，讨论了“全面发展教育”的问题。上海中学在此期间也对全面发展教育问题进行了探索。1956年举办了教学成果展览会；在上海市第一次数学竞赛中，上中同学汪嘉冈一举夺魁；在全市优秀教师的评选中，上中顾巧英等11位老师被评为优秀教师，先进事迹100多例。这一时期学校与苏联的各种交流也比较普遍，从方义翊校友的回忆中可见一斑。

1958年后，随着中苏关系的恶化，我国对苏联的教育理论加以批判，开始按照马克思主义经典作家的教育论述来建设社会主义教育，也就是探求马克思主义与中国实践相结合的教育自主发展之路。在教育方针上，突出地表现在教育与生产劳动相结合和培养又红又专的人材方面。在1958年到1966年之间，我国在社会主义教育的探索道路上走过了曲折的道路。上中在这方面的探索也是如此，同时取得了一些先行的经验。

新华社采写的介绍顾巧英教学活动

● 中苏友好交流蜜月的见证

在1957届校友编写的《上中情》之《上中——我人生的起跑线》文中，方义翊校友的回忆反映了中苏友好交流蜜月时期的状况：

学校当时所学的外语为俄语，每天课余时间和周六周日，只要没有紧要的事情，我都要在图书馆阅览。我读的最多的是苏联及俄罗斯作家的作品，约有几十甚至百余部。毫不夸张地说，三年课余时间我全用在阅读书籍上，甚至在期终考试前也没有放弃课外阅读。至今我仍清晰地记得高三期终考试前还在埋头捧读《苏共(布)党史简明教程》的情景，专注而虔诚，激情涌动。这对一个处在青春萌发期的高中生来说，其影响广泛而深远，怎么形容都不过分。上中每年总有苏联代表团来访问，耳濡目染，自不必说。

值得一记的是高二学期，学校组织我们与苏联中学生通信交流。我是积极的响应者之一，与苏联立陶宛加盟共和国首都维尔纽斯市一中学女生通了一次信，并互赠明信片作为纪念。我寄去的是一套长城四张明信片，对方回赠的是森林、湖泊、沼泽等典型的俄罗斯风情画。这类通信，自然没有实质内容，但在青春年少的学生心中却充满憧憬、遐想。五十年以后回想起来，远在万里之外的那个小国立陶宛，居然有一位妙龄女郎和我曾经有一信之交往，心中还是有丝丝的柔意和思念。这种无以名状的感怀,只有当年在上中的学子才会有。

这一则材料表明当时学校注重俄语的学习,关注学生与俄国学生的交流,图书馆注重对俄语书籍的引进,也显示了学校在社会主义教育探索初期对苏联教育的学习与借鉴的状况。

● **苏联专家提不出意见的生物课教学**

解放初,学校的教学多参照苏联模式,我校的顾巧英老师(上中毕业生,后曾任学校教导主任)在参照苏联教育经验的基础上形成了自己的教学特色。从她的身上,可以看出这一时期教育从学习苏联走向自主探索的经历。

1939年,顾巧英考进江苏省立上海中学。初三毕业前夕,在一篇题为《我的理想和志愿》的作文中,她表达了"我愿做一名为国育才的教师"的理想,语文老师在其作文簿里批了"其志可嘉"四个字。毕业后,顾巧英应聘回校工作,当理科实验员。50年代初期,我国的中学开始教学改革,淘汰旧教材,但新教材尚未形成体系,因而中小学普遍采用苏联的教学计划、教学大纲和教材。由于中学生物课的课时大大增加,生物教师很紧缺。1951年,顾巧英开始担任生物教师。

苏联教育专家总结顾巧英教学经验

当时的生物教材,基本上是翻译俄国版的教材。顾巧英在讲课中善于把生物体、生物理论和祖国的植物栽培、动物饲养、土地耕作等统一起来。在讲述各种生物体的特征时,她能很巧妙地运用实物、标本、图片等直观教具,运用演示和实验等方式,让学生易于理解,乐于接受。她注重贯彻理论联系实践的原则,她认为这一原则不仅应该在课堂教学中贯彻,在课外活动中也应该坚持,应该使学生明确必须在实践中才能学会一套"本领"。她坚信:"在这里,一切的疑惧都必须抛弃,一切怯懦的念头都必须化除。"

1954年,她和生物教研组教师一起开辟了第一块教学实验园地。在园地里,顾巧英教学生耕种除草,向学生讲解番茄的特点,和学生们一起进行马铃薯块茎繁殖的学习。同年，上海中学少年米丘林生物小组的科研成果——“大马铃薯”和“丰产小麦”参加第一次全国青少年科技成果展览会，获得了一等荣誉奖。继开辟植物园和建立米丘林植物小组之后，顾巧英在学校领导的支持和教研组的集体努力下，又领导学生成立了少年米丘林动物小组，下设养蜂、养蚕、养鱼、养鸽、养鸡、养兔和配料等小组。跨入上中“动物园”的篱笆，人们可以看到那里饲养着的蜜蜂、家鸽、鸡和兔子等小动物，还常常可以看到顾巧英老师被许多学生包围着。

顾巧英的先进教学经验引起了教育部门的重视。1954 年 10 月，苏联教育科学院副院长麦尔尼科夫来华访问，在上海中学参观时，他临时听了顾巧英的一堂植物课。听后认为：这位女教师的课堂教学已经达到了现代新的水平，这节课可以说做到了“尽善尽美”。他也深为顾巧英勤恳的教学态度所感动。1955 年，受教育部委托，华东师范大学成立了专门的科学研究小组，研究和总结以顾巧英为主的上海中学生物教学先进经验。研究小组在“上中”系统地观察了顾巧英的植物学、动物学课堂教学共 30 节，其中 20 节课以速记记录了教学过程。在调查研究期间，“上中”面向全市组织了两堂顾巧英生物观摩课。观摩课在“上中”图书阅览室举行，听者济济，其中许多外地教师也慕名前来听课。

1956 年，新知识出版社出版了华师大研究小组总结、编写的《顾巧英的生物教学》和《顾巧英的植物学、动物学课》两本专著。《解放日报》、《文汇报》、《人民教育》、《人民画报》、《生物学通报》等作了介绍。1955 年 8 月，顾巧英光荣地赴北京出席全国青年社会主义建设积极分子大会。会后，顾巧英留在北京参加学习。10 月，作为中国中小学教师代表团成员访问苏联。她随代表团一起访问了莫斯科、列宁格勒、基辅、格鲁吉亚等城市，去苏联中小学参观听课，并与苏联同行座谈交流。

《人民教育》1955 年第 7、10 期介绍顾巧英老师的教学经验

事隔 37 年后，顾巧英回忆起那段访苏的经历，曾颇有感触地说道：“当时国内把凯洛夫奉为神明，其实当时在苏联国内，凯洛夫也仅是一个教育派别。通过访苏，使人清楚地看到苏联的国情与中国不同。我们学习苏联经验，还应发扬自己的优秀传统；借鉴国外的教育经验，还要进行自主创新，这一认识，促进了我以后一贯的教学实践。”

2. 在探索中走向成功

新中国成立后，学校在社会主义教育的探索方面不断深入，形成了许多新的风范，可以概括为：坚定正确的政治方向和办学追求；政治挂帅、思想领先的政治思想工作；又红又专、全面发展的培养目标；基础扎实、教学严谨的教育教学工作；团队合作、队伍精良的师资建设。这曾在《上海教育》1959 年第 12 期有过《十年胜过百年》的专题报道。学校树立的新风范可以从许多方面说明。

坚持政治挂帅,思想领先的思想教育。在社会主义教育的探索初期,学校对思想教育可谓尤其重视,而且坚持政治挂帅,这是学校在当时形成的一个优良传统,许多材料对此有所反映。

● **战斗团队的出现**

1950 年 10 月,全国范围内抗美援朝运动兴起,上中学子积极响应。当时高二学生首先报名,并组织了“金日成战斗队”。随后,出现了“一二九战斗队”、“青年近卫军”、“朱德战斗队”等,这些团队在抗美援朝运动中表现得相当活跃。

在教育大跃进开始的 1958 年,还出现了以苏联英雄名字命名的班级,如保尔班、吴运铎班等,共有 12 个班级被命名。这些被命名的班级在生产劳动中表现得十分突出。

● **“滚雪球”经验**

在社会主义革命和建设的伟大事业中,上海中学当时形成的“滚雪球”经验产生了相当的影响。1962 年 4 月与 1963 年 10 月,《解放日报》两次报道上海中学“滚雪球”经验。后一次报道位于头版头条且配发了社论文章,主要内容如下:

今天,介绍了上海中学今年毕业的高三(二)班,依靠骨干分子变落后班为先进班的经验,特别是他们采取的“滚雪球”的办法。

三年以前,班里的四十八位同学刚刚入学的时候,从各方面带来了一些不良的习气。许多同学缺乏远大的理想,学习劲头不大,课堂纪律很差,生活懒散,不热爱劳动,互相之间闹不团结,这个班成了这个学校最差的一个班级。可是,到毕业的时候,他们已经转变为全校最优秀的班级之一,不论是品德、功课、劳动,还是体育、文娱活动,在全校都名列前茅。

从最差到最好,这样大的变化是从哪里来的呢?这个班的大变化是从正确发挥

上海中学的“滚雪球”经验报道

先进分子的骨干作用开始的。在这个比较落后的班级里，也并不是所有的学生都落后，有一个工人的女儿、优秀的共青团员孟招英，就是一个榜样。她对班级的落后状况一直不满意，不同歪风邪气和平共处，决心要做一颗“红色的种子”，来改变这种落后的状况。班主任发现了她，并积极地依靠她，这才开始改变了领导干部孤掌难鸣的尴尬局面。

在学校领导的关怀下，班主任充分发挥以优秀共青团员孟招英为代表的先进分子的骨干作用，一点一滴地深入细致、持之以恒，以团结、帮助周围的同学。一个人影响两个人，两个人影响四个人，积极分子按照几何级数递增，像“滚雪球”一样愈滚愈大。懒散、吵闹、不团结等不良现象逐步减少，正气压倒了邪气，落后成了先进，班级的面貌发生了根本的变化。毕业时，这个班已经转变为全校最优秀的班级之一，无论是品德、功课、劳动、体育、文娱活动，在全校都名列前茅。

这个班级的可贵之处，就在于班主任对积极分子热情关怀，为他们撑腰壮胆。在老师的积极支持和帮助下，孟招英不是知难而退，而是逆流而进；不是盲目猛冲，而是一点一滴地工作。在半年多的时间中，她耐心地团结、帮助了两个同学成为积极分子，在班上开始形成了一个核心。接着，这两个同学每人又去团结、帮助了两三个同学，积极分子的队伍就壮大起来了。结合着各项社会改革运动和校内的各种活动，一步一步这样发展下去，积极分子的队伍就像雪球一样愈滚愈大，社会主义思想阵地也随之一天一天地扩展。

做好细致的思想工作，才能扩大积极分子的队伍，才能“滚雪球”；骨干多了，“雪球”大了，才能在更大更广的范围内，开展思想工作，才能改变工作的面貌。领导干部和被领导的群众比起来，总是居于很少数，光靠少数人孤军奋战，任何工作都是做不好的，思想工作也不例外。

在思想政治教育中，充分发挥榜样的力量，并重视通过榜样来带动一批人甚至整个集体前进。这是我们值得珍视的一条优良传统。

● 红旗读书运动

在20世纪五六十年代，学校广泛地开展了红旗读书运动，指导学生阅读革命英雄故事和有关青年修养的书，让学生在书的海洋里找到人生的航向。当时，《人的一生应当怎样度过》、《在烈火中永生》、《钢铁是怎样炼成的》、《狼牙山五壮士》、《怎样对待困难》等书在学生中广为流传。从这些书里，学生吸取到许多思想养料。他们开始懂得，一个人活着是为了什么；认识到一个人如果没有革命理想，只顾自己生活小事，纵然能活到一百岁，也没有什么意义。于是，学校掀起了读书，尤其是读“红书”的热潮。

这种读书运动，不仅陶冶了学生的革命情操，净化了学生的思想灵魂，而且也与当时党的教育方针——“培养又红又专”的人才相呼应。

力倡基础扎实,注重严谨的教育教学。在教育教学方面,学校 17 年来探索的经验主要是,关注学生扎实基础的形成和注重教学的严谨。关于扎实的基础知识与基本技能的教学,从《文汇报》在 1963 年 7 月 27 日对上中期终考试质量的分析中可以看出,而在严谨的教育教学方面,则有具体的课堂教学三环节要求。

● **对上中一次期考的分析**

《文汇报》的这次报道指出,加强基础知识教学是提高学生学习成绩的重要途径,这一传统不能丢。该报当时的记者是这样描述的:

从该校教导处获悉,这次期终考试的命题要求虽然比过去提高了,但从试卷上可以看到,学生理解课文比较透彻,规定应背诵、熟记的内容,应掌握的基本概念,有几个学科 90%以上的学生均能做到确切无误。回答问题时也改变了过去只写结论、不叙述过程和理由的情况。书写规格、验算能力、实验能力等方面的成绩,也有相应的提高,学生的试卷卷面整洁,书写清楚,合乎款式,运算合理,实验内容与程序叙述详尽而有条理,结论正确而有根据。在数、理、化等学科的试卷上还可以看到,大部分学生能运用学科的特定术语,具体、正确地加以叙述与表达。

教导处工作人员说,使人高兴的是,多数学生运用知识比较灵活,对需要综合比较的题目,能以多样的方式求解;有的试题要求将数学、化学两门学科的知识加以综合运用,大多数学生都能正确地进行列式和合理的推导;在语文的遣词造句方面也有很多进步,学生能从模仿范文逐步达到创造性的表情达意。

湖边凉亭(建在原第三宿舍前)

这个学校的教师在对学生进行基础知识教学和基本训练时,十分强调"牢固掌握、透彻理解、灵活运用"。为达到上述要求,他们在教学过程中很注意培养学生认真读书、勤于思考的习惯,并且努力使学生能在比较复杂的情况下运用一般的原理、法则、公式,从而更深刻、熟练地掌握知识;还重视通过各种必要的课堂独立作业，锻炼学生的独立思考和独立工作的能力。对于语文的书法、标点、拼音、简化字，外语的发音、书写、语法，数学的计算书写规格、推导过程、验算要求，物理、化学、生物等学科的实验和实习操作过程等基本功的训练，则坚持严格要求，并提出一系列具体措施。各学科还分别制定了基础知识和基本训练的基本要求，从效果出发，改进教学。

教师们在教学上贯彻了因材施教的原则，对成绩较差的学生，注意平时的个别帮助；对于成绩优异或对某学科有显著才能的学生，除了适当提高其作业要求外，还指导他们阅读一些有关的课外书籍。同时坚持组织无线电、航模、测量、气象、动物饲养、植物栽培等各种科技小组和文学、数学、物理、化学、外语等学科小组，有目的地在课外组织一些文学、科学技术知识小型报告会，以培养学生把知识运用于实践的能力，发展其特殊的才能。教导处的同志说，由于教师们从各方面踏实地加强了工作，因此学期考试的成绩达到了预期的效果。

这次期终考试的分析，充分表明，学校在教学上重视加强基础，培养能力，发展智力，积极因材施教，努力提高教学质量。

● **严谨治学三板斧**

上中严谨治学的"三板斧"体现在，教学中要注重牢牢抓住三个重要的环节。

学校坚持不懈地提高教学的效率，努力形成一套制度和教学常规。抓好平时教学过程中的每一个环节，发挥师生双方的积极性。要求教师必须针对实际，认真备好课，上好课，做好检查分析和考试讲评工作，不断调整教与学的关系，促使教学水平不断地达到新的高度。

50年代的部分上中学子在大门前合影留念

备课方面　要做到学习大纲，熟悉教材；个人钻研，集体讨论；明确目的，突出"双基"；研究重点，分散难点；题精量当，组织讲评；交流心得，预防错误。进一步要求加强单元备课,正确处理知识和能力的关系,精选试题,掌握好难度,根据不同学科,提出作业书写格式的要求,并制订授课计划和编写公共教案。

上课方面 要做到目的清楚,讲解正确;条理分明,思路清晰;启发引导,讲练结合;活跃思维,突出小结;实验演示,保证完成;精心组织,决不拖课。进一步要求根据不同学科、不同内容和不同班级选择恰当的教学方法,在落实"双基"的同时,发展学生的智力,培养学生的能力(如观察、思维、表达、实验和自学能力),从而提高学生发现问题、分析问题和解决问题的能力。

考试方面 要做到全面检查,重点突出;测验次数,合理掌握;命题要求,逐步提高;既看分数,更重质量。进一步要求考试时间应留有余地,不得临时延长,命题内容应兼顾知识和能力,命题题型应兼有单项和综合,命题题次以由易到难为宜,期中、期末考试后,作出书面质量分析。

课堂教学的"三板斧",为学生的基础知识学习作了良好的铺垫。

坚持团队合作,队伍精良的师资建设。这一时期的上中,关注团队合作,注重营造精良的师资队伍。团队合作,主要是在教研组的建设上注重发挥集体的力量。在《人民教育》1955年第七、第十期《必须加强教研组建设的作用》的文章中,多次提到了上海中学加强师资队伍的团队合作情况,精良的教师队伍在许多校友的回忆中有所记录。

新中国上中教工运动队

● **怀念解放初上海中学的老师们**

胡伯威校友在《怀念解放初上海中学我的老师们》一文中,表达了对教师的感恩与怀念:

解放初(1950—1953年),我在上海市上海中学读高中。那时的上海中学为什么那么好,为什么在全国赫赫有名,归根结底是那里英才荟萃。其中当然也包括生源好,但最重要的还是上海中学的老师棒,几乎个个都棒。至少我觉得他们讲起课来比我后来在北大的那些老师还精彩。

我进去的时候刚刚解放一年多，所以作为知识分子的老师们都还比较鲜明的保留着自己的个性，因此给我留下的印象也是鲜明的。至今他们的音容笑貌在我脑子里还栩栩如生。

头一学期第一个给我留下深刻印象的是贺仁麟先生。他在我们班担任了短时期的班主任，据说他以前当过记者。贺先生个子偏矮，但是俊雅斯文，一袭长衫飘洒得体。说话慢条斯理，声音不大却娓娓动听。一堂堂的课听下去，你不能不折服于他的学问渊博，思想深邃，很有魅力。

讲课最精彩的，是给我们上平面几何课的老师余元庆，他体态微胖，戴一副深色框架眼镜。他说话略带宁波口音，中气足，而且讲起课来抑扬顿挫，有声有色。他能够像说书先生那样来讲解逻辑严谨的几何问题。听他的课是一种享受，何况解几何题本身就像下棋一样有趣。

50年代学生的早操

生物老师褚圻风格别致。生物形态和分类早在初中动、植物学中教过了，所以他讲的主要是细胞学、进化论和遗传学基本理论。看起来他在遗传学方面特别有心得，也许主要是因为苏联遗传学的那场“革命”在解放初开始触动了中国学界。褚先生不甘落伍，也发表了一个图文并茂的小册子《遗传学的米丘林路线》，发给我们每个同学一本作为参考书。褚先生本人的确是很有学养的，整个生物课讲得引人入胜。

地理老师陆人骥，地理知识十分渊博，但讲的时候总喜欢东拉西扯添加一些花絮，经常扯到完全不相干的地方去了。有一次他不知又从哪里开始，七拐八歪地扯到他曾经掺和进一次学生运动，他承认自己在其中只当了一个摇旗呐喊的不要紧的角色，但却也被混着“抓进去”了。这倒给了他一个表现英勇气概的机会，警察局里询问他的时候他“面不改色心不跳，回答问题时一字不多，一字不少，掐准分寸，大方得体”：“你是干什么的？”“学生。”“姓什么？”“陆。”“叫什么名字？”“人骥。”

讲到这里，他得意起来了：“你们看，我回答得是不是简洁而毫无破绽？要是换了别人，人家问他名字叫什么，他一定说：‘我叫陆人骥’，那我不是变成‘陆陆人骥’了吗？”之后，同学们在背后就改叫他“陆陆人骥”了。

第一学期秋天的时候，程太堃先生担任了我们的班主任，并讲授政治课。程先生作为班主任，对我们班团支部的工作和学生思想情况给予了无微不至的关心。校团委也号召团支部工作要取得班主任的合作，何况程先生是全校少有的党员之一。我们有重要的事情都要去征求她的意见，有重要的会议也请她来参加。她对各种问题当然比我们看得深一层，许多我们想不到的都由她指点出来。比如怎样分析同学中的进步、中间、落后的情况；哪些对象要好好培养；哪些人和问题需要教育帮助；哪些倾向要警惕、反对、批评、斗争。

历史老师孙运鸿年纪比较大一些，四十好几，将近五十了。他讲得最津津有味的是古希腊和罗马史，听他描述的真是精彩盛世，人类文明的光辉童年。特别是作为巅峰的雅典贝利克里时代和东罗马拜占庭时代，他都描绘得极其细致详尽，并发出热情赞叹。而最扣人心弦的还是他讲的中国近代史，鸦片战争、太平天国、八国联军、甲午海战、戊戌维新……成败、得失、正误、功罪，每件大事他都能分析评论得头头是道，丝丝入扣。

● **在上中读书是一生最大的幸事**

1955届毕永汾校友回忆说，在上海中学读书，是他有生以来最大的幸事。他是这样回忆当时学校教师队伍好，教育质量高的：

1952年我入校时，该校从初一到高三，每个年级设有十个平行班，绝大多数为住读生，也有少量走读生。校园很美，迈入校门犹如进了一座偌大的花园。进入这样的学校，就像刘姥姥进了大观园，一切都感到新鲜。

上中拥有社会上知名的十大名师，他们是：余元庆、余元希、杨逢挺、顾锦城、徐子威、褚圻、朱凤豪、娄博生、唐秀颖、顾巧英。大部分教过我，其他老师也很出色。

我们使用的全国中学通用教材，如代数、几何、地理、历史等，不少是上中老师编著的或参编的。老师们不仅专业知识渊博，而且对心理学、教育学、教学法，也很注意学习和研究。他们特别注重课堂教学艺术，对课堂组织教学、板书，都精心设计。一堂课有张有弛，启发式、问答式、讨论式；分散难点、重点突出、多次复现，多种科学教学方法灵活应用，使课堂气氛非常活跃，教学内容也都当堂消化，印象深刻。

对教学法研究、运用最精到的是市优秀教师顾巧英，她的课大家最爱上。哪天有她教的课，大家就高兴。凡她教过的课，考试前复习就特别省劲，几乎不用怎么花工夫，都会取得好成绩。

50 年代的上中先棉堂

表扬为主、因势利导，是上中老师们的共同特点之一。有次上美术课，王旭老师在黑板上画示范画，我给他画了一幅速写，被他发现了。我当时很担心吃批评。因为一没按他要求做；二画得不太好，怕他误会是我丑化他。谁知他却表扬了我一番。他说学美术就要多画，就要有这种精神，见什么画什么，多画速写，会越画越好的。我后来喜欢上绘画，与王旭老师和美术组辅导老师侯淦老师的鼓励是分不开的。

还有一件使我深受鼓舞的事，就是教语文的钱老师有一次给我的作文打了最高分，不仅在讲评课上进行了宣读，她还作了分析评价。她在我作文后的评语，写了八九条之多。红笔跨行的大字，比我正文还多用了一页，简直使我受宠若惊……

以上摘取的该校友的回忆主要显现了上中师资队伍的精良，以及他们教学的总体特点，从中可以感悟到当时上中教师教学的不同之处。

在上海中学这样的育人环境里，留给学生的是“情深意浓的深深眷恋”。半个世

1958 年时建造的学校第四宿舍，现已拆建成家属区

纪过去了,许多上中校友回忆起在校的生活,心情不能自已。2002年10月4日至6日,上海中学55届初三(5班)的老同学在上海聚会,他们回忆起在上中的日子,心中无比感慨。在上中学习期间是一生中最美好、最愉快的时候。胡宇梅校友如是说:

是的,我们怎能忘记,是上海中学,把我们维系在一起。宽阔而优美的校园、龙门楼、先棉堂明亮的教室和各种教学设施、设备齐全的体育场馆、宿舍楼里整洁的寝室,为我们的学习创造了良好的条件。学校治学有方,学风严谨,在教学方面高标准严要求,又为学生身心健康发展提供了宽松环境,更重要的是老师们的敬业精神和精湛的教学水平,使我们受益终身,为我们一生的思想、品德和学业奠定了基础。

李伟国校友在2004年9月12日的《新民晚报》上,吐露了他们那一代上中学子的龙门情结:

离开上海中学已经36年了,其间当了10年农民,读了3年研究生,干了23年的出版(曾在两个出版社供职),虽不知老之将至,然阅历不可谓不深,而占据了我的回忆园地最大部分的,仍然是最亲爱的母校上海中学。在家住上海中学附近的时候,我常常骑着自行车到母校转悠,享受优雅的环境,拜访尊敬的老师;后来住得远了,也就不能常去了,但在梦境中,母校出现的频率又渐渐高了起来。我甚至常常出现这样的幻觉:我又回到了上海中学,端坐在宽敞又幽静的教室里,或听讲,或复习,或做作业;我漫步在郁郁葱葱的花园里(大小花园有五六处)或者碧草如茵的草坪上(大小草坪也有五六处),或结伴讨论,或默默沉思:我徜徉在图书馆的阅览室里,或借阅图书,或浏览报刊;我活跃在体育馆里、大操场上,或跑步,或打球,或观看体育比赛。一切都在有序中进行,一切又都在孕育着未来的国家栋梁。此时无声胜有声,知识、技能、创造性思维,默默地默默地,如细雨般随风潜入。这样的境界,真是

90后校友采访前辈校友叶公琦

太美妙了，离去越远，怀念越深。

正是由于对母校的深深眷念，他们走入社会后便不忘回报母校。有的捐钱来建造校舍、美化校园，如图书馆的修缮，念慈楼等建造等；有的设立奖学金，如叶克平校长奖学金，华莜、余元庆、谭浩强等教师或校友捐设的奖学金。

述评　1949年至1978年的上中，在新中国成立后的17年社会主义教育的探索上作出了历史性的贡献。主要表现在培养了众多又红又专、思想过硬的社会主义建设者与接班人，形成了"治学严谨，教学相长，滋培人才，校风朴实"的办学风范（原上海市副市长叶公琦对上中优良传统的评价）。

上中，成为校友最难忘的家；无愧于母校，是上中校友的共同心愿。原教育部长朱开轩校友说：

师生情浓，同学意深。四十多年过去了，虽人各一方，少年时代纯正的友情仍牵动着我们的心。到现在，我还与当年近30位同班同学保持着联系。其中不乏很有成就的佼佼者，大家最引以为骄傲的是扎根边疆近30年，曾被军委主席邓小平嘉奖为'国防科技工作模范'的原核试验基地司令员钱绍钧少将。我班同学中唯一结成夫妇的董林年和魏康两位，现在任要职于国际原子能机构……

上中的学子有很多各行各业的杰出人才，钱重耀校友回忆说：

以我所在的1951年理科乙班为例，全班47名同学，有16位先后参军、参干而未能进高等学府，但已联系到的30余位同学中，具有教授级职称的达20位，此外尚有军级、师级干部各一人。据了解，有的班级毕业同学中教授占85%以上。

"我为上中而自豪，上中为我而骄傲"，已经成为每一次校庆凸显的主题。上中每一次校庆，校友们从四面八方赶来，叙写着"我为上中而自豪，上中为我而骄傲"的不尽话题……

2002年，上中137周年校庆，来参加校庆的人数没有精确统计，只知道发出去了5 000份上中指南；来了2 000多辆车，停车场放不下，不得不开放砖红色塑胶跑道环绕的大操场供停车。这样的盛况说明，"在海内外，在祖国各地，在上中上过学的同学，都有一份难忘的记忆，都有一个上中情结。"在这次校庆上，53届陆载欣校友《一家四个上中人》一文，道出了"上中为我而骄傲"的真谛：

四十年前，我和我的兄妹们先后离开了亲爱的母校。几十年来，不管何时何地只要有机会接触上中这个名字，我们都会禁不住为自己曾经就读于母校而自豪。昔日从上中大门走出的青年学子，许多已成为国家的有用之材。知名人士当然不用说，就拿我们一家四兄妹这样普普通通的上中校友来说，也可证明上海中学无愧是培养人才的摇篮。

我二哥陆载德，1950年毕业于上中。作为一条腿的残疾人，他没有被名牌中学拒之门外，而是平等地受到了良好的教育。他出上中入清华，又经院系调整毕业于

上中部分院士校友合影

北大，随即进入人民解放军的行列。当新中国国防现代化建设的号角吹响时，一个重残人，同时又是那个年代稀缺的大学生，肩负国家人民的重托，1955 年告别首都北京，自愿首批来到塞北草原，创建我国常规兵器试验基地。三十八年来，他拖着残腿以平凡而艰辛的劳动，为他所热爱的事业添砖加瓦，作出了不平凡的业绩，因而受到称颂。

1992 年 4 月 27 日人民日报第四版报道：为表彰他的成绩，中央军委主席江泽民签署命令，授予他“国防科技工作模范”的荣誉称号，并号召全军向他学习。我想这也是哺育他成长的母校的光荣吧！

我三哥陆载言，抗美援朝战火纷飞的时候，他正在上中读高二。1951 年为响应保家卫国的号召，他毅然投笔从军，参加了军干校，被分配到浙江福建前沿阵地当兵多年。后经部队选拔，他考入了通信兵学院深造，毕业后从事军队院校的教育事业。现为合肥解放军电子工程学院副院长，少将军衔。在人民解放军的将军队伍中，多了一位上中的校友。

本人 1953 年在上中毕业，1958 年在北航毕业，一直在航天战线液体火箭发动机研究所工作。我妹妹陆凤若，1961 年由上中出来考入清华大学，现在天津市中国旅游管理干部学院任教。

我们一家兄妹四人的经历可以表明：我们之所以能成为国家的有用之材，中学阶段母校的教育功不可没！上海中学这块闪光牌子的吸引人之处在于：她不仅使受业者在学业上得到长进，更重要的是在一个人人生观发展的最重要时期，能使之从母校得到良好的启迪！

上海中学取得这么多的成绩决不是偶然的。当年，在中斋简陋的木板房中，同学们床上铺着那整齐的上中床单，上面卷吊着统一格式的蚊帐，处处透示着学校对学生的严格要求。先棉堂、龙门楼明亮的灯光表明多少青年人在老师的谆谆教导下在苦读中成长。每逢周末，多数人长途步行于乡间小路往返于徐家汇和学校之间，这一桩桩一幕幕往事都是我们永远难以忘怀的。

今天时代不同了，我们不要求现在的中学同学过我们当年的简朴生活。但生活富裕了，优良传统可不能丢，贪享受、图安逸，决造就不出一代新人。

岁月悠悠，几十年前毕业的上中人行将退出历史舞台。但我们相信，长江后浪推前浪，上海中学一定不会辜负海内外校友的期望，在改革开放的大好形势下，在世界竞争激烈的大舞台上，一定会让我们更多地听到上中人的喜讯！

校友陆载德事迹简介：8 岁因病左腿高位截肢，行动不便。以顽强的毅力刻苦学习，1947 年考入上海中学理科，1950 年毕业后考入清华大学，1952 年转入北京大学，1953 年以优异成绩提前一年毕业，参军。1954 年开始参加白城兵器试验中心的工作，在科尔沁大草原工作了 40 多年。这些年来，他克服左腿高位截肢带来的种种困难，以崇高的献身精神和顽强的革命意志，在国际科技战线艰苦奋斗，勤奋工作，为我国常规兵器试验作出了突出贡献。他先后十一次受嘉奖，两次荣立三等功，一次荣立一等功，十四次被评为优秀共产党员和建设社会主义精神文明先进个人。1990 年被国家人事部评为“有突出贡献的中青年专家”；1991 年 5 月 9 日被国家人事部授予“全国自强模范”称号。1992 年 4 月 11 日军委主席江泽民签署命令，授予“国防科技工作模范”荣誉称号。

他在校庆时来信说：

本人是一个普普通通的残疾人，之所以能兢兢业业地做出一点成绩，是党和国家培养教育的结果，是家庭和同志们支持帮助的结果，是学校师长熏陶的结果。尤其是上海中学优良的校风和严格的学习环境，使人奋发向上，在此向母校表示衷心的感谢。希望上海中学不断前进，建成世界上一流水平的中学，为我国的教育事业作出更大的贡献。

这一时期，上海中学以长期以来形成的光荣革命传统和优良学风，培养了一批又一批的国家干部、著名学者，如陆诒、杨恺、王安、陶大镛、潘文铮、钱李仁、叶公琦、朱育莲、刘达临、张曙、朱开轩等等。博鳌亚洲论坛的首任秘书长张祥，也是上中的校友。这些校友在祖国乃至国外相关行业中发挥了重要作用，为各自行业的发展作出了不可磨灭的贡献。

值得说明的是，上海中学的育人环境是个大环境，必然离不开党和政府、社会等方方面面的支持。新中国成立以来，上海中学成为以“上海”命名的唯一中学，寄予了市委市政府与全市人民的希望，在他们的大力支持下，上中得到了飞速的发展。

我们应当记住关心和帮助过上海中学发展的那些单位和个人，上海中学的发展史上将会永远留下他们的名字！同时我们也希望，上中今后的发展能继续得到社会各方面的关心、支持和帮助。

第五章　求真务实探索改革开放教育之路

1978年党的十一届三中全会召开前夕，在海内外校友的呼声中，上海中学经上海市政府批准正式复校。1978年改革开放以来，上海中学坚持探索教育的改革开放之路，道路是不平凡的：从复校到中兴，从陷入低谷到走向辉煌，从上海领先走向全国领先，从国内名校走向世界名校，每一步都诠释着上海中学自强不息、思变创新、海纳百川、乐育菁英的精神。尤其是1989年以来，学校励精图治，开拓进取，走上了探索名校素质教育的春天，基本实现了“全国领先、国际一流、教育高质、管理高效”的办学追求。

叶克平校长被评为上海市首批名誉校长时，上中师生代表向叶校长献花

1978年7月，经上海市委指示，同意上海中学正式复校。叶克平同志担纲领衔复校。1984年10月，上海市人民政府授予叶克平同志为“上海中学名誉校长”。七年的复校任务基本完成后，叶克平校长退居二线。此后白宰理、方启敖先后担任校长。由于对改革开放教育的探索没有经验可循，学校走过了一段曲折的道路。1989年1月，上海市教委调唐盛昌同志担任上海中学校长，此后的24年里，上海中学实现了办学新腾飞、走向新高峰，创造了上海教育的“唐时代”，上海中学的拔尖创新人才早期培育实验、学校课程图谱构建、数字化校园信息管理系统、高立意·高思辨·高互动教学、激励·优化·高效管理机制、从大走向强的国际教育，树立了上海乃至全国的领先地位，在国际上也产生了广泛的影响。2013年2月，71岁高龄的唐盛昌校长主

2013年唐盛昌从教51周年教育思想与实践研讨会在上海中学举行，其在上海中学任校长24年

动卸任，由冯志刚校长接任，在其倡导的集体接班的观念与行动下，继续推进上海中学可持续发展、引领性发展。

在改革开放走向深入的过程中，上海中学把握历史机遇，拓展国际视野，立足本土实践，进行了一系列具有开创性的探索：1993年，创办国内第一所由中国人自主管理的公办学校国际部——上中国际部，从创办时的18名学生到2014年拥有3 000名境外学生在读；1995年，成为上海市最早的国际文凭学校；1997年，"全国中小学现代教育技术实践与应用现场会"在上中召开，拉开了上中率先推进数字化校园建设的序幕；1998年，与华泾镇（时称龙华乡）合作办学，创办民办华育中学，推进了上中办学体制的新突破，此后，上宝中学、上海张江集团学校、上海中学东校、上海星河湾双语学校相继创立，形成了著名的"上中系"学校群；1999年，率先推进的名校素质教育取得了新突破，率先推进上海市实验性示范性高中建设；2003年，率先通过上海市实验性示范性高中验收；2008年，在上海市高中率先开展"高中生创新素养培育实验项目"；2010年，成为国家教育体制改革项目"探索建立拔尖创新人才培养基地"首批试点学校之一，探索出以聚焦志趣、激发潜能为突破口的创新人才早期培育新路，全国首设科技班、工程班；2013年，成为教育部首批教育信息化试点学校之一，全国率先开展中学自主探索大学先修课程的实践，促进"拔尖创新人才早期培育链"的建构；2014年，教改成果"聚焦志趣、激发潜能：国际视野下上海中学高中生创新素养培育实践研究"获全国首届基础教育教学成果奖一等奖。

改革开放以来的三十多年里，学校在探索名校素质教育之路与营造上海市建设国际化大都市所需要的国际化教育服务环境上迈出了坚实的步伐，这一时期优良传统的核心是从计划经济走向适应社会主义市场经济的基础教育改革探索，地位是在教育现代化、国际化、信息化上取得了显著的成绩，被誉为"上海基础教育领头羊""素质教育的一面旗帜"与"中外文化交流的窗口"。优良传统的主要特征是：

● 求真务实的治校办学态度。叶克平担纲复校重任，完成拨乱反正与复校中兴的使命，唐盛昌坚持解放思想、实事求是，努力办好适应改革开放需要的中国现代基础教育，在国际教育从大走向强以及探索拔尖创新人才早期培育上走出了新路。

● 具有国际视野的教育现代化探索。主要是在教育国际化、现代化、信息化上作出了实质性的努力，在教育的国际视野与本土创新上发挥了示范、引领作用。

● 教育要适应改革开放发展需要。从计划经济走向社会主义市场经济大背景下的教育，在激励、优化、高效管理方面与教育体制改革实现了一系列的创新，激发了公办学校的活力。

● 形成了自强不息、思变创新、乐育菁英的育人文化延续与发展。学校秉承"储人才，备国家之用"的办学宗旨，注重传承与创新，着力构建世界一流的中国名校。

● 聚焦志趣、激发潜能办学理念的确立与深化，着力建构拔尖创新人才早期培育链。主要是承先辈办学之精华,树现代改革之先锋,融筑未来栋梁之坚实基础。

● 形成上海中学“32”字校文化:学生优先,事业优先;认真负责,追求高质;团结协作,共进共荣;光明磊落,顾全大局。

第一节　义不容辞的社会责任和改革使命

1978年,随着教育系统的拨乱反正与国家改革开放政策的颁布,上海中学迎来了复校与新的发展。自此之后,学校在探索改革开放教育之路上进行了艰难而又卓有成效的发展,承担了学校发展对于社会发展义不容辞的社会责任和改革使命,在教育的现代化、信息化、国际化上进行了富有成效的探索。

复校后的上海中学第一届校团委(1979年)

一、社会责任是学校义不容辞的历史使命

1987年10月,上海中学举行了120周年校庆(经考证上中建校于1865年,此次校庆核算是沿用当前将龙门书院的创建时间定于1867年之说)。这天的上中校园一片欢腾,近五千名校友集聚龙门楼,欢歌笑语在上中校园里回荡。120年的风雨历程,120年的育才之路。从上中校门走出的毕业生们,用他们的一生,见证了什么叫重任在肩的历史使命。

1. 秉承信念,百折不挠

1970年到1978年,上中的校园被“五七”京训班“占领”。在初始几年,学校被江青作为培养全国京剧样板戏的训练大本营,在这里集中了一批全国京剧界演员与学生,作为培养京剧的接班人。根据上中校友、原位育中学校长任博生回忆:那时,学校里天天弦歌不绝,清晨一大早就有人在吊嗓子练腔、小武生练功,当时全国的京剧样板戏与人才都是从这里走出去的。原上中的教职工与校友,久违了琅琅的读书声,听着这些“怪腔怪调”,甭提有多辛酸了。

● 在奔走呼告中艰难复校

1978年,教育系统开始拨乱反正,停办了八年的上中,终于等来了云散雾开的一天。上海中学各届校友也各方奔走呼告,热切盼望复校。1978年7月,上海市委批准上海中学复校,批准招收高中理科两个班和初中四个班,共192名学生。当时的上中教职工仅 43 人，与 2015 年上中中外教职工 600 余人的队伍，不可同日而语。

上中的复校与迅速开学，主要靠上中老同志的干劲与祖国大环境的变化。陶瀛孙摘录张琴娟 1978 年 10 月 4 日信中提到：

1978 年上海市上海中学重获新生，图为复校后的部分教职工在龙门楼前的合影留念

上中终于在 28 日正式开学了。这主要靠上中老同志的革命干劲。你想，9 月 26 日五七京训班才让出教室宿舍，9 月 27 日中午才解决食堂问题，这工作是多么紧张啊！28 日早晨，天气特别晴朗，太阳特别明亮，校园内的大红横幅招展，校门口、上中的领导、教师、职工，人人脸上洋溢着喜悦的笑容，不少退休教师也来了，一批批同学由家长陪同，高兴地从 50 路汽车上下来（当时 50 路开到校门口）。在锣鼓声及鞭炮声中跨进上中的大门，电视台不断地拍摄种种动人的镜头（拍电视的是上中的校友穆端正和秦端儒教师的儿子）。真是盛况空前！在这时，我特别想起你，想起我们挑灯夜战的情景；想起你在雨天还奔走市、区，让大家在复校申请书签名的情景，您的辛苦终于开花结果了。

1980 年唐秀颖（右四）为团长率中国普通教育代表团赴英国考察

上中终于恢复了久违的平静，此时的读书声显得如此的动听，上中的校园从没有这样的充满生气。上中的复校与迅速开学，凝聚了无数上中人的辛勤努力。因为他们只有一个信念，教书育人是上中永恒的使命，无论前途有多险阻，也终将被一一踏破。

● 重振龙门

上海中学批准复校后，叶克平校长担纲复校重任，走上了重振龙门的道路。他在恢复建国 17 年的教育传统上可谓是尽心尽力。老教育家吕型伟先生的《重振龙门》短文中，清晰地记载了这一段不平凡的经历：

上中复校重建，困难重重。从硬件方面来说，校址、校舍、校园的情况都遭受了损失，偌大的校园内杂草丛生，野兔、野鸭出没，昔日的操场几乎成了一大水塘，每到下雨天，操场与附近的一条小河连成一片，可以在操场上抓鱼……当时校区内除五

白宰理校长

七京训班外,还有多家单位占住,环境极差。可想而知,复校到正式开学,时间是如此的短暂,困难是可想而知。

复校后,在叶克平校长的率领下,学校首先深入揭批“四人帮”,在课程教学上则全面继承建国17年时学校形成的优良传统:“学习大纲,钻研教材,改进教学方法,举行公开教学”,培养学生“艰苦踏实,认真细致,勤学苦练,刻苦钻研”的学风。复校第一年,师生齐动手,除杂草,翻荒土,清理场地,整顿校容,改善环境,初步改变了杂乱无章,野草丛生的现象,结束了底楼办公、二楼唱戏(因复校第一学期京训班还在这里上课)、三楼上课吵吵嚷嚷,相互干扰的局面。

在叶校长的率领下,继承教学传统,坚定育才信念,以身作则,自力更生。为保证教学质量,使上中迅速恢复元气,做到了两个坚定不移:即以教学为主,全面贯彻党的教育方针,坚定不移;以德智体全面发展为标准,坚定不移。不赶浪头,不摸行情,不搞加班加点,不搞“题海”战术,注意加强“双基”,循序渐进。(见120周年校庆纪念册上唐秀颖、顾巧英文章)。

方启敖校长

学校逐渐恢复了正常的教学秩序,逐步恢复了元气。叶校长在上中复校与逐步走向中兴的过程中,倾注了诸多心血,后继任者白宰理、方启敖校长,也都为上中走向中兴立下了汗马功劳。

● 叶克平儿女的回忆

从复校到1984年,叶克平校长任职期间,学校的教学质量逐步得到提升,并恢复了往日上中的声誉。这有一段其儿女们对他工作的回忆(节选):

在我们记忆中,父亲的整个身心都是与学校融为一体的。他每天清晨六点起床,与学生一起到大操场早操、晨跑;每天晚上都是学生宿舍熄灯铃响之后,在全校一片寂静中回家就寝,数十年坚持不变。这个师生员工达两千余人的重点寄宿制中学,其治校的担子之重是可想而知的。但父亲无论工作多么繁忙,他每周必挤时间下宿舍、食堂巡视1—2次,对学生的作息、营养、体锻、课外活动等安排十分牵挂并亲自一一过问。

记得20世纪50年代末,由于天灾人祸,国家正处在困难时期,度过了好几个不眠之夜后的父亲,为了学校千余名正值发育年龄的孩子,作出一个重要的决定。他决定利用上海中学宽广的校园条件,组织全校师生养猪养鱼、种菜种豆,想方设法改善师生伙食。要知道，在当地提倡“艰苦为荣”的大环境下，作出这样的决定是需要有勇气与智慧的。

1978年夏，被迫停办8年的上海中学正式复校，父亲重新任命为上海中学校长。那时的上中，校园荒芜、百废待兴，连复校庆典上用的彩旗都是向邻近小学借的。年已花甲的父亲，不顾年迈体弱，顶着烈日，每天换乘多辆公交车奔走呼吁，请回了大批重点学科的前教研组长及骨干教师。他还亲自选拔了一批刚从师大毕业的优秀青年，并以宽阔坦荡的胸怀接纳了不少曾在“文革”中错误反对过自己的教职员工。父亲的周围重又凝聚起一支名师云集的教师队伍。在很短的时间里，一个充满朝气活力的上海中学重新站了起来。1984年10月，当时的上海市长汪道涵同志亲手向父亲颁发了“上海中学名誉校长”的光荣证书。

叶校长与汪道涵交流

1997年，校友李源潮（现任中共政治局委员、国家副主席）及王荣华（时任上海市政协副主席）看望叶克平校长，曾这样感怀叶校长带给学生的影响：在我们那一代学生人生观的成长时期，叶校长给了我们受益终生的启蒙。他的正直和善良，是我们每个学生效仿的榜样。

在父亲85岁生日的聚会上，父亲决定拿出积蓄，在上海中学设立一个奖励优秀学生的基金。在上海市教委的直接关心下，倾父亲及母亲毕生积蓄二十万元的“上海中学叶克平奖学金”于2000年5月设立。如今，父亲的骨灰已默默地融合在上海中学这块他深爱的土地中。亲爱的父亲，你安息吧！（以上参见叶森等：《回忆我的父亲——叶克平》）

叶克平教育基金设立仪式

2013年，叶克平的8个子女在其父亲100周年诞辰的时候，又捐出了80万元，使“上海中学叶克平奖学金”的奖励基金达到100万元，用每年的利息奖励上海中学在校的优秀学子。2014年11月8日，上海市教育发展基金会叶克平教育基金设立仪式暨《掬水留香》一书首发式在上海市政协议事中心隆重举行，将原先设立在上海中学的“上海中学叶克平奖学金”100万元迁移到上海市教育发展基金会，正式成立

"上海中学叶克平校长教育基金"。

复校后的上中毕业生,现正在崭露锋芒。1979 年 11 月,共青团徐汇区委同意复校后的第一届共青团委员会成立。30 年前的第一届团委委员的照片,一张张稚嫩的脸,如今他们却在科技兴国的各个领域中发挥着重要的作用。

2. 公益在心,甘于奉献

1978 年十一届三中全会以后,各行各业迎来了发展的机遇。从 20 世纪 70 年代以来,上中竭尽自己的力量,为教育的发展、周边公共服务作出了巨大的贡献与牺牲。上中对社会的奉献,犹如汩汩清泉,流向了社会主义建设最干涸的地方。一件件公益事业的完成,树立了上中博大的胸怀,也收获了崇敬与友谊。

● 与上海交大的"借地"之缘,中兴楼的由来

上中的教学主楼有三座,一座是龙门楼,一座是先棉堂,一座是中兴楼。前两座楼是在解放前所造,之前早有描述。"中兴楼"为何取名为"中兴",是寄予上中复校后,通过此楼见证学校从停办到开办,到恢复上中建国 17 年时的兴旺之路,故命名为中兴楼。而中兴楼的建造缘由又是从何而来呢?

70 年代,上海交通大学为扩大规模,向当时的市政府建议,拟征用上海中学西边的一块约 40 亩的空余土地(以前主要作为活动场所)。上海中学时任校长叶克平从国家百废待兴,需要一批应用技术人才的目标出发,同意将这块地划为上海交通大学作为应用技术学院使用。

上海交通大学为了表示心意,答应为上海中学建造一栋教学楼,由他们出资,即是现在的中兴楼。从而,与上海交通大学搭上了这一"借地"之缘。当然,说是"借地",是需要归还的,其实是这块地已经为大学用地,后直接归教育部管辖。

上海交通大学与上海中学关于
上中路 100 号校区的转让签约仪式

走入新世纪以来,随着学校规模的扩大,需要有新空间发展。在唐盛昌校长的多年奔波,经过多年的斡旋,在市政府与上海市教委的支持下,上海交通大学作出让步,学校也因此于 2006 年将这块地"收回"(其实是买回,学校花了 1 亿 3 千万元,市教委出了 1 千万元),经改造后于 2008 年 9 月正式作为国际部初小学段用地。

● 舍小家,支援"吴家巷"换新颜

上海中学为周边的发展作了巨大的贡献与牺牲。1934 年上海中学搬迁至吴家巷现校区时,面积远远大于现在的校区面积,学校当时的校门是立在上中路与老沪闵路的交叉口上。由于许多校区面积主要作为活动场所，没有建设校舍，后在政府的规划下被先后征用作为沪闵中学（现名为上海市徐汇区教师进修学院附属中学）、上海市体育运动学校、上海市聋哑学校以及一些家属、居民区的用地。

1978 年后，为满足吴家巷周边地区人口小孩的读书及居民的出行问题，上海中学在原来辟地形成了上海小学（上中迁校到吴家巷时，原来上海中学有师范科，南边规划作为江苏省立上海中学附属小学的用地，作为上海中学师范科学生的重要实习基地，后成为上海小学）的基础上，又辟地建造了上中路幼儿园和公交车站（即在东南角辟出了一块地成为今天的上中路幼儿园，南边辟出一块地用作原 111 车站，在东边辟出一块地作为现 131 车站用地）。

复校后的上海中学大门

上中北门前的百色路修建，就从原上中校园穿过，占用了许多校园土地（包括居民区汇城新村的土地），现上中还有一块土地被百色路割开在百色路与龙川路的交叉一角，作为校办工厂用地。这块校办工厂用地，2013—2015 年在商谈与徐汇区土地与管理规划局进行土地置换，拟作为徐汇区医疗卫生中心用地。

经过数十年的改建与出让，2006 年上海中学校园面积仅剩 300 余亩。进入新世纪，30 年来热心公益的良好传统被保持并继续发扬光大。2006 年上海市开始修中环线时，又被占用了近 5 亩土地作为中环线用地。2007 年龙川路拓宽等又占去了两长条土地。上中为支持市政工程建设，可谓是作出了巨大的牺牲。幸好上海交通大学占用的那块地得以“回归”，使学校现仍保有 340 亩的土地，为市区内占地面积最大的中学。

秉承百年积淀的爱国底蕴，为社会责任牺牲奉献。著名教育家吕型伟先生对上中在公共事业发展所作出的贡献给予了这样的评价：“这是历史的必然与偶然之所为。”“舍小我，顾大我”，是上中的使命使然。上中无私的奉献精神，也必将永远闪耀在上海的教育史册上！

二、更新观念是学校办学成功的基础

观念不断更新，教育举措不断创新，紧紧把握时代发展的脉搏，推进学校不断走向成功。1989 年，唐盛昌在上海中学处于低谷时临危受命，调任上海中学校长。此后的 24 年上中迅速恢复元气，以他领先时代的国际视野，带领上海中学在基础教育现代化

时任上海市副市长严隽琪、后任全国人大副委员长
在上海中学 140 周年大会上致贺词

的道路上锐意进取、不断冲破桎梏。实现历史的新突破,逐步确立了上海市领头羊、全国一流、国际知名的现代历史名校应有的地位,无愧于作为上海唯一以城市名命名的中学,成为全面推进素质教育的一面旗帜与东西方文化交流的窗口。冯志刚于2013年2月接任校长后,在传承中变革、在思变中创新,扎根于教育实践,学校继续保持持之以恒的求索精神。

1. 直面教育困苦,勇于开拓的变革精神

1988年底,时任上海市教育局局长袁采约唐校长面谈,希望他出任上海中学校长。而当时的上中,可以说正处于发展的低谷。由于学校面积大,学校自身发展的资金十分有限,建筑长年失修,设施老化;加上那几年学校高考成绩不理想、教职工经济收入欠佳,学校人心涣散。怎样才能重振上中雄风,恢复生机与活力?连续几天的激烈思想碰撞,唐盛昌清楚地意识到,到上中去任职尽管难度甚大,但上中毕竟有悠久的历史、良好的师资和优秀的生源,发展舞台也更为宽广。如果真能带领上中走出低谷,面对挑战,使这个百年老校焕发出应有的活力,正是一次自我完善与超越的机遇。

● **受命于危难之际**

当唐校长刚刚踏进上中时,眼前的上中让他吃了一惊!龙门楼由于年久失修而破败不堪,外墙上的涂料已经开始剥落;校园里几乎没有一条像样的道路,偌大的校

1989年唐盛昌出任上海中学校长

园里杂草丛生，通往操场的路两边满是教师们自家的菜地。背负着百年名校的声誉，上中下一步路在何方？唐盛昌不禁感到自己身上的担子越发沉重。

到校当天，唐校长便召开了第一次中层干部会议。在会上，他陈述了他的三字用人原则——诚、信、断，即“疑人不用，用人不疑”和敢于决断。一旦有什么问题，如果是他决策上的失误，他将引咎辞职；他希望所有的中层干部也能承担起自己应尽的责任，和他一道，振兴上中。当他把话说完，不少人用怀疑的眼光打量着他。

第二天，召开的教师座谈会上很冷场，很多人看他的目光都怪怪的。看到大家不开口发表意见，他说道：“既然大家都不肯说，那还是我先说说吧。的确，我不是老上中，我是从外面调进来的，但我知道要想办好上中，一定要依靠上中人。”

他的话音还没落，一位老师就“更正”说：“我们上中是百年名校，一直都办得不错，所以无所谓‘要想办好’。至于你能在这里干多久，我们拭目以待。”

唐校长用很平和的语调说：“你真的这样想吗？在座的所有老师都认为上中一直很好吗？的确，上中有过一段时间的辉煌，我们很清楚；但上中现在怎么样，我们也很清楚。即使现在上中发展还行，难道不需要进一步发展吗？上中现在面临着许多问题，这是事实。回避现实对学校发展来说，没有好处，关键要解剖问题、解决问题。至于我能在这里做多久——”没有人出声，唐校长停了一下，继续说道，“就用刚才那位老师说的，我们拭目以待吧！”尽管刚开始遇到过一些不理解，唐校长却始终坚持“四不”：不推测、不猜想、不打击、不计较，甚至耐心地一次次沟通，并尽可能达成共识。

为了使自己真正进入角色，也使上中尽快走出低谷，唐校长先是“摸清家底”，随之“抓主要矛盾”：一是凝聚人心，抓好分配制度的改革；二是全方位深化学校内部管理改革，形成学校良性的运行机制；三是抓好教学改革，提高教学质量。唐校长也十分清楚，如果这三个问题得不到很好的解决，就很难被上中教职工所接受，离开上中也就是“拭目以待”了。因此这三个问题，对他来说也是三张军令状。

● 三张军令状的完成

第一张军令状是搞好学校的分配制度改革。其核心是拔掉“钉子户”，打破“大锅饭”。直至20世纪90年代初，我国的分配制度仍旧保持“吃大锅饭”的陋习，责任大和责任小，干得多和干得少，在奖金分配上是一样的。为了彻底改变这一现象，唐盛昌亲自起草了一份“上海中学教职工分配制度改革方案”。在这个方案里，学校领导与中层管理人员、教师与职工、班主任与任课教师、技术工人与普通工人的奖金拉开档次。没想到，就在这个方案要拿出来进行全校民意表决时，发生了一件让唐盛昌意想不到的事情。

就在进行“奖金分配方案”的民意表决当天的上午，“砰”的一声，校长室的门被一脚踢开了。来人是上中食堂里的一名职工，是上中出名的“钉子户”。他一下子就冲到了唐盛昌的面前:"姓唐的,我在这里干了几十年了,我来上中的时候,你还不知道在什么地方呢!你这个从棚户区来的校长,刚来就拿我们工人开刀,我看你是找个借口给自己多捞点钱!"

"能坐下来冷静地说吗?"唐盛昌问他。

"不能!我不会和你坐在一起的!"他脸涨得通红,额头上的青筋都鼓了出来。

"那好,你站着听我说也可以。"唐盛昌有理有据地说道,"不用考虑,我现在就可以告诉你,你就是把桌子拍塌了,我也要这么做。这个方案符合国家'多劳多得'的原则,在政策上站得住脚。至于你——必须对你今天的所作所为负责。第一,你损坏了国家财产,必须按价赔偿;第二,必须承认错误事实,写一份深刻的书面检查;第三,扣除你这个月的奖金。"

唐盛昌的镇定很显然出乎他的预料,他一时间愣在那里,唐盛昌又说道:"还有,如果你不立刻离开这间办公室,我要叫保安了;如果你还不肯罢休,我就报警。"一听唐盛昌这样说,走廊里"观战助战"的人很快就散了。

在下午的表决会上,新的奖金分配方案以75%赞成、20%反对、5%弃权的绝对优势获得了通过。他赢得了绝大多数教职工的支持!

第二张军令状是盘活学校资源,促进内部管理机制改革。唐盛昌还清晰地记得,他来上海中学当校长,学校的账面余额为零,与2013年2月他退休时学校创收余额10多亿元,不可同日而语。上海中学虽在分配制度方面成功改革,仍然面临严重的经济问题,没有钱,何来拉开收入差距?当时的上中在经济上没有创收的渠道,老职工回忆唐校长没来上中做校长的时候,年终奖只有两瓶酱菜。唐盛昌上任校长时,仅仅依靠教育局拨下来的那30万元至40万元来进行分配改革,资金非常紧张。唐盛昌先觉地意识到,上中要复兴,经济得先行,需要找到创收的渠道,解决经济困难!当时的上中虽说有自己的校办产业——龙门仪器厂,但利润总是上不去。

1992年下半年,他在全校教职工大会上宣布亲自担任龙门公司总经理,并立下了"年创利100万元,不达到这个数字自动辞职"的军令状。当时正是我国刚刚打开国门不久,对外贸易繁荣之际。他把眼光盯在了对外商贸上,让校办公司这样的"小作坊"做起了大买卖。

第一年下来就创收120多万元。随后的几年也以每年20%的增幅上升,为上中的发展奠定了一定的物质基础,也使上中的发展开始进入了快车道。1993年1月12日,国务院批转国家教委《关于加快改革和积极发展普通高等教育的意见》,要求教育必须面向经济建设主战场,改革办学体制,积极发展校办产业。历史再一次证明,上海中学又在体制改革上走在了教育时代的前端。

有了经济支撑,上海中学的内部管理改革也走向了深入。唐盛昌在上中提出了"明、严、实、高"的办学追求,在短时期内推出了校长负责制;岗位负责制;精神激励制；班组等级制；流动优化制等六项制度。令唐盛昌欣慰的是，他的改革举措得到了越来越多的教职工的支持，上中也逐步走上了良性发展的轨道，适应了计划经济背景下的教育向社会主义市场经济条件下的教育转型。

完成了第一张、第二张军令状的同时，唐盛昌又在酝酿着如何完成第三张军令状，因为前两方面问题的解决都是为提高上中教育教学质量服务的。唐盛昌说，他来时，许多老师不愿意上课，许多课排了也没人上。自从实行多上课多薪酬的制度后，老师的积极性逐渐调动起来。为了提高上中教学水平，使上中摆脱困境，他完全摆脱了抓曹杨二中教学质量的固有模式，而是从上中的实际来审视上中教学的发展，他先后多次聘请市区教研员来学校听课，自己也深入课堂听课，指导教学，一个学期下来，情况明显好转。三年下来，上中回到了名列上海市中学前茅的位置。

● **直面学校教育的转型发展**

上海中学的教育教学质量保持领先后，唐盛昌一直没有停止对教育改革的追求，抓住了教育发展的不同阶段转型期进行变革，从而引领了上海教育发展，被称为上海中学发展的“唐时代”。

徐汇区名师工程——特级校长话教育

学校首先面对的发展转型是上海中学国际部的率先创办，实现学校自我造血功能从非教育优势转向教育优势。1992 年浦东开发开放，国外友人进驻上海，为他们的子女提供与国际接轨的教育成为必需，唐盛昌敏锐地意识到上海改革开放，建设国际化大都市必然需要一流的国际教育。与此同时，他意识到通过校办工厂实现经济创收，不是长久之计，必须利用自身的教育优势实现自我造血功能。1993 年 6 月 1 日，上海中学国际部被批准成立，开创了改革开放以来国内第一所公办学校国际部。实现了学校教育造血从校办工厂这一非教育形态，走向利用教育优势进行学校自我发展造血的转型。

新生事物的发展总是坎坷的，上中国际部创办时学生只有 18 人，唐盛昌带领学校团队走过了一条艰辛的创业之路，没有经验可资借鉴，一系列问题摆在面前。如怎样建立一套与国际教育相衔接的教育教学系统？外国人子女学校竞争力在哪里？怎样才能获得国际社会的认可？许多人曾经怀疑我们的选择，但学校始终坚持走自己的路，在国际性与民族性的结合上努力探索，既没有照搬西方欧美的做法，也没有完全沿用国内教育的做法，逐步走出了一条具有中国特色的成功的国际教育之路，营造了以中国特色为轴心的多元文化和谐发展氛围。国际部学生由原来的 18 人发展到2015年近3 000人规模，学生累计来自60个国家与地区，毕业生深受世界名牌大学的青睐，已经显现了中国特色国际教育的竞争实力与独特魅力。

上中率先通过市实验性示范性高中验收

唐盛昌引领上海中学的第二大教育转型是从传统的“重点高中”率先转向创建“实验性示范性高中”。教育部在1995年左右出台了在全国创建1 000所示范性高中，大力推进教育的转型发展，尤其是推进素质教育，从而兼顾效率与公平。上海教育作为全国教育改革的排头兵，理应在这方面的改革率先启动，因此上海推进了实验性示范性高中建设，上海中学率先制定了“一流双高（国际知名、全国一流、教育高质、管理高效）”发展规划，并于1999年在全市率先通过上海市实验性示范性高中的规划验收；2001年在全市率先通过上海市实验性示范性高中发展规划建设的中期评估；2003年底率先通过了上海市实验性示范性高中建设的验收。在示范校建设中，学校确立了如下几方面的改革领先地位：

《资优生教育——乐育菁英的追求》一书出版

学校首创性地提出了资优生德育并进行了创造性的实践。明确了全面实施素质教育的核心是要解决好“培养什么人、怎样培养人”这一重大问题，要坚持育人为本、德育为先，把立德树人作为教育的根本任务。资优生德育，成了我国在激烈的国际竞争中立于不败之地的一个重要领域。学校根据资优生认知发展、主体发展的差异性，在把握学校德育共性的基础上进一步为资优生的思想道德素养的发展“量体裁衣”，其中最为关键的在于培养学生的民族精神、社会责任与领导组织能力、良好的心理素养，创设了 CPS(创造・实践・服务)、双 I(发展学生的人际智能与自我认识智能)、LO(领导与组织)课程等资优生德育的必修课。学校提出与实践的资优生德育已经得到了多方认可。2004 年全国性的资优生德育研讨会在我校召开，来自 17 个省市的 150 多名校长与会。学校因此被确定为上海市教委德育实验基地与首批生命教育实验学校。

学校大力推进了“高素质・强潜能”为内核的学校课程系统建设，学校课程图谱构建引领上海高中校本课程改革。学校认为世界一流的中学始终关注学校课程体系建设。对于上中这些资质相对优异的学生来说，他们的个性特点、潜能指向各不相同，社会经验、学科经验和文化经验也多有差异，学校通过大力提高课程的选择性与现代性来促进以“高素质・强潜能”为内核的课程和谐。本部基础型课程有 13 门学科可进行科目、层次与模块选择，课时选择性比例超过 30%，其中双语模块在本部 9 个学科，国际部 14 个学科领域普遍开设，极大地提升了学生的学习国际视野。发展型课程有 700 多个科目与模块、1 000 余个学习主题可供学生选择学习。在课程的现代性上，学校让现代最新科技进入中学生视野，开发了数字逻辑电路、纳米材料基础、现代生物学导论等诸多有特色的校本课程。与校本课程建设相适应，学校开发了与之匹配的校本教材达 150 余本，总字数超过 1 000 万字，公开出版 33 本。

2002 年上海中学校党委正式成立

学校提炼出了以“高立意・高思辨・高互动”为特色的教学模式，在全市产生了广泛的影响。高立意是既要找到适合学生发展的教学内容，也要找到推动学生发展的教学方式，并从理性的层面探索将教学内容与教学方式联系起来的结合点；高思辨在于启发学生的思维，激活学生的内在学习需求；高互动是让学生积极参与教学过程，追求高层次的思维互动、课外延伸、互相设疑与质疑，体现师生高效率的认知、情感等方面的交流。“三高”教学促进了上中教育教学质量的持续提升，不仅反映在学校高考持续保持全市第一、高考重点本科达线率全市第一，而且有六门学科以上全市第一，也就是说反映在数学、外语、政治、科技、体育等学科在全市建立了自己的影响地位上。

迈向二十一世纪的上海中学

全国一流 国际知名

上海人办的国际学校

现代科技进入教育管理领域

培养创造性学力和发展性学力

激励、优化、高效

上海中学建校130周年报纸报道

学校创建了一支高素质、与资优生教育匹配的师资队伍,建设了教师自培基地。教师自培基地建设解决制约教师专业发展的两大"瓶颈":一是教师如何突破传统的"只教单一学科"的狭隘思路,以适应"跨学科、跨教材、跨班级、跨语言"的教学;二是如何激励教师持续不断地发展自己的专业素养。我校的高素质复合型师资队伍已经形成,有国家、市区级名师30多名,博士、硕士占全体教师51%;聘有外籍教师100多人,在岗海外留学人员50余人;全英语教学师资150余人。

学校形成了以激励、优化、高效为导向的管理价值,形成了以质为主、质量结合的绩效分配方案在全市产生引领作用。学校建立了物质激励与精神激励相结合的激励机制,构建了与学校中运行的教师流、学生流、物流、财流与信息流相匹配的组织系统,有效地实施了能级授权的原则。本部与国际部在同一校园内,两部权重相当、双向互动运作,教育民族性与国际性相容,学校人尽其才,教育人力资源充分开发,教师周课时平均达18节,且教育教学质量保持地区顶级水平;物尽其用,寄宿制优雅教育环境,教学区、运动区、生活区功能协调且活力无限。唐盛昌关于示范校建设的主要成果提炼,体现在2009年由上海教育出版社出版的《资优生教育——乐育菁英的追求》一书中。

唐盛昌校长获上海市首届教育功臣荣誉

唐盛昌引领上海中学的第三大教育转型是从传统教育技术到现代数字化校园的建构。1997年,全国教育技术实验校的现场展示会在上海中学召开,确立上海中学运用信息技术的领先地位。学校在数字化硬环境建设上采用了"按需配置、滚动更新"的策略,以适用为前提,不搞一步到位,用最小的投入产生最大的效益,形成了"五个有助于"标准:能否实现有助于学生对学科知识的理解,能否实现有助于发展学生相关的学科能力,能否有助于促进学生探究的学习态度，能否有助于培养学生积极主动进取创造的情感，能否有助于教师工作的精益求精。在唐盛昌校长大力倡导下，学校现代数字技术的课时整合率已达43%。

上中数字化教育环境在全市乃至全国均达到领先水平，主要表现在以下四个方面：第一，形成了三网合一的校园网络。率先实现有线网、无线网、MP网全校园覆盖，运行时空无缝隙衔接；无线网络发挥智库能量，师生可携带手提电脑在校园任何位置连接网络；MP网实现校园多空间音、视频实时交流。第二，构建三大数字化服务中心。心理卫生中心——服务于资优生心理健康发展；图书信息中心——馆藏文献联网检索，中外文图书达30万册，学生24小时免费登录世界各国著名图书馆网站；媒体制作中心——服务于学校影像的加工处理、新闻发布，配有数字图像设计、数字视频创作实验设备。第三，形成了近30个现代数字化实验室。其中工程类数字化基础实验室，数字化音乐、美术中心等在全国各中学中均属首次建立，填补了学校实验教学的空白。第四，数字化管理高效运行。率先建构了数字化校园信息系统，学校管理在学生研究性学习网络平台、成绩管理系统、发展性课程管理系统等10多个大容量教育管理资源库支撑下，全面推进管理信息化。

学校先后被选为全国教育技术实验校10年改革成果率先总结学校，全国电化教育先进单位，教育部首批信息化试点学校，全国教育技术协会中学协作体理事长单位。唐盛昌被聘为全国数字化校园示范校评审专家组组长，率先出版全国教育技术实验校10年改革成果专著《直面数字化挑战的中学教育变革》。

《直面数字化挑战的中学教育改革》一书出版

唐盛昌引领上海中学的第四大教育转型是从教育大国走向教育强国视野下的拔尖创新人才早期培育探索。2007年底，唐盛昌意识到伴随着人力资源强国战略的提出，教育必然也会走向强国的崛起，在这个时代背景下上海中学如何进一步确立学校在全市乃至全国的领先地位，需要寻求新的突破点。时任教委主任沈晓明也认为，上海教育要率先发展，需要获得新的发展突破口。于是，上海中学开始酝酿新的改革计划——在上海市率先创建科技班。在时任上海市教委主任沈晓明、副主任尹后庆的关心支持下，科技创新班改革计划逐步成型。据悉，为推进此项改革，时任市委副书记殷一璀亲自参与讨论，最后定位为“高中生创新素养培育实验项目”，首先在上海中学开展实验。主要原因有二：一是上海中学唐盛昌熟悉国际教育经验，且有改革的智慧与勇气，能够探索出属于上海特色的新路；二是改革实验需要的经费，不能从财政资金中出，否则会引起教育公平的争议，而上海中学有雄厚的自筹资金，利于改革的顺利开展。

2008年4月，上海市教委正式批准上海中学率先开展高中生创新素养培育实验项目，其主要导向改升学、竞赛为创新素养培育，在实验中既注重点的探索(继续设置数学班同时，全国首创科技班)，又注重面上通过实验组加以推广。从2008年9月起，学校在上海乃至全国率先实施具有先导性的"创新素养培育实验项目"，以培养一批具有良好创新素养、科学精神与人文底蕴的学生，重点领域为培养在数学、物理、化学、生命科学、信息科技(含计算机、工程学)等学科领域有潜质的科技资优生。主要培育特色有：与上海交通大学、复旦大学、中科院上海分院等机构形成共同培养机制，大学教授、科研院所专家与研究员将到校主要承担实验班的专门课程与探究课程的教学，这些院校也将向实验班的学生开放相应的实验室。实验班在数学、物理、化学、生命科学、计算机与工程等多个领域，提供相当或略高于国外大学预科水平的课程，对部分符合条件、有需求的学生开设由美国大学委员会授权的部分美国AP课程。学校配备大量的现代实验仪器与教学设备，能提供近30个左右的现代化实验室供教育教学使用，大力推进学生的科学实验与课题研究，积极开展在数字化环境下的学习、探究与创新。学校提供上千门的课程科目与模块供学生选择，提供1至3门双语授课的课程，以培养学生的兴趣、发现学生的潜质。实验班的数理化教学，实行"双课本"制，即上海版教材与内容较为接近的国外有影响的学科原版教材(英语授课)同时使用。采用大小班制、走班制、导师制等多元教学组织方式，在实验班增加学分制、绩点制、分流制等，为学生创新精神、实践能力与个性潜能的发展，提供更大空间。

由于上海中学率先开展科技类拔尖创新人才早期培育实验，北京、广东、天津、江苏等省市多次派代表团来校学习、考察取经。2008—2010年，全国、上海中长期教育改革与发展规划起草小组成员多次派人来校调研，有关经验(如推进大学及有条件的高中合作，推进不同领域拔尖创新人才早期培育)被采纳写入了《全国中长期教育改革与发展规划纲要(2010—2020)》中，在拔尖创新人才早期培育方面发挥了全国引领作用。2010年上中被选为全国教育体制改革项目"探索建立拔尖创新人才培养基地"试点学校。在每一次教育转型发展中，唐盛昌总是敏锐地意识到改革的必要性与前瞻性，从而持续推进上海中学保持在全市乃至全国的领先地位。2012年，上中又在全国首设工程班，从2010—2013年先后设置了节能汽车、人体医学、金融、法学、微电影、戏剧表演等多个实验组。2013年2月后，在继任者冯志刚校长引领下，继续推进大学与中学实质性合作培育拔尖创新人才培育链，先后设立工程班中"建筑、土木工程"方向与"软件工程"实验组，深化创新人才的早期培育。

2. 实现平等对话，反思批判的奋进精神

唐校长始终认为，中国的教育有自己的优势，国外的教育有他们的特点，各自有自己的相应生存土壤。只有找到能适合自己土壤的教育种子，才能生根发芽。国外的教育中有“养成”“先进”的东西，可以拿来，但要考虑“水土相融”的问题。作为以教育家精神办学，不仅反映在唐校长宽广的国际视野上，更反映在他积极寻求与国际主流教育寻求平等对话，在国际舞台上发出中国教育的声音，而且具有批判与反思精神，在探索具有中国特色的名校素质教育与社会主义教育现代化之路上闪烁着光芒，在国际教育交流上也占有了一席之地。在平等对话、反思批判中，上海中学着力构建世界一流的中国名校。

● “上中—哈佛”夏令营

1989 年之前两三年最热门的话题“西方思潮”，但当时视其为洪水猛兽，令人们谈之色变，避之不及。而这一时刻，唐校长想到了之前我国为了跟美国恢复正常的外交关系，采取乒乓外交的迂回战术的经验，通过国外民间的教育组织，加强中学之间的学生交流。通过这种方式，让国际社会了解中国，同时也能给我们的学生带来非常实际的好处。这其实也体现着唐校长的另一种智慧：让上中更好地了解世界，向世界学习好的东西，并把上中好的东西传播到世界。

创办于 1989 年的上海—哈佛中美英语夏令营，图为唐校长与哈佛大学师生的合影

承担着可能有政治风险的责任，上中与美国哈佛大学所属的 WORLD TEACH（世界教育）组织建立了联系。1990 年 7 月，首届“上中—哈佛”夏令营在上海中学开营了。美方组织了近 20 名哈佛大学的学生来到中国，在为期六周的时间里分别为上中高一和高二的学生办两期语言培训班。授课方式是一位美国大学生带六名上中学生分专题进行讲座，然后组织讨论。参加培训学生的口语交际能力在短期内都有了突飞猛进的提升，也使美国的学生对中国有了一个正确的认识。很多美国大学生在此之前不但没有来过中国，而且对中国的了解和认识都停留在晚清时代，此次中国之行对他们来说也很有意义。很多人在临离开时都会不约而同地选择中国的国旗作为礼物带给家人和朋友。

“上中—哈佛”夏令营从 1990 年一直办到 2000 年，在整整十年的时间里，哈佛大学共派出了 200 多名学生，而上中先后接受培训的学生更是多达 2 000 多人。十年的时间里，先后有六七位夏令营美方成员都要求留在上中任教；一位随团而来的美

国大学生的母亲不但留下任教，还在回国后为上中捐赠了数量可观的图书。而那些回到美国的人，则写了大量的文章介绍他们眼中的中国，打开了一扇让世界了解中国的窗口。

“上中—哈佛”夏令营，为上海中学了解世界、走向世界打开了一扇窗。由于各种原因，这个夏令营在2000年之后没有为继，但上中与哈佛的交流却以各种各样的方式延续着。2010年2月23日至28日，上海中学唐盛昌校长作为中方三位代表之一，应邀出席美国哈佛大学教育学院“中美基础教育暨学生评价研讨会”，美国一流教育专家学者和知名一线校长以及管理者与中国代表就中美基础教育进行了交流。唐校长用英文流畅地做了《教育政策与学校实践》的专题报告。会议期间，唐校长还与哈佛大学教育学院的研究生们交流了“我国高中教育改革的现状与观点”，受到了美方代表与研究生们的好评。2012年，唐校长应邀参加在哈佛大学肯尼迪学院举行的高层教育论坛，为唯一一位中国代表出席，在会上介绍了中国上海PISA数学成绩与我国教育文化的关联报告。上中本部与国际部学生参加了多次哈佛辩论赛，并获得杰出大型代表团奖，多名学生获得最佳代表称号。

2011年哈佛大学中美协作交流机构(HAUSCR)的旗舰项目——哈佛大学中美学生领袖峰会(HSYLC)于8月15日至22日在上海中学举办。峰会的参与学生是在上千名申请者中的层层遴选而出的优秀高中生，他们演绎出峰会一贯倡导的四种精神：领袖气质，学术精神，公民意识和企业家精神。2013年8月15日，第八届哈佛大学中美学生领袖峰会开幕式在上海市上海中学举行。哈佛大学中美国际交流协作机构主席、哈峰组委会主席、上海中学党委书记王辉老师等领导作为嘉宾出席开

哈佛大学代表团来访

幕式。之后，从全国各地选拔出的300名优秀高中生，在这里接受为期9天的哈佛式教育。2014年哈佛中美学生领袖峰会于8月12日至20日在上海中学举行，此次峰会的主题是“去探索，被发现”。

与此同时，哈佛大学的招生官也多次来校进行招生宣讲会，上海中学从2008年以来有多名学生进入哈佛大学深造。2013届的朱逸伦同学，高二对口述史产生兴趣，未曾想这成了她被哈佛相中的重要原因。“上中—哈佛”夏令营，为上海中学了解世界、走向世界开启了一个里程碑式的征程。

● 国际舞台上的中国声音

唐盛昌校长会讲一口流利的英语，他走访了60多个国家与地区，出国访问和学术报告也不需要带随身翻译。他不断在国际舞台上发出来自中国教育的声音，也拓宽了学校的国际影响。

每一次走出国门时，唐校长总是尽可能地在国际舞台上，让更多的人了解真实的中国与中国教育。而中国的教育在国际舞台上应该处于一个怎样的位置，究竟应该发挥怎样的作用？也一直是唐校长思考的问题。

一次到美国的圣·安德鲁学校访问，参观乐器室，美方校长介绍说，学生们是根据自己的兴趣来选择乐器学习的，陪同的助理有几分炫耀地说：“在我们美国，很多孩子都是从年少的时候就开始学习乐器的。音乐教育一直都很受我们的重视，大部分美国人都能熟练地弹奏一到两种乐器。”唐校长笑着说：“我们国家也一样。”当时美国人脸上露出不信任的笑容，唐校长就说：“正巧大家也走累了，我来让大家放松一下吧。”说完，就径直走向钢琴，弹了一曲，优美的旋律使那位原来脸上显露出不信任的助理发出了惊叹声。

消除别人对中国教育的误解，纠正别人的偏见固然重要，但能够在世界舞台上拥有自己的发言权，才是衡量地位的坐标。中国特色的国际教育，为中国教育的国际发言权打开了一扇门。唐校长能说流利的英语，这为他在国际舞台上介绍中国的教育奠定了坚实的基础。1999—2000年，国际文凭组织进行全球结构性大调整，唐校长成为国际文凭组织全球校长委员会中唯一的亚裔。在日内瓦会议上，由于唐校长的据理力争，会议结束时，在全球校长委员会的建构原则中增加了一条：要尽量考虑吸收不同民族、不同文化背景的校长。唐校长还被聘为由8人组成的亚太地区校长委员会委员与10人组成的亚太地区专家咨询委员会委员。

前法国财政部长参观上海中学校史陈列室

唐校长在多个国际舞台上发出来自中国的声音。1994 年 10 月，联合国教科文组织在意大利召开的题为“21 世纪几何教学展望”的国际数学研讨会上，唐校长用英语作有关数学发展的专题发言；2010 年、2012 年两次应邀到哈佛大学发言。2014 年暑假，唐校长应邀参加英国基础教育改革高层论坛。

在处理国际事务与参加国际交流中，唐校长认识到在专业领域与世界对话的人实在太少了，这激起了唐校长在本部进一步加强双语教学、促进本部与国际部融合的决心，并从学科教学的延伸来定位，加强了对学生的国际理解教育。他相信，当我们的学生具有进一步在专业领域与世界交流的能力，当我们的学生能从国际理解的角度来思考民族的发展，中国的教育在国际交流的各个方面，就会有更多的发言权。

随着上海中学的国际影响增强，国内外高层访问团也纷至沓来，学校先后接待美国教育厅代表团、新加坡教育部长、法国前财政部长等高层访问团 40 余个；在国际教育舞台上发出了自己的声音，多名教师在联合国教科文亚太总部、UNESCO 国际数学协会等机构举办的国际会议上用英语、日语发言 20 多次；参与组织多个国际性会议，如“IB 亚太地区上海校长年会”“中外校长论坛”“国际名中学校长论坛”等。上海中学的海内外知名度持续提升，国外慕名来访的顶级大学（如哈佛大学、剑桥大学）与中学（如法国的 Lycèe Louis Le Grand、加拿大久负盛名的 St. George's school 学校）越来越多。2012 年 8 月 31 日上午，美国世界事务理事会主席兼首席执行官——托德-卡尔佩珀一行来上海中学访问，唐校长接待了他们；2014 年 2 月 25 日下午，英国教育和儿童事务部副部长莉兹·特鲁斯率领英国教育代表团来到上海中学访问，英国教育代表团在新任校长冯志刚、党委书记王辉等领导的陪同下参观了校园，老校长唐盛昌与英国教育代表团就“PISA2012 上海领先与上海中学数学有潜质学生培育”这一话题进行了座谈交流。

如今的上海中学，在许多方面已经在世界教育领域产生了富有自身特色的影响，如上海中学国际部的办学，吸引了上百个国外代表团来校访问，100 多个国外知名大学来校招生；上海中学数学竞赛自 2008 年以来连续 7 年有学生获得国际数学奥林匹克竞赛金牌，这在世界上的中学里也极为少见。

● “你们就是 21 世纪的学校”

唐校长的教育家精神，还反映在与世界名校挑战的勇气与魄力上。他认为，挑战世界一流，能更清醒地认识自己，并照准自身更高一层次的方向发展。中国基础教育有着自身的长处，但我们不能故步自封，必须了解世界一流，才能认识到自身的差距，进而挑战世界一流，从而走出一条共性与个性相结合的、具有中国特色的名校发展之路。

上海中学国际部的办学声誉，已经赢得了世界的认可，获得了世界许多国家的

2002年俄罗斯总统顾问、国家杜马教育舒克诺夫博士在前国家教委主任朱开轩校友的陪同下来访

广泛赞誉。俄罗斯的舒克舒诺夫博士是苏联教育部原副部长，1996年被国家杜马主席聘请为科学教育顾问，曾在1991年、2002年两次来上海中学。两次访问，他深切感受到了上中的变化，他说："如果有人问我，有21世纪的中学吗？我会告诉他，是的，有21世纪中学，是上海中学。我来到上海中学两次，对这所学校取得的成绩非常震惊。来到这所学校，我知道了中国国家领导人的根在哪里。"

上海中学的变化，正是国际部的强大发展动力在不断推进的。2007年新学年开学前夕，《走进他们》栏目组走进校园。上海市委宣传部为宣传一批在各行各业领衔作出贡献的人物，上海中学唐校长作为教育系统唯一一位入选者接受了上海东方电视台记者骆宾的采访，采访中记者问道："唐校长，创办国际部的目的是不是为了创收？"

其实这个问题很多人都问过，唐校长也不止一次地回答过："创办国际部的目的不全是为了创收，大家试想一下，难道一创办就能创收吗？更重要的目的是为了更深刻地将国际主流教育的有价值、可借鉴的东西来促进我们学校教育的发展。正是基于这一目的，使上中团队不断地深入研究国际主流教育的教材、教法，取长补短。更重要的还在于，他们能办好的，我们也一定能办好，来消除国外一些人士对我们的偏见。"

"上中国际部"已经成为一个品牌，双部办学模式在全市和全国产生了相当的影响，上海有十余所学校借鉴了上中的经验，举办和筹备国际部，全国有十多个省市的行政或名校专程来校了解有关信息，有的也已经办起了国际部。这些事实表明，上中率先进行的这一办学模式改革，正在发挥其应有的辐射作用，显示了中学办学的前瞻性。

2005年，唐校长作为上海唯一一位代表与伊顿公学校长托尼在第一财经频道"头脑风暴"栏目中针对"照搬伊顿模式就能培养精英学生吗？"进行了深入对话。唐校长对这一问题的看法是：对世界主流教育理念与特色的全盘接受，只会造成"水土不服"。"我没有见过一所国内学校因为完全接受国外的教育模式而获得成功的。国情的不同决定了中国应该走自己民族性的教育道路，我们可以借鉴和融合国际性教育理念，但绝对不是全盘吸纳不加变化。"那么，我们应该怎么处理教育的民族性和国际性之间的关系呢？唐盛昌认为，只有积极寻求与教育国际性的结合点，才能

唐校长与伊顿公学校长对话

不断丰富教育民族性的内涵。教育民族性、民族传承,与国际性主流教育,在一定程度可以互补,相互促进。上海中学正是在挑战世界名校中,寻找到差距与突破口,并且进一步发扬自身的优势的,从而形成了中国特色的国际教育独特的竞争力。在挑战世界名校中,上海中学树立了自己的一席之地,与法国的路易十六学校等世界十余所顶级学校建立了友好合作关系,这就是实力的显现,也是学校身份的象征。而在这一过程中,唐校长还积极思考如何提升上海教育的国际竞争力问题,显示了一位教育家的教育发展责任。唐校长曾在不同场合多次提到提升上海基础教育的国际竞争力问题。在2003年10月18日的《解放日报》报道中,记载了唐校长的这样一句话:提升基础教育的国际竞争力,提高上海城市的国际竞争力是上海新一轮发展的重要主题,基础教育要为这个主题“服务”,就必须提高自身的国际竞争力。

在构建世界一流名校中,上海中学的办学与发展已被国内外广泛认可。2005年,被首批命名为上海市实验性示范性高中。2006年被评为上海市中学唯一的全国绿化模范单位,并被确定为英国剑桥大学在中国的遴选中心。2007年,获准设立美国大学理事会AP和PSAT考点。2007年,获准成为教育部考试中心唯一设在中学的英语托福(TOEFL)考点。2009年上海中学又被批准设立SAT考点,成为中国大陆境内唯一一所设立SAT考点的学校。2013年成为A-LEVEL考点。所有这些,均显示了上海中学的教育已经在国际教育中彰显出自己的实

唐盛昌校长、李英副校长出席国际文凭组织校长年会

力，并得到了广泛的国际认可。

● **中国也要建设世界一流中学**

用教育家的精神办学，这是唐盛昌校长恪守的一个重要办学准则。正因为用教育家精神办学，因而学校的发展就永无止境。唐盛昌以及他的团队认为，中国也要建设世界一流的中学，上海中学就应当成为这样的学校。

2009 年 7 月 7 日，《中国教育报》的《现代校长》周刊第 1 版以“中国也要建设世界一流中学——访上海中学校长唐盛昌”为题，强调创办国际部是一次“主动出击”，国际教育必须突出中国特色；促进高选择型课程，每个人都有一张课程表，强调师资自培，培养最大活力的教师群体，指出中国也要建设世界一流中学。其中介绍了唐盛昌的教育思维：教育工作者的思想必须要有一定程度的超前，这种超前不是停留在理论层面上和口头上，而应物化为可操作的教育行为，落实在实践中。没有自身核心竞争力的学校，不但不可能形成世界著名的中学，反而会使我们的学校教育产生“根的迷失”现象。

上中教师参加国际教育学术会议

上海中学用教育家精神办学，还表现在许多方面，如果用一句话来概括唐校长在探索名校素质教育之路上所体现的教育家精神办学，那就是，几十年如一日的扎根于实践，做好一名教育思想的践行者，在教育管理与实践中遵循了“思想→实践→思想→实践”这一看似简单却又复杂的认识论模式，不断推进学校、学生、教师获得新的发展与提升，丰富与拓展了上海乃至全国的基础教育现代化、国际化、信息化发展的内涵。校长带来一所学校文化的变革，校长与学校文化传统是 DNA 的双螺旋结构。校长影响了学校的新文化，给学校传统注入了新的元素；同时以先进的教育理念和办学宗旨开始影响和辐射上海的兄弟学校。2005 年，上海启动了上海市普教系统名校长名师培养工程，由唐校长领衔首批上海市 8 个名校长基地开展校长和教师的培训探索，取得经验再予以推广。

唐校长给学校创设了这样一个文化传统：“没有最好，只有更好”。在教育家精神的办学引领下，上中这所百年名校不仅焕发出了勃勃生机，而且从以内部改革为核心转向以外部拓展为导向，实现了“让上中了解世界，让世界了解上中”的梦想。学校观念不断更新，教育举措不断创新，紧紧把握时代发展的脉搏，可以推进学校不断走向成功。学校不断冲破桎梏，实现历史的新突破，逐步确立了上海市领头羊、全

美国世界事务理事会主席兼首席执行官来访

国知名、国际有影响的现代历史名校应有的地位，无愧于作为上海唯一以城市名命名的中学。他的继任者冯志刚作为唐盛昌的弟子也在延续着上海中学构建世界一流中学的追求，不断推进学校的教育国际化向前发展。

2013年4月19日，上海中学承办了“高中实施国际课程面临的挑战与对策”研讨会，由唐盛昌任所长、办公地点设在上海中学的上海市基础教育国际课程比较研究所，与市教研室共同主办，上海中学承办，新任校长冯志刚致欢迎辞。来自全国30所名校的校长、十多家知名研究机构代表以及教育部、市教委的领导齐聚上海中学进行高中实施国际课程的研讨。《东方教育时报》《上海教育·环球教育时讯》《解放日报》《文汇报》《新闻晨报》《新闻晚报》《新民晚报》相继进行了报道，引起了强烈反响。

2014年3月1日，美国大学理事会2014年春季AP教师及管理人员职业发展研讨会在上海中学举行，冯志刚校长希望通过此次会议，吸取好的国际教育经验，服务于中国高中学生学习大学先修课程。3月2日《东方早报》、3月3日《文汇报》、3月11日《新闻晨报》、3月12日《新民晚报》相继进行了报道。

我们完全有理由相信，在构建世界一流的中国名校以及中国建设世界一流的中学中，上海中学的历任领导者正持续前行，必将推进上海中学成为世界一流的中学，这是学校的梦想与追求。

3. 扎根学校实践，持之以恒的求索精神

唐盛昌校长一直扎根于学校实践的岗位上，不离不弃，在上海中学的校长任上，一干就是24年，坚持“乐育菁英”的教育追求，持之以恒，在探索名校素质教育之路上走出了一条成功之路。更为重要的是，在他引领上海中学的24年里，他培育了上海中学的核心骨干教师与团队，培育了上海中学“学生优先、事业优先”的上中文化，培育了能引领上海中学继续扎根学校实践、持续求索的接任领导班子，其达成的高度力量将引领上海中学迈向新的巅峰，影响中国基础教育在走向“强”的路上继续攀登。

● 终生的准备与超越

2003年教师节上，温家宝总理指出要坚持教育家办学，国家教育发展中心受教育部的委托，着手从全国筛选一批在基础教育的学校教育实践中有突出贡献的同志，以专著的形式宣传他们的事迹，形成《中国当代教育家丛书》。由全国各地推选取得改革杰出成就的教育工作者，然后再由国家教育发展中心组织专家投票，首批

入选者为10名,上海中学唐校长就是其中的一名。

经过一年多的撰写,《终身的准备与超越》一书由高等教育出版社出版,于2004年9月在北京师范大学举行首发式。这本书里,记录了唐校长的个人发展经历与治校方略,与当代教育家的五条标准相映衬,来自于终生对教育的追求与扎根于学校实践的持之以恒,这种以出版丛书的方式来认可、宣传教育家,在当代还是第一次。书中只言片语依稀可见教育家的风采:

"因为教育的使命是如此之重,所以无论是做教师,做班主任,还是做校长,我对所有的学生都首先要求先成人,对他们的成人教育都抓得特别紧,每时每刻都不能放松。"

"在我看来,教育首先是促进人的精神成长的过程……最为关键的是做好两方面的工作:一是奠定学生的中国根……二是着眼于学生将来的发展而不是一时的发展。"

"只要办学者具备办学勇气与经营理念,中国人完全有能力办好外国人子女学校。"

"今天的中小学生明天踏进社会时,他们面临的将是信息时代数字化的工作环境,拥有先进技术和最新知识,尤其是具备创新能力的人才将成为最具决定性的生产要素。营造数字校园,构建数字化环境,发展学生的信息素养,是时代对我们的召唤。"

"根据学生的独特性,一是创造性地执行经国家批准的上海课程,二是建构满足外国学生与港澳台学生发展需要的专门课程,在教学上注重'高立意、高思辨、高互动',努力培育学生的学科意识、学科结构、学科方法,努力实现教学内容、教学方法与教学手段的和谐结合。"

(以上言论均参见唐盛昌著:《终生的准备与超越》,高等教育出版社,2004年版)

2013年2月,唐盛昌校长退休。《中国教育报》记者、《上海教育》杂志社资深记者沈祖芸采写了一篇《当终生准备与超越成为常态——献给唐盛昌校长从教51周年》,发表在其新媒体"教育能见度"上。从这篇文章中,可以看到唐盛昌持之以恒为教育求索的精神。以下是这篇文章的摘要:

《终生的准备与超越》一书出版

我怀着敬重的心情再次认真阅读了唐盛昌校长出版过的10本著作(有《终生的准备与超越》《中学教育的求索与超越》《直面数字化的中学教育变革》《资优生教育——乐育菁英的追求》《构建校长基地实训新模式》《校长,教育思想的践行者》等)。唐校长的教育人生可以复制吗——看过太多的宣传报道和经验总结让我们依然会追问这个问题。但我试图换一种学习的视角:我不想再悉数他今天看来担任上中校长后的英明决策与先进事迹,我只想跟随自己的内心去追寻与回味一个"人"存在的意义和那些砥砺他走向成功的基因。

至今,我依然清晰地记得关于唐校长的三个细节——

● 2007年,《上海教育》杂志创刊50周年纪念活动上,作为杂志老朋友的唐校长不仅送来了祝贺,还利用午间休息时间为我们弹奏了贝多芬乐曲,我们围在钢琴周围静静地聆听,而他沉浸其中陶醉忘我,他的表情会随着音乐意境的跌宕起伏,那一刻我第一次感受到如此感性的唐校长。

● 2011年,上海市托幼协会邀请唐校长为广大幼儿园园长作报告,他从当外公的体验开始说起,研究孙辈成长的每一步,从中感悟婴儿是如何学习和长大的。那一次的报告全场鸦雀无声,时而笑声回荡,他一样是一位理性的研究者,但多了几分祖父辈的慈祥和孩子般的童趣。

● 2012年,上海高中创新素养培育项目在上海中学召开现场会,这次现场会一改以往立体化展示的议程,而由唐校长就拔尖人才创新素养培育的三年实践作专题讲座,让大家畅快淋漓地聆听一位教育家校长行走在学术研究与扎根实践道路上的杰出成果。在那次三小时的讲座中,我第一次理解"课程图谱""三高教学""单核双核多核的素养特质"以及开始走向完善的"志、趣、能"育人目标如何构建出完整的办学系统;也是在那一次的交流中,我尽情地领略了一位把研究与实践紧密相融、把过程与结论视作科学研究最大犒赏的学者风采。

2004年《终生的准备与超越》一书首发仪式,唐校长在当代教育家丛书发布会上发言

在2013年5月29日唐盛昌从教51周年研讨会上,当我再次触摸凝聚着唐校长智慧的"理论与实践体系"时,忽然发现这一套体系就是唐校长的人生体系,他的人生充满高选择性的自主创生的课程图谱;他的人生就是一个高立意、高思辨、高互动的多核特质的成长过程;他的人生真正诠释着"志向情趣潜能合一"的教育境界。

两次重挫:铺展内心的格局,坚

信努力的奇迹。1958 年，从上海市延安中学毕业的唐盛昌人生最大的梦想是成为原子核物理学家，他想报考中国科技大学的想法被来自家庭和身体的原因“掐灭”了。命运在第一志愿的同济大学和最末志愿的上海师范大学之间选择了后者，16 岁的唐盛昌陷入了痛苦和迷茫：一个原本立志要去研制原子弹的科学家难道只能手握粉笔做一辈子孩子王？他开始用消极的态度来回应无法改变的事实，甚至选择坐在教室的最后一排为了躲避同学的目光。

然而，很快，唐盛昌就开始思考：我怎么能让自己的人生成为一道无解的方程？他埋首于卷帙浩繁的书籍中去寻找答案。课堂、图书馆、宿舍，成了他苦读的场所；历史书籍、哲学经典、文学名著，成了他解惑的钥匙。他在书里找到了答案——每个人都有独一无二的价值，关键在于心中的格局决定了人生的图景。大学四年走出低谷后的豁然，让唐盛昌完成了人生重要的积累和磨砺。这是他人生起点上第一次战胜自我！

如果说大学时代是唐盛昌“我要怎样的人生”的启蒙的话，那么而立之年与病魔的斗争则让他学会了“如何做一个真正的强者”。分配到晋元中学任教的唐盛昌在事业顺利进展的第九个年头患了腰椎间盘突出症，整个脊椎成了可怕的 S 形，按照当时的医疗水平，唐盛昌直接面临着手术后变成残疾的可能性。然而，他拒绝了做手术，坚定着“绝不能残疾，我必须战胜它”的信念，选择了保守疗法。在一年多(500 多个)痛苦的日日夜夜，唐盛昌一次次从希望跌入绝望，又一次次在绝望里钻取出希望，意志在冰火锻打中变得强大起来。最终，他在巧遇的一位“高人”治疗下绝处逢生，创造了生命的奇迹。

【解读/锻造】 16 岁至 20 岁的大学四年锻造出唐盛昌校长内心的“大格局”，他懂得了一个人要作茧自缚实在是一件非常容易的事，真正困难的是要在困惑之后能够破茧成蝶。他内心的大格局也是最初的课程锻造的，罗素的《西方哲学史》、冯友兰的《中国哲学精神》《马克思恩格斯全集》，以及《二十四史》《资治通鉴》等让一个青年开始思考个人在社会、在历史中的责任。我以为，这就是唐校长最初的课程图谱萌芽，它为日后用整整 8 年时间构建高选择性、现代性的学校课程系统奠定了基础。今天上中的“德育课程图谱”重在立志，“学习领域课程图谱”重在激发兴趣，“优势潜能开发课程图谱”注重差异性，这些似乎都能在大学四年中找到某种印记。

而立之年的那场磨难锻造了唐校长的“意志”，让他深切体会到一旦拥有了顽强的意志，就没有战胜不了的困难。我曾经与唐校长聊起过，自从当了上中校长，艰难时或许真正能帮上忙的人很少，成功时或许羡慕嫉妒恨的人也不少，面对争议和质疑如何排遣和继续往前走？唐校长回答我的却很简单，“责任越来越大之后面临的困难也自然越来越多，但所有的困难与我所经历的这次病痛相比，都算不上什么。”

这就是一个名校长在他的青壮年时期锻造出的“强者的格局”，他的目标在前方,他的信念在内心,有这样大格局的人才会提出“上中要有志向远大之气势”,并希望学校的每一位教师能做到“传道”起点高、“授业”视野宽、“解惑”思路新,因为他就是这样锻造出来的。

被动起步:超越的最终对手永远是自我。一名好校长就是一所好学校,同样,好校长的爱好特长也会在校园里弥漫开来。唐盛昌校长就是这样,他弹琴的神情和最拿手的曲目都成了“上中 style”吸引着学生的目光。

然而,也许很少有人知道唐校长的钢琴起步也是从母命难违的被动接受开始的。儿时的唐盛昌一想到每天要花三小时练琴就一百个不情愿。可是母亲却执意“要求”:“人家陈伯母家的女儿年龄跟你差不多已经开始学琴了。我们家条件还可以,你也去学,关键是这对你未来有帮助。”没辙,无奈的唐盛昌开始了心不在焉的练习。一年后在与陈家的聚会上,双方家长希望展示两个孩子的学琴成绩,结果唐盛昌败下阵来。看着女孩脸上露出的胜利喜色,唐盛昌暗暗下定决心“一定要超过你”。又是两年之后的再次聚首,唐盛昌终于以出众的表现超越了女孩。但更为重要的是,他在黑白琴键中找到了生活的热爱、体悟着音乐的魅力。如今,每每看到充满理性的唐校长时,你会恍然大悟,因为有了“琴缘”,他可以宣泄奔涌的激情,寄托无奈的苦闷,寻找心灵的宁静。

【解读/超越】 从被动接受到主动追求,唐盛昌校长把自己艺术态度的转变调侃为“竞争出来的修养”。今天看来,这段儿时的经历至少可以给我们带来两点启示:一是超越对手,用成功激励成功,实现不断进步。我们的人生离不开对手,对手给了我们奋斗的目标,让我们能够清楚地自检和自评发展和进步的轨迹;二是真正的境界是在自我超越中的尽情享受。漫漫人生路不能只有绷紧弦的竞争,更为重要的是在不断奋进的过程中你是否欣赏过一路的风景,你是否有让灵魂跟上步伐的小憩,你是否用一种享受的心境平静地夸赞过自己所有的付出。

唐校长就是这样,当他身处人生低谷或情绪低落的时候,艺术给了他希望和力量;当他孤独寂寞或者面对百口莫辩的质疑时,艺术给了他发泄的通道和支撑强大内心的滋养,当他走到事业的顶峰并功成名就一览众山小的时候,艺术成为相守相伴不离不弃的境界,这一路的自我超越,让唐盛昌校长真正感悟到艺术对人生的终生影响。

他甚至认为,一个学理工科的人,人文素养和艺术素养可以决定这个人的专业高度,爱因斯坦、居里夫人都是如此,音乐与数学、物理都是相通的,从中可以获得无穷的灵感。当然,对于唐校长而言,艺术还在其日后漫漫办学生涯中成为一剂最好的良方,让他在碰到任何困难时总能找到化解的有效办法,当然这样的人生体验也使得艺术教育在上海中学学生的课程经历中成为不可或缺的组成部分。

英语闯关:前瞻的先机就在行动与直觉之间。唐盛昌校长让许多中外专家刮目相看的原因大多是他在国际舞台上流畅的英语表达。很多人疑惑，在那个全民俄语时代，唐盛昌为什么会有如此高的英语水平？答案很简单，自学，完全自学，在那个动荡的年代。

2002年上中校庆时，复校后的毕业生与唐校长合影

在20世纪60年代，一名中学教师为什么要去学英语？唐校长的回答竟是“直觉”，他甚至到今天都不太说得清楚原因，只是在那瞬间对局势的大致分析：那个时候，我国和苏联的关系非常紧张，很多支援中国的苏联专家都回国了。对这一事件的认真研判，让唐校长感觉在不久的将来，英语一定会变得非常重要。于是，他从1963年的寒假起走上长达5年的自学之路。在这期间“文化大革命”开始了，看着别人如火如荼地搞运动，他追问自己，我该做什么？大学时代读的那些历史书再次启迪了他，在看过了历代王朝的治乱兴替后，唐盛昌冷静地思考当时中国的社会状况。他判断等到一切都恢复正常以后，这个国家一定最缺乏和最需要的都是知识。这样他趁着别人搞运动停课的时候，有计划地学习，在克服了种种无师的困境中找到了自通的钥匙。1968年，当他所在的晋元中学复课的时候，他准备好了！

【解读/机遇】 机遇从来都是垂青有准备的头脑，这句话用在唐校长身上最为贴切。虽然他至今都无法真正分析出那时的直觉来源于哪里，但有一点是他无论作为教师还是校长的最重要的成功因素——对问题的分析从不囿于教育本身，而是站在教育圈外来审视，这使得他更容易找到解决现实与长远间问题的途径。他广泛涉猎的包括教育科学知识在内的人文科学和自然科学知识组成的完善的知识体系，让他能够洞察社会、抓住先机；也让他无论面对多么复杂的情况都能够做到头脑清醒、举重若轻。

正因为唐校长的内心有对未来的憧憬,因此他比别人更能看到先机,并用自己已经准备好的能力去抓住机遇与时俱进。如今,我们仅仅就国际部为例,就能读出唐校长的前瞻眼光,也许人们只记得国际部今天的辉煌,但在20世纪90年代要作出这样的抉择谈何容易,唐校长却非常坚定地坚持己见,因为他知道上海中学要再创辉煌必须在世界的舞台上有自己的一席之地,必须要有一支能胜任未来时代发展的国际视野和教学能力的教师,必须要有自己的高选择性高个性化的课程支撑,而这一切在我们还没有十足把握和成熟经验的时候只有在引进的过程中加以研究与创造。他的眼光永远在未来,他的行动又永远适合于当下问题的解决。难怪他常说,与时俱进的不仅仅是工作方法,更应该是人的自身;与时俱进不仅仅是随时代变化而变化,更应该具有历史的前瞻性,先时代而动,甚至做到超越职业,超越所处的时代。

另一个不容忽略的是,这段长达5年的自学英语经历,让唐校长从自己的身上找到了学习的规律。学习的本身是非常个人化的过程,是一个人个性化知识建构的过程,也是不断进行自我对话改进学习策略的过程。这个过程中会涉及信息和知识的自主筛选与优化,会建立适合自己的学习习惯和学习方法,会根据自己的学习起点、学习节奏、生活经历和认知风格形成自己的学习经验。

我想,这段亲历的学习感悟或许是唐盛昌日后成为上中校长面对完全不一样的"好学生",为他们创生丰富的课程供自主选择,为他们构建个性化知识体系供自主发展,为他们建立"高立意、高思辨、高互动"教学方式供自主学习的最初的那颗种子吧。

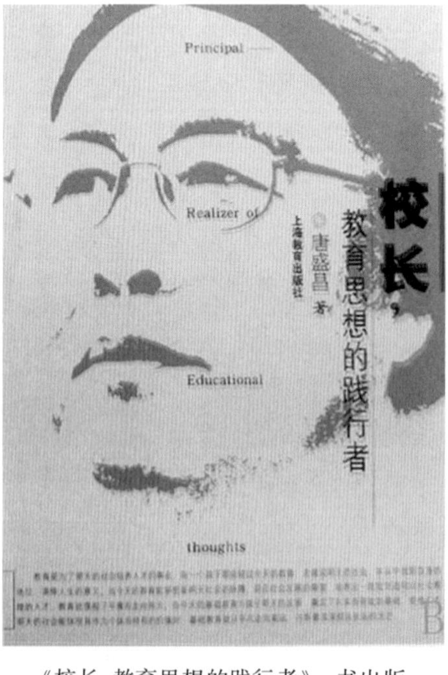

《校长,教育思想的践行者》一书出版

教师特质:人生的所有经历都不会浪费。命运戏剧性地把唐盛昌推上三尺讲台,但面对谋生还是奋斗的选择时,他选择了后者。在从教第一天起,他就希望自己是一位不可替代的教师。为此,他会在教文科班学习数学的过程中分析男女生、初高中学生的学习风格和思维特点,为有差异的学生寻找适合的教育方式;他会不断尝试新的教学方式,通过用英语教数学的双语教学探索突破传统分科教学的弊端,让高中学生学得更综合更灵活;他更会从数学天才和打架大王中体会有教无类、全纳地教好每一位学生的教育思想真谛。

从别无选择到热爱讲台，在唐盛昌的心中，改变他的是一位位鲜活的学生，是学生让他明白比业务的精湛渊博更为重要的是爱，这是教师的天职。他说："当你的这份爱，学生能够用心灵去感受，那么他就能激发出内在的原动力；当你的这份爱，学生能够用行为去感受，那么他就能转化为对事务的价值标准与行为规范；当你的这份爱，学生能够用情感去感受，那么他就能体验到人间真情和社会责任。"

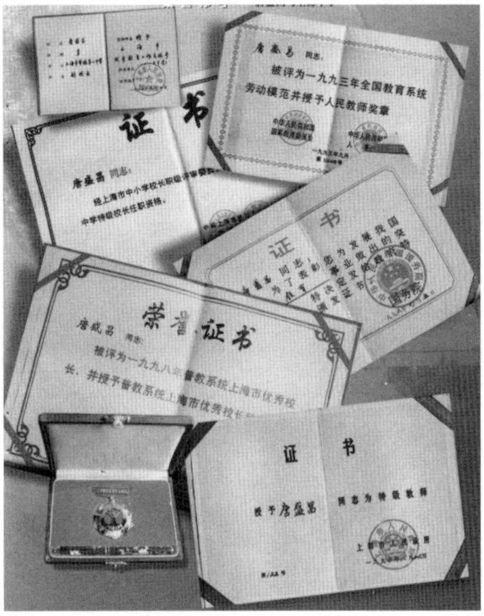

唐校长各类荣誉证书

【解读/磨砺】 无论唐盛昌校长获得多少令人骄傲的荣誉，他始终最珍视的是特级教师这个称号，因为这是对他的教育人生——一个别无选择下的选择的最好评价。作为优秀教师的唐校长至少给了我们两点启示：一是学生是教育的出发点和归宿点。自从踏上三尺讲台的那一天起，一位位鲜活的学生在一次次地"教育"他，让唐盛昌明白，人的大脑不是被动地接受知识，而是永恒活动着的，能对外部的刺激做出最精密的反应。于是，他明白不管学生对你的学科有什么样的兴趣，这种兴趣必须在此时此刻被激发；不管你要加强学生的何种能力，这种能力必须在此时此刻被加固；不管你想怎样影响学生未来的精神世界，必须在此时此刻让它暴露并充分表现。我们能够教给学生的不是缜密艰深的知识体系，而是多姿多彩的生活。

二是教师就该是一个善于行动—研究—反思—行动的"自系统"。无论经历多大的痛苦和挫折，能够让唐盛昌不断超越的秘诀就是反思，在教训中感悟人生的馈赠，从痛苦中萃取成功的元素；无论在动荡的"文革"年代还是鼓励创新的变革岁月，能够让唐盛昌洞见未来的秘诀就是研究，从发表第一篇教学论文到今天的著作等身，他享受着学术的魅力，体会着科研的能量，研究让一位"教书匠"成为一名有问题和问题解决意识的思想者；无论是不断成长的优秀教师还是临危受命的名校校长，能够让唐盛昌保持常青的秘诀是行动，最早成立国际部、最早使用信息技术、最早进军创新实验室、最早构建课程图谱，有思想引领的实践行动让唐盛昌永远拥有最鲜活最重要的教育话语权。

● **引领知识春风**

2003年9月，第十九个教师节。上海市以"引领春风"为主题的庆祝教师节晚会暨首届"上海市教育功臣"的颁奖晚会举行。这是上海教育史上第一次在教育界评选功臣,并且是将大中小学、职教、特教放在一起评选,参加评选的有中国科学院院士、中国工程院院士、有名牌大学的名校长、名教授,也有来自基础教育第一线的校长、教师。历经数月,反复衡量、多轮评选,最终产生了上海市九位“教育功臣”。这是上海市教育战线上的最高荣誉。唐校长成为这九位中的一员,他第一个走到舞台中央,接受祝福。作为基础教育第一线的校长,唐校长思考的更多的是如何在基础教育阶段为学生的一生打下坚实的早期基础。从上海实现全国“四个率先”、建设国际化大都市的要求而言,为学生打下坚实早期基础的视野不仅要立足于国内,更要拓展到世界。所以,唐校长尽管年过花甲,仍然以满腔热情与不断攀登高峰的意志投入到他热爱的教育工作中。

“唐校长,您这么多年来一直站在基础教育第一线工作,即使年过花甲仍然这样具有挑战精神,仍然这样执著的推进改革,最大的心愿是什么?”这是最近一位台湾校长提出的问题,也是近年来许多教育战线上的同志经常问的一个问题。从问题中可以感觉到这样的潜台词:唐校长,你已经将上海中学带到了如此的高度,为何还要干得这么辛苦?当时,唐校长平静地回答说:“我希望在我就任期间,我们的学生能获得他应有的发展,为他今后可能达到的高度打下基础,多出一些能成为国家栋梁的人才,这就是我努力前进、坚持不懈所追求的最大心愿。”

在《徐汇报》(2002 年 3 月 4 日)上有一篇文章《唐盛昌与上海中学》,是这样写的:“唐盛昌是一位数学教师,有着深厚的理科底蕴,但他的文科内涵也丝毫不亚于文科教师,他涉及知识面之广,一般人难以想象……有人形容与唐校长谈话就如翻阅一本大百科全书,天南地北,海阔天空,古今中外,他都会与你细细道来,每每有着自己的独立见解,上中教师喜欢借午餐之际,与他交谈。他的博闻强记、融会贯通,再加上强烈的逻辑思维能力,时时迸出智慧的火花。”2003 年唐盛昌还获得了徐汇区教育道德模范,事迹在徐汇区学校教育领域里巡回宣讲。

正是他广博的知识基础,为他从更开阔的视野来思考教育问题,正如他自己所说的那样:“广博的知识储备,使我能在更广博的知识背景中来处理学习、工作中遇到的问题,如数学教学、分析教育问题、管理学校事务。”这也使唐校长能跳出教育看教育,看出问题的实质和端倪,看到发展的趋势和先机,找到解决问题的最有效途径,从而为日后的“引领知识春风”奠定更为坚实的基础。

唐盛昌引领上海教育的知识春风,并没有定格在 2003 年获得上海市教育功臣上,无论是 2003 年之前,还是 2003 年到 2013 年,唐校长引领了许多教育改革的“知识春风”,下面列举一些:他引领上海中学在数字化校园建设方面成为上海乃至全国的领先实践者。很多来访者,包括许多国外的教育专家,都曾感慨地说:“上中的设施与课程,已经超越了中外传统中学课程的要求。一所中学能拥有如此众多设施先进的现代化实验室,在中国,在世界上任何国家,都是一流的。”上海中学是全国最早

2012 年 12 月 5 日唐盛昌在全国数字化校园百所示范校校长会议上作报告

配置电脑、开设计算机课程的中学之一，1996 年上海市率先建成并开通了校园网，2000 年完成千兆网的升级、改造，2002 年上海市第一家完成无线网覆盖全校园，2003 年率先在全国中学中开通多空间视频音频实时交流系统 MP 网。2008 年率先建成数字化校园管理信息系统；从 2002 年至 2013 年建设近 30 个数字化现代创新实验室的一流仪器与提供的前沿课程，让很多人艳羡不已。现代数字创新实验室建设是上海中学在全国、乃至世界中学领域堪称亮点的领域。

他引领上海中学率先启动实验性示范性高中建设，种好第一块成功的试验田。2003 年 10 月 25 日，上海中学迎来了实验性示范性高中验收的所有专家与所有参与此项建设的高中校长。因为这是第一所开始终期评审的学校，是一个样板，怎么做、怎么评价，均成为效仿的对象。而学校建构双部办学模式、建构多元子课程体系、建构德育三(深层思想·外显行为·服务社会)三(思想政治、行为修养、社会实践三类课程)模式、高立意·高思辨·高互动教学等 9 个方面的突破，显示了实验创新取得的成果，让所有与会专家与兄弟单位大为惊叹。

他在上海市创设了第一个数学班(1990 年)、全国第一个科技班(2008 年)与工程班(2012 年)。2010 年 4 月 11 日《文汇报》第 6 版，刊发了市教卫党委、市教委联合《文汇报》举办的《上海市中长期教育改革和发展规划纲要》征求意见专家座谈会，作为中国教育学会副会长、上海中学校长的唐盛昌指出高中特色发展不能忽视，上海教育打响的是国际化、信息化与创新人才培养的牌子。不能把创新与信息技术割裂开来，上海中学已经有学生在 SCI 期刊上发文章(期刊影响因子 3.0 以上)，是把信息技术与影响分析艾滋病的因子结合起来分析的成果。现在的中学生和以前的中学生大不相同，和如今的博士生、硕士生也不一样，他们从小生活在一个信息化的环境里，受到新技术的熏陶。他们玩电脑水平比成人高得多，绝大多数学生的创新都是在信息技术和某个专业点结合上的创新，所以不能把信息技术和

数学竞赛获奖学生与唐盛昌校长、部分教师合影

《孩子怎样读名校》一书出版

创新割裂开来,要在两点上找到结合点。

他率先探索国际视野下高中生创新素养培育新路——聚焦志趣、激发潜能。2010年6月20日,《中国教育报》在头版头条以"激发学生创新的兴趣和潜能——上海中学人才培养模式创新纪实"为题,报道了上海中学开展创新素养培育实验的改革成果,指出了上海中学的三方面的改革创新:聚焦志趣,解决学生成才的根本保证;课程图谱,个性化课程打破"千人一面";专注"奠基",提升全体学生的创新素养。上海市教委副主任尹后庆点评上海中学创新人才的培养模式改革关键在于课程,构建了课程图谱与相应的实施系统,促进了学生的个性化知识构成、兴趣与潜能的匹配,激发学生的飞跃。2011年6月28日,《新闻晨报》B12版报道了周刊对话上海中学校长唐盛昌关于《孩子怎样读名校》的新书出版。在书展中唐盛昌校长《孩子怎样读名校》新书发布会上,慕名而来的校长和学生将发布会现场围得水泄不通。唐盛昌校长的新书汇集百余名上中资优生的真实成长故事,告诉那些在"名校"就读的孩子是如何读好名校,以及他们的家长是如何正确引导自己的孩子读名校的,告诉那些未能读上"名校"以及还未能在名校就读的孩子,怎样从这本书记录这些资优生成长的故事中获得成长的启迪。强调兴趣与潜能的匹配才是孩子走向飞跃的推动力量;把握好关键时期,培养孩子的创新思维与人格,在孩子成长的每一个关键时期,强者与弱者之间相差的往往是意志品质的薄弱。《聚焦志趣、激发潜能:国际视野下高中生创新素养培育的实践研究》教学成果,在2014年全国首届基础教育教学成果奖评比中获一等奖。

他率先提炼了拔尖创新人才早期培育的四个方面八个要素。2012年6月1日出版的《上海教育》(第6A期)报道了上海中学"聚焦志趣能"的探路拔尖创新人才早期培育。文章开头这样描述:你能想象,风靡全球的iPhone 4s作为其主打卖点的语音机器人Siri,实则在2011年年初时就在上海中学科技班学生手上实现了类似设计?不同的是,这个智能帮助系统还可在双方通话时予以命令并提供帮助,功能性有了进一步提升。随后指出"立志"是拔尖创新人才培育的起始,"激趣"促进个性化知识构成的建立,"育能"则立足创新思维与创新人格的形成。报道中还提到了教育部基础教育二司在《基础教育课程改革》2012年第4期工作简报中,专门介绍了上海中学在加强适合学生创新潜能培养的课程体系建设上的经验。在这本杂志上,还刊发了唐盛昌校长的《拔尖创新人才早期培育的八个核心要素》，他们分为四个方面：激活内动力（要素一：责任与思想境界；要素二：兴趣和潜能的匹配），创新思维养成（要素三：思维的批判性与深刻性；要素四：思维的跳跃性与缜密性），创新人格养成（要素五：钻研与痴迷；要素六：坚忍性），基于兴趣聚焦的发展指向性领域（要素七：个性化的知识构成；要素八：基于一定领域发展的可持续性）。

他创设的国际部、国际课程比较研究所、课程图谱、创新实验室等方面的引领作用，我们还将在之后的章节中讲述，这里就不一一细说了。

● 用人之道与选好上中的接班人

唐盛昌经常说，促进一所学校的发展，绝不单单靠一个人的力量能完成，而是靠一个团队与集体的力量才能完成的。善于用人，是唐盛昌推进学校管理的制胜法宝。2008 年 1 月 30 日，《中国教育报》以《我在名校当校长》为题，采写了唐校长的思考——如何按教育规律办事，通过坚定不移的精神一步一步将上海中学带出低谷，走向巅峰。唐校长认为，一名好校长要把握大局、果断决策。做一名好校长，最难的就是拥有大局观。所谓的大局观，是指能够根据学校自身的情况和社会发展的情况，抓住学校发展的主要矛盾，准确地作出判断，为学校指出前进的方向，这实际上就是一种决策能力。而作出好的决策，需要校长具有专门素养，适应时代发展需要，适应学校实际情况，充分体现个性的专门素养，同时依靠团队的力量促进学校的发展。

唐盛昌校长与冯志刚校长、王辉书记的接力传承

唐盛昌来上中就任，没有带过来一个人，而是通过观察、发现上中原来有潜质的教师，提拔、大胆任用，引领上海中学取得一个又一个成功。在长期辅助他左右的有两位人物不得不提。一位是李英副校长，从 1993 年起一直兼任国际部主管，一位是薛建平副书记。两位都是有想法且执行能力超强的干将，三位精干的校级领导推进学校可持续发展。

说到李英副校长，作为一名精细、悟性、大气的女性，善于化解各种矛盾，将唐校长有关人事、国际教育的决策执行到位。她工作起来十分认真，被唐校长戏说为“工作狂”。李英副校长说，我只有付出更多的努力，才能跟随唐校长的步伐与节奏。尽管李英不懂英文，但却把国际部管理得井井有条，把国际部的外籍教师管理得服服帖帖，这是需要本事的。她给人最大的印象是“蛮拼的”，做事一丝不苟，每一次发言都准备好详细、认真的发言稿，并经常学习有关文献，形成自己的想法。到她 2014 年退休后任上海市民办华育中学校长的时候,校务办公室将她的讲话稿以及发表的文章汇编起来,整理成《精细·悟性·大气——李英副校长论文集》一书,有100万字,供所有中层以上干部以及国际部专职教师学习,从中可以看出其对问题的思考精细与处理事情的脉络。

说到薛建平副书记,善于整理史料,擅长抓德育,每次大型活动的安排与事务的处理,都能考虑细致周到,主抓学校安全、校办、德育、工会,各显特色。最大的特点是用总结、分析各种材料,从中发现一些普遍规律性的元素。每次校庆纪念册与校史陈列室的修撰,都少不了他的功劳,对上中发展的150年历史了然于心。他在学校德育工作、学校资料整理方面为唐校长分忧了不少。为响应上海市人民政府支援临港新城建设,2009年薛建平被唐校长推荐任命为上海中学东校的校长,并继续兼任上海中学党委副书记。

唐盛昌用人,善取人才的长处,而对弱处则找相应的人才补充,采取优势互补、相互协作的方式推进。如曾任国际部副主管的王念祖(现为上海市星河湾双语学校初中、小学部校长),唐校长常说当时任用他的时候,他的表现是耿直,做事雷厉风行,由于说话比较直,因而也得罪了许多人。在提拔他时,有一些反对的声音,但唐盛昌看准了王念祖能够胜任。的确,在国际部由小到大的发展过程中,王念祖作为国际部的常务副主管,起了重要的推进作用。在国际部新老交替时,唐盛昌又敏锐地意识到上海中学国际部要保持良好的发展业绩,必须提拔教学业务能力强的担任国际部副主管,绝不能论资排辈,于是任用了两位年轻的副主管——马峰、刘炼,前者为国际部常务副主管,主抓国际部高中教育,后者为国际部副主管,主抓初小教育,使IB、AP的成绩持续保持高端,国际部人数也持续稳定在3 000人左右,使国际部获得了平稳发展。

唐盛昌校长在任时核心领导团队

如何选好上海中学的校长接班人?市教委领导与唐盛昌进行了多次的沟通与交流。由于市教委一直没有找到合适的上海中学校长接班人,使得唐盛昌超龄服役11年。2012年左右,唐盛昌选定了能接其班的人选——冯志刚。唐盛昌认为,一所学校处于低谷,可能从外部引入校长人选能够带领学校走出低谷;但是如果学校处于高端,而且处于持续高端的位置,要保持学校稳定发展,必须从学校内部产生校长接任人选。

他指出,接任上中校长的应当是特级教师,而且要年纪轻一些,才能更有冲劲,不躺在过去的功劳簿上。在2011年,上海中学党委改选时,他把党委书记的担子卸了下来,交给了体育特级教师王辉,唐校长看中他处理事情全局观强,且人缘好,善于沟通,做党的工作最合适。从2012年起,选定了上海中学校长接任人选,经过了一系列的组织程序,他于2013年2月主动卸下了校长的担子。

他为何选定冯志刚作为他校长继任人选?冯志刚是唐校长看着成长的,是他认定的弟子。1990年,冯志刚被唐校长招聘进入上海中学,他亲自带教冯志刚,持续引导冯志刚抓好数学竞赛,并鼓励冯志刚练好内功,不急于出成绩。然后,水到渠成,冯志刚于2000年带教出上中第一块国际数学奥林匹克金牌,2004年再获得了一块,2008年之后每年都有学生获得国际数学奥林匹克竞赛金牌,成为国内有名气的金牌教练,且多次作为国家队副领队出征。他还让冯志刚先后担任教学处副主任、主任以及主管教学的副校长,让冯志刚熟悉了学校的教学管理与教育管理。

冯志刚校长在唐盛昌校长从教51周年教育思想与实践研讨会上发言

2013年1月,唐盛昌主持完这一学期的总结大会,宣布自己主动卸任校长。之后,唐盛昌作为上海中学的"顾问",仍然关心与支持上中的发展。冯志刚接任校长后,也经常主动向老校长唐盛昌请教,推进了学校的可持续发展,完成了上中发展的顺利交接。在2013年、2014年高考中,上海中学仍然保持领先。与此同时,老校长唐盛昌还鼓励冯校长在适当的时候对外多发声音。2014年3月7日,上海中学校长冯志刚在《文汇报》上发表署名文章《高中自主招生:淡化竞赛,关注潜能》,指出在上海基础教育"创新驱动、转型发展"的大背景下,关注学生在全面素养基础上的个性、潜能识别与开发,淡化学科竞赛成绩,将成为未来上海优质高中在自主招生时的基本取向。为迎合所谓的高中自主招生"选拔标准"，不少家长把孩子塑造成竞赛生，但却是以牺牲孩子的兴趣乃至素养综合为代价，真是得不偿失。识别学生潜能发展的主要因素是看学生的学科悟性、专注水平、思维深刻性，而非竞赛成绩。全面而有个性的发展，学生未来才能走得更高、更远。这一声音的发出，在上海滩产生了强烈的影响，就是在唐盛昌老校长指导下的结果。

● **高度的力量**

2013年1月21日上午，这是一个值得纪念的日子。老校长唐盛昌主持完本学期总结大会时说他是最后一次主持学期总结大会，意味着他要主动卸任。上中教职工舍不得他，在教职工大会上，校务办刘茂祥老师写的一首诗《高度的力量——献给在上海中学任职24年、我们敬爱的唐盛昌校长》，由陈向蕊、王开尔、俞诸亮、包国红老师朗诵，感染了在场的每一位教职工，有许多教职工听完诗朗诵，流下了对唐盛昌校长不舍的眼泪。当这首诗朗诵完时，王辉书记邀请全体教职工起立，为唐盛昌校长在上海中学担任校长24年引领学校发展作出的贡献鼓掌。同时我们看到了唐盛昌向教职工感谢示意中，眼睛里闪动着泪花。这首诗，记录着唐盛昌引领上海中学达成的高度以及高度的力量：

（一）

有一种震撼人心的力量，许多人想攀登她，但难以企及！这就是"高度"！
有一种凝聚人心的力量，引领人想追求她，但难以超越！这就是"高度"！
有一种感召人心的力量，她出现的地方有人仰望、敬畏！这就是"高度"！

能达到这种"高度"的人，每个领域都是那么地微乎其微！
能实现这种"高度"的人，每个领域都是那么地少之又少！
能成就这种"高度"的人，每个领域都是那么地幸运幸福！

上海中学是多么的幸运，有您引领她从低谷走向辉煌！
上海中学的学生是多么的幸福，有您让他们豪情满怀、志存高远！
上海中学的教工是多么的幸福，有您让我们感受到作为上中人的何等荣耀！
上海的基础教育是多么的幸运，有您让上海的许多改革领先全国、扬眉世界！

只有您，才能达成这样的高度！
只有您，才能彰显高度的魅力！
一个响亮的名字——唐盛昌校长！

（二）

您的高度，扎根于教育的沃土！

一个在教育第一线在职耕耘51年的教育思想的践行者！
从一名好教师、走向一名好校长，
每一步都走得那么厚重、坚实！
“51”年的积淀本身，就是一种“高度”的认可，
现实的超越！

您的高度，来自于历史的召唤！
1989年，您受命于上中危难之际，一干就是24年！
8 760多个日日夜夜，引领上中从低谷走向历史的最巅峰！
上中148年的历史上，在位24年的上中校长前无古人！
中国基础教育发展史上，在重点高中任职24年校长的绝无仅有！
“24”年校长的本身，就是一种“高度”的认可，
现实的超越！

您是我们身边的“高人”，
不仅仅是您那“1米84”的个头，
更是您那思考问题的深度、改革达成的高度！
您是我们身边的“长者”，
不仅仅是因为您的年龄，
更是您那“得天下英才而教育之”的博大胸怀、执著探索的高度！

（三）

高度的力量，来自于您的前瞻与睿智。
年轻被戴上“白专”帽子的您，在别人深陷泥潭的时候，
您却能审时度势，在最艰苦的环境下自学英语、博览群书，
成就了您那海纳百川的气魄与眼光。
国际文凭组织校长委员会的委员中只留有一个中国人的身影，那就是您！
哈佛大学教育学院与肯尼迪学院盛邀我国中学校长去作主报告的只有一人，那就是您！

高度的力量，来自于您的前瞻与睿智！
您引领上中，
在上海乃至中国基础教育领域缔造了一个又一个“传奇”！

您敢于率先探索，成就“非凡”！

美国教育代表团来访

资优生教育改革20多年来独领风骚，傲立东方！

全国首创科技班、工程班，系统建构学校课程图谱，

闯出了一条创新人才早期培育的新路！

现代创新实验室，数字化校园的构建，

敢与世界比肩齐！

20年前，您成为公办学校抢滩“国际教育”的第一个吃螃蟹者，

那时的上中国际部却“饱受争议”，

20年后，您不仅将中国人自主管理的国际部带到巅峰，而且全国各地的国际部已遍地开花，

如今的上中国际部，让教育同行高山仰止，

让世界驻足倾听，

这是对您引领的国际教育达成“高度”的最好的认可！

（四）

高度的力量，是一种关怀！

您的教育改革与平台创设成了一种推进教工成长的力量！

不唯上，不唯书，只唯实，

组团出国培训、双部互动、园丁业绩、星级服务，

唐盛昌校长与他带教的名校长基地成员

让上中教工拥有了梦想飞翔的天空!

高度的力量,是一种感召!
您的教育思想与办学智慧成了一种推进教育深化的力量!
志趣能匹配、I-校园、国际课程、高立意教学,已成了基础教育的财富!
如今的“上中系”,
更是优质与卓越的象征!

高度的力量,是一种激励!
您的教育思考与教育实践成了一种推进教育变革的力量!
千万字的论著中,
诠释了您的教育理想!
教育部、上海颁发的许多教育文件中,
汇聚了您的实践智慧!

高度的力量,是一种铭记!
您的奉献难以用奖励、光环来描述,
全国劳模、国家课改咨询专家、上海市首届教育功臣、特级校长等诸多的荣誉称号中您最看重的是“特级教师”,
因为这是人民赋予的无上荣光!

(五)

有人说您是中国基础教育的一个“神话”,
有人说您是中国教育走向世界的一面“旗帜”,
丹青长卷难以书写!

您总是谦逊地说:
“长江后浪推前浪,我也是站在巨人的肩膀上。”
在您的眼里,依旧是明天的上中更美好,
依然十里杏花红!

上中,永远是您的江山沃土,梦萦牵挂!
我们理解您,不能再让您71岁还冲锋披甲!

2010年唐校长应邀到哈佛大学教育学院为研究生讲课

我们热爱您，不舍的上中留下的是您那高大的身影！

我们将在您的瞩目下，众志成城！
为了上中梦、中国梦而奋勇前行！

2013年3月6日下午两点，上海中学新任校长宣布会在逸夫楼二楼会议室举行，上海中学中层以上干部、教职工代表30余人与会。市教委纪工委书记、市教委机关党委书记黄也放代表市教卫党委宣读了关于冯志刚同志任上海中学校长的决定（文件中唐盛昌主动卸任校长、冯志刚任上中校长的时间为2013年2月，所以文中以2013年2月作为新老校长交替的时间）。上海市教卫党委书记、市教委主任薛明扬在发言中高度评价了唐盛昌校长为上海中学从低谷走向巅峰所作出的努力与贡献。市教委巡视员尹后庆指出，上海中学新的领导班子要按照薛明扬书记提出的三条要求，即坚定信念、加强学习，团结协作、共进共荣，深化改革、推进学校内涵建设，带领上海中学教职工深入推进上海中学的可持续发展，为把上海中学建设成为世界一流的中国名校而努力奋斗。

5月29日，由上海市中小学幼儿教师奖励基金会、上海市教育学会主办，上海中学及上海市教育学会高中教育管理委员会承办的"高度·前瞻·卓越——唐盛昌校长从教51周年教育思想与实践研讨会"在上海中学举行。

研讨会上首先播放了名为《高度·前瞻·卓越》的记录短片，然后由上海中学接任校长冯志刚介绍老校长唐盛昌在教育实践中形成的思想与实践达成的高度。冯志刚校长指出，唐盛昌校长不仅在资优生教育、自主办国际教育、教育信息化、创新人才早期培育、现代学校管理等方面形成了丰富的教育思想，而且在担任上海中学校长的24年里，引领上海中学达到了国内领先、国际一流的高度，在上海市高中教育中推进了多个率先探索与发挥了示范辐射作用。上海中学在唐盛昌校长的引领下，在上海市率先开展"高中生创新素养培育实验项目"（2008年），并成为国家教育体制改革项目"探索建立拔尖创新人才培养基地"试点学校之一。从1990年起，在上海市率先开办培育数学强潜能学生的数学班，到2008年全国首设科技班、2012年全国首设的工程班。上海中学高考连续10多年保持上海市总分第一并遥遥领先。学生重点大学达线率超过99%，90%进入"211工

2008年上海中学创新素养培育实验项目获市教委批准实施，图为科技实验班专门课程开班仪式上唐校长与原上海交通大学印杰副校长签定合作协议

程”与“985 工程”高校，80%进入国内排名前 10 名的大学。2008 年至今连续 7 年有学生获世界奥数金牌，学生在世界数学奥林匹克竞赛中累计获金牌 9 枚。学生连续 7 次代表中国中学生参加中学生世乒赛并获得金牌 40 余枚。同时上海中学国际部经历了从无到有、从大到强，从创办时的 18 人发展到现在近 3 000 名学生在读(来自 60 多个国家与地区)，是全国唯一一所能在校内考 IB、AP、PSAT、SAT、TOEFL、GRE 的高中，且学生的 IB、AP 成绩达到全球领先水平。2012 届国际部毕业生申请美国大学的，有 5%的同学进入哈佛大学等美国排名前 5 位的大学，有 25%以上的同学进入美国排名前 25 位的大学，有 75%以上的同学进入美国排名前 50 位的大学，缔造了一个中国人自主办国际教育的“超级航母”。

在引领上海中学的发展走向一个又一个高度的同时，唐盛昌校长又将教育改革经验、管理举措在办学基地中成功复制、延伸，拓展了优质教育资源的辐射。上海中学办学基地代表——上海市民办张江集团学校校长金慕华的发言，将这种思想的传承与植根进行了精彩的诠释。

51 年坚守在学校教育第一线的历程，验证了唐盛昌校长的一系列思考与举措，在他的影响下，一代代名校长成长起来。唐校长带教过的市名校长培养基地学员代表——上海交通大学附属中学校长徐向东，对唐校长在引领示范高中建设与高中生创新素养培育实验项目中的探索与奉献，进行了深入剖析。之后，唐校长带教过的徐汇区校长代表、时任徐汇区教育局局长的庄小凤，结合自己在上海中学学习期间的具体感受，谈了唐校长的管理风格、人格魅力以及教育国际化、信息化率先改革举措。

作为一名不仅具有实践智慧，更是一位学者型的校长，他的学术研究在基础教育研究领域具有重要价值。朱怡华研究员对唐校长在数学教育、资优生教育、国际教育、教育信息化等方面发表的有影响学术观点进行了阐述。华东师范大学赵中建教授充分肯定了唐盛昌校长敢为人先的教育国际化探索与基于实践的国际课程比较研究。上海市教研室主任徐淀芳强调了唐校长在“自主办国际教育”与“构建学校课程图谱”的引领价值。“新优质学校”代表、时任徐教院附中校长李文萱说，唐校长在引领上海基础教育努力实现教育强国梦。

时任上海市基础教育处处长倪闽景充分诠释了唐盛昌校长在引领上海中学教育、引领基础教育在示范高中建设以及国际化方面所作出的成就，指出了唐盛昌校长令人信服的十个突破：第一，率先开展上海市示范性高中建设，引领了本市高中内涵建设方向；第二，率先进入国际课程领域创建国际部，并获得国际文凭组织和学术性组织席位；第三，率先系统实现高中课程图谱的思想，形成高中课程多样化的范式；第四，率先建设数字化校园，为上中转型为世界化名校奠定了基础；第五，率先开展创新拔尖人才培养试验，并提出志趣能相匹配的新理念；第六，率先在郊区开办分校——上中东校，成为第一批优质教育资源向郊区辐射的两所学校之一；第七，率先创办上中系优质民办学校群，华育、上宝、张江、星河湾双语学校，每一所都非常优质；第八，率先成立基础教育国际课程比较研究所，系统研究国际课程的内涵；第九，率先准备在国外创办中国的第一所名校——卡塔尔上中分校（后因市有关政策不明朗而搁置）；第十，率先突破基础教育校长的任职年限，为今后优秀校长长远地发挥他们的作用拓展了可以想象的空间。

许多时任、曾任市教委领导也出席了此次研讨会。上海市教育局原局长袁采说："当时他们班子选唐盛昌出任上海中学校长是选准了，而且唐校长让上海基础教育在全国有了许多话语权，并指出唐校长与其引领的上海中学是践行邓小平同志关于教育要面向现代化、面向世界、面向未来的典型代表"。原教委副主任、上海市教育学会张民生说："唐校长不断追求卓越、敢于创新的精神是值得每一位校长学习的。"时任市教委巡视员尹后庆充分肯定了唐校长在资优生教育探索、率先开展高中生创新素养培育、教育信息化、教育国际化与国际课程研究等方面达成的高度，充分反映了唐校长站得高、看得远，不断追求卓越的气魄与情怀。

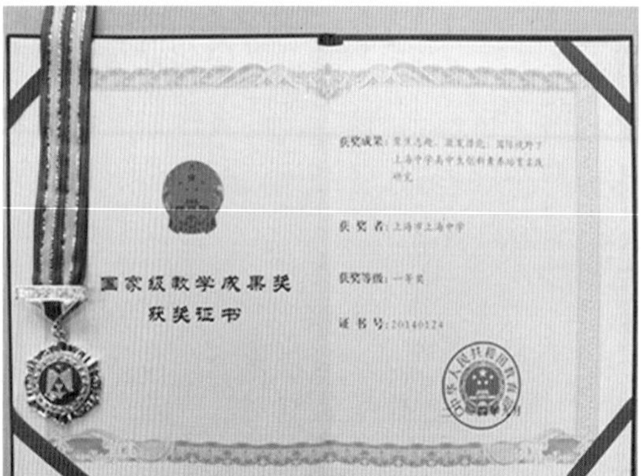

唐校长引领的教学改革成果获首届全国基础教育教学成果一等奖

高度、前瞻、卓越——这是对唐盛昌校长教育思想与实践的最精准的诠释，他用教育家办学睿智，引领上海中学走向上海市乃至国内基础教育领先的同时，也开启中国教育走向世界的大门，在国际基础教育领域里不断发出中国教育的声音，赢得了国际同行的尊重与赞许。他提炼并形成资优生教育特色，探索出一条以促进学生志趣能为导向，以促进学生个性化知识构成为基本载体，以基于一定领域的探究性学习作为培育学生创新思维与创新人格的主要途径，以数字技术与专门领域的整合为当代学生创新的重要激活方式，以与高校、科研院所等进行实质性合作为资源助推力的拔尖创新人才培育新路。他自主办高质量的国际教育，1993 年创办国内第一所由中国人自主管理的公办学校国际部，并撰写了新世纪第一套从实践角度解读国际课程的丛书。他领先推进学校教育信息化建设，引领上海中学在全市中学里率先引入无线网、物联网、桌面云系统，率先建成基于统一数据平台的信息化校园管理系统，在全国率先建构系统化的现代数字化实验室。他注重优化、高效的学校领导与管理，使得上中办学经验在"初中办学基地"成功复制，上海市民办华育中学（1998 年）、上海市民办上宝中学（2002 年）、上海市民办张江集团学校(2006 年)三校办学在上海市中考成绩中名列上海市第一、二、三名。上海中学东校作为上中支援临港新城建设的公办学校，在教育质量上已经显露锋芒。

唐校长在《教育研究》等省级
以上刊物上发表论文 150 余篇

研讨会后，唐校长带教过的“上海市名校长基地学员”与“徐汇区校长基地学员”在逸夫楼二楼会议室与唐校长进行了座谈。许多校长已经成为了特级校长、有些成为市、区教育行政部门的领导，大家一起畅谈在唐校长带教学习过程中的美好时光，并倡议成立了“唐盛昌校长带教校长联谊会”。2013 年 5 月 30 日，《新闻晨报》报道了上海中学掌门人唐盛昌卸任，题目为“坚持教改，十年磨一剑”。2013 年 6 月 20 日出版的《上海教育》杂志以“唐时代”为主题，专门报道了唐盛昌校长的教育思想。

唐盛昌校长的教育思想是上海市基础教育的宝贵财富，唐校长退休后继续担任上海市基础教育国际课程比较研究所所长，并成立了上海市基础教育国际课程比较研究与咨询中心，兼任主任。他继续履职于“国家基础教育课程教材改革专家工作委员会副主任”“中国教育学会学术委员会副主任”“国家教育考试指导委员会专家工作组成员”等工作，为上海、乃至中国基础教育走强作出自己应有的努力与奉献。

第二节　中国特色的国际教育探索

1992 年，邓小平南巡讲话，加速了中国对外开放的步伐，众多经商、工作、交流的外籍人士来华来沪，提供适合他们子女受教育需要、又能与国际接轨的教育，就成为营造改革开放良好环境的必需。1993 年 2 月《中国教育改革与发展纲要》的颁布，邓小平“三个面向”提出 10 周年，为教育体制改革提供了良机。上海中学唐盛昌校长带领上中人抓住了这一历史性机遇，创办了国内第一所由中国人自主管理的国际学校——上海中学国际部。自此开始了中国特色的中学国际教育探索的征程，走过了一条曲折而又辉煌的发展之路。到 2015 年，上海中学国际部走过了 22 个年头，引领了中国公办高中创办国际部的潮流与方向。《文汇报》《中国教育报》在 2013 年 6 月 3 日采写上海中学国际部创办 20 年走出中国基础教育国际化新路中用了这样的标题来形容：导引标题为“开先河：中国人自主管理的国际学校卓越见长，领风骚：外国人引以为荣的国际声望享誉全球”,主标题为“国际标准创世界一流名校,中国特色树国内领先标杆”。

教育展台 10-11

开先河:中国人自主管理的国际学校卓越见长
领风骚:外国人引为荣光的国际声望享誉全球

“国际标准”创世界一流名校 “中国特色”树国内领先标杆

——上海中学创办国际部20年走出中国基础教育国际化新路

立足高境界
提升高品位

2013 年国际部成立 20 周年《中国教育报》的报道

一、中国人能够办好外国人子女学校

1993 年上海中学国际部的创立,开国内公办高中办国际教育先河,是赋有开创性的教育经典。当时并没有中国人创办与自主管理国际学校的先例与文件规定,已经开办的国际学校几乎全部是外国政府或国外人士举办的。要自主办好国际部,行吗?上中人用自己的成功实践证明:中国人能够办好外国人子女学校。

1. 勇于把握机遇创新

1992 年,邓小平南巡讲话,上海浦东改革开放战略的确定,上海吸引了越来越多来华经商、工作、讲学、交流的外籍人士,而提供适合他们子女受教育需要、又能与国际接轨的教育,就成为营造改革开放良好环境的必需。

● **发现“新奶酪”**

外国人子女学校就是以外国学生为主要教育对象,要求以一流的教育理念、教育管理、教育师资、教育设施为依托,以一流的教育成果为目标,形成符合国际最先进教育运行机制的学校。但是,这些学校几乎全部是由外国政府或国外人士创办的,这一切让唐盛昌敏锐地意识到,创办外国人子女学校,发展国际教育,正是上中大发展的新机遇!

然而,官方文件中只有由外国机构创办外国人子女学校的有关规定,而没有任何条文涉及中国人创办外国人子女学校的。即使是中方与外方合作办学的,也只限于高等教育和中等职业教育领域,还没有出现中外联合创办国际基础教育的先例。

上海中学敢做这第一个吃螃蟹的人吗？有能力消化这只螃蟹吗？

显然，眼前的这条路，无疑是一条荆棘密布的道路，更好的机遇意味着更大的挑战！但上中人不怕挑战，在多方努力下，1993 年 6 月 1 日，上海中学创办国际学校的申请获得了上海市政府的批准。

Wen Hui Bao

开先河：中国国内第一所由中国人创办的国际学校

领风骚：用教育哲学思想

书写教育新篇 高端水平彰显中

写在上海中学国际部创办 15 周年之际

核心提示

A 独一无二：中英文两系列四大类课程，接轨国际教育

B 独占鳌头：学校国际性与生源世界性，真正国际学校

C 独具特色：课程的多元高选择性，满足学生个性发展

D 独有一功：学生进入世界名牌大学比例高，享誉海内外

成功：师资建设与团队管理的提升

2008 年 9 月 9 日《中国教育报》《文汇报》对上中国际部创办 15 年的专版报道

●“一千万”带来的震动

创办上海中学国际部，不能用国家资金，需要自筹资金解决，钱从何而来，还得从那个“一千万”说起。1991 年 9 月，一辆中巴在闹市区的一所学校门前停了下来。上海中学的老师们从车上鱼贯而下。他们发现，狭窄的马路两边却是商铺林立，学校大门两侧延伸而去的也都是一间间面积不大的商店。在各色店铺的包围之下，本来就不大的学校大门显得更加狭小。

两个多小时后，这十多人结束了参观，回到上中。在会议室里，他们一反在车上和在参观时的沉默，纷纷发表自己的看法。“他们学校门口的小店，生意太好了！”一位老师的语气中流露出几许羡慕。“听说，他们就因为这些小店，去年一年就创收了一千万。一千万哪！”又一位老师感叹道。

“一千万，那么他们肯定不会像我们一样，年终发年货时，每人只拿到四瓶酱菜了。”是啊，呕心沥血整整一年，过年的年货却是两瓶酱菜，这可能是刺伤上海中学老师最深的痛。这两年，尽管学校的经济情况有所改善，但仍然难以令人满意。

一位老师沉吟了片刻，但最后还是开了口：“其实，我们学校地方那么大，围墙那么多，我们也可以像他们一样，破墙开店。”破墙开店，开发房地产，就像两颗扔到湖里的石子,一下子就把老师们的话匣子给打开了。

“上海中学这所百年老校,太需要新的动力了!”一千万确实带来了不小的震动。但唐校长深知,要实现上海中学新的突破,寻找新的发展空间,就必须紧跟时代的脉搏,以上中百年名校品牌为依托,注重自身教育优势的发扬,在教育上寻找新的生命点。而浦东开发与中国改革开放的深入,加上历史名校身上特有的气质,学校走上了办国际教育之路。

● **巧借东风**

然而,要办国际部,首要的是解决办学资金的问题,创办一所外国人子女学校,要求有与国际教育相应的一流师资、一流设施。显然单凭上中当时的经济实力是不够的,要借助外力,走联合办学的路子。要联合有实力的企业,最好是境外或海外企业。当然,合作办学要权衡合作双方的利益分配问题与学校在合作办学中的主动地位。

首先找学校合作的是一家香港企业,由于该企业老板主张利用上海中学现有的办学场所,但教学体制、教学理念直接从香港方面“嫁接”过来,一切人事的任免也要由香港方面决定。也就是说,学校虽然办在我们自己的校园内,但由港方遥控指挥。

我们要办自己能独立自主的学校,第一家合作单位谈判画上了句号。

第二家找上门的是美国一所州立大学的学校董事,愿意拿出一千万作为合作资金,但他的谈判话锋在于谁出钱谁作主,他吃准我们没有办校资金。我们作出了这样的回答:“‘上海中学’四个字,就像美国的‘可口可乐’是一个品牌。‘上海中学’这个品牌的价值,恐怕不止一千万吧。”

当对方以百年老校要摆脱僵化需要外力获得新生的回复时,我们知道这一家不是我们要找的诚心诚意的合作对象。

我们坚信,有钱的企业很多,但“上海中学只此一所”,我们有“上海中学”品牌的优势,就应该掌握办学的自主权,否则与买地、开店有何区别?

后来,一家台湾企业给了我们回应,该企业的老板也非常看好中国大陆的教育领域有无限潜力。双方约定,企业方面负责教学楼的装修、教科书的订购以及招生等事情,校方负责日常教学管理与学校管理。更重要的是,学校教育教学上的事情,校方可以作主。

寻找了合作伙伴,犹如海上航行者借到东风之势,国际部的各项筹备工作马上得以迅速、顺利开展,办学申请也顺利获批,在合作中唐盛昌以及国际部的管理团队始终坚持一条:由上中管理人员自主管理。后来,由于上中国际部办学规模扩大与办学声誉提高,合作者的“赢利”思想占了“教育发展”的上风。1998 年,学校将国际部的所有股权买了下来,使国际部成了上海中学独立经营的学校。

上中国际部在发展过程中,一直坚持自主管理、自主发展,同时善于把握发展过程中的各种机遇，乘势而上。1995 年 10 月，经国际文凭组织考查，我校国际部正式成为国际文凭学校。1998 年 10 月 18 日，召开了中国第一个国际学校教育研讨会。参加会议的有国际文凭组织和中国各地主要国际学校的校长和专家。唐盛昌校长作为 IB 国际文凭组织校长委员会 16 位委员之一，向与会代表介绍我校的教育发展和改革情况。2002 年 8 月，国际部财务收费完全采用国际学校独立发票，不再用收取本地学生的发票收国际部学生学费，完成了独立账户的成功转型。2006 年 4 月 30 日，上海市上海中学承办的上海市民办张江集团学校，上海中学在该校设立上中国际部办学点，向社会发布招收 1—3 年级信息。2006 年 9 月，上中国际部小学段搬迁至原被上海交通大学技术学院占用的土地上开始教学。2007 年 8 月，上海市上海中学被上海市教委批准成为第一家进行教育体制改革试点的学校，国际部可以按照经营性收费进行运作。同时，上海民办张江集团学校上中国际部办学点被市教委批准正式成立。2008 年，上海中学国际部在上中路校区也开始招收 1 年级，这标志着上海中学国际部正式完成 1—12 年级的完整序列建制。2011 年 4 月，2011 届毕业生章丽雅被哈佛、耶鲁、斯坦福、哥伦比亚等美国十余所顶尖大学录取。7 月 IB 成绩揭晓，2011 届学生获得了 41.5 分的平均分(满分 45 分)，两名学生获得满分 45 分。据悉，上中国际部的平均分领先于英国等国家排名第一的学校。同时，AP 成绩也揭晓了，国际部学生平均分为 4.23 分(满分为 5 分)，美国平均分为 2.9 分左右，达到了国际领先水平。2013 年，上中国际部教师马峰等五位教师获得 IB 考官资格(2015 年学校的 IB 考官已超过 10 位)，国际部模拟联合国社团接连在常春藤模拟联合国(中国)会议和哈佛大学模拟联合国(中国)会议中夺得最佳代表团(均是唯一获得此项殊荣的代表团)。

国际部首届毕业生与国际部教师合影

2013年5月至6月,上海中学国际部举办了建校20周年的系列庆典活动。上海中学国际部与本部在同一校园,实现了国内优质教育与国际品牌教育的完美统一,展现了中西文化集聚交融的勃然生机。20年来,上海中学国际部诞生和发展的历史,是中国基础教育走向国际、扬眉世界的缩影,是上海基础教育走向卓越、走向未来的见证。上海中学国际部的成功表明:我们可以办好让人民满意的教育,也可以办好让世界钦佩的国际教育。上海中学对国际教育的诠释是充分的,对国际教育的话语权是强劲的,对国际教育的发展是引领的,对国际教育的贡献是杰出的。这是一本渗透民族情怀、展现国际视野、迸发育人智慧的"教育大书":既是上海中学实现"国内领先、国际一流、教育高质、管理高效"办学目标的"探索之旅",更是上海基础教育走向现代化、国际化的"出色答卷"。

20多年过去了,上海中学国际部从无到有,从小到大,一路走强,至2015年有近3 000名学生在读,学生累计来自60多个国家与地区,被誉为中国人办国际教育的"超级航母"。一大批学生考入世界一流名校,如哈佛大学、耶鲁大学、麻省理工学院、斯坦福大学、哥伦比亚大学、芝加哥大学、康奈尔大学、约翰霍普金斯大学、西北大学、加州大学伯克利分校、加拿大多伦多大学、英国帝国理工学院、法国巴黎音乐学院、首尔大学、韩国科学技术院、东京大学、香港大学等知名学府。优秀与杰出,已成为上海中学国际部享誉世界的"教育名片"。很多毕业的学生,在假期会用旅游的方式回到上海、回到母校,谈起在外国读大学的经历,都感慨地说,很想在大学也有像上海中学国际部那样经常"引导""关爱"我们的老师。还有的学生在外国,听到对中国的一些不实之词会去反驳,且理由很充分,"我在上海生活过,在上海中学国际部学习过"。

2. 形成自己的核心竞争力

新事物的发展从来都不是一帆风顺的,上海中学国际部的建立,也是充满了变数和曲折,但值得骄傲的是,上中人终于凭自己的毅力和胆识,迎来了上中新的辉煌。

● **中国最大的公办学校国际部**

说到公办学校国际部,上海中学被公认为"老大哥"。不仅仅是最"老"(为国内创办最早),而且为国内目前为止最大的公办学校国际部(在校的外籍与港澳台学生超过3 000人)。上中国际部在发展过程中,形成了自己的核心竞争力,不仅为国内同行借鉴,也为国际同行借鉴、学习。

"从18个到1 800个",这是上海电视台的《往事》栏目做唐盛昌校长关于上海中学国际部访谈专访的一个题目,突出了上中国际部从初创时的18位学生,发展到1 800位学生的艰难而又辉煌的历程。现在,许多人看到了上中国际部的辉煌,却难知其中的艰辛。学校办学的资金解决了,马上遇到的问题是招生。我们凭什么与上海已经存在的国际学校竞争?开学时,只招到了18位学生。这18位学生的到来,从某种意义上说，是社会宽容的结果，而社会宽容是有限度的，如果没有发展，等待我们的只有淘汰出局，国际部要想发展，就必须找到自己的核心竞争力。不抓好教育质量是肯定行不通的。

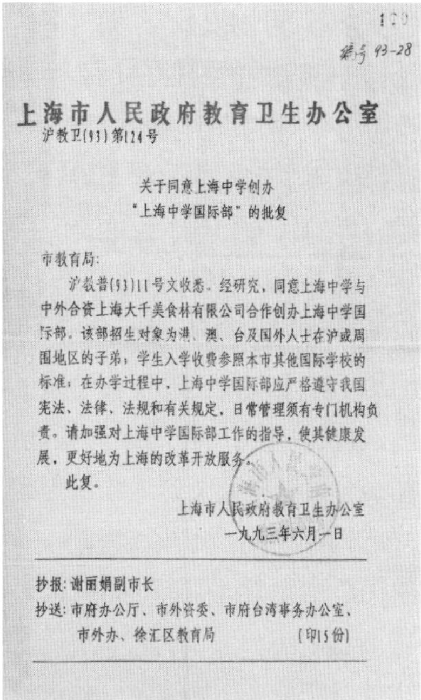

上海市人民政府教育卫生办公室
沪教卫(93)第124号

关于同意上海中学创办
"上海中学国际部"的批复

市教育局：

沪教普(93)11号文收悉。经研究，同意上海中学与中外合资上海大千美食林有限公司合作创办上海中学国际部。该部招生对象为港、澳、台及国外人士在沪或周围地区的子弟；学生入学收费参照本市其他国际学校的标准；在办学过程中，上海中学国际部应严格遵守我国宪法、法律、法规和有关规定，日常管理须有专门机构负责。请加强对上海中学国际部工作的指导，使其健康发展，更好地为上海的改革开放服务。

此复。

上海市人民政府教育卫生办公室
一九九三年六月一日

抄报：谢丽娟副市长
抄送：市府办公厅、市外资委、市府台湾事务办公室、市外办、徐汇区教育局　　（印15份）

关于同意上海中学创办
“上海中学国际部”的批复

记得从1993年9月6日开学后，陆续有不少家长报名，在两个月的时间里，学生数增加至32人。本来是可以让人高兴的，但问题是招进来的学生，有的素质太差，破坏纪律不说，还抽烟打架，处理这些事情很棘手。在行政会上，唐校长作出了对国际部不合格的学生劝退一半。一石激起千层浪，主管的同志说：“我们磨破了嘴皮，才招到这些学生，如果那些不合格的学生都劝退了，我们还能有多少学生啊？”

然而，为了眼前的利益就会影响长远发展，最后大家达成了共识：我们要办的国际学校是与上中地位相称的。只有留住好学生，淘汰那些素质比较差的学生，才可能不断提升国际部的办学质量。到该学期结束，学校劝退了十几名学生。然而，国际部的学生并未因此减少，相反每年参加新学期开学典礼的学生越来越多。

在实践中，学校没有完全沿用国内教育的做法，如果这样做就会与国际主流距离过大；也没有照搬西方欧美的做法，因为与西方人士举办的国际学校沿用国别课程相比，肯定处于劣势，而是走出了一条符合国际教育主流要求，又体现中国特色，在国际性与民族性结合上创出富有新意的教育之路，使学校具有真正的国际竞争力。我们的核心竞争力就是形成了中英文两大系列多类课程体系，以满足学生的差异学习需求。

上中国际部从“破冰”到“强大”，以集聚的优势发出“高端办学”最强音。20多年里，上海中学国际部经历了从无到有、从小到大、从大到强三个发展阶段，每个阶段都显现了学校创业的艰难、坚忍、坚持与坚守，显示了学校不断走强、自强不息与敢于超越的实践探索的气魄。

1993年唐校长与国际部教师合影

第一阶段（1992—1998年）：从无到有。这个阶段，尽管国际部刚开始是“无教材”“无固定的教学年级”、

“无经验”,可以说是“三无”,但团队还是艰苦努力敢于尝试:没有教材就先复印学生从国外带来的教材;没有固定的年级,就采用复式授课;没有办学经验,没有现成的蓝本参照,就不断地探索、反思,创造自己的经验。几年后,学校逐步走出了困境,国际部引入了美国的课程与教材,进行分年级教学,逐步走上了正轨,办学质量也得到了外界的认可。到了1998年,国际部的学生人数达到了280多人。

第二阶段(1998—2010年):从小到大。这些年,国际部办学规模每年直线递升,迅速发展到2 800多人。这个阶段学校呈现四种经历与五个特征。四种经历:一是经历了办学规模迅速发展带来的课程教材难以匹配的剧痛;二是经历了从以年级管理、学段管理为特征的横向管理到学段管理与课程、教学、人力、总务、生活协调管理相结合的纵横交叉的矩阵管理蜕变;三是经历了规模扩大与质量同步提升的双重挑战;四是经历了师资紧缺到通过招聘、培训形成自己独特、有活力的国际部教师团队的飞跃。五个特征:一是在办学规模上成为国际学校中一艘超级航母,形成了从1至12年级的完整序列,课程、年级、班级都有了明显的定位与格局;二是在课程建设上,初步形成了自己的体系。能提供类美国课程、IB课程、AP课程以及中国留学生课程等多样的课程给学生选择;三是在学科门类上,比较系统齐全。不仅数学、自然科学、人文科学、技术等领域可供选择的层次、类别增多,体育、音乐、美术学科的发展也初显规模;四是在师资队伍上,逐步形成了梯队。创设了高端教师培训机制,使每个学科基本上都有自己的骨干;五是在教学设施上,得到了优化配置。学校的艺术中心(音乐中心、美术中心、影视传媒中心)、体育中心(室内网球馆、室内游泳馆、乒羽中心等)得到了良好发展,科技、工程等现代创新实验室不断走向数字化、系统化和规范化。

第三阶段(2010年至今):从大到强。从2010年开始,学校更加明确了办学追求,就是从大走向强。经过这么多年的积淀,已经有了走“强”的基础与勇气,主要表现在四个方面:一是在学科上,数、理、化等学科教育势头强劲;经济学、生物学等学科显现优势;人文、艺术学科也显现特色;二是在管理上,学校的管理结构、年级序列、课程序列进一步趋于成熟完善;三是在师资上,中外结合的师资团队呈现了巨大的活力,不仅培育了许多自己的学科骨干队伍,而且110多名外籍教师与学校的中国教师在一起办公,极大地促进了国内教师英语水平的提升,音乐、体育、美术教师的学科英语教学水平也得到突飞猛进的发展;四是在硬件上,现代化的教育教学设施为学校走强提供了坚强后盾,“现代仪器分析”“激光与光纤”“环境工程”等30个现代化创新实验室的建设和使用,推进了学生基于数字平台的学习、探究。上中国际部,已经显现了高端国际学校“走强”的特质:1. 对优质生源有强大的吸引力,学校有很高的知名度;2. 显著的教育特色,显现三个特点:高位的、引领的、公认的;3. 有内涵的教师队伍,彰显三个要素:专业修养好、气度风范佳、价值追求高;4. 优质的教育服务，达到三个标准：高水平、高规格、个性化。

上海中学国际部的办学模式，办国际教育的同时，借鉴国际教育经验推进本部的教育，得到了国内外的广泛认可与赞同。从国际上说，早在 2004 年 1 月 9 日的新加坡《联合早报》电子版上就有一篇报道，标题为："上海中学融合不同体制，我国的学校国际化可借鉴"。文章中提到："上海市顶级中学——上海中学融合不同体制，培养无数人才的独特办学经验，引起教育部政务部部长曾士生的极大兴趣。曾士生还建议上海中学与新加坡的杰出学校建立姐妹关系，开展互惠互利的合作与交流。"文章对上海中学的历史、现状与教育探索进行了简要介绍，最后表示："考察小组成员在和上海中学同行交流时也发现，新加坡和中国两地的优秀中学，有十分相似的教学情境和需求，双方存在不少合作与互补的空间"；"上海中学的办学经验，很有可资借鉴之处，新加坡的杰出学校，在国际化的道路上，也必须走这样的路。"半个多月后，学校收到一封新加坡来信。这是新加坡教育部兼社会发展及体育部政务部部长曾士生亲笔签名的一封感谢信，信中谈到他们非常想借鉴我们的教育管理与教学经验，想了解怎么能使在新加坡时学习成绩平平的孩子，经过上海中学的教育，回国后竟能保持在学校的前列，而且很多能进入他们的一流大学；怎么能使学校课程具有高度的选择性；怎么能促进教师基于数字技术的教学，等等。信中还对他在上海中学访问期间受到的热诚接待表示衷心感谢，希望新加坡顶尖学府与上海中学之间能有更多合作与交流。

国际部运动会

国内学习与借鉴上中国际部办学模式的参访团也络绎不绝。凡是国内公办学校办国际部的，该省市的行政官员与学校领导几乎都到上中国际部来考察与学习过。2013 年 4 月 19 日在上海中学成功举办了全国首届针对高中国际课程实施开展的高端研讨会。来自全国 30 多所办有国际部、国际班的全国顶级知名高中的校长及其代表，10 多家知名研究机构教授、专家，以及教育部基础教育二司高中处领导出席研讨会，共同研讨高中实施国际课程的挑战与对策。会上，大家公认上海中学国际部为国内国际教育的"老大哥"，因此在上海中学举行的该研讨会，得到人大附中、清华大学附中、青岛二中、华中师范大学一附中等名校校长出席并获得了积极响应。此次高中国际课程的研讨，不仅催生了全国首个面向高中国际课程试点的管理文件《上海市教育委员会开展普通高中国际课程试点工作通知》【2013 教基 18 号文】，而且形成了全国知名顶级高中共同、持续研讨国际课程的新机制，组成“公办高中实施国际课程协作体”，为我国课程的现代化、国际化进程提供了一个良好的推进平台。

● **从高中年级到1—12年级完整序列**

上海中学国际部不仅是最早在公办学校创办国际部的学校，而且也是最早完成1—12年级完整系列建制的公办学校国际部。经过长期的发展，上中国际部形成了1—4年级、5—6年级、7—8年级、9—10年级、11—12年级的分段管理体系，且各段形成了自己的教育特色与竞争力所在。

国际部学生来自60多个国家与地区

国际部1—4年级的教育目标是提供一个快乐的学习环境，帮助学生养成良好习惯，逐步树立自信，提高创新精神，拓展广泛的兴趣，并期望进一步加强学生的能力。学校形成了独特的中英合堂教学是为每一个孩子的教育而设计的。学生有必修的数学、科学、艺术和社会课学习，也有选修课学习，选择范围从足球、乒乓球到绘画、第二外语等。除了各种各样的课程之外，教育活动在学生的生活中扮演着重要角色。每学期义卖活动中，学生努力地为本地慈善机构筹集善款。在英语课程中，学生积极参与讲故事比赛和拼字比赛。学校让孩子从小养成好的习惯。2014年学段三年级通过义卖会筹集到的善款全数赠予贵州龙蛇小学，用于帮助该校所有住校师生新建淋浴房，提高学校配套设施质量。除了捐款以外，他们也通过捐赠二手书籍和衣物的方式传达了所有三年级师生的心意。孩子们跟爸爸妈

国际部学生每年举行慈善义卖会

妈一起挑选出冬衣裤和鞋子，希望龙蛇小学的孩子们也能度过一个温暖的冬天；孩子们还将读过的书一一整理好带到学校，经过学校工作人员的整理分类，再一起邮寄给大山里的小伙伴们，与他们一同分享读书的乐趣。

国际部5—6年级学段的教育管理，注重关爱教育，“爱自己、爱他人、懂得爱、分享爱”的理念充分外化，各种极富吸引力的方式使得孩子们懂得并学会以积极的方式去关爱他人，而“分享爱”这一“Caring”理念的最终体现更在孩子们分享和传播的身体力行中变得生动起来。注重安全教育，每年一次的Fire Drill逃生演习，成为学段的试验田。为了确保整个学段学生的逃生演习顺利进行，老师作了充分准备。首先，学校为每位教师定期安排培训，了解常用灭火器以及学会如何使用。同时在逃生演习之前的例会中，每位教师会事先进行走位，负责走廊的安全、楼梯安全以及逃生演习中学生所逃生的路线安全。为了使逃生更逼真，学段联络了后勤部分，采购专用的烟火及应急灯，同时为每个班级特意制作了应急箱，并配备了毛巾，在晨会课中，教会孩子如何弄湿毛巾并捂住口鼻，在烟雾浓重的环境下，孩子们也能应对自如。注重行为规范教育，在学校，每天中午都能看到国际部六年级走廊上有一群表情严肃，挂着胸牌，手拿小本子在每个班级教室认真巡视的学生，他们就是六年级服务队中最“神秘”“低调”的行为小组的成员。行为组目标非常明确：利用学生自身的能力和影响力，让学生来管理学生。注重领导力教育及培养，学生会选举六年级的服务队，组织各类竞赛活动等，这些都是锻炼学生领导力的重要手段与措施。注重学生独立个性与综合素养的培养，鼓励学生有意义的课外活动，是上海中学国际部的老师努力在做的工作，培养学生在学校热爱学习，在校外鼓励学生投入到社会实践当中。

国际部7—8年级学段注重在教育活动中激发学生求知欲和探究精神。一年一度的初中段科技嘉年华(Science Fair)分为“异想天开”科技创意评比和科技嘉年华两大板块。在“异想天开”科技创意评比中，每位同学结合自己在物理课或科学课所学内容，以学科课题的形式，提出各种不同的科技创意，如电子眼、魔幻衣橱、磁力赛车、宠物定位仪等，各种创意均很新颖且带有初中段孩子们的特色，同时还将各种优秀创意设计图张贴在走廊里，让学生们自己评选出“金点子”和“银点子”作品。运动会入场式主题表演，是深受学生喜爱的项目，全班参与的入场式是运动会上的最大亮点。七、八年级的每年的运动会选择与运动相关的主题，如

国际部学生的毕业典礼

运动达人、奥运明星、奥运国家、奥运吉祥物、奥运项目、民间体育运动项目、动漫游戏等。“世界学者杯”(World Scholars' Cup)大赛,包括了辩论、论文写作、急智问答和标准化考试的学科竞赛。2013 年在北京举行的中国区比赛中,他们获奖 40 多项(8 座奖杯,22 枚金牌),其中包括了“综合最佳参赛队”(Best Overall Team),所有 12 位选手组成的 4 支队伍都入围了在曼谷举行的全球决赛资格。在 6 月份结束的全球决赛当中,学生们在曼谷与来自全球 40 个国家和地区的 1 100 余位同龄人一争高下,最终获奖 4 项,包括了“最佳新秀参赛队”(Best New Team)和“最佳协同写作奖”(Best Collaborative Writing)两座奖杯。有三位学生被邀请去耶鲁大学,参加当年秋天由美国著名的“学科十项全能竞赛”(Academic Decathlon)组织的国际辩论大赛。2014 年 6 月,初中部的 36 位学生再次出征新加坡,又一次取得了骄人战绩;WSC 主动邀请我校作为举办地区总决赛的东道主学校。

国际部 9—10 年级的教育活动注重明确目标(从 2007 学年开始把九年级列入高中阶段,作为 9—12 年级高中阶段的第一年),要为整个高中阶段打下坚实的基础。通过引导九年级学生明确高中阶段个人的奋斗目标,使学生从内心深处产生一种自觉学习的欲望,充分认识到学习是为了自己而不是家长、老师,从而进一步开发学生各个方面的潜能。聚焦志趣,他们对大学、专业、社会生活有一定程度的了解,但是又是概念非常模糊的。他们对未来有所考虑又很迷茫,因此非常渴望得到老师、学校、家长的各种帮助。这是他们人生中非常重要的阶段,学校的正确引导会对学生的成长起到至关重要的作用。学校通过 Family Connection Strength Explore、Company Visit & Career Day 行业探索、Club 社团活动、My University & My Major 展示、4-year Plan 等一系列有针对性的活动,让学生们逐步探索和了解,找出感兴趣的专业方向,通过聚焦志趣,引导学生思考未来。注重开发学生潜能,学校搭建各项赛事、活动平台,以科学的管理方法,鼓励引导学生正确认识自己,以培养学生的自信心。在整个年级内部营造积极向上、你追我赶的学习氛围,形成良好的学习风气。为学生的个性化成长提供优质的环境,鼓励并创造条件,充

国际教育 C12

从神奇之地迈向世界之巅

——上海中学国际部走过不平凡的 20 年

神奇的学校培养出神奇的学生

神奇的学校培养出神奇的老师

2013 年国际部成立 20 周年《新闻晨报》报道

分开发学生的潜能。加深学生关于学业能力考评指标 GPA 和学业态度考评指标 BQH 具体内容的理解。每次考试后，通过 GPA 和 BQH 相对值的变化，有针对性地与学生进行一对一的谈话，分析学习状态，充分调动学生的学习积极性。弹性的升降班制度，配合“聚焦志趣”中一系列的活动，让学生能更好地结合未来大学、专业的需要，及时调整学科方向和水平。一人一档的管理体系，能细致全面地记录和跟踪每位学生的成长轨迹。每位学生的档案上，班主任不仅记录了包括各项考试成绩和日期的个人信息，而且还详细记录了每次和学生家长沟通、谈话的主要内容，让接下来的工作有据可依，提高工作效率，更好地开展学生工作。

国际部 11—12 年级学段的教育活动力求把学生培养成能适应时代潮流，具备竞争实力和有高度责任感的高层次国际型人才。该办学宗旨不仅仅体现在课堂教学中，更体现在学生开展的各项课外活动中，学校和老师正是本着这份理念开展教育教学活动，力争将学生培养成为全面发展的复合型人才。学段开展的学生活动有 Associated Students Body(ASB)学生会，举办的活动包括万圣节派对、艺术节、义卖会、冬季舞会、夏季狂欢、毕业舞会及学校的其他各类大型学生活动；高年级的学生会还会指导或者邀请低年级的学生会组织同学参与相关互动，达到全校一体的联动效应。公众演讲能力系列活动，如何在公众面前成功地表达自我观点是作为 21 世纪英才必备的技能之一，学校非常注重学生这方面能力的培养，从而在全校范围内开展了系列活动，鼓励学生充分利用适合自己的平台锻炼自我。学术研究型社团活动有：美国数学竞赛 AMC，是美国数学邀请赛 AIME 的初赛，每年举行一次，上海中学国际部 AMC12 通过获邀美国数学邀请赛情况为 2012 年一人、2013 年两人和 2014 年三人；Stanford Math Tournament 是斯坦福大学数学竞赛中国赛区的比赛，参赛人员涵盖全国各省市的高中生（包括中国本部和国际部学生），2014 届比赛在北京召开，共 500 余名参赛人员，上海中学国际部第一次参加此项比赛，共有 8 名 11

新民晚报　教育周刊 / 专版　B7

在上海，有一所中国人自主管理的国际学校，她不仅树立了国内教育的领先品牌，而且成为上海教育走向世界的一张“名片”。她，就是上海中学国际部。

办学 20 年，上中国际部不仅教育质量保持领先，还成为上海建设国际大都市教育服务环境的重要窗口，更重要的是为我国教育走强提供了许多先进的经验。

打造上海国际教育闪亮“名片”
为构建世界一流中国名校探路
——上海中学国际部成立 20 周年纪实

一个“传奇”
自主管理赢得声誉

一种“情怀”
塑造优秀国际公民

一个“窗口”
打造纯正国际课堂

一次“探路”
坚持特色持续走强

学生感言

2013 年国际部成立 20 周年《新民晚报》报道

年级学生参加,参赛形式包括团体赛和个人赛,获团体赛第四名;Live To Drama 戏剧社团,每学期排练一场大型音乐剧,放学后在大礼堂公演三天,SHSID 获得课题《业余戏剧对于青少年成长的作用(The Educational Effects of Extracurricular Theatre)》, 2014—2015 年的社团社长蔡天逸同学带着自己的团队参加了 China Things Big 在中国第二年的比赛,获得该项比赛的全国二等奖;上中杯科技创新大赛,2013 年"上海中学杯"科技论坛暨徐汇区青少年"明日科技之星",国际部参赛选手获一个一等奖,多个二、三等奖;Intel International Science and Engineering Fair"国际科学与工程大奖赛"(ISEF)是由美国科学与公众社团(Society for Science & the Public)于 1950 年创办的美国中学生科学博览会发展而来,其宗旨是推动科学的发展和技术的进步,上海中学国际部于 2013 年首次参赛,选送 4 个项目,刘大江等同学获得 Third Place Individual、Rank of Superior 等奖项。

当然,11—12 年级除了教育活动外,还注重对学生的升学指导与生涯规划。高中学段很多班主任同时又是 IB 或 AP 的老师,教学经验非常丰富,他们非常了解学生,能从学业到活动全方位地帮助学生成长,为学生申请到好的大学而准备。

国际部 1—12 年级的完整教育系列,形成了诸多有特色的教育活动,上面提到的只是其中的一小部分。丰富多彩的活动,让不同类型的学生得到了良好的发展,赢得了学生及其家长对学校的信任与青睐。

● **不平凡的 20 年**

2013 年 6 月 14 日作为改革开放以来国内第一所由中国人自主管理的公办学校国际部——上海中学国际部,迎来了 20 周年的庆典。庆典大会由现任上海中学校长冯志刚主持。20 年前,老校长唐盛昌创立上海中学国际部时历经艰难;20 年后,在老校长唐盛昌的引领下,上海中学国际部不仅成为上海优质国际教育的"闪亮"名片,而且成为上海营造国际化大都市教育服务环境中的"教育"品牌,引领全国公办学校国际部"遍地开花"。20 周年的庆典,对国际部办学业绩的宣传报道诸多,除了前面介绍的《文汇报》《中国教育报》外,还有《新民晚报》《新闻晨报》《上海教育 · 环球教育时讯》,学校还专门制作了一部宣传国际部 20 周年的介绍片"定义中国一流的国际学校"。在这里简略地回顾一下此次庆典展示的上中国际部的业绩。

国际部成立 20 周年庆典大会

时任上海市委副书记、现任上海市人大常委会主任殷一璀在 2012 年考察上海中学时指出:“要从上海整个教育格局中思考上海中学国际部的发展。”言下之意,要充分挖掘上海中学国际部对促进上海教育率先发展、现代发展、创新发展中值得借鉴或有所启迪的元素。在 20 周年庆典上,上海中学用事实诠释了上中国际部在多个方面的作用与影响。20 年来一直担任国际部主管的上海中学李英副校长说,法理情有序融合管理思想,是在唐校长引领下自主办一流国际教育的管理思想创新,也是学校不断走强的法宝。正因为“自主”,就可以将国际教育中好的经验、元素根据我国的实情,自主地融入到我国学生的教育中,让我国的学生得到更好的发展。

上海中学被授予国际文凭学校证书

学校为当时上海唯一的联合国教科文组织联系学校

国际部常务副主管、多年来所教学生 IB 高水平数学均为满分的马峰认为,上海中学国际部为培养具有国际视野、中国特色的教师提供了宽广的平台,上海中学有 150 多名教师能胜任学科英语教学就是在国际教育实践中炼成的,有 13 名教师成为 IB 考官。国际部副主管刘炼用一系列世界领先的数据诠释了上中国际部已在世界基础教育领域发出自己的“强教高地”的声音。上海中学国际部不仅是国内唯一一所能在校内考 IB、AP、PSAT、SAT、TOEFL、ATC、GRE 的中学,而且 IB、AP 考试成绩达到世界领先水平。最近三年 IB 考试中全科平均分均超过 40 分(满分 45 分,2013 年平均分达 42.2 分,全球第一);现有 AP 课程 18 门,2012 年平均分达 4.46 分(满分 5 分)。学生中 80%进入美国前 50 名大学,100 多所国外名校直接派人来校招生。

上海中学国际部为上海中学本部的发展与持续领先起到了直接的推进作用,副校长朱臻说,上海中学国际部为上海中学课程的高选择性、基于现代数字平台的学习与探究、双语教学与研究性学习、数字化校园建设等方面的改革提供了良好的启迪,为上海中学在课程建设、创新人才培育、信息化建设等方面改革领先全国注入了能量。上海中学国际部对我国教育的发展也产生了良好的推动作用。上海中学校务办公室副主任介绍,国内其他地区公办学校创办的国际部,都到上海中学来学习过,取过经,更为重要的是国际部的创办为中国教育了解国际教育发展趋势、整合国际教育优势形成自身核心竞争力提供了一个重要平台。在上海中学国际部实施国际课程与借鉴有价值元素整合到本部课程建设中,基于实践的国际课程比较研究在全国发挥了引领作用。

开先河:中国人自主管理的国际学校卓越见长

领风骚:外国人引以为荣的国际声望享誉全球

“国际标准”创世界一流名校 “中国特色”树国内领先标杆

——上海中学创办国际部20年走出中国基础教育国际化新路

从“渗透”到“影响”:以睿智的拓展凸显“中国特色”扬声望

2013 年国际部成立 20 周年《文汇报》报道

在庆典之前,国际部 20 周年宣传片也顺利完成制作,主题为“定义中国一流的国际学校”,以上海中学国际部开启的多扇之门贯穿全片。宣传内容简要介绍如下:上中国际部,开启中国人创办、管理的国际学校先河,仅仅 20 年,就以规模和成就的高度,让世人惊叹,这扇传奇的大门后面有着怎样的故事呢?“希望之门”缓缓打开。美丽的上中国际部校园,小学生成群结队走过,人人露出微笑;初中生走过,人人面带微笑;高中生走过,人人面带微笑。高中部学生在草地上席地围坐,只见学生们传递着一封分享名校录取的信并击掌庆贺,每年 80%的学生升入美国前 50 位大学与世界一流名校。这些来沪的外籍人士子女能在上中国际部享受高水准的国际化教育,家长的期望与学生的希望在这里得到了满足与延伸。这也为上海、中国的教育走向世界打开了一扇希望之门。

国际部成立 20 周年国际部领导合影

接下来，“成长之门”缓缓打开。介绍了学校提供学生成长的各类平台，没有两人的课表是相同的，引进国外权威、最新原版教材 760 余种 15 万册外籍图书，100 多个行政班学生经选择组合形成 1 900 多个教学班；20 多个现代实验平台的支撑，走进分子生物学实验室，看见了正做实验的 Christine Huang 同学，被美国耶鲁大学录取；学校不仅提供多样的实验平台，还有音乐戏剧中心、影视传媒中心、体育运动中心等。多样的平台供选学，有了好的课程、好的平台，更需要好的师资，一大批国内外优秀教师，其中外籍教师 45%是来自英美，中外教师中有 80%为硕士及以上学位，这是教学有长足进步的保证。此外，还有 50 多个社团，学校鼓励学生们广泛开展各类课余活动，增长见识、锻炼能力、开阔视野。不仅高中同学如此，我们学生去美国参加英特尔大赛、去泰国参加 WSC 比赛也一鸣惊人呢！学校还与美、英、法等十多个国家的顶级名校建立姊妹交流关系，如法国巴黎的路易大帝中学等。还有美国哈佛、耶鲁等常春藤大学的负责人都来访问过。

2010 年牛津大学校长来校交流

第三个环节，介绍了“成就之门”。我们从 2006 年前开始招收 1—3 年级学生，现在学生已经超过 3 000 人了。60 多个国家与地区的国旗、区旗闪过。初中阶段学生们在图书馆自习，高中阶段学生们在实验室做实验、在影视传媒中心做节目。根据 IB 总部公布的数据，近三年来我们 IB 考试的全校平均分达到 41 分，处于世界领先水平。学生在艺术方面也得到良好发展，进入美术及艺术中心(IB 画展)，看看日本籍学生円光门演奏即兴创作的钢琴曲，介绍上中杯钢琴赛与国际部望月悠夏(从国际部毕业就读美国西北大学音乐学院)，曾获得过“上中杯钢琴比赛”第一名。体育场网球中心藏龙卧虎，学校许多音乐、美术、体育才能学生一一展现。唐盛昌校长介绍了上中国际部的发展是中国国际教育改革的先行者。唐校长说从创立第一天起，学校就始终坚持国际标准与中国特色融合，这正是许多家长所期待的，也是我们的核心竞争力所在。这里是中国国际教育的改革先行者，早已成了中国基础教育国际化的领导品

与法国巴黎路易大帝中学交流

牌,通过对国际教育的实践,也推进中国基础教育的发展。

最后,上中国际部通向引领教育改革发展的“未来之门”。上中国际部以自己的努力定义了中国一流国际学校的校长、老师、学生,未来的20年上中国际部必将继续努力,为成为世界一流的国际学校而开拓进取、勇攀高峰。夕阳西下,教学楼的灯火辉煌,毕业典礼的照片与麦穗、帽子的高抛,上中国际部大门渐渐合拢,叠化成许多中外世界一流大学的校门,镜头渐渐拉远……

二、注重与国际主流教育衔接

办国际学校,由于面对的是来自不同国家、地区的孩子,对他们的教育必须与国际主流教育相衔接,获得国际社会的认可,否则就会丧失发展的机会,学校办国际学校决不仅仅是为了解决经济问题,我们的最终目的是要活跃于世界教育的舞台,挑战世界名校,为上海中学构建世界一流名校铺路。上中国际部与国际主流教育衔接的重要传统是,在课程建设上彰显多元、高选择性,在国际教育交流上呈现多方位性。从“学习”到“领先”——以开放的前行接轨“国际标准”显气魄。

办一流的国际教育,首先得通晓国际规则与国际标准,只有坚持国际标准,与国际教育接轨,中国人办的国际教育才能被世界认可。用通行的国际标准办国际学校体现与国际接轨,这是上海中学国际部以开放的姿态接受挑战的妙方。学校认真学习原本并不熟悉的国际标准,并在实践中进行摸索性的解读和突破性的诠释。如今,学校不仅能通晓、驾驭国际标准,而且还办出了特色,达到了领先水平。

1. 多元、高选择性课程

当今世界课程改革的趋势之一是课程越来越多元化,课程类型的不断丰富扩大了学生的课程选择范围,使得针对每位学生实施个性教育成为可能。上中的多元、高选择性课程正成为上中学生走向世界的一个重要载体,成为与国际主流衔接的一个突出亮点,成为上中国际部核心竞争力的一个重要元素。

学校的办学追求

● 倾听每一位学生的声音

由于上中国际部的学生来自不同国家、地区,他们的学习需求与毕业去向也大不相同,有的学生是短暂在中国停留,学习一段时间要回国或到别的国家学习,有的学生毕业回本国读书,有的学生留在中国报考留学生,有的学生要报考欧美等国外大学,有的学生是为了发展多方面的兴趣,同时还要适应在中国的生活，对于他们的多样学习需求，我们的课程怎样来满足呢？

上中国际部经过多年的发展，一方面关注对他们的教育与国际主流相衔接，另一方面也关注中国的特色，形成了中英文两个系列五大类子课程体系（即中国国家课程、沪港组合课程、国际文凭课程、类美国课程以及后来开设的美国大学委员会授权的进阶先修——AP 课程），后因各方面原因，取消了中国国家课程和港澳台考试课程，注重倾听每一位学生的学习需求的声音，通过推进课程的多元化与高选择性来满足学生的差异性学习需求。

法国教育官员来访

中国国家课程，主要满足中文系列报考中国大学留学生的外籍学习，参加大学港澳台学生招生考试需求的学生。沪港组合课程，主要满足中文系列将汉语当作母语来学的学生学习需要。国际文凭课程主要满足包括国外大学的学生学习需求；类美国课程主要满足报考美国大学的学习需求（在美国课程之前加上类字，是学校在实施时充分考虑课程的国际性与民族性特点有所选择而改造）；AP 课程是美国大学先修课程。

此外，还有汉语水平等级考试 HSK 学习课程、TOEFL、SAT-I 和 SAT-II 考试介绍、不同层次的汉语课程以及其他一些兴趣、发展课程，满足学生的升学与兴趣发展需要。其中汉语课程是学校最大的特色，外籍华裔要使自己的子女寻找中华民族的根，不学点中文行吗？外国人子女要在中国生活一段时间，不学点中文行吗？越来越多的外国人士认为，让子女学好中文，难道不是有利于他们今后与中国合作、交流乃至竞争吗？

2010 年之前，学校一直对外介绍上海中学有中英文两大系列课程。2010 年之后，随着进入上海中学国际部的高端外籍学生越来越多，上中国际部应对从“大”走向“强”的发展战略，调整了课程体系，即逐渐取消港澳台中文系列课程、外国留学生的中文系列课程。至此，上中国际部除汉语课程与部分选修课程外，全部采用英语授课，实现了高端外籍人员子女学校的成功转型。为了满足学生对课程选择的需求，在 2010 年上中国际部也初步建构了国际部课程图谱，理清了自己的课程体系，完善了国际部的课程标准。

新的国际课程标准体现四个特点：第一，高度重视学生的认知规律和学生的学习兴趣；第二，理清各个学科的层次水平，S 班广而浅，H 班深而难，数学等学科设立 S+与 H+水平，满足不同层次学生的发展需求；第三，明确教师如何更好地教，学生

唐盛昌校长、李英副校长与国际文凭组织官员合影

如何更好地学习课程的问题;第四,教学评价更加具体。与此同时,进一步增加课程的开设科目,增强课程的选择性,在2013年9月正式开设了11年级的AP人文地理。

作为与国际主流教育接轨的机构,在从“大”走向“强”的进程中,上中国际部通过不断地构建和探索学校课程体系,逐渐以高位的、引领的、公认的特色脱颖而出。英文系列开设美国课程(包括标准水平课程、荣誉水平课程、大学预科AP课程)、IB课程(包括标准水平课程与高水平课程),与欧美高等教育接轨。学校在满足每一位学生可持续发展的过程中,还非常注重教学内容的现代架构。国际主流教育,十分关注教学内容的现代化处理与学科教学内容的现代架构。为此,学校注重及时引进权威的、最新的、现代化的原版教材体系,学校能提供760余种原版进口教材,图书馆英文藏书11万余册,每年投资近300万元购买图书、教材与资料。

教学内容的现代架构,让学生的学习与现代生活紧密相关,通过广泛涉猎母语、现代外语、人文学科、实验科学、数学和艺术等多学科群知识体系后,学生在知识与技能、过程与方法、情感态度和价值观等方面得到全面提升,促进他们不断提升思想与人文境界、现代素养,让他们更多地意识到自身的责任。上中国际部还注重教学内容的现代架构,不同年级阶段有不同的重点,小学培养乐趣、初中激活兴趣、高中聚焦志趣,注重发展学生在自信、独立、沟通与合作、领导与决策等方面的素养与技能。

● **走在春光明媚的日子里**

上海中学国际部真正实现了“走班”上课,学生除了到校后有集中的晨会课,班主任讲解一天的要求以后,学生则完全根据自己所选学科的层次、兴趣进行“走班”学习。每天“走班”上课,对于自己感兴趣的学科,有的学生选学内容已经超过了大学预科水平,对于自己较弱的学科或兴趣不浓的学科,只要达到基础要求即可,真正做到了按学生的兴趣、潜能进行授课、学习。

非洲教育代表团参观校史陈列室

在各年级开设的多门学科中,每门学科均提供多达5个水平供选择,供选学的课程超过700门,形成

了学分制为基础的选修体系，选择学习课时超过95%，没有两位学生的课表完全一致。与课程高选择性相匹配，上中国际部有效地推进了小班化与走班制教学，极大促进了学生个性化发展。全校110多个行政班，经选择组合形成的教学班近2 000个。

接待泰国教育代表团

伴随着下课的音乐铃响，只见一个个活泼、可爱的学生或背着书包，或到教学楼的走廊两侧的壁橱里换课本，然后走进不同的教室，学习另外一门自己喜欢的或与自己学习程度相当的课程，即使学习同样的科目，也会走进不同层次的教学班。如此反复，学生上一天的课，会走进五六个不同的教室。

全面实行走班制与小班化教学，教师数量至少要增加50%，教育成本至少增加30%。按200名学生计算，全面走班多花费的人民币在200万元上下，但这是提升教学质量的必须，是学习国外先进经验的成本。承认差异、尊重差异、善待差异，使每一位学生都能得到充分的发展，这是与国际主流教育衔接的必然要求。

看着一下课就拎着书包或书本走向自己所选择的教学班的孩子，尽管他们说着不同的语言，有着不同的文化背景、传统与爱好，但他们找到了自己生长的“春泥”与成长的“养分”，他们的“走”是为了他们的将来发展，的确是走在“春光明媚的日子里”。

走班制与小班化教学，代表了国际交流发展的主流。在这方面，我国绝大部分学校与国际名校是有差距的。要挑战世界名校，就必须根据中国国情，缩小这方面的差距。与走班制、小班化教学匹配的教学评价，就是学分积点评价，即国际上通行的GPA评价。在毕业时，上中国际部颁发的毕业证书也与普通学校有所不同，有荣誉学生毕业证、合格学生毕业证。学校还建立了一人一档的档案管理体系，细致全面地记录和跟踪每位学生的成长轨迹。

考察加拿大圣乔治学校

上中国际部强调与学生全面而有个性发展的多元评价与多样服务。上中国际部采用国际教育通行的学分制、绩点制评价，学分绩点的计算以学科的学年成绩为依据，按照相应的区间转换成学分绩点。与此同时，关注学生在学习过程中的表现，将学生的平时成绩计入总分。

为促进学生的个性彰显,学校还提供升学指导、生活指导、社团活动指导等多元服务。学校形成了完整的升学指导服务,除了有专门的升学指导教师外,各学段还设置了兼职的升学指导团队;国际部在学生生活指导上做到精细化,设专门的生活协调员,为学生的饮食、心理与卫生、身体健康提供多样的服务。学校有上百个学生组织的、教师指导的、涵盖各个兴趣领域的社团,学校创设音乐戏剧中心、影视传媒中心、美术中心、网球中心等多样的平台以及举办"上中杯钢琴赛"等多项赛事,让学生的个性成长有更为广阔的发展天地。学生获得的荣誉包括哈佛模拟联合国最佳代表团、世界学者杯一等奖、中国及上海科技创新大赛一等奖以及国际学校、国内学校间的各种体育、艺术比赛的冠军奖项等。

除了教学班级的走动外,上中国际部还有一个能够体现学生"走在春光明媚的日子里"的特色就是不同年级的教育活动,让学生在不同的教育活动选择与体验中持续成长。2007 年,在上海中学副校长、国际部主管李英的主持下,制定了上海中学国际部 3—12 年级教育活动大纲;2011 年,在此基础上进行了完善,形成了《上海中学国际部 1—12 年级教育活动大纲》。在修改版前言中,李英副校长这样写道:

上中国际部从小学 1 年级至 12 年级的发展序列,遵循了国际上比较流行的学制安排:1—5 年级是小学阶段、6—8 年级为初中阶段、9—12 年级为高中阶段。学校教育活动是国际学校发展生命力所在,也是与国际教育接轨的重要标志。在上中国际部的发展历程中,开展丰富多彩的、符合学生身心发展规律的学校教育活动一直是学校教育质量提升的重要内涵。在上中国际部历年师生的共同努力下,上中国际部的教育活动呈现了多元、多彩的特点,既具有与国际主流教育接轨的元素,又有中国优秀的教育文化成分,在国际性与民族性融合方面积累了丰富的经验。上中国际部开展的教育活动,闪烁着中西合璧、特色凸显的光芒。

上中国际部的发展,坚持多元文化和谐发展的国际学校教育发展之路,在国际性与民族性的结合上创出了具有新意的教育。既然是国际学校,那么与国际上普遍采用的办学内容与方式进行"软着落"的创造性接轨,这是办学的题中之义,也是学校教育活动设计的基本立足点。上中国际部的教育活动,既关注与国际教育的接轨,如国际理解教育活动、多元文化交流活动的安排等,又注重中国特色与中国文化的融入,如中国各传统节日组织学生参与相应的活动等,使上海中学国际部学生既具备参与国际

国际部学生做实验

交流、竞争的能力与素养，又认同与理解中国优秀文化。

上中国际部的教育活动，既注重中西文化的合璧、整合与创新，同时也关注学生的身心发展规律与不同阶段的教育活动内容的科学编排。对于小学、初中、高中阶段的学生教育活动，我们均分析了不同年级的学生特点与发展需求，明确了指导思想与活动要求，合理科学地设计与不同阶段学生发展相匹配的合适内容板块。小学篇关注安全教育活动、交往沟通活动、良好习惯养成活动、感恩爱心活动、游戏体验活动的开展；初中篇关注青春期教育活动、多元文化教育活动、行为规范教育活动、团队合作活动的推进；高中篇关注理想立志活动、国际理解教育活动、领导组织能力提升活动、社会服务活动、潜能开发活动的升华。

这些教育活动为学生的素养发展、个性培养、潜能开发、兴趣激活、志趣培育创设了丰富的舞台与广泛的空间。上中国际部的教育活动，已经成为上中国际部可持续发展与教育质量提升不可分割的重要组成部分。对其进行总结、提炼，使之成为国际部的教育活动大纲，不仅可以使上中国际部教育活动走向规范化、有序化、系统化，而且可以为各年级开展教育活动提供互相参考、互相推进的平台，为班主任开展年级、班级教育活动提供学习的蓝本。更为重要的是，将上中国际部教育活动提炼成“上中国际部教育活动大纲”，能进一步提升教育活动的成效，为创建“中国一流·国际知名”的国际学校品牌提供更为有力的支撑。

国际部小学段 iPad 课堂

● **第一个高中国际课程应用研究基地**

上海中学国际部，由于开设了国际上认可的国际主流课程，如国际文凭课程、类美国课程(含大学先修 AP 课程)，因而自然而然成为了国际课程应用研究基地。为什么说它是第一个高中国际课程的应用研究基地？这还得从《上海市中长期教育改革与规划纲要(2010—2020)》把“试行高中国际课程”作为高中教育改革的一个重要内容说起。

上海作为国际化大都市，理应在教育国际化方面先行。大力推进教育国际化，需要取得经过实践检验的经验，深化学校课程改革。上海中学校长唐盛昌在 2011 年申请了上海市哲学社会科学教育学课题、上海市教育科学研究重点课题“优质高中国际课程的实践研究”获准立项。之后，集国际部近 20 年探索经验的成果《高中国际课程的实践与研究》(丛书 7 卷本)，在 2011—2012 年陆续出版。

出版全国首套高中国际课程丛书

2010 年左右,上海市许多高中尝试开设国际课程,但都是自发进行,没有得到上海市教委的许可,出现了一些国际课程开设的不规范问题,如成为出国的预备班,学生所学课程没有我国国民教育的内容;大多依赖中介,没有考虑到如何将国际课程中的先进元素整合到我国课程的建设中。唐盛昌校长敏锐地意识到,如果对基础教育国际课程加以应用研究,能够推进我国基础教育课程的国际化、现代化进程。刚开始,学校寻求与上海师范大学的合作,后得到了市教委的鼎力支持。

2012 年 3 月 26 日,上海市教委批准成立上海市基础教育国际课程比较研究所,唐盛昌兼任上海市基础教育国际课程比较研究所所长。2012 年 4 月 20 日,时任上海市委副书记殷一璀为研究所成立揭牌。2013 年 4 月 19 日,由上海市基础教育国际课程比较研究所、上海市教委教研室主办,由上海中学承办的“高中实施国际课程

2012 年 4 月 20 日上海市基础教育国际课程比较研究所揭牌仪式

面临的挑战与对策”高端研讨会在上海中学成功举办，这也是全国首届针对高中国际课程实施开展的高端研讨会。

会议集聚了来自全国10多个省市、在国际课程方面卓有成效的30余所知名重点高中校长与校长代表以及10余所知名研究机构专家与学者，共同围绕“高中国际课程实施的政策挑战与应对”、“课程架构和内容的应对”、“课程教学和评价的挑战与应对”、“实施资源和管理的挑战与应对”等四个主题进行研讨。教育部基础教育二司充分关注这一热点问题，高中处李明处长、课程发展处柳夕浪教授也参与了此次研讨。更为重要的是，该会议促进了上海市教委规范国际课程管理的文件出台，并且采纳唐盛昌校长提出加强语文、历史、思想政治的开设建设，市教委在之后出台的文件中，强调中外融合课程开设中要强化语文、历史、思想政治与地理四门必修课的学习。

由于上海市基础教育国际课程比较研究所设立，以及秘书处设在上海中学，上海中学国际部也就理所当然地成为了第一个国际课程应用研究基地，其研究成果《高中国际课程的实践与研究》7卷本，也就对上海有效推进国际课程的实践起到了指导作用。该所在2013年、2014年、2015年承担了对上海市申请实行高中国际课程的学校评估、年检工作。

《高中国际课程的实践与研究》(7卷本)，主要亮点是从实践的视角对国际课程进行研究，不同于专门研究机构与教育理论工作者所关注的宏观诠释与理论探讨，许多观点的呈现与提炼都是在对相关国际课程的多年实践基础上形成的，积累了大量的实践研究案例，具有学校实施的可参照性与可读性。更为重要的是，该丛书将对国际课程实践的普遍认识与基于实践的学科课程比较研究紧密结合起来，有利于深入认识我国高中的学科课程设计与国际课程中的学科课程设计差异(尤其是实验科学)，从中汲取有价值的元素，因地制宜地推进学校的课程改革与教学创新。这些研究成果，能够为教育研究人员以及高中教师了解国际课程的概貌、发展方向打开一扇窗，为教育管理人员提供决策参考启迪。该成果在上海乃至全国具有引领作用，是新世纪第一套从实践的视野系统研究高中国际课程的丛书，直接推进了上海市基础教育国际课程比较研究所的成立，与“全国首届高中实施国际课程的挑战与对策”高端研讨会的召开，为上海乃至全国高中试行国际课程提供了有实践价值的参考样本。

该成果是长达20年的上海中学国际部开展国际课程实践，与上海中学本部创造性地改造运用智慧的借鉴，为我国高中课程的现代化水平提升与创新人才的早期培育提供了不可多得的、经实践检验的参照样本与实践范例。本成果理论的研究主要分为三个阶段：第一阶段(2008年5月—2010年10月)，在总结国际部十余年国际课程实践经验的基础上，学校收集了国际课程任课教师的意见及建议，形成了研究提纲；第二阶段(2010年11月—2011年12月)，分七个课题组开展国际课程实施的整体研究与分学科研究。搜集国际部十几年来典型的教学案例，并结合理论进一步分析总结；第三阶段(2012年1月—2013年2月)，这一阶段的研究主要集中于规律的提炼，通过调查研究、理论研究形成了多篇论文及此套国际课程丛书。

在理论研究方面，这套丛书成为新世纪国内第一套基于实践的高中国际课程比较研究著述。书中介绍的IB国际文凭课程、美国课程(含AP课程)等国际课程都经过了上海市上海中学国际部多年的实践，且教育质量达到了国际一流水平。更为重要的是该套丛书注重将高中国际课程的分析与我国高中课程改革、创新人才早期培育紧密结合，注重将国际课程中有价值的核心内容创造性地运用在我国高中教育实践中，拓展了高中生的国际视野，提升了他们的创新素养与面对未来的核心竞争力。这套丛书既可为试行国际课程的学校提供参考，也可为学校推进课程改革与创新人才早期培育提供有价值的经验。

本成果立足于我国教育走强的背景，能让教育决策者在推进教育国际化进程中，对高中国际课程引入的目的、体系、法理、准备、实施等提供来自于实践的研究与政策思考；能为教育理论与实践者从学科比较的视角提供来自国际课程的实践案例与鲜活的国际课程实践经验；能让中学校长正确认识国际课程，借鉴其中有价值的理论与经验，结合校情进行创造性实施与运用，从而推进学校课程变革；能让教师从实践的视野探讨我国的课程内容、教学方式与国际的课程内容、教学方式的差异，进而在教学内容选择、教学方式变革上作出新的探索。

该成果受到上海乃至全国高中试行国际课程的学校青睐，发挥了良好的示范、引领作用。在2013年首届上海市基础教育教学成果奖评比中获得了特等奖。

2. 多方位国际教育交流

要了解国际教育，就需要加强国家交流，而与国际教育主流衔接的一个重要标志是被国际组织认可，获得相关国际组织的机构认证。随着学校国际教育办学质量的提高，在国外的教育影响也越来越大，形成了多方位的国际教育交流格局，包括加入国际文凭组织、参加国际学术会议，与国外顶级中学建立友好合作关系，逐渐形成了走向世界的校园文化氛围。

● **IB课程是通往国际教育的快车道**

要真正进入国际舞台，就需要获得国际教育组织的认可，没有一张通往国际教育舞台的通行证是不行的。而国际文凭组织(简称IBO)为世界各地的学校提供一种全球认可的国际式教育认证组织，获得了认可，就可以学习他们提供的课程，有利于满足学生回国继续接受相衔接的教育和申请世界各国大学的需要。

然而，要得到该组织的认可，是需要实力的。1992年，IB全球会议在北京召开，IB全球总裁罗杰·彼尔作了年度报告，唐校长参加了这次会议并在会上提问，对罗杰总裁的一些关于 IB 发展趋势的分析提出了自己的解读，事实上是对他的分析提出了质疑，习惯了会议上中国人的矜持与沉默的总裁这次吃惊不小，回应会后给予唐校长详尽的答复。

唐校长与前国际文凭组织主席合影

第二天，罗杰的一名随从官员 Craft 找到了唐校长，向唐校长解释了其在大会上提出的问题，唐校长与这位官员就 IB、中国教育、国际教育交流等问题进行了深入交流。在大会临近尾声，在离开北京之前，Craft 再次找到唐校长，转达总裁邀请唐校长访问 IB 英国总部。

1994 年，唐校长成为第一位访问 IB 总部的中国校长，而正是此次访问中，唐校长作的关于“中国教育现状”的报告，让 IB 意识到中国这个“未开垦的处女地”的教育市场，也奠定了上海中学加入 IB 的基础。

这一年，上海中学国际部正式向 IB 组织递交了申请书。1995 年，经过严格的考察和验收，上海中学成为上海市第一家获得国际文凭组织审批的学校。1997 年，学校开始开设 IB 全科课程，两年后第一批 IB 全科文凭学生毕业。到 2003 年，上海中学国际部 IB 考生，有 94.4%的学生获得了全科文凭，获得单科满分的比例达 11%，这些选读 IB 课程的学生毕业后，大都被欧美的一些著名高校（如哈佛大学等）录取，或者回到本国的著名高校（如韩国国立大学、日本早稻田大学）就读。

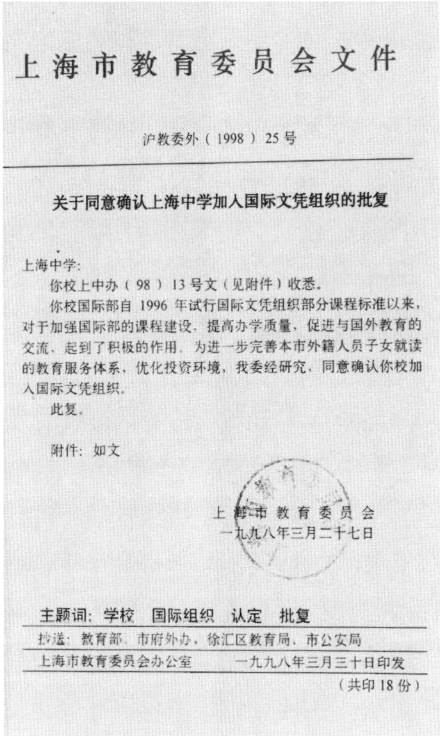
上海市教育委员会文件

沪教委外（1998）25 号

关于同意确认上海中学加入国际文凭组织的批复

上海中学：

你校上中办（98）13 号文（见附件）收悉。

你校国际部自 1996 年试行国际文凭组织部分课程标准以来，对于加强国际部的课程建设，提高办学质量，促进与国外教育的交流，起到了积极的作用。为进一步完善本市外籍人员子女就读的教育服务体系，优化投资环境，我委经研究，同意确认你校加入国际文凭组织。

此复。

附件：如文

上海市教育委员会
一九九八年三月二十七日

主题词：学校　国际组织　认定　批复

抄送：教育部、市府外办、徐汇区教育局、市公安局

上海市教育委员会办公室　　一九九八年三月三十日印发

（共印 18 份）

关于同意确认上海中学加入国际文凭组织的批复

这张成绩单，令所有的来访者啧啧称赞，也引得不少国际学校慕名前来取经，包括上海的美国人国际学校、上海协和国际学校等。正因为国际部办学的突出成效，国际部已经在世界范围内获得声誉。唐校长也被聘请作为国际文凭组织校长委员会的 16 位委员、亚太地区校长委员会与校长咨询委员会的 8 位委员之一，在课程教学

大纲的修改、教师培训的业务素养要求、对学生学习成绩的有效评量等方面发表自己的见解，在促进亚太地区发展中国家IBO成员校之间的交流上积极交换意见，使上海中学在国际上的声誉获得了不断提高，学校也搭上了驶向国际教育舞台的快车道。

2010年，上海中学国际部的IB全科成绩超过了40分，2011年达41分；2012年至2014年IB全科平均成绩分别为41.0，42.2，41.4，位列全球前茅。2014年IB考试中超过1 090位同学获45满分的好成绩，6分以上成绩达95%，数学、物理学、化学、生物学、计算机等学科满分率为82%，全球满分率仅为10%。所有科目考试中拓展型论文B以上成绩达62%，全球仅为40%；大部分理科学生知识论文B以上成绩达76%，全球仅为40%。学校也大力支持IB资源的拓展，2013—2014年，购买约3 000本教材及相关读本，花80余万元人民币，提供现代分析仪器实验室、环境工程实验室、分子生物实验室、激光光纤基础实验室、信息安全研究室等开展实验探究。

选送优秀教师外出培训(2014年度学校选送教师外出参加IB以及AP职业展培训约20人次)，积极开展IB新动态研究。在冯志刚校长引领下，在2014年11月《上海教育·环球教育时讯》专门介绍了上海中学国际部教师研究IB课程的新发展，由中文、经济学、数学、计算机、物理学、生物学、化学、音乐教师参与撰稿，发表9篇论文。截至2014年，上海中学国际部目前有IB考官13人，他们为刘炼、刘珊、马峰、庄臻敏、刘琼、陆红芸、张力、张丽、马旦叶、陆文巍、王作梅、蒋皓、吴建京。刘炼老师还成为IB的教育咨询专家、IB培训专家、IB学校评审专家。吴建京老师前往荷兰总部参与IB音乐新考纲的修订工作。

在这里，介绍一位IB考官及骨干教师马峰老师，其带的IB数学班，连续几年全班满分。马峰说，是上中国际部8年的从教经历培养了他，没有学校这个平台，不可能有今天的他。对于取得的成绩，马峰最感谢的是校长唐盛昌：“在高手如云的上中，我并不是履历最漂亮的人，但是唐校长不问‘出身’(其为上海师范大学数学系研究生毕业)，信任地把班级交给我，我定要把学生教好。”不仅是马峰，在这所学校，首先看的是成绩，只要肯努力，任何老师都能“冒”出来。马峰后被任命为上海中学国际部常务副主管。

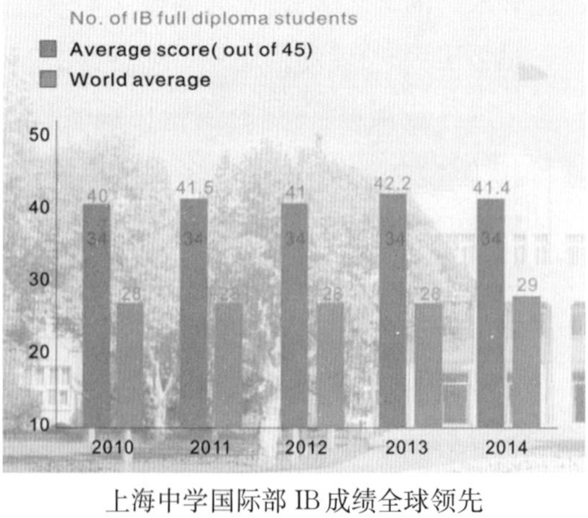

上海中学国际部IB成绩全球领先

冯志刚校长、马峰副主管在《借鉴IBDP课程经验，促进高中生创新素养培育》(刊载于《上海教育·环球教育时讯》2014年第11月中旬刊)一文中指出IB课程以它先进的教育思想和独特的教育结构，越来越受到多方的关注。如果学校能够在不断实践中把握国际课程，尤其是IB课程的发展趋势与亮点，结合我国实情、校情进行改革、创新，相信必定能不断提升高中生创新素养培育水平。

● **成为国内设立国际教育考点最多的学校**

能够被国际主流教育认可，将考点直接设在学校就是最好的证明。上海中学国际部的办学规模与成就已得到国内外的充分认可，成为国内设立国际教育考点最多的学校。办学成绩为世界同行注目并被国内同行誉为“传奇”。

1995年成为上海市最早的国际文凭组织国际学校，唐盛昌校长还曾在国际文凭组织校长委员会、国际文凭组织亚太地区校长委员会、国际文凭组织亚太地区专家咨询委员会上有3个席位。2003年，成为全国唯一的联合国教科文组织联系学校；2006年成为英国剑桥大学中国遴选中心；2007年成为由ETS授权的托福考试中心(2009年开设了GRE考点)。

2008年上中TOEFL考点成为当时全国最大的托福考试中心

2007年6月，上海中学成为全国唯一一所在中学设立托福考点的学校。100兆光纤连到上海交大，专用托福考试IP地址近150个，提供5个考场近230个考位。2008年成为全国最大的托福考点。2011年4月，上海中学通过承办GRE考点的审批，于2011年8月正式成为GRE考试中心。

2007年，上海中学国际部获得了美国大学理事会的授权开设AP课程，并先后成为AP考点、SAT考点、PSAT考点。

冯志刚校长陪同中国区AP学校事务亚洲关系发展部副总裁王湘波参观校园

2013 年至 2014 年,上海中学国际部被先后授权开设 ACT、A-LEVEL 考点。

学生获得的文凭得到世界各国高校和科研院所的认可,100 多所国外一流大学每年慕名来校招生。毕业生被欧美一流大学录取的比例很高,外国学生报考中国重点大学的,录取率为 100%。

获得了这些国际教育中权威的认可,也就意味着学校的国际教育充分接轨,学校打造了一个纯正国际课堂的窗口。上中国际部既是东西方文化交流的窗口,也是办一流标准国际教育的试验田。上海中学国际部为学生提供类美国课程、国际文凭课程(IB 课程)、进阶先修课程(AP 课程)等三大类课程,满足不同学生需求,并向学生和家长承诺,创造一个原汁原味的国际化课堂。

学校提供了 AP 课程 18 门、IB 课程 27 门。之前已经介绍了 IB 课程的成绩。在这里简要介绍一下学校开设 AP 课程取得的成绩。

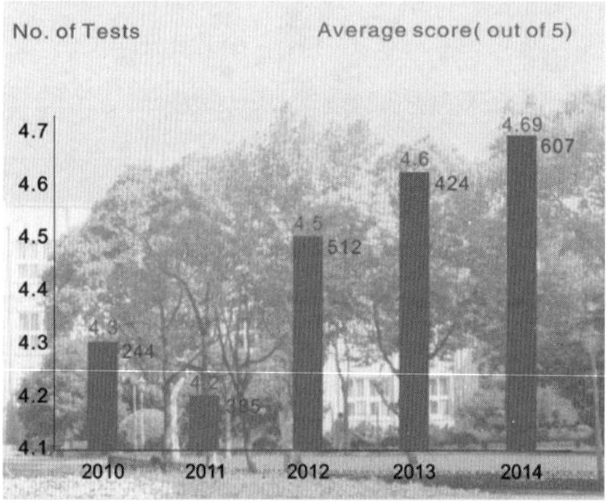

AP 成绩达到世界领先水平

从 2010 年开始,上海中学参加 AP 考试的学生人数逐年增加,2010 年 244 人次参加考试,2012 年 510 人次参加考试,而 2014 年考试人数增加为 618 人,2013—2014 年选学 AP 课程的学生均超过了高中学生数的 70%。成绩逐年明显提高,2011 年文理的平均成绩为 4.23 分,2012 年为 4.46 分(满分 5 分),成绩世界领先,AP 单科满分率达 69%。2013 年,多名学生参加 AP 科目考试超过 10 门以上,且均得到了满分 5 分的佳绩,学生 AP 平均分超过 4.6 分;2014 年平均分达 4.7 分,4 分以上成绩达 93%,除英语学科之外,5 分率达到 83%。在 2014 年 5 月 AP 微观经济考试中,上中国际部有 2 位同学以丰富的学识给出了无懈可击的答卷,全球一分未扣的学生仅 15 人,上中学生就占了 2 位,这份可称之完美的答卷也正反映出上中超高质量的教学,当时美国大学理事会专门发信至冯校长予以祝贺。学生参加美国高中生水平测试(SAT)与托福考试(TOEFL),SAT-I 最高分为 2 400 分,平均分超过 1 950 分;SAT-II 数学、物理学、化学、中文、法语、历史、生物学和文学等科目考试最高分均为 800 分。托福考试(TOEFL)IBT 最高分为满分 120 分,平均分超过 100 分。

上海中学国际部的国际教育,通过课程的高质量开设,打造了属于自己的核心竞争力,在许多方面已经超过了外国人在中国办的外国人子女学校,被誉为中国人自主管理国际教育创造的一个神话。

● 路越走越宽

上海中学借助上海中学国际部的影响，在国际教育与合作上路越走越宽、越走越高。学校先后与英国牛津大学、美国哈佛大学、莫斯科英才中学等世界上15个国家和地区的40个教育团体和社会机构进行了交流与合作，与亚特兰大国际学校、日本久留米附中、法国巴黎路易大帝中学等世界一流中学形成了友好互访关系。在上海中学校举办的音乐节、游泳友谊赛、武术文化交流节等国际性体艺赛事中，也邀请了一些国外著名专家参与并登台献艺，加强了国际友谊。在数学、环境等国际中学生竞赛中，也不乏上海中学学子的身影，他们在国际数学奥林匹克竞赛(IMO)、世界可持续发展奥林匹克竞赛(I-SWEEP)等9项重量级的国际比赛中取得优异成绩，与世界各国的选手进行了交流和分享。唐校长本人也多次参加高层国际学术交流会议，如中美数学高层研讨会、哈佛大学主办的中美教育论坛等。此外，学校也积极开展与港澳台同胞的交流合作，近年来与香港科技大学、香港圣保罗男女中学、中国台北市建国中学等8所学校进行互访和交流，这也增进了两岸三地间的深厚情谊。

2014年英国教育大臣代表团来访我校

学校自2006年以来先后接待了来自美国、日本、法国、德国、澳大利亚、加拿大、荷兰、瑞典、韩国、泰国、俄罗斯、新加坡、英国、伊朗、新西兰等15个国家的代表团，接待的教育团体有亚特兰大国际学校、日本久留米附中、法国巴黎路易大帝中学、美国

2014年埃塞俄比亚副总理来访我校

麻省理工学院、汉堡中学、澳大利亚维多利亚州代表团、日本立命馆大学、美国哈佛大学、布朗大学、美国 Hotchkiss 学校、荷兰国家课程发展研究院、美国麦克独立学校、法国路易格朗中学、法国教育部、法国驻上海领事馆、美韩名校校长教育访问团、加拿大圣·乔治 St. George's School 学校、St. Aloysius 女子私立中学代表团、联合国教科文组织泰国代表团、莫斯科英才中学、韩国济州教育代表团、上海国际青少年科技博览会代表团、新加坡实龙岗初级学院、美国 Solebury 中学、马歇尔大学、耶鲁大学、美国南加州大学、日本早稻田大学、美国硅谷天才儿童学校、英国牛津大学、中法教育督导研讨会、日本大阪教育代表团、伊朗伊斯兰共和国教育代表团、新西兰 Takapuna Grammar School 学校等 37 个教育团体。接待了香港圣保罗男女中学代表团、中国台北市立建国中学代表团、台湾明道中学、台北市立景美女子中学、台北市立中山女中、台北天主教徐汇中学、香港科技大学、香港大学等港澳台代表团 8 个，参与及承办了国际赛事与活动有国际数学奥林匹克竞赛、世界中学生乒乓球锦标赛、美国数学邀请赛、国际数学邀请赛、罗马尼亚大师杯数学竞赛、新加坡国际科技挑战赛、上海国际少年棒球锦标赛、世界可持续发展(能源、工程和环境)奥林匹克竞赛、"极赟"杯国际格斗空手道联盟交流大会等 9 个。

2013—2014 年，学校先后接待了伊朗教育创新中心副主任 Mr. Mohammad Hossein Refeie 带领教育代表团、俄罗斯石油天然气总公司附属学校在校长阿纳托利耶夫娜女士带领的代表团、美国亚特兰大国际学校师生代表团、英国皇家亚洲学会上海分部成员(包括美国总领事 Robert Griffiths 先生及夫人、皇家亚洲学会上海分部领导 Katy Gow、12—14 岁时曾在此集中营生活过的 Betty Barr 女士等)、英国雷丁中学代表团、丹麦石斧中学代表团、日本筑波大学代表团、泰国 Mahidol Wittayanusorn School 代表团、佛蒙特州教育联委会主席 Jim 先生及杜克大学国际招生办主任 Nicki 女士率领的代表团、美国威斯理安女子学院与斯特拉特福德学校以及福

2014 年 10 月冯志刚校长带领师生赴英国雷丁学校交流

斯特普瑞中学组成的教育代表团、美国 Deerfield 学院代表团等。

在国际教育交流上，还有一件事不得不提，那就是在 2013 年 12 月，与卡塔尔达成了上海中学到卡塔尔办分校的备忘录，这有可能成为中国基础教育走出国门办学的第一个案例。2013 年 12 月 4 日，卡塔尔教育来访团在团长 Mrs. Fauzia 女士带领下，一行六人来到上海中学进行考察交流。我校原校长唐盛昌、校长冯志刚、教学处主任朱臻老师热情接待了这批远道而来的异国友人。来访团首先参观了校史陈列馆、影视传媒中心、实验室、体育馆等场所。之后来到逸夫楼会议室同我校领导进行座谈。会上双方就合作意向进行交谈和沟通，彼此对未来合作充满信心。后来由于各种原因暂缓了此事的推进，但从一个侧面反映了上海中学国际部的国外办学影响。

上中国际部在"学习"的过程中深入把握了国际标准的精髓，进而把国际标准在中国人办的国际教育中演绎得淋漓尽致，在许多方面达到了领先水平，并且产生了广泛的国际影响。美国哈佛、耶鲁等常春藤大学的负责人都慕名来访，学校还与美、英、法等十多个国家的顶级名校，如法国的路易大帝中学等建立姊妹交流关系，不仅拓展了学生的国际视野，也为中国人办的国际教育赢得了国际对话空间。曾在上中国际部学习的 Victor Tsui（SHSID 2009，达特茅斯学院 2013，IB 成绩 44 分）说："上中国际部提供给我严格的学习挑战，同时也教给我如何获取一种成熟的国际化的观点"。2014 年 7 月 10 日，时任上海市基础教育国际课程比较研究所所长、上海中学原校长唐盛昌应英国教育大臣迈克尔·戈夫之邀，出席在伦敦举行的英国首届教育改革高端峰会，为我国唯一一名中学校长也是唯一张亚洲面孔应邀"把脉"英国基础教育。

在此次峰会上，唐盛昌校长首先以上海中学的成长为例，强调了课程和技术对学校发展的重要性，接着从"视野、评估和系统"三个方面简明扼要地介绍了上海教育改革发展的经验，引起了与会人士极大的兴趣。在峰会之前一天，唐盛昌校长还受邀与波兰前教育部长、荷兰教育部长、西班牙马德里教育大臣、智利教育部长等一起，在唐宁街 10 号首相府，与戈夫举行小范围的面对面交流。

三、国际教育必须凸显中国特色

中国人办的国际学校，在顺应国际教育潮流的同时，注重与国际主流相衔接的同时，一定要注重凸显中国特色。上海中学国际部在办学的过程中，始终注意的是处理好国际性与民族习惯内的关系，民族性首先是国际性的基础，没有民族特色，就失去了交流的根基。学校办学注重缔造学生的中国情结与营造法、理、情结合的管理。上海中学国际部的发展目标是培养具有中国情结、对华友好情怀、国际理解的综合型人才，为上海社会主义国际化大都市建设提供优质的、中国人自主管理的国际教育服务环境。作为国际教育实践基地，为本部拔尖创新人才培育与教育改革提供多方面的经验参考与改革启迪，为上海基础教育改革提供基于实践的国际先进元素借鉴与促进力量。上海中学国际部的发展，绝不能只从经济创收的角度加以考量，应放在上海建设社会主义国际化大都市的背景下整体思考。

1. 凸显办学政治与文化价值

中国人办国际学校的意义绝不在于吸纳外资、赚取外汇，而在于缔造境外学生的中国情结，让境外学生有一颗热爱中国、热爱中国学校、宣传中国优秀文化的心，宣传中国教育的心。与此同时，为本国教育提供可资借鉴的经验与财力、智力支持，凸显办学的政治与文化影响。这是中国特色的国际学校最大的特点。

● **要教中文，更要教中国文化**

上海中学国际部，尽管教育对象是外籍与港澳台人士子女，学校始终坚持在 1 年级到 12 年级开设中文必修课。通过中文教育与文化活动，塑造学生的中国情结。中国具有源远流长、博大精深的传统文化，如中和、泰和、求同存异、和而不同、和谐相处、仁爱、讲信修睦等思想。在国际教育中如何让这些传统文化思想充分发挥作用，是中国人创办的国际学校或公办学校国际部必须认真思考的问题。二十几年来，学校一直坚持在国际教育中渗透中华优秀传统文化，形成了一些有价值的探索。

学校注重在国际教育中展现中国传统文化的魅力，主要途径有三个：

第一，结合汉语教学进行中国传统文化教育。除日常汉语教学的渗透外，还注重专题展现中国传统文化的魅力。例如在 11 年级的 AP(大学进阶先修)中文课教学中，就有意识地展现了武术、饮食、服装、待人待客之道、中国历史、文学艺术、人文地理等中国文化的各个方面。注重开展经典诵读活动，国际部小学 1 到 3 年级的学生每周有一节 20 分钟的晨读课。1 年级的学生学《弟子规》，2 年级的学生学《成语故事》，3 年级的学生学《三字经》。初中段的汉语课在课前让学生依次诵读《唐诗三百首》《千字文》《论语》等中国传统文化经典。

第二，以中国文化类选修课展现我国传统文化的丰富多彩。如《书法》《篆刻》《剪纸》《折纸》《中国结》《国画》《上海方言》《围棋》等。这些选修课让不同年龄的学生对中国文化的艺术部分有了不同的认识，他们会在中文课上骄傲地谈起自己在选修课上学到的内容，同时也加深了其他学生对中国艺术的印象。有些学生的书法、篆刻、剪纸、国画等作品会被展示在走廊里或教室里，其他学生的赞叹和

外籍教师教研活动

来自家长与老师表扬，让学生对中国文化倍加喜爱。

第三，利用班会与晨会、个人成长课向学生展现中国传统文化。如晨会课上，请来草编师傅教学生如何用草编出一只蚱蜢等。班会课上，学生读历史故事、神话故事、民间传说和四大名著等。个人成长课是上海中学国际部为促进学生的身心健康成长而专设的课程，该课程也成为宣传中华优秀传统文化的重要阵地，并根据不同的节日进行不同主题的教育。如春节介绍吃饺子、放鞭炮、年的故事、年糕、压岁钱、探亲访友等习俗；元宵节介绍汤圆，进行拉兔子灯、猜灯谜等活动。清明节的踏青、扫墓、荡秋千、放风筝、吃青团等习俗介绍；端午节讲述屈原的故事、介绍吃粽子、雄黄酒、五彩丝线、熏艾草、插菖蒲等习俗；中秋节介绍月饼、嫦娥奔月的故事等；重阳节介绍登高、赏菊、重阳糕，并组织问候老人等活动。

国际部注重以活动引起学生对传统文化的共鸣。上海中学国际部的中国文化周活动，已经成为一个系列品牌，每年每个学段举行一次，非母语的每个班级选择一项或多项传统活动，进行相关知识介绍和学习教育。该活动为期一周，旨在为了让更多非母语的同学在学习汉语知识的同时进一步了解中国文化，也为了让文化的魅力促进同学们学习汉语的热情，提高语言能力。

至今为止，已经举行的活动包括：(1)大型表演：如京剧、传统民俗表演(舞狮子、踩高跷、变戏法等)；(2)民间艺人工艺展示：包括捏面人、做糖画、川剧变脸、草叶编织等手工艺表演；(3)中国饮食文化介绍：如茶道介绍、包饺子、包粽子、包汤圆等；(4)传统游戏：如踢毽子、跳皮筋、踩高跷、滚铁环、玩筷竹、筷子夹弹珠等；(5)传统艺术：如民乐欣赏、观看水墨动画、画京剧脸谱、画扇面、写毛笔字、剪纸艺术、设计旗袍等；(6)其他：如讲神话故事、介绍传统礼仪、学二十四节气歌、试穿传统服装等。

中国文化周是个非常受学生和家长欢迎的活动。小学段的老师们在每次活动前都会安排好一周的活动，做好精美的海报，事先通知所有学生的家长。这一周的每一天都有不同的内容，甚至课间休息和中午活动都是和中国文化相关的，真正让中国文化渗透到学生在校生活的各个角落，让他们觉得中国文化真是博大精深，无处不在。初中段的活动以让学生亲自动手为主，主要活动有包饺子、画折扇团扇、设计京剧脸谱等。2014年的初中段艺术节上，八年级的女孩了们在积极排练汉服舞，高中段也是以大型主题文化活动为主。如2013年国际部高中汉语组中国文化周活动共分四大主题：舌尖饕餮、笔魂墨韵、

国际部艺术节活动

魅力霓裳及梨园神采。通过这一周的活动，更加加深外国学生对中国文化的兴趣和理解。穿上古装，像古人一样吟诗作画，这些活动也激发了学生们自身对中国文化的研究。

国际部教育渗透中国优秀传统文化获得认同与内化。上海中学国际部在国际教育的过程中，通过开展多样性的弘扬中国传统文化的内容，显现了国际教育渗透中国传统文化教育的长效性，让学生予以认同并内化为中国情结的一部分。许多学生毕业后走向其他国家学习、工作，也将他们学到的中国优秀传统文化形态带到世界各地。上中国际部多样的中国优秀传统文化体验活动，激活学生对中国传统文化活动的参与、学习、探究，他们在每学期课题选择上，也关注了对中国传统文化的许多主题。

学校国际部每年还进行多项弘扬中华优秀传统文化的比赛，如成语故事演讲比赛、中文成语擂台赛、猜灯谜……学生自发组成小组，选择一个中文成语进行演讲及表演，他们拿着自己做的道具，生动地演绎出了成语故事。此外，还有中文歌唱大赛、绕口令比赛等。用文化艺术的感染力拉近学生之间的距离，让学生能够切身感受中华传统文化。在2013年上海市教委举办的“中国文化进校园——诗词朗诵大赛”中，我校师生一举夺魁，这是平时教育积累的成果。

学校还利用午间休息时间安排传统文化内容，向学生展示中国文化的不同方面，让学生体验中国传统文化的丰富多彩。许多一年级就进我校学习的学生经过小学四五年的熏陶，到中学时对中国的这些传统节日已经非常熟悉，他们能说出这些节日的农历日期，知道这些节日的来历和相关习俗，对各种相关活动和美食都津津乐道。

如今，上海中学国际部的学生已经遍及世界的各个角落，学生将一颗颗包含中国传统文化的种子带到世界各地，促进了中国优秀文化的传播。如果中国人办的国际学校或公办学校国际部能够在国际教育中有意识地开展中国传统文化教育，我国优秀传统文化将会成为国际教育中一道亮丽的风景线，并在培育国外友人的中国情结上持续焕发光彩。（以上主要内容摘自刘琼、董小敏撰写的《国际教育中渗透中华传统文化的实践探索》一文）

● 用心关爱缔造孩子热爱中国的心

在国际部的教育管理与教育教学中，有两个理念一直渗透在各个环节：一是使国际部的学生成为适应时代需要的国际性人才；二是用中国教师的关爱之心，在国际部孩子的心中撒下“亲中国”的种子，让国际部的学生带着这些“种子”，不论走到哪里，都能生根、发芽。

每年9月初的那几天，课间时分的先棉堂总是最热闹的，学生们互相叙说着暑假趣闻，有的学生还跑到办公室里与老师分享。2003年9月的一天，12年级班主任陈老师正在办公桌前备课，一位男生走进来大声嚷嚷："我在暑假看到一家电视台邀请今井兰泉做节目，说的是汉语，好流利啊！"

今井兰泉是陈老师2002届毕业的日本籍学生，毕业后就读于北京大学，他的成长又是一个在上中国际部得到良好成长与熏陶，将中国文化传扬出去的例子。在他进入学校认识的中国"方块字"还不到20个的时候，就声称要在最短的时间内通过HSK中级考试，同时还宣称要学会做中国菜，要走遍中国的大江南北。问他为什么，他笑着回答："因为，我热爱中国文化。"

是啊，能身处这方校园，亲身感受、耳濡目染在中西方文化对照下的中国五千年传统文化的魅力，能不被打动吗？且上海中学国际部创设了这样一种氛围：既让学生认识到文化的多样性，又深切感受上中百年名校的文化底蕴。今井兰泉在这样的氛围内，产生了对中国文化的热爱，并且仅用了一年半的时间就通过了HSK八级。像这样的学生还有许多许多，来自韩国的李英浩也是一个典型，远离父母来到上海中学国际部念书，但时间不长，就会说上海话、学做中国菜，顺利地说汉语……他在上中国际部读了六年。离开上中前，他送给班主任一个中国结，是用纯正中国红颜色的线编的，那红色的中国结一直挂在老师的桌上。

让"中国结"连起国际部孩子的"中国心"，这已经是上中国际部在国际化趋势办学中突显民族特色最为成功的做法。从这一点上说，上中国际部的创办、发展与示范效益，无论是对于营造改革开放的良好环境还是培养具有中国情结的国际性人才，其价值是难以衡量的。更加重要的是，许多教师用关爱来感染一位又一位国际部学子，让他们对中国、对学校产生无限的爱，让他们成为中华文化传播的使者。

金凌老师班级有一个学生叫章鲁克，由于学习成绩尤其是数理化的成绩没有他的姐姐章丽雅（国际部一位出色的毕业生，被哈佛、耶鲁、斯坦福等多所大学录取）那么出色，所以他的妈妈萌生了让他去另外一所国际学校的想法。班主任金老师在得知后，先了解鲁克本人的想法，该学生非常喜欢上海中学。所以金老师就抓住这一点，在班里尽量为他创造各种机会，让他更喜欢我们学校，舍不得离开。后来去了USC（南加州大学，美国最顶尖的综合大学之一）。他非常感激学校，临近毕业的时候，他发自内心地说："我爱上中国际部，我爱上海。"

上海中学国际部教师用无私的关爱促进孩子成长，不仅在国际部学生心中扎下了一颗爱学校、爱上海，认同中国教育的心，而且对孩子家长正确认识我国的国际教育，认同我国的教育文化产生很大的影响。初中段的许琛老师班级有一位学生Elaine，是个乖巧文静的女孩，成绩平平，性格内向，从来不参加任何活动。这样的孩子很可能会被老师忽略，但在上中国际部，我们的宗旨是发掘每一位学生的潜力！作为班主任努力与她沟通，常常聊天，从女孩子的购物聊起，渐渐地，她在班主任面前慢慢放开。Elaine有一位好朋友，也比较内向，班主任就鼓励她俩一起参加一些不需要抛头露面的活动,比如做 duty checker。Elaine 在这份工作中展现了她出色的责任心及团队的参与感。班主任借此机会,在班上大大表扬 Elaine。后来,Elaine 参加的活动越来越多,甚至自己组织了一个烘焙社团。毕业典礼的时候,Elaine 妈妈充满感激地说,感谢上中老师的培养,Elaine 的性格开朗自信了很多! 许老师班上还有一位学生 Connie,小学时一直被人欺负,胆小怕事,老师也不喜欢她,妈妈无比焦虑,后转到上中,刚开始成绩也不太理想,年级排名 200 多名。渐渐地,在老师的鼓励下,Connie 的性格越来越自信,朋友越来越多,成绩也上升到前 50 名,初中毕业,去了澳洲一所著名的私立高中,家长在家长会的时候无限感激学校的培养。

领木希同学是刘素琼老师 2011 学年及 2012 学年的 Homeroom 的学生,她 2010 学年进入 SHSID 就读时,无论中文还是英文都在最低级别。2011 学年,她 7 年级在 Homeroom 时,英文在 S 班,中文在初级。她在不同老师的鼓励下,敢于开口说,性格外向的她也让老师很乐于与她交流,即使磕磕绊绊,有时还要借助其他日本同学的翻译,但是师生感情逐渐升温。在 7 年级结束时,她的英文升到了 S+,中文到了准中级 1。她能和外教自信、自如地用英文交流,和中教也主动选择讲中文。2012 学年,她成了刘老师 8 年级 homeroom 的学生,班主任和她妈妈保持畅通的交流,家校一同努力,在 8 年级时,她的英文成功升入 H 班,中文到了准中级 2,且成绩优秀。要知道,她作为一个母语为纯日语的学生,转来上海中学时,英文基础相当薄弱,中文基础几乎为零,可是经过在上中的 3 年学习,她已成为一个英文达到母语程度,可以与中教用中文交流的 multilingual 的学生了!

【相关链接】 国际部家长喜欢将孩子送到学校就学的理由是他们的孩子到上中国际部学习,能得到的教学关爱是全方位的。一位国际部学生这样说:"上中国际部给我一种包容的感觉,在上课的时候,我就仿佛在家中一样放松。"(Yokouchi Nobutala, SHSID 2008;东京大学 2012)

程诗文(当时就读 5 年级,美国):爸爸妈妈帮我选择了上中,因为这里是百年名校,既有非常好的中文教学,又有全套的美国教材。我们每年都举办很多活动,像义卖会、艺术节、运动会、才艺秀等等我都非常喜欢。

上中国际部的教师用中国教师特有的关爱,赢得了一个个孩子以及他们家长的心,正因为如此,也在他们心中留下了热爱上海中学国际部、热爱中国的心,把这颗种子带到世界各地。国际部副主管刘炼指出,我们提供的教育,在 10 000 名学生重要的成长期和价值观形成期,对他们产生了深远的影响。中文教育、中国文化教育与渗透,是我们教育教学重要的一部分。我们培育的 10 000 名学生,仿佛 10 000 颗种子,带着对中国的深厚感情,去往世界各地。我们的校友都还很年轻,但是他们都开始在各自的领域中崭露头角,他们中有跨国企业中高层管理人员、大学教授、各个行业的青年骨干,或是继续在哈佛等学校修读博士学位的专业人才、年轻的科研人员等等。相信随着时间的推移，再一个10年、20年后，国际部的学生必将带着他们身上的上中基因、中国文化基因，去收获更大的成就。而一个学校，最终、最大的影响力，必将来自于这些去往世界各地的、生根发芽的年轻的校友们，他们对中国文化的感情，也必将进一步为我们国家的建设发展带来新的可能。

● 国际教育中闪亮的中国元素

上海中学国际部的教育注重中国特色，体现在多个方面。这种中国特色既有对国际主流教育趋势的把握，更重要的是将我国教育的自身优势统整、融入其中，珠联璧合，从而形成具有自身教育竞争力的中国特色。办学之初，学校更多地通过有意识的中国文化渗透、我国传统教育优势的渗透方式嵌入，到更多地通过培育自身具有竞争力的优势来凸显中国人办国际教育的影响，主要显现在以下几个有机结合上。

*数学强项与理科优势的有机结合。*我国的数学教学在国际上一直具有优势，上海中学在数学教育上更有领先优势，至2014年已有9名学生获得国际数学奥林匹克竞赛金牌，在数学学科教育质量上也持续保持领先，因而上中国际部注重凸显数学教育的强项。与此同时，我国的物理学、化学、生物学诸科教学则以重基础知识学习和教学内容系统深入而著称。学校在把握国际标准，凸显实验学科的实验本色同时，注重引导学生形成良好的学科知识基础，获得厚实的个性化知识基础与探究、创新意识提升的双丰收。数学强项与理科优势的有机结合，促进学生的数学、物理学、化学、生物学的IB、AP成绩在全球持续保持领先。

*专业水平与关爱优势的有机结合。*上中国际部既坚持国际标准"活力"，又注重中国特色"高效"，既关注课堂活力，又讲究课堂效能，注重营造活力高效课堂。这与上中国际部教师既有国际教师良好的专业水平，又有中国教师特有的"关爱优势"是分不开的，他们给学生充分的、全程的关爱，既关注课堂上的学习，也指导在课外的发展。上中国际部教师专业水平的精湛，不仅体现在学历与专业准备上，如能用全英语进行学科教学的中国教师有150多位，80％的教师持有硕士及以上学位，超过50％的教师具有教授、副教授或中高级教师职称，更体现在综合素养与敬业精神上，如倡导"四种"精神，即"不断学习的进取精神""立足岗位的创新精神""积极向上的竞争精神"和"感恩社会的奉献精神"。强化四方面素养：一是专业素养，强调教师的学科功力与学科英语能力；二是人文素养，强调教师对学生情感、态度和价值观的引领，是隐藏在知识能力背后的素养；三是科学素养，强调教师科学的教育方法指导、有效的教学过程控制能力等；四是信息素养，运用数字技术进行教育教学与指导的能力等。学校注重创设"新教师带教培训""青年教师基本功大赛""高端教师培训""到国外进行长达1个月的培训"等多种方式，激励他们成长。

*制度管理与中国情理的有机结合。*上中国际部的管理，既尊重国际学校管理规

2012 年俄罗斯中小学校长教育代表团来访

则，注重国际规则的遵循与落实，尤其是以法治校，加强制度建设，又注重中国人管理合理合情的特点。在强调教育选择(Choice)与质量保证(Quality Assurance)、教育分权(Decentralization)与问责(Accountability)的理念同时，形成了与之匹配的国际教育管理制度，如国际部学生的报名、测试注册、学生档案建立和毕业推荐等方面的规范服务制度，在校生的学生守则、教师守则，在后勤管理上推进星级服务制、校车管理上率先推进 GPS 定位系统，形成了五段四条矩阵管理模式(1—4 年级段、5—6 年级段、7—8 年级段、9—10 年级段、11—12 年级段以及课程协调、教学协调、人力资源协调、生活协调)。与此同时，学校注重运用中国教育管理的合情合理原则，在师生管理中秉持合情合理、相互尊重、理解包容、以和为贵。学校还充分发挥民主管理，积极推进家校联合会(Parent Teacher Student Association, PTSA)。法理情的管理机制，使每一位融入其中的管理人员、教师(包括外籍教师)、学生、职工都有良好的责任感、使命感、归属感和文化认同感。

*艺体教育与东方文化的有机结合。*国际教育非常注重艺术、体育，这是学校有内涵的一个重要方面。上中既注重把音乐、美术、体育视作与数学、物理学等的学科同等重要来抓，而且将中国的艺术文化(如中国的国画、剪纸、民族舞蹈)，体育文化(如武术文化、乒乓文化)等融入其中，进一步提升人文、艺术类课程的开设水平。国际部的体育与艺术教育，向来都是学校的主干课，而且在国际交流与合作上占有举足轻重的地位。这些年来，体育、艺术都得到了很好的发展，如音乐学科，音乐教育的多样性与丰富性进一步呈现，管乐团和弦乐团初具规模。上中国际部的艺术教育有三种形态：一是日常音乐、美术课；二是各种兴趣选修课；三是艺术社团活动。学校美术能够提供国画、油画、版画、泥塑等 10 多个板块供选学；音乐能够提供视觉艺术、形体艺术等近 20 个板块供选学；体育亦能提供棒垒球、乒乓球等 20 多个模块供选学。

上海中学国际部既注重国际化环境氛围的营造，也注重中国文化的影响，中西合璧，形成了自身独具特色的核心竞争力。在上中学习的孩子，既有包容的心态，又能体会到多元文化的交融，还能感受到中国文化的魅力，包括汉语学习、中华文化交流、本部与国际部的互动交流，如艺术节的同台演艺、慈善义卖活动的共同参与、武术文化的交流等，每一位学生心中形成了良好的中国情结。

这一“中国特色”的国际教育竞争力，使得上中国际部成为中外文化交流的窗口,获得了良好的国内声誉与国际声望。

● **奏响"强教高地"主旋律**

国际部的办学具有积极的政治、文化意义,是具有高境界与高品位的。2012—2015 年,上海中学老校长唐盛昌与新校长冯志刚积极思考学校的"十二五"校园改造规划,准备利用自筹资金对学校的老楼(总务楼、工程楼、中兴楼等)进行改造。由于上海中学属于上海市教委直属,改造方案需要得到上海市发展与改革委员会的审批,要求学校提供上海中学国际部办学的意义。以下的文稿,让上海市发展与改革委员会认识到上中国际部闪亮的中国元素以及办学的政治、文化意义,最终同意了学校"十二五"校园改造的立项。

加拿大维多利亚教育部代表团来访

上海中学国际部的发展有重大政治意义。上海正在大力推进社会主义国际化大都市建设,加快建设"四个"国际中心,必须吸引一批外籍人士来沪学习、生活与工作,为其子女提供优质的国际教育,就成为上海营造良好对外开放教育服务环境的必需。上海的"四个中心"建设,集聚了一批外籍人士子女来华、来沪,上海有责任用中国的优秀文化去影响这些孩子的成长,让他们有着浓厚的中国情怀与亲华意识。上中国际部关注对这批学生进行中国优良传统文化教育的渗透,汉语是国际部学生的必修课。中国文化的熏陶,他们时时刻刻都能感受得到,对中国的友好情结不断提升。从上中国际部走出去的学生,因为他们在这里形成了对中国的正确认识、对中国文化的理解与尊重,所以他们在大学毕业后相当多的愿意从事对华贸易(如有的成为外国公司驻华机构的代表)、经商(如到中国投资)、文化交流(有的在驻华使领馆工作或开展相关文化、教育交流工作)的相关行业。这一点上看,国际部的发展具有政治意义。

上中国际部对于上海市外国人办的国际学校发展起着杠杆作用。上中国际部的办学质量,已经达到了相当高的高度,上中国际部的文凭得到了世界各国的广泛认可。这一高度完全可以与上海市外国人办的任何一所国际学校相媲美。上海中学国际部从收费来讲,相对上海市外国人办的国际学校而言只有它的一半费用,甚至只是它的三分之一,这就有了性价比上的竞争优势,也客观上抑制了上海市外国人办的国际学校继续涨学费的要求,为来华、来沪境外人士提供了性价比更高的选择机会,也为上海市政府吸引境外人士来沪工作、投资营造了良好的教育服务环境氛围。曾有驻华国外机构的代表向上海市政府有关部门反映,上海市有许多外国人

爱尔兰皇家音乐学院室内交响乐团来校演出

办的国际学校收费比较高,他们的孩子在上海读书成本太高,不利于他们在沪长远发展。市政府有关部门说:“你们完全可以将孩子送到上中国际部去读书,收费又不高,无论是升入欧美一流大学的比例还是教育质量性价比,都比外国人办的国际学校还要略胜一筹。”上中国际部的发展,在外国人办的国际教育与我国自主办国际教育之间起到了平衡与协调作用,对上海市优质国际教育环境的创设,起着良好的杠杆作用。

上中国际部为上海对外交流的示范辐射基地与东西方文化交流窗口。上中国际部的创办与发展,成为中国人自主创办、管理国际教育,推进国际课程开设的范例,许多外省市的教育行政部门多次来校取经,成为上海教育对外示范、辐射的重要基地。作为中国人自主管理的上中国际部,不仅提升了国际教育服务的水平,而且成为东西方文化交流的示范窗口。国外100多所高校(而且大多是世界排名前50的大学)直接派员来我校招收国际部学生,80多个国外高层访问团来校考察,10多个知名乐团来校演出,拓展与提升了中国、上海教育的国际影响力。

来自世界各国的学生在中西合璧的校园学习

国际部为办好本部、促进本部学生成长提供强大推动力。为什么上海中学成为“出示范引领成果”的“高产区”(如建设现代数字化实验室、推进课程高选择性、数字化校园构建、以志趣能为导向推进不同类型拔尖创新人才早期培育、上海市基础教育国际课程比较研究所在上海中学成立等),就在于上海中学将国际部可以作为重要的实践基地与比较研究基地,作为国际教育分析的“解剖”对象,借鉴其中先进元素,创造性运用整合于本部教育教学,为本部学生的发展提供来自国际比较方面的启迪。与其他同类型高中相比，上中本部学生除了升学成绩遥遥领先外，在学科英语、课题研究性学习能力、参与社会实践服务的能力、国际视野、志趣能匹配等方面显现了自身的特色与先进性。上海中学国际部为本部办学、本部教育改革提供财力与智力支持。

上海中学国际部以前瞻的视野奏响“强教高地”主旋律。上中国际部的成功表明，中国人自主管理的国际学校，要在“走强”道路上强化自己的个性、特色、吸引力。学校“走强”，必须能够提供高水平、高规格、可选择的个性化服务，并且形成自身显著的特色。上海中学国际部在诞生和发展中，吸取国外先进教育理念和按国际规则，经过自身消化、更新，在课程设置、教学方式、师资建设和科学管理以及校园文化等方面的建树，对现代学校走向国际化提供了极富借鉴价值的样本。这也直接推进了上海中学对本国学生开展的资优生教育，并取得了在全市遥遥领先、成为全国顶级名校的教育质量。

上中国际部的成功，对自身学校发展具有里程碑式的意义，同样对上海乃至中国基础教育的走向具有基础性的借鉴价值。学校在国际部发展探索中，形成的价值观念、思想方法、文化认同、行事准则等一系列显性或隐性，深刻影响教育教学的理论方略和实际经验，不仅对同类学校具有鲜明的示范作用，而且对不同学校和不同教育也有潜在的借鉴影响。上海中学现任校长冯志刚说：“上海中学之所以能成为国内许多名校追求的标杆学校，就在于将国际性与民族性完美结合，推进了我国教育的现代化进程。”

上中国际部的成功，推进了全国第一个以国际课程为研究对象的上海市基础教育国际课程比较研究所成立。上海中学国际部将作为国际课程比较研究基地深入开展研究，其提供的探索经验必将有利于推进上海中学课程改革，还将为上海基础教育课程改革提供先进经验。充分发挥了国际课程比较研究的辐射、引领作用，上海市基础教育国际课程比较研究所将承担上海市高中试点开展国际课程的审核，努力开展基础教育国际课程政策、理论与实践研究，借鉴国际课程经验，深化上海市课程改革，锻造国际课程研究队伍，集聚国际课程研究力量，积极主动开设国际课程比较研究论坛，在国际教育中发出声音，达到更高的水平，以进一步扩大影响。

冯志刚校长、国际部副主管马峰与国际部学生午间交流

现任校长冯志刚说，在唐盛昌校长的带领下，学校注重借鉴国际课程好的元素，从 2008 年开始，上海中学开始了学科“课程图

俄罗斯英才中学来访

谱”建设,根据学生需求、学科发展、国际趋势,按照“学科群”思想构建了高选择性的全新课程体系。时至今日,一个包含了7个学习领域、14个学科范畴、800多个科目与模块供选学的课程图谱已在上海发挥示范作用。现任上海中学副校长朱臻,在本部(招收上海生源)和国际部任教,对于两者间的差异,有着深刻的体悟。“选择性更多,视野更宽”是这名从教20余年的物理特级教师对国际课程特色最深的印象。“国内高中物理,更注重深度,在一个知识点上挖掘得很深;但在IB课程体系中,物理被细化成医用物理、粒子物理、天体物理等更多小的模块,学生跟着老师一起探究,CT和B超的成像原理,手机基站设置的要求等等不同领域的课题,这样广泛的接触,对学生将来明确专业选择,职业方向,很有用处。”朱臻说。

借助上中国际部的推动力,上海中学正按照教育强国的要求,着力构建一所既把握国际标准实质,又有自身育人特色的世界一流中国强校。

2. 注重法、理、情结合的管理

上中国际部是中国人自主管理的国际学校,既要考虑到与国际接轨,又要考虑中国实情。西方欧美的学校管理比较侧重于先法后理,情比较缺乏;而中国传统的学校管理先情后理,法比较弱。上中国际部建构了中西文化融合的管理机制,将法、理、情紧密结合起来,形成富有自身特色的管理方式,促进了学生对我国管理的认同,外籍教师对中国人自主管理的认同与归属感,彰显了法、理、情结合的管理魅力。

● 入门时的量体裁衣

国际部的招生与教师的招聘、培训及注重入门时的量体裁衣,让学生得到针对性的教育,让教师得到良好的发展。

学校认为,要做到管理以学生为本,就必须了解学生的需求。这不仅表现在及时关注学生在学习过程中的需求,而且要了解学生在进校时的状况与需求。因此,在招生上将这一点充分考虑其中。一句话,从一开始就体现我们的专业与特色。

每年五六月份是国际部招生最繁忙的时候。学校的招生流程是有我国特点,且关注法、理、情结合的。当家长确定就读上海中学后,先递交报名表格,与孩子先商定就读哪一年级;学校发出入学测试通知,约定测试时间。测试分口试与笔试,测试科目为汉语、英语、数学和另外两门学生自选科目(升10年级以上的学生规定测试物理学和化学)。

教师根据学生的口试与笔试情况,选择合格的学生。经过双向选择后,对于合格的学生，教师给予家长、孩子选择课程的系列建议，如建议什么样的课程比较合适，该选择什么样的层次等，接下来安排与各学段主任见面，与学生、家长商议，确定学生的具体课程。学校利用招生这一环节，了解学生的需求与实际，给他们量体裁衣，建议选择相应系列的课程与教学方式，同时让他们了解上海中学的管理制度。国际部的学生来自不同的国家与地区，学习程度与需要千差万别，无法采取通常我们在招生中以分数多少来定夺是否录取的方法。必须通过适当方式来了解他们，根据情况决定是否录取，适合在哪一年级就读，安排个性化学习内容“菜单”，编入怎样的班级。其中最关键的一条，就是看学生能否认可上海中学的管理思想与管理制度，让学生在相应的管理制度遵守要求上签字。这一招生与其他国际学校不同，显示了上海中学的特色。

国际部 2009 年度高端教师培训

对于国际部的教师聘用，需经过校长的亲自面谈，学科组的专业认定，排序选择合适的教师。教师进入岗位之前，首先要经过新教师培训，让新教师适应上中国际部的发展需求，进行量体裁衣式的培训。李英副校长每次都给新教师进行观念培训，使每一位教师认识到作为国际部教师的使命，形成了著名的《新教师成长之三四五六》认识，在《上海教育》2012 年第 4A 期刊出。

新教师要在国际部迅速成长，面临三个“挑战”：对学科驾驭能力及研究能力提出了挑战，对数字技术运用和探究式教学能力提出了挑战，对国际视野及新教师的英语运用能力提出了挑战。新教师要把握未来社会必需的四个“更重要”：努力重要，方向更重要；知识重要，能力更重要；期望重要，心态更重要；文凭重要，奋斗更重要。新教师必须具备四种“意识”：使命意识，打拼意识，忧患意识，服务意识。新教师角色转换的六个“途径”：重视第一印象与人格魅力的感染；调整心态，放松心理压力；遵守学校的规章制度；要唤起自己对学校的荣誉感；不断更新自己的知识；提高自己的沟通能力。（参见李英：《精细・悟性・大气——李英副校长论文集》一书）

对外籍教师进行培训

国际部副主管马峰也强调国际部的发展对教师素养提升带来的影

外籍教师认同国际部的培训理念

响。每一位新教师入校之后必定经历两年的师徒带教,部分教师更是有幸参加了旨在为国际部进一步发展储备人才的"高端教师培训"等培养项目,再加上不定时的交流会、教研活动等,学校对于青年教师的培养倾注了大量的心血。每位青年教师都应该对学校的发展提供的平台和机遇心怀感激。

听国际部的资深老师时常讲起,在国际部创办之初,办学、教育和管理非常的不易。办学之初,上课的老师必须首先学会掌控课堂的纪律,其次才是教学效果。这时,对教师的要求是管理能力要高于教学能力。随着国际部教育教学质量的提升,对老师的要求也越来越高,管理能力和教学能力必须都强,因为两者相辅相成。没有较高的教学能力,就无法适应家长和学生对于高质量国际教育的要求。而没有较高的管理能力,在面对复杂问题的处理时,容易把握不好分寸,把简单问题变复杂,把容易解决的矛盾变得不容易解决。

随着学校"从无到有""从小到大",随着不断向"做强"发展,我们中国人自主管理的国际教育的实践可能正在进入"深水区",这对新形势下的上中国际部教师的素养提出了更高的要求。新的形势下,对国际部教师素养的要求早已不限于"会说英语,管得住纪律"。我们应在教学中着力培养学生的阅读习惯、自学能力和团队合作能力,关注学生的批判性思维能力的培养。在国际部,很多场合,包括外教的课堂,模拟联合国活动,甚至是SAT考试的阅读题的名字都为"批判性阅读",都强调培养学生的批判性思维。那么批判性思维的学生被培养出来了,他们看问题更全面了,更理性,同时也就对老师的做法,学校的做法的评价和思考也就更具批判性了。这应该说是一件好事,因为学校本就是培养人的地方。然而,这对我们老师的要求其实也就更高了,老师处理问题的做法,上课讲的东西,可能在课堂上,或者其他场合立即得到学生的质疑和挑战。他们不迷信老师,不迷信学校,不迷信权威。这其实也对老师的教学和管理,甚至是学校,提出了更高的要求。从社会层面来看,敢于挑战、敢于质疑的人多了,也会在很大程度上逐步影响社会的民主

2013年国际部青年教师说课大赛颁奖

化进程和管理。

国际部的发展对教师专业知识和个人教学魅力也提出了新的要求。作为上中国际部，如何应对“自组织学习环境”？主要靠的还是老师的专业知识，没有老师的成长，就没有学校的发展。跨学科教学在欧美的一些学校，充斥着基于设计的学习方式和基于项目的学习，这些需要学生使用多门学科的知识进行学习，也需要老师能够在这些学习方式中有所作为。在我校学生参加的数学建模比赛、IB扩展性论文的写作等学习活动中，已经可以依稀地看到一些跨学科的影子。

上海中学的教师是否能够坦然面对并妥善处理国际学校学生群体的差异性？尽管国际部已经对学生按照学习能力和兴趣爱好作了分层，然而，处于同一层次的学生的个体差异仍然十分明显，这是常态，但是不是所有老师都已习惯了这种常态，并能够很好地处理这种常态呢？还是仍然对这种常态感到非常地不习惯？比如，课堂里出现的那些注意力不集中的学生，如何管理是考验教师智慧的一个难题。对于那些勤奋努力，但接受能力偏弱的学生又如何处理？对于“奇客”学生如何发挥他们的长处为课堂教学服务？这些都是上中教师要考虑的问题。这些问题与挑战都需要对教师培养的量体裁衣。

如果我们能够看到新形势下，国际部全体老师面临的机遇，也能够清醒地认识到未来的挑战，并逐步采取行动去迎接这些可能的机遇和挑战，我们也就愿意相信，国际部下一个20年的辉煌就近在眼前。

● 无边的圆

国际部的管理，着意于日常管理的一点一滴，全方位、全天候、全心全意关心学生，做好与家长的思想沟通，将常规管理与现代管理紧密结合起来，既让学生的个性得到自由发展，又要促进学生遵守秩序与规范；让中外教师共同努力为学校的发展服务，做好“无边的圆”这一大文章。

将整个国际部的管理视为一个圆，随着国际部规模的扩大，管理的内容在不断增加，但不管这个圆有多大，管理的核心问题（圆心）未变，这个圆心就是责任。2003年的一场“非典型性肺炎”，上中人用智慧与开放的形态，没有一人感染“非典”，顺利赢得了家长与学生的心。2003年初“非典”肆虐我国大江南北，而上海中学是一所国际学校，如何保护来自40多个国家与地区的孩子和几十名外教的安全，不仅关系到上中的办学声誉，而且关系到中国人办的国际学校的国际声誉，也关系到中国教育的国际声誉。

期间，许多家长打电话到学校，要求学校停课，让孩子们回家“避难”。当时上海的一些国际学校已经停课了，而上中却没有这样做，而是耐心地做好防范与沟通工作。学校认为，在党中央的领导下，作为中国人办的国际学校，是有实力渡过难关的。我们有责任将这些孩子保护好，让他们留在学校，减少外出，这样会更安全。我们不能推卸责任,不能放他们回家,学校照常上课,可家长能理解吗?学校做了全面的防范与部署,关注与学生、家长的沟通,稳定学生与家长的心,发出了连续八封告家长书,让他们知道学校采取的防御措施以及让他们放心学校是安全的。在"抗非"期间,学生的上学率都在90%以上,绝大部分时段,都接近了正常的98%。上中的管理重责,赢得了家长与孩子的心。

讲到无边的圆,不得不提上中国际部对来自世界各地外籍教师的管理。当学校每次向来校参观的外宾与国内同行介绍国际部集聚了118名外籍教师进行良好的教育服务时,他们都感到惊奇,一所中国人自主管理的国际学校不仅能凝聚这么多绝大多数来自美国与英国的外籍教师,而且他们对上中有良好的归属感。这就得益于学校法、理、情的管理机制,一方面这些外籍教师与学校签约前,会详细地将双方的权利、义务通过合同的方式详细约定,包括工作量、请假制度、薪酬等;另一方面,学校尊重外国文化,发挥外教骨干的作用,注重情理的渗透,使他们融入上海中学的文化,产生强烈的认同与归属感。

先来看一下国际部外籍教师的发展速度:2006年:51人;2007年:60人,增长率16%;2008年:68人,增长率15.7%;2009年:80人,增长率7.5%;2010年:91人,增长率30.9%;2011年:105人,增长率12.9%;2012年:110人,增长率4.7%;2013年:119人,增长率8%;2014年、2015年:118人,保持平稳发展。

上海中学国际部外籍教师的规模在全上海的同类学校中居于首位,即便是大学也都没有如此的规模,而且管理团队全部是中国人,更是开创了国内学校涉外管理的先河。上海中学通过多年的探索和努力,取得了良好的管理绩效。

上海中学对外籍教师的管理依照法、理、情相结合的原则,在近年来的管理中首先注重条例、制度、合同的完善。按照外国人一切以合同为本的理念,不断完善各项制度建设,使得管理有法可依,有章可循。

在外籍教师的管理中,学校也非常重视个人发展的空间提升的开发。在外籍教师中不断创设相应职位,提升在教学或管理方面拥有卓越才能和实绩的外籍教师,鼓励他们的积极性和奉献精神。我们选拔工作出色且具有责任心并乐于为大家服务的外籍教师成为备课组长、教研组长,甚至课程校长助理。对于在学校工作年限较长,且各方面起到表率作用的老师成为资深教师,对于在核心课程教学中颇有心得,且教学成绩取得与上中地位相称的外教,选取一定比例成为特聘教师,并相应提高福利待遇。另外,提拔在人际沟通方面有特殊才能,而且较为理解中国文化,对学校文化较为认同的老师为联络员,帮助学校做好各项工作。外教办始终重视外教梯队建设,为有能力的外教搭建舞台。

外籍教师高流动性现象在国际学校是较为普遍的,在上海中学国际部每年也有不少外教由于多种原因存在流动。然而"铁打的营盘流水的兵",不管外籍教师每年的流动率是多少，学校加强对外籍教师的教育高质、多层次、目标性的培训，支持有特长兴趣的外籍教师更好地发展；通过较为权威和系统的培训，使外教老师能将自己的知识体系有序地与教学纲要相结合，从而达到更好的教学效果。

在对外籍教师的培训中非常注重方式方法。由于外籍教师从小所受教育不同，成长的文化背景也不同，因此，对于教育的理解，在课堂的教学行为、教学流程，以及教师在课堂中及授课后应承担的职责，都与中国老师有较大的理解差异。然而一所高规格的学校，就是应当有一套严格的高标准教学要求及细则，更不能有双重标准。

学校专门成立了外教办。外教办每年在保质保量完成招聘的前提下，希望通过选择优秀的外籍老师，并且通过系统的培训，提升外教中的短板，提高整体的教学水平，并通过人性化的管理提高外教的认同感、敬业度、归属感。

学校通过培训将制定的各项规章制度介绍给每一位老师，使得老师们从一开始就懂规矩，并能按照学校的各项要求操作并执行。就以课堂教学要求为例，国际部希望中、外教能够实现高效活力课堂的教学效果。许多外籍老师对于教学有着自己不同的理解，他们也会因为之前教学经验的不同，从而对教学有着不同的理解。大多数老师由于受到从小的教育经历的影响喜欢学生为中心的教学模式。他们善于组织各项课内讨论、课堂演讲，希望学生多多参与，发表自己的观点，运用学到的词汇和语法、逻辑思维和思辨能力达到语言的运用。然而由于教学对象的不同，在上海中学外籍教师应当作出相应的调整，这就需要通过培训来落实。我们通过学生家庭背景介绍、中国文化介绍、通过资深老教师的实践经验分享、公开课录像的观摩，让老师们能够理解为什么不能单纯照搬西方的学生为中心的教学模式，为什么要适当加入以教师为核心的授课模式，相互结合。

外籍教师对所碰到的新事物都会有一个从不认同到认同的过程，只是有的老师适应时间较短，而有的较长。所以单单通过培训讲座和介绍不足以完全解决外籍教师的问题，因此要通过学期中的听课、反馈，每周的外教例会反复强调，达到让老师认同、接收并执行的目的。在此过程中，不少老师会提出许多的问题，特别是对于执行细则的疑问，然而在对老师答疑的过程中，我们也发现，回答问题的过程帮助我们理清了思路，并且使原来的制度和条例变得更具可操作性。更重要的是，通过这样的模式，使得老师觉得他的建议和想法得到了重视和肯定，他的被认同感增强，从而加强了他对学校管理的认同。通过此类管理模式，国际部不仅加强了对老师授课形式的改良，还对作业、试卷的批改、背靠背命题，甚至社团活动模式等都进行了有效的重塑。

上海中学对于外籍教师的管理，从校长室开始就给予极大的支持，不仅由外教办主要负责落实，更是要依靠各段各条、教研组、年级组的支持和支撑。应该说，整个国际部都非常注重中外文化的差异，认识到中外教在思维习惯、模式上的不同，求同存异，以学生利益为最大，不断地磨合与适应。

为了使老师能够更好地适应上中国际部的生活和工作，外教办从老师草签合同后就开始提供办证、住房登记等便利，而且从培训时就加入对中国文化的介绍，让外教熟悉学校周边环境和上海这座城市。协助老师安排好自己的生活，包括购买手机、家具、上网等。外教办还非常重视对外籍教师的关怀，老师过生日会收到一张生日卡片和一盒巧克力；生病住院会有中国同事翻译、陪同，校领导也会去医院看望和关心。每年的圣诞节，外教办会组织老师聚餐开派对庆祝，使得老师觉得像在家里一样，非常亲切。老师将聚餐称作"Comfort Food"，不仅表示美味的食物，更表示带来安慰的佳肴。每逢佳节倍思亲，圣诞节作为西方的春节，对老师们意义不同，由于遵守本地学校的校历，国际部圣诞节只有2—3天的假，因此远离亲朋好友的老师们倍感思乡，举行圣诞晚宴，老师共同分享美食并且攀谈祝贺，使得老师的思乡之情得以缓解和释放。

2015年外教培训

同样在学段，段主任也非常注重对外籍教师的关心。在学段活动中积极听取老师建议，并邀请老师参加春游、秋游等社会考察活动，外籍教师也是运动会、艺术节才艺秀等活动的积极分子，一上台，总能将气氛带至高潮。过年过节，学段也不会忘记外籍教师，和他们分享节日礼物。

由于方方面面的努力和重视，上海中学外籍教师队伍在数量不断增加的基础上，质量也是稳中有升。目前，参与学校核心课程IB/AP教学的老师的质量较以往有很大提高。原来外籍教师只参与IB课程中少数学科的教学，诸如文学、语言、历史和心理学等，然而现在有越来越多的外籍老师综合利用机会参与了IB美术，IB/AP文学、IB/AP语言、IB/AP历史、AP经济学、IB/AP心理学和AP音乐等。学科教学工作中执教核心课程的外教人数从4人增加到15人。任教核心课程对于外籍教师而言是一种肯定，更是个人职业发展的一个大好机会。同时增加了培训的工作量，对培训的要求和效果也有相应的提高。近两年，通过教研组、学段和外教办的共同努力，IB/AP考试成绩不仅保持在高位，更是不断攀升，成为全球领先的顶级学校。

在学校各部门的通力合作和努力之下，国际部外籍教师的归属感不断提高，不仅每年留校的老师比率稳定在60%左右，还会有离开一段时间之后再次选择回到上海中学的外籍教师。2013学年有十多名外籍教师希望再次回到上海中学任教，学校选择了其中各方面表现较为出色的9位老师回到学校。有趣的是再次回来的老师在各方面进一步充当领头，起到非常好的表率作用。

典型教师代表案例：教师代表1——Michael Corayer老师：本科毕业于哈佛大学心理学专业，现担任我校IB心理学老师，已在上海中学工作6年。他在上中国际部工作5年之后，由于个人原因离开了1年，之后又重新申请回到国际部工作，担任IB/AP教学工作。这位老师多才多艺，不仅歌唱得好，还是个管乐吹奏的高手，经常参加教师节、圣诞节聚会的表演，小号、萨克斯信手拈来，个人演唱的视频还在Youtube网站上非常热门。

教师代表2——Anthony老师：硕士及本科均毕业于马歇尔大学美术专业，曾任马歇尔大学美术馆馆长，现担任我校IB美术老师，已在我校工作10年。Anthony老师前后在上中国际部工作了10年，是我校自行培养的IB视觉艺术教师。在返回上中国际部任教之前，他曾在上中工作9年，由于家人身体原因，离开一年照顾父母，之后又重回国际部。他在上海中学找到了事业和追求，对于学生倍加关爱，他用素描记录下了国际部的校园图，至今仍被悬挂在国际部招生办公室展出。然而就是这位留任长达10年的老师，在最初几年，也差点和他失之交臂。由于课程设置的狭窄，选择不多，Anthony老师不能教授美术课，只能教授英语课和历史课。然而随着国际部IB课程的迅速发展，学校开始开设视觉艺术课，Anthony老师授命开发这一课程，这一开发，就开发了7年。

教师代表3——Jake老师：硕士及本科均毕业于康涅狄格大学中等教育学，历史专业，曾担任过初中段联络员，现担任我校初小段校长助理，已在上海中学工作6年。Jake老师是我校自主培养的第一位外籍教师校长助理。他在校工作期间，从一位稚嫩的新老师，迅速成长为勇于担当、积极沟通、传播正能量，且专业知识过硬的教学和管理好手。他不仅担任过初中段的联络员、初中历史教研组副组长，并且是初中WSC首位教练，扶持初中热衷WSC活动的资优生走向世界的舞台，展现个人和团队的魅力。2014年度，由于Jake老师出色的工作表现，他被提拔为初小校长助理，负责初小课程建设。

上海中学国际部的外籍教师队伍，已经成为学校发展的不可或缺的力量。他们也同样活跃在艺术节、联欢会上，中外教师联手创设国际部美好未来。

2012年国际部毕业典礼管理团队合影

● **活用人力资源**

国际部的管理,用合理的制度激活人的力量是关键。上海中学国际部有良好的矩阵管理体系:五段四条;两部资源的优势互补,法、理、情的管理特色与相互借鉴,实现共同提升。

上中国际部的五段四条矩阵,各司其职。1—4年级学段抓好小学段的教学;5—6年级做好小升初中衔接;7—8年级注重初中青春转型教育与升高中的准备;9—10年级做好生涯发展规划与高中准备教育;11—12年级关注个性潜能开发与升学准备。同时,设立四条块抓好功能拓展:课程协调,注重学段课程的安排与教务工作;教学协调,做好教师培训与教学质量督导;人力资源协调,抓好外教的招聘、管理与培训;生活服务,关注学生食堂与校车管理。在这里,需提醒一下的是上海中学的校车已经超过110辆,2014年引进了两辆电动节能车,学校在全国率先推进校车的GPS定位管理系统,受到了教育部等部门的赞许与经验推广。

在五段四条管理中,还有一个中心工作贯穿,那就是加强对学生的升学指导,成立升学指导处。提供国际部7—12年级升学服务。主要服务内容具有上海中学国际部特色,且在国际教育中处于领先地位。建立Online系统——互联网时代的Family Connection系统,主要特色有联系学校—学生和家长;联系大学和学生/家长;学生个人信息(高中四年)的存档;及时的信息发布,资源共享;大学申请文件的传送系统;提供总体大学指导timeline和要点,满足大学升学服务的总体需求;数据——目前该系统的使用人数,7—12年级的学生、家长、老师约4 000人。形成Offline系统,班主任是核心,能提供个性化服务,根据每个孩子的特点指导孩子的高中选课、课外活动——提供不同年级的班主任工作案例;12年级班主任老师具体帮助学生完成大学升学的所有手续。数据支持——班主任队伍:9—12年级共约45位班主任,每位班主任服务大约25位学生。与美国学校的Counselor系统相比,美国学校的Counselor平均服务40位学生,我们的班主任服务队伍更加强调个性化服务,另外班主任同时还是任课老师,更加了解学生的具体背景和需求。除班主任以外,其他Offline的大学升学服务有各种大学升学讲座、大学展览会;数据支持有过去三年来过我校的大学代表数据,可以根据国籍列表,另外还有大量图片;大学展览会的各种新闻报道和数据;学校承办和协办的各种夏令营活动:例如哈佛夏令营,同样有很多数据和图片可以使用;考试服务:学校作为TOEFL/SAT/ACT考点的各种数据。正因为有良好的升学指导系统,因而每年学生出国申请,都由学校完成,且得到了好的成绩。

上海中学本部与国际部在同一校园,最大限度地利用了学校的人力资源、财力资源与物质资源,促进了优势互补,本部教师有相当多在国际部兼课。国际部借用学校校舍、资源,以按每人核算费用返回给本部教育教学改革使用,优化了学校的资源配置。

● **法、理、情融合的美**

上海中学国际部能够得到良好发展，其中一个重要原因是贯彻了法、理、情融合的管理理念。上海中学副校长、国际部主管李英如是说："上中国际部从无到有、从小到大、从大到强，一直注重法、理、情管理机制的融会贯通。对国际教育来说，必须制定一套大家认可的细致的规则，按规则办事，法是第一位的，然后加上合理合情，许多矛盾、困难就迎刃而解了。"在 20 多年的上海中学国际部管理中，李英副校长贯彻了唐校长的先法后理再情的管理程序，并将之运用到了唯美的境界。大小矛盾，到了李校长这里就会大事化小、小事化了。凡是学段解决不了的人事或家长的矛盾，到了李校长这里就迎刃而解。李校长在 2014 年退休时说，正是充分运用了法、理、情融合的管理方式，既维护了学校的利益，又能使事情合情合理地解决，是多么幸福的事情啊。

在这里，想举两个小例子与大家分享。2011 年国际部 10 年级有三位男生在课间女厕所抽烟被发现，按照规定必须退学。可家长强词夺理，说因为抽烟就要退学，学校也太好管了吧，闹到学校，段里没有办法。其中一个律师家长扬言要告到市教委，还要通过媒体、上网批评国际部，气焰嚣张。李校长接待了该家长，先表明学校的规章与态度：明确学校不怕家长造舆论，国际部发展到现在不是被吓大的，并且指出如果男生到女厕所抽烟被退学挂在网上，社会舆论会更加支持我们，会认同我们是一所好学校。与此同时，给家长又晓之以理，家长这样做到底是为孩子好还是害了孩子？孩子犯错，家长为孩子打抱不平，而不是加以教育，让他承担责任，试想一下将来你的孩子还会听你的吗？还怎么在社会上立足？一番话后，律师家长不仅向学校赔礼道歉，还要与李校长交朋友，要经常向李校长请教以后如何教育孩子。

2012 年，初中 7 年级四位同学不同程度参与偷东西被退学，其中三位是中途被退学，一位是参与望风的同学在学期结束时被退学。当时家长不服气，在学段里大闹，要找校长理论。李校长接待了家长，先明确告知三条：第一，偷窃行为的严重性，不得人心，学生、家长和学校都无法容忍。第二，家长应该感激学校及时发现孩子的这一行为，是及时挽救了孩子。第三，参与望风的孩子是协助偷窃，参与分赃就应当列入偷窃的范围，应该受到学校的处分，承担责任。最后，家长表示理解，并对学校的教育表示感谢。

诸如此类的矛盾处理有许多，包括处理教职工中的矛盾。李校长把法、理、情融合的美运用到了极点。在 2013 年 6 月国际部 20 周年庆典上，她做了《"法理情融合"的自主管理助推学校走强》主题发言，从发言中可以看出她的睿智：

20 年来，我见证了国际部从无到有、从小到大、从大到强。20 年来，我领略了国际部从平凡走向持续领先的稳健步伐。作为国际部主管的我，20 年来的艰辛、磨砺、苦涩、喜悦、自豪历历在目，难以忘却。有人说，上中国际部创造了中国基础教育的一个"传奇"；有人说，上中国际部架设了东西方文化交流的一座"桥梁"；有人说，上

2013年"高中实施国际课程面临的挑战与对策"高端研讨会在上中举行

中国际部是定义了中国一流国际学校的一套"标准";还有人说,上中国际部是中国教育走向世界的一个"窗口"。

毋庸置疑,上中国际部20年来的发展,已经展现了一所作为一流名校应有的影响、气度与风范。当许多国内、国际友人知道上中国际部完全是由中国人自主管理时,更是惊讶甚至惊叹。作为中国人自主管理的国际学校,有着怎样的学校管理内核来支撑她走向成功、走向强大?这是许多来访者经常问我的问题,也是我一直在思考的问题。我的答案是"法理情融合"的内在管理机制。

法,是我们通常讲的"法则、规矩、制度";理,是我们通常讲的"道理、理论、事理";情,是我们常常讲的"人情、情感、情谊"。在学校管理与事情处理的过程之中,三者之间,法是第一位,先要把法则、规矩、制度讲清楚,然后在处理事情时再看是否合理,最后看是否合情。刚开始我在学校管理的过程中,是先情、后理、再法,随着学校发展规模不断扩大,我们团队越来越觉得先法后理再情三者有序融合,才能促使学校更好发展。法理情有序融合的管理思想,是在唐校长引领下自主办一流国际教育的管理思想创新,也是学校不断走强的法宝。

还记得刚创办学校时,唐校长在第二年就让我们开除一半学生的一件事。我们最初的管理团队,在办学初通过"苦口婆心"地"做工作",有了18位学生入学,后又有十多位学生加入。那时的学生生源,与现在比可以说是"天壤之别",哪来我们"挑学生",只要有学生来就"谢天谢地"了。那时的生源说得好听一些是"五味杂陈",有一些好的学生,可相当一部分是"五毒俱全",拿刀聚众斗殴不是什么稀奇事。当时,唐校长做了一件让我们所有人都吃惊的事,下令"开除一半"学生,要知道这些学生是我们费了多少周折才招进来,于情于理都于心不忍。但唐校长说服了我们,没有严格的“法”，没有“规矩”，学校没法办下去。只有先讲“法”“规矩”，再讲情理，才能让学校有更好的发展。

后来的学校发展，证明了唐校长所说的这一点。我们先后制订了一系列的规章、制度，包括招生制度、学生守则、学籍管理制度、教师手册、外籍教师聘用制度等，让进入上中国际部的学生、教师一开始就知道进了这所学校就意味着什么，应该遵守什么，让学生、家长清楚地明白这是一所有规则、讲法则的学校，也是一所很通情达理的学校。学生要在这里享受好的教育，得到好的成长，首先要遵守学校规章制度，然后才能有理有情地得到适合孩子的最好发展。在法理情的自主管理思想引领下，学校也不断得到发展，无论是规模还是质量得到了飞速的发展。

法理情融合的自主管理，成功地将我们管理过程中发生的许多事情，大事化小、小事化了。这些年来，在许多教职工看来学校是风平浪静、一帆风顺，其实我与我的团队每年要处理不知多少大大小小的事情，其中不乏与学生、家长的矛盾冲突，有“因小孩抽烟要被开除，作为律师的家长扬言要网络攻击”的事实，有“因小孩好动影响他人被劝退，作为商人的家长扬言要放火报复”的经典；有“因学生课间吵闹被弄出点小伤，被家长说成学校具有黑社会性质的侵犯，要学校赔偿十几万”的范例；有“我约见家长不理睬，到最后学校有据有理说服，家长想约见我，我说没空”的情境。这些都在先法后理再情的管理思想指引下得到了妥善的处理，其中斗智斗勇的细节来不及细说，但确实需要法理情融合的自主管理实践智慧。

20 年来，我在国际部管理实践中，可以说游刃有余地运用了“法理情融合”的管理思想。借这个机会，我想与我们的管理团队、教师们分享在处理学生、家长事件中值得参考的四条经验：

一是无私无畏。我们是为了学生、为了教育，没有收学生家长的礼物，也没有徇私，就大胆地去按规矩处理，大胆地去按原则办事，不要畏手畏脚，前怕狼后怕虎的。被我处理的同学和家长，最终都心服口服，有些还成了我的朋友。

二是沟通协调。作为近 3 000 人规模的国际学校，五段四条的矩阵管理之间、各部门与年级之间、上下级之间既要及时加强沟通与协调，又不推诿责任。该谁处理的，就谁处理，同时及时上报情况。

三是问题导向。国际部教育是面向市场的，一定要有忧患意识，要善于发现问题并勇于去解决问题。在每个学期结束时，我都会发动全体教职工给学校提问题。坚持问题导向，发现问题，直面问题，科学分析，并拿出实实在在的措施解决问题。与此同时，也让教职工想一想自身发展中还存在什么问题，怎样突破，这是我的思想方法与工作方法。

四是研究反思。坚持国际标准与中国特色的法理情自主管理，不断研究国际教育主流与加强学习。这 20 年来，每学期一次的开学典礼发言、教职工大会发言、毕业

2012年上中国际部毕业典礼——唐校长、李校长和王念祖副主管合影

典礼发言之前,我都在认真学习一些论著,提前准备,不断反思、总结提升。

如果说,这20年来我们这个团队定义了中国一流国际学校的办学标准、师生与发展水平,未来的20年上中国际部将是在座的各位(尤其是年轻的同志)朝着世界一流国际学校迈进、勇攀高峰的亮丽舞台。我们有理由相信,法理情自主管理的思想,必然会在以冯校长为核心的管理团队引领下,得到更好的诠释与发展。我记清晰地记得市教研室主任徐淀芳在此次唐校长从教51周年教育思想与实践研究会上讲过这样一句话:"上中国际部最大的经验在于自主管理,正因为'自主',就可以将国际教育中好的经验、元素根据我国的实情,自主融入到我国学生的教育中,让我国的学生得到更好的发展。"我们可以展望,上海中学国际部必将在助推上中构建世界一流中国名校的征程上发挥更大、更好的作用。

如果说,上中国际部在过去20多年里已经用行为与事实定义了中国一流的国际学校,那么在未来的20年将努力用创新与建树向世界一流的国际学校迈进,为上海中学构建世界一流的中国名校护航。唐盛昌校长在国际部20周年时于《文汇报》发表了微论《立足高境界,提升高品位》,全文如下:

境界与胸怀,是成事的两大基石。有什么样的境界,就会有什么样的教育地位;有什么样的胸怀,就会有什么样的教育状态。境界,决定教育的方位;胸怀,决定教育的品质。

可以说,上海中学办国际部,不是一种赶时髦的行为,也不是凭个人的意志。作为有着悠久建校历史和深厚文化积淀以及鲜明办学特色的上海中学,选择兴办国际部,既是学校恰逢天时地利人和的重大机遇,也是教育走向现代化、国际化的题中之义,更是适应改革开放国家发展大略的理智前行。

我们要有主动对接国际教育发展的意识,也要有按国际规则行事的科学,更要有用创新展现中华文化的能耐,通过中外文化、教育的融合,找到一条培育国内和国际通用人才的优质教育之路。要在国际上,有我们自己的作为,有我们自己的声音,有我们自己的话语。

我国正从人力资源大国走向人力资源强国、从教育大国走向教育强国转型,教育强国之"强"是在世界范围内的"强",是以世界一流为参照系的,不熟悉世界教育主流,不在世界教育中发出中国教育的声音,何来"强"之神韵?

20年上海中学国际部的发展表明,中国人可以办国际学校,中国人也能办好国际学校，不仅能满足外国学生在异地仍然学习本国、本民族文化的需求，还能实现外国学生在中国学到中华文化的愿望。同时，通过创办国际部，让教育国际的门开得更大，让有着五千年文明历史的国度，进一步振兴教育、强盛教育、繁荣教育。

2013 年中俄交流，冯校长与中俄运动员合影

洋为中用，中为洋范。在日益发展的时代，中国教育正逢其时，完全有能力扬帆远航。境界再远一点，品位再高一点。我们有信心，让中国的教育在世界上叫响“中国声音”。

最后，我们引用现任校长冯志刚的一句话，来表达对国际部教育发展的进一步展望：“上中国际部在唐盛昌校长引领下的 20 年发展，已经定义了中国一流国际学校的办学标准、管理水平，在未来 20 年上海中学国际部将朝着世界一流国际学校而勇攀高峰。”(参见《新闻晨报》2013 年 6 月 4 日刊载的《从神奇之地迈向世界之巅》)

在 2014 年、2015 年，上海中学国际部继续保持走强、高端发展趋势。2014 年，2015 年的国际部毕业生升学成绩仍保持领先，一批学生被哈佛大学、耶鲁、斯坦福大学等国外名校录取，IB、AP 成绩仍保持全球领先，IB 全科平均分仍保持在 40 分以上。国际部也正在拓展学生科技创新素养培育，2015 年 3 月 13 日上午，上海中学国际部与中国科学院上海生命科学研究院植物生理生态研究所“学生创新与实践能力培养”合作项目的签约仪式在逸夫楼会议室举行。上海中学校长冯志刚、国际部高中校长马峰、国际部初中校长刘炼、中科院上海植物生理生态研究所党委书记王成

上中国际部与中科院上海生命科学院举行合作签约仪式

树、所长助理唐威华等领导出席签约仪式。学校在2015年还筹建一批适合初小学生使用的创新试验室,并进行适当的教育结构调整。

第三节　名校素质教育的开创性探索

上海中学作为历史名校,如何在新时期彰显教育改革的张力,大力推进名校素质教育的开创性探索,是学校一直关注的责任与使命。1993年《中国教育改革与发展纲要》指出基础教育要由“应试教育”向“素质教育”转轨。此时的上中,在唐盛昌校长的领导下,刚好完成内部管理机制的变革,学校发展内部的活力真正激发出来。为学校探索素质教育奠定了良好的基础。1994年的第二次全国教育工作会议,确定基础教育必须从“应试教育转到素质教育的轨道上来”,随着教育国际化、信息化、教育现代化的背景越来越凸显,上海中学作为历史名校在素质教育的探索愈来愈显示出了开创性价值与示范性探索。到2003年10月,学校完成了从上海市重点高中向上海市实验性示范性高中的转型,成为上海市第一家率先通过市实验性示范性高中验收的学校。上海中学已经在德育、课程、教育技术变革、管理等方面实现了诸多名校素质教育的开创性探索。2008年学校在原有数学班的基础上首创科技班;2010年被确定为国家教育体制改革“探索建立拔尖创新人才培养基地”试点学校;2012年增设工程实验班,对于拔尖创新人才早期培育的教育求索之路绵延不绝。学校的国际化、信息化和现代化发展,为学校今后的巨大发展和突出成就奠定了坚实的基础,为构建创新型国家与建设人力强国奠定了坚实的基础,走出了一条名校素质教育深化的不平凡之路。

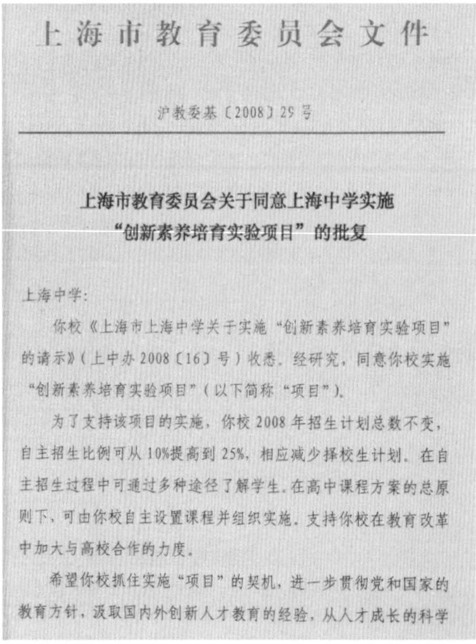
上海市教育委员会文件

沪教委基〔2008〕29号

上海市教育委员会关于同意上海中学实施
“创新素养培育实验项目”的批复

上海中学:

你校《上海市上海中学关于实施“创新素养培育实验项目”的请示》(上中办2008〔16〕号)收悉。经研究,同意你校实施“创新素养培育实验项目”(以下简称“项目”)。

为了支持该项目的实施,你校2008年招生计划总数不变,自主招生比例可从10%提高到25%,相应减少择校生计划。在自主招生过程中可通过多种途径了解学生。在高中课程方案的总原则下,可由你校自主设置课程并组织实施。支持你校在教育改革中加大与高校合作的力度。

希望你校抓住实施“项目”的契机,进一步贯彻党和国家的教育方针,汲取国内外创新人才教育的经验,从人才成长的科学

上海市教育委员会关于同意上海中学率先实施“创新素养培育实验项目”的批复

一、首创性实践资优生德育

素质教育,德育为核心。对于怎样育人,一直是国家、党中央高度重视的问题。伴随着中国学校德育的几次大的思想转变,如从又红又专,到立德树人,从社会主义荣辱观到社会主义核心价值观,以及上海市对学生德育的要求,如“民族精神教育”与“生命教育”等。上海中学在遵循总体德育要求的同时,一直在思考与实践这样一

2004 年资优生德育研讨会在上中召开与会人员合影

个课题——资优生德育。

对于像上海中学这一类型的学校，集中了事实上的资优生群体，这是由层层选拔的我国特有的招生与升学制度所决定的，学生们资质相对优异、学习成绩优异、智商相对较高、有潜在特质。对于他们的思想道德教育，有着不可忽视的特殊性。他们的民族、思想、文化、学习、民主之根基如何，直接影响着中华民族发展的根基和社会主义政治、经济、文化、社会发展的根基。

1. 注重核心价值

回眸上海中学的德育探索历程，总是将学生的社会责任摆在首位，且与国家发展的时代要求紧密结合起来。资优生德育命题并进行了创造性的实践。学校承认上海中学集聚了一批事实上的资优生群体，奠定这些资优生的良好的人生观、价值观、荣辱观、世界观，培养他们的社会责任，提升实践体验与自我反思能力，锻造领袖气质，对他们今后的发展意义重大。

● 别样的里程

正因为考虑到上中学生的特殊性，正因为考虑到上中学生今后所肩负的社会责任，上中的德育在树立学生的社会责任这一主线上，不断地根据各个时期的发展要求与学生特点，进行着德育的探索。

1990 年到 1992 年，学校实施了三年规划。在这个三年规划里，考虑到 1989 年风波的因素，学校在全校开展了一次上中学生的形象大讨论，最后得出的结论是要关注"五自"（即人格上自尊、行为上自律、学习上自觉、工作上自强、生活上自理）的行为规范养成教育，并在此基础上形成了以德育行为量化为特征的日常行为规范管理模式。经过一段时间的坚持，从预初一到高三，全校 40 多个班级，1 900 来名学生，普遍养成了良好的行为习惯。到了 1995 年，社会主义市场经济走向深入，来自物质方面的诱惑影响学生的心灵深处，而 1994 年全国教育工作会议的召开进一步明确了发展学生素质的要求。于是,学校在强调学生的主体性基础上提出了德育的"三个层面"(深层思想·外显行为·服务社会),构建了德育"三层面双自(自主、自立)模式",将服务于社会与内化心灵结合起来。到了1999年,中共中央、国务院颁布了"关于全面推进素质教育的决定",进一步明确了学校德育的核心地位。而此时学校认为对于资优生德育的系统教育必须建立在系统的课程基础上,于是在上海最早开始了德育课程化建设。1999年学校形成了"三三主体性德育模式",即将深层思想、外显行为、服务社会的要求通过思想政治课程、社会实践课程、行为修养课程予以落实到三个年级中,进一步明确了社会实践课程必须关注学生的社会责任培育。由上中首创的资优生德育必修课——CPS(创造·实践·服务)课程,这时候也已经成型,成为培养学生社会责任的重要载体。

至此,德育的内容形成自己的特点,那就是"坚定一个信念,即坚定热爱社会主义祖国的信念(后确定为社会主义核心价值观这一核心);发扬两个精神,即发扬创新精神和科学精神(与民族精神结合在一起);强化三种意识,即强化一流意识、时代意识和国际意识;培养四种品性,自觉养成和锤炼事业性、适应性、坚忍性和协作性;确立五自准则,即确立自尊、自律、自觉、自强和自理人格品行准则。

在这样的历程中,学生经历着心灵的洗礼。其中"军训"和"学农"这两项重要德育教育活动尤其精彩。自1990年起,学校得到了上海武警指挥学校的大力支持,每年为学校派出13位素质优秀的教官。这所警校每年承担近20所大中学校的军训。通过比较,他们认为唯有上中的军训才是最严格、最规范的,对学生的要求也最为苛刻。二十多年来,虽然教官换了不少,但是军训结束之后都对上海中学的学生赞不绝口。学校认为,军训就应该让学生真正体验到军人的生活是怎样,只有平时练好,在需要时才真正用得上。这些年来,上中一直这样坚持着,且班主任陪着学生练。在八月的骄阳烤炼下,许多师生经过一轮军训下来,脸都晒黑了,然而学生从老师的执著、同学的执著中又更能了解集体的生活的重要。上海武警指挥学校还以我校军训为典型,成功地拍摄了一部电视纪录片,在军内外广为介绍。

2011学年高一军训

作为高一军训后,高二分班前最后一次的班级精神风貌集中展示,"学农"活动一直改变着外界对上中资优生仅仅读书好的观念。自1989年起,学校舍近求远,带领高二学生开赴地处长江口长兴岛上的全国柑橘种植重要基地之一的前卫农场,因为在那儿有实实在在的劳动任务，也能真正体验到劳动的艰辛。学校学农的观点是，就应该让学生到艰苦的地方锻炼。从1989年到1994年，学校先后有五届高二学生去过长兴岛学农。多年来，学农的上中学生无不受到场队领导和广大职工的赞扬，一致认为上中学生是几十支学农大军中的佼佼者，上中人成了前卫农场学农中最受欢迎的人，而前卫农场则成了学校十分理想的学农基地。如今，上中的学农基地从长兴岛、孙桥、大东海、凌空到健生教育中心，每到一个地方，上中都是基地向外进行宣传教育的最好素材。别的学校学生得干一天、两天的活，上中学生不到半天就完成了。正如2010届学生总结出的一句经典话语“上中400个人干了800人的活，吃了1 200个人的饭”。德育处主任张泽红老师回忆：“记得在20多年前，我做班主任带学生到长兴岛学农，早上3点多起床，坐车，然后到吴淞口渡轮，长途跋涉，没有空调，没有浴室，厕所是室外的茅坑，睡的是门板加稻草，但积极乐观的精神支撑我们。岛上每年将出口橘子的任务交给我们，冒着寒风在果园采摘，在车间从挑拣、打蜡、包装到装箱，上中学生完成得又快又好，都是免检产品。后来的孙桥基地，因为产业结构发生变化而关门，但基地负责老师说其他资产都可以不要，但上中的学农铜牌我要带走，在新的学农基地又可以为我带来更多学校。2014年学农前，我去五四学农基地（上海健生教育中心）落实，得知与我们一起还有一所民办高中致远中学，他们特意跟我们放在一起，向上中学习，成绩的背后一定要良好的习惯和意志品质支撑，这就是榜样的力量。”

学生学农

● 资优生必修课——CPS

日本电视剧《美丽人生》讲述了一个动人的故事：女主角是一位肢残人、图书管理员，男主角是理发师，因借书两人从相识进而相恋。剧中有这样一段情节：两人有一次约会，想好了要去一家饭店，让人唏嘘不已的是，饭店只有让健康人进出的台阶，而没有可以让轮椅通行的坡道。最后，一对恋人只能到街

CPS课程颁奖大会

边去吃排档,美丽遭遇了尴尬。

没想到,这一尴尬灼痛了2004届的女孩陈怡佳,当时她正在读高一。她想,在日本,残疾人出行这样不方便,那么咱们中国无障碍设施状况如何呢? 上海会不会好一些呢? 后来的几天,她查阅了有关无障碍设施的资料,每当外出,她开始特别敏感地关心起诸如人行道上的盲道、公共场所的坡道这类设施。现实的状况让她不安——我们这方面的建设也很不尽如人意,设施还很不完善。后来她联合了其他四位同学从2002年冬天起开始调查,一直到第二年的春天,五位女孩子,带着各自的任务,揣着地图和笔记本,利用每一个双休日,进商场,去宾馆,上医院,跑剧场,走大街,穿小巷,冒着雨,顶着风,付出了劳累,但她们觉得很有意义,并不以为苦,重要的是作成了一件事。整整半年,将市中心几个主要的商业区的无障碍设施的"家底"摸了个一清二楚! 她们用电脑技术制作了一张"残障人地图",市中心几个主要的商业区的无障碍设施在这张地图上一目了然。

她们的成果获得了上海市残联和有关方面的肯定和赞扬,为上海这样的国际大都市完善无障碍设施的建设与管理提供了宝贵的参考。当时,上海正在申请2010年世博会的主办权,这个调查就更有其特殊的价值。上海《青年报》以"首张上海'残障人地图'问世"为题发表了相关的报道。

"残障人地图"的问世正是上海中学学生的CPS课程案例,所谓"CPS"是让学生在高一、高二年级每年组织一次有创意的活动来实践为他人与为社会服务的目的,可以增强上中学子对社会的责任感。其实像这样充满社会责任感的CPS创意活动有许多,每年有近千个,如组织"蓝天下的挚爱——中学生文艺义演"、关注白血病儿童的"希望之行"活动、邓贝西"五上河南艾滋村关注艾滋孤儿"、世博会前"《上海小吃英文手册》的编制"、"寻找身边的微幸福"……学校每年评选出优秀活动100个,最佳活动10个,以给予学生参与社会实践的鼓励。

学校的CPS课程自1998年开设以来,大致经历了创生阶段、稳定发展阶段、初步完善、价值引领深化阶段。在十几年的实施过程中不断探索走向成熟。2004年,学校出版了CPS实验版教材《资优生的必修课——CPS课程的理论和实践》(由上海社会科学院出版社于2004年出版),在2005年被中国教育学会评为一等奖,为全国唯一的德育类一等奖,并作为首批上海市教委推出的五项德育特色课程项目成果之一面向全市中小学推广。之后,学校在此基础上涌现出更多优秀实践案例,对CPS的定位也有了更深入的思考。如今,CPS课程已经远远超越了一门课程所包含的内容,更多地强调对创新人才社会责任、价值取向的引领,强调学生基于人文社会科学的指引对社会现象的解释,以及一些与价值取向有关的难题的解决。同时CPS课程也在国内外产生了一定的影响。韩国、新加坡、日本等国家的教育专家、行政官员、知名校长都曾来我校借鉴CPS课程实施经验。2013年,学校将资优生德育实践研究进行了规范和深入的总结，增添了大量鲜活的案例，形成了《资优生的必修课——创新与社会实践》(由上海科学技术出版社于2013年8月1日出版)。

2015年5月28日国际知名艺术大师进上中校园演出

● **孩子怎样读名校**

每位孩子都有一个读名校之梦，那么到底名校的孩子是如何学习的？是否每位孩子都适合进名校？孩子该怎样“读名校”呢？这个问题从上海中学2008年开始率先推行的“创新素养培育实验项目”中受益的第一批孩子——2011届的毕业生中可以找到满意的回答。

上海中学“科技班”作为沪上首个创新素养实验班，经过了三年的探索，向社会交出了第一份满意的答卷。学校对2011届第一届科技班学生进行了三年的跟踪研究，通过对每一位学生的访谈、问卷等方式收集到了鲜活的一手资料，记录下了他们的成长轨迹。这些学生中有竞赛的佼佼者，也有社会实践活动的先锋，有发展自己兴趣爱好的追求者，也有认识与开发自身潜能的探索者，他们的经历和感悟形成了《孩子怎样读名校——百名资优生成长故事与评述》一书，尝试揭示资优生的成长的规律，也显示出创新素养培育的真正意义在于聚焦志趣，激发潜能。

110位资优生的成长故事体现了学校在探索过程中如何将孩子的成长与未来创新人才早期培育紧密结合起来，主要提出了三大方面八个部分的素养要求。第一个方面是创新人才早期培育应关注孩子内动力的激活，主要围绕责任与思想境界、志趣聚焦、兴趣与潜能的匹配三点；第二个方面是关注孩子的创新思维与创新人格养成；第三个方面是关注孩子专业发展基础养成，学校还在把握创新人才早期培育规律的基础上，着力于各类平台的搭建与集聚多方力量来促进孩子取得可持续发展，为孩子成为未来的创新人才而奠基。

唐校长在书展现场签售新书

该书在2011年上海书展上举行了新书发布会，发布会现场挤满了慕名而来的学生和家长，不少家长纷纷向唐校长请教孩子的教育问题，场面十分火热。(《新闻晚报》

2011年11月7日以“优秀孩子成长也有规律可循——110位资优生这样读名校”为题进行了报道。《解放日报》2011年11月13日以“老师感叹：科技班的课最难上——沪上首个创新素养实验班毕业生讲述成长故事”为题进行了报道。《新闻晨报》2011年6月28日以“孩子怎样读名校——周刊对话上海中学校长唐盛昌”为题进行了报道。

● 志愿服务精神的上中表达

上海中学以“乐育菁英”为办学理念，为何是“菁英”而不是“精英”？正如唐盛昌校长所诠释的：“我们常说的‘精英教育’是在教育资源有限的情况下，用于培养少数‘社会精英人物’的教育现象。不过一个成功的人并不一定是‘菁英’，如果不爱国、不爱社会、没有健康的心理，他们不但不会为社会、为国家作出贡献，反倒可能成为社会的祸害。这种人就不是‘菁英’。‘菁英’应该具备克服困难的精神、创造性的思维、健康的体魄、服务社会的思想、强烈的爱国热诚、渊博的知识……”从上海中学的资优生到真正的社会菁英，学校的教育体系发挥着至关重要的作用，公德建设和私德建设相互交织，不可偏废；根据上海中学资优生的实际情况，在学校层面设计了符合学生发展需要的实践活动，而志愿服务又是实践活动的重要载体。例如自2007年开始的每年暑假，上海中学派出团委、学生会近40名优秀学生干部挂职长桥街道，为长桥街道的40余名来沪少年儿童设计上中参观实践、文学、英语、思维创新、手工制作、声乐、电影、逻辑推理等多方面的课程，让来沪少年儿童感受到关怀和温暖，陪伴他们度过一个安全、健康、快乐的假期。同时对于上海中学的优秀学生来说，通过“牵手新上海人”这一课题调查，学会把目光聚焦在来沪少年儿童这一特殊群体上，更多地关注社会、服务社会；这样的仁爱之心，恰恰是资优生成长过程中的必修课。2014年该项目荣获第二届上海市创新性志愿服务项目奖，是全上海市获得该奖项的唯一的未成年人团队。

2011年国家副主席李源潮校友回母校

上中高中学生党训班学员合影

不断探索适合未成年人的志愿服务，不断丰富志愿服务工作的精神内涵，是上海中学志愿服务管理工作的重要内容。在“奉献、友爱、互助、进步”的志愿者精神的基础上，上海中学提出了“使命、专业、分享、伙伴”的志愿精神的上中表达，来诠释上海中学所定位的适合未成年人的志愿服务。

以暑期文化交流游园会志愿者为代表的志愿服务，象征着“使命”，表示在志愿服务之中我们都是文化的使者，赠人玫瑰时，自己对玫瑰的理解也是我们的志愿服务所传递的内容。在2013年暑假首届沪台中学生体育节文化交流游园会、2013年中俄青年运动会“魅力中国”中俄联谊游园会等活动中，志愿者们在活动设计方面颇具心思，在传统的灯谜、面塑、剪纸、茶艺、书画体验等展现中国传统文化魅力的互动项目的基础上，还设计了“沪上花开”、“MY照相馆”等创新项目，突出“海纳百川、追求卓越、开明睿智、大气谦和”的上海城市精神。

武术交流

以第12届全国学生运动会媒体报道志愿者为代表的志愿服务，象征着“专业”，表示所有志愿服务都是技术活，是用自己的专业所长来进行志愿服务，同时也是以志愿服务促进自己的专业学习。第12届全国学生运动会媒体报道志愿者全部由上海中学媒体团同学担任，在比赛的台前幕后都有他们活跃的身影，他们用自己的新闻镜头记录着赛场内外的点点滴滴。更值得一提的是，高一年级的学生在学校邻近的上海植物园进行志愿服务，发挥自己的创意专长，为植物园完成的特色板报，也是上海植物园始终保留的一道风景。

以“牵手新上海人”暑期长桥街道挂职志愿者为代表的志愿服务，象征着“分享”，表示志愿服务是将自己觉得好的东西与别人分享，赠予别人的玫瑰，一定是自己最喜欢的那一种。在“牵手新上海人”的课程设置中，涌现了一大批精彩课程：如牙刷作画、趣味心理学、浅谈密码学等。丰富多彩的课程设计，体现了上海中学学生广博的知识以及丰富的创造力。上海中学学生将自己在校内外的学习生活中最喜欢的内容转化成课程，然后再分享给长桥街道的孩子们。

邓贝西同学“关爱艾滋孤儿”报告会

以手语社社员担任的上海市聋哑青年技术学校志愿者为代表的志愿服务,象征着“伙伴”,表示我们的志愿服务不是一个人的战斗,而是一群志同道合的小伙伴为共同的目标努力的过程。上海中学手语社成立于2003年,社团以展现龙门学子心系世界、关爱他人为目标。通过发展课与平时社团活动的手语教学,结合与学校附近的上海聋哑人技术学校的定期活动,展开丰富而有意义的社团活动,唤起大家对这一部分弱势群体关心,同时培养社团成员的团队精神和爱心。

从2014年起上海中学将3月5日的学雷锋活动主题锁定在了学校后勤岗位体验,拉近了学生与志愿服务的距离。食堂、宿舍、龙门楼、体育馆、游泳池、实验室、垃圾房、洗衣房、门卫室……学校的各个后勤岗位,都活跃着身穿上海中学黄色志愿者马甲的“小黄人”。2017届(5)班的同学用“方寸间的改变”来描述自己的体会:“一间厕所,初来时庆幸其小,打扫时埋怨其大,最后又感叹其小,我们经历了一次成长。也许,最初的自己在龙门楼上厕所时也不会注意尽量保持厕所的整洁,根本不会注意尽量将洗好手的水甩在水池里,反倒弄得厕所地面到处潮湿。兴许看到校工都会谈笑着走过,不会像如今一般油然而生一种崇敬之感。他们是勤劳而辛苦的,我想这是我在后勤体验周里所体会最深的。体会那一份集体荣誉,那一份爱校热情,那一份对校工最深的致敬与感激,身为龙门学子,不应拘泥于课本之上文字之间,更应切身去体验去感受,去领悟去成长。”志愿服务从来都不是一厢情愿,它是一种人与人之间的真实的互帮互助的关系。2015届(1)班的同学将在后勤体验周对宿管阿姨的采访做成了一本名为“他们”的小册子供各班传阅。2017届(2)班的同学更是与垃圾房的大叔大妈在草地上进行了座谈……当上中的学生为上中的龙门精神骄傲的时候,通过后勤体验周的活动让学生们认识到,后勤老师们也是上中人,在他们身上,我们同样也可以看到让我们引以为傲的上中精神。

2014年7月由上海中学学生自己设计的上海中学志愿服务卡通形象诞生,并通过全校征名活动,最终取名“龘龘”。“龘龘”的徽章将陪伴着上海中学每一位同学的志愿服务之旅,鼓励每一位同学去体验、去思考,真正将志愿服务从“要我做”变成“我要做”。

2. 注重领袖气质

对于资优生而言,应该发展他们的领袖气质,如今我国能参与世界交流与对话的人才太少了，必须培养学生的领袖气质，而这种领袖气质除了上面所说的社会责任外，离不开国际视野、离不开民主意识，更离不开领导与组织能力的提升。

● 进哈佛、耶鲁就算成功

在学生的思想道德素质发展上，上海中学始终关注用正确的导向来引导学生，其中重要一点是树立学生的社会主义核心价值观，形成正确的荣辱观及对中华民族的认同，并致力于在世界范围内弘扬中华民族优秀文化，这也是在经济全球化、教育国际化背景下必须加以关注的。

在国家日益开放、多元文化激励碰撞的新时代发展背景下，正确的价值导向显得尤为重要。如何树立学生正确的价值观，进行主动积极的引导，不容我们不深思。如今，有些学生以进美国的名牌大学为荣，有些学校以有学生进入哈佛、耶鲁大学为荣，过分地宣传与炒作，这值得我们深思。

这些年，上中本部与国际部进入美国名牌大学（如哈佛、耶鲁、麻省理工学院等）的学生有几十位，学校与美国、日本、德国、英国等十余所顶级学校互派学生交流，学校基本上不做宣传。在校园里，学校看重并注重引导的是那些进入大学后到西部支教的学生（如进入复旦后到宁夏支教的高天同学），到国外大学学习后仍然通过各种途径心系祖国的学生（如在耶鲁大学学习时的袁健同学，在读期间通过义卖的方式捐助内蒙古一所学校的贫困孩子入学），给予学生在社会主义荣辱观上的正确导向。

2012 年学生模联现场合影

学校充分利用国际部与本部在同一校园的优势，对于国内外的一系列热点与焦点问题，通过组织学生聆听高水平的学术报告（如文学大师、北京大学钱理群的报告、中国科学院院士何祚庥报告等）及中外师生、生生间交流探讨，开展两部文化交流与合作（如双部武术文化交流，举办由十几个国家学生参与的模拟联合国大会、艺术节合作表演等），以“润物细无声”的方式促进学生在多元文化交流碰撞中树立民族精神，提升对生命价值的认识，让学生比较清晰地认识到挑战之巨大，机遇之宝贵，责任之重大，逐步使自强不息的精神、振兴中华的雄心内化为他们的内在素质。

● 做真正开放的中国人

对于资优生发展来说，必须具有国际视野。上海中学在这方面提供了其他学校难以企及的平台，国际部的学生来自 60 多个国家与地区就是一个很好的舞台。

刚开始，上中本部学生对国际部的学生是加以排斥的，甚至认为利用我国的国土来培养外国学生，说到底就有点“卖国”。随着学校的引领，国际声誉越来越高，国际部发展规模越来越大，上中学生的国际视野也越来越宽广。

他们可以从中感受不同的文化差异，2003年上海中学团委和国际部学生一起开展了“亚洲历史文化遗产活动——中日韩文化交流”。活动旨在展示中、日、韩三国的不同文化，历史及民俗风情；促进三国学生间的文化交流；增进三国学生之间的友谊。活动以巡展海报的形式，从本部宣传栏至国际部宣传栏进行了为期一个月的展览。这些海报均是由三国学生共同完成，大家共同策划选底版，定主题，再分工执行……期间无不展现出学生与学生之间的共同协作。

他们可以更直接了解世界科技知识发展的前沿，通过学科双语的学习，通过对从国外引进的原版教材中的科技知识的理解，使他们直接地比较国外学生的学习内容，便于他们今后参与国际交流与竞争。

他们可以有更多的机会与国外学生直接或间接的交流。如两部学生的武术文化交流，本部学生与德国科隆的一所中学交流，本部学生到国外友好学生的交流，都让他们在交流中感到了什么是自己应当学习的，什么是自己应当坚持的。

2003年，学校成为上海市唯一的联合国教科文组织（UNESCO）联系学校项目（ASSOCIATED SCHOOL PROJECT NETWORK）。通过国际视野的拓展，上中的学生已经在各类活动中展示了他们关注中华文化在更广泛的范围内传播。如虞洵捷等同学被邀请参加哈佛中美学生领袖峰会；许沁、李想等同学发起了“愿在我心，任在我肩”中国非物质文化遗产——春节主题活动。他们向20个国家总统和各国华人、华侨、留学生朋友寄送了春节贺信，向韩正市长和胡锦涛主席专门发去贺信以及活动倡议。

为了让资优生能够真实感受来自世界的声音，2010年学校在原有“国情民风”社会考察项目顺利运行1年的基础上，开发了“中国情・世界风”社会考察课程，让每位同学每学年必须参与至少一次社会考察活动。“中国情・世界风”社会考察课程是上海中学德育课程框架内新开设的一项德育课程。上海中学要求学生在“读万卷书，行万里路”的过程中，达到“知行合一”的目的。“中国情・世界风”社会考察课程的核心词即为“行万里路”，旨在引导同学们尽可能的走出校园，走向全国、走向世界，在实地走访、亲身实践、增长阅历的同时，敏锐地学会在陌生环境中发现问题，学会正确地分析问题并尝试着寻找答案，甚至解决问题，从而提高青年社会意识和社会责任感。同时，更鼓励龙门学子能向社会，能向政府发问，在可能的情况下为社会的发展作出一份贡献，真正成为一名有所思，有所想，有社会责任感的龙门精英。我们希望通过这门课程能使龙门学子走近社会，理解社会，思考并剖析社会现象背后的深层原因，为将来走进社会打下基础。实施多年来，学生感触深刻，如2014届的雷雨晴同学和她的小组关注了盲人这一弱势群体，就上海的盲道建设情况进行了考察。他们在寒假中走访了地铁站、街边、小区等多个地方进行了实地考察。在考察中他们发现，尽管上海盲道普及率很高，然而却保量不保质，出现不少断头路或是盲道被占用的情况，根本无法为盲人提供服务。针对这一问题，他们认为除了有关部门缺乏监管外，还在于许多人对于盲人缺少关心。最后他们强烈呼吁有关部门针对这一问题进行整改，并且呼吁同学们都能关心盲人这一弱势群体，为这一问题出谋划策。而更有同学结合自身赴美交流的经历，以创新为主题进行了考察。他通过亲身参与美国的高中课堂，采访美国学生，向美国学生下发问卷，并且比较上中的特色课程 CPS 与当地的 CAS，得出了中外创新教育上“要我创新”和“我要创新”的差异之所在。他在报告的最后提到，只有改变中国现今的创新教育格局，我们的创新教育才能更上一个台阶，而作为龙门学子的我们，也要努力事件创新的理念，成为真正的龙门精英。学生通过“中国情·世界风”社会考察课程，将自己的所见所闻所思所想记录下来，而这些文字所形成的力量，远比我们想象的要大，其中有不少项目获得上海市青少年科技创新大赛社会科学类一等奖。更有同学用自己的调查报告，受邀电台访问与专家对话(2014 届陈诗允同学的关于流浪艺人管理的课题)、亲身参与到大学的学术研讨会乃至上海市的政府决策咨询(2015 届张瀚桢同学以餐饮行业劳动者工作时间的课题)。正如 2015 届的张瀚桢同学所说：“做调查和建议的过程，是给自己一个了解他人生活和体验政治参与的机会。但从个人的角度，我发现自己能收获更多。所以，与其在门外不停地抱怨与质疑，不如打开那扇门，体验一个不一样的世界；而改变也正是由此开始。”

上海中学将国家、上海对学生德育的总体要求结合学校的实际，首创性地提出并实践资优生德育，形成了为资优生主体发展需要的德育方式、德育课程与途径，并形成了学校德育长期坚持的优良传统，那就是重社会责任、重体验内化、重领袖气质的培育。当然，除了以上所介绍的一些德育内容外，学校还在进行系统的资优生德育课程期望图谱的构建，从认知、实践、体验、反思统一的视野来推进学生德育素养的持续提升。如德育教材的系统性、多样性，德育基地全方位、多元化等。

● **中学生的 MBA**

只见几位学生站在一张垫子上，紧张地思考着如何同时将垫子翻身，有的组很快翻过，有的组却思来想去摸不到头脑。有一组同学一开始没有头绪，垫子怎么翻也翻不过来。后来发现其他小队在围着垫子想对策，他们也就暂时停一下，对着垫子想对策，让个子矮的同学站前面，个子高的同学站后面，然后由一个小个子女生在同学的双腿之间游走，负责协调站位并将垫子翻过来。

这并不是普通的学生游戏，而是 2011 年 LO 课程(组织与领导)拓展训练中的一个一个活动。“神马饼干”小队获得了这个活动的第一——他们是在最短的时间内成功翻身垫子的小队。这个小队此项活动的负责人道出了他们的感悟：“领导者并不需要什么事都亲力亲为的——关键在于分配任务是否合理,协调沟通是否到位,团队融合是否深入。这是一个领导者最需要做的事情。”

2014 年上海中学领导与组织课程周末团训

资优生德育中的一个重要方面就是对他们的领袖气质的培育,领导力培养包括培养领导、组织能力、增进人格魅力等。为培养学生的领袖气质,上海中学的领导与组织课程(LO)课程应运而生,课程自 2006 年在学生干部中试点成功之后,全面铺开。课程注重切合中学生生动案例的编写与教学互动、领导与组织活动开展,被称为是中学生的“MBA”课,这门课程不要求学生端坐在教室听课,而是走出教室,通过团队游戏等形式讲解组织与领导的概念和提升领导与组织能力的策略。LO 课程自创立以来,赢得了师生的好评,它不同于单纯的实践类课程,它不仅强调领导与组织理论知识的学习,促进学生形成一定的理性认识,即自上而下的指导,更加关注引导学生将这些认识融入到领导和组织实践中,即自下而上的反馈。2006 年 9 月 4 日,《新闻晨报》第 A22 版以“互动中学习领袖气质”为题全面介绍了上海中学的领导与组织课程。2008 年 6 月,学校编写出版了《上海市上海中学资优生的必修课——领导与组织(LO)课程》(上海教育出版社)。经过多年的实践,学校结合创新人才早期培育实践对该课程有了更深刻的认识,从价值取向形成的角度,对这一课程进行了整合,也涌现出更多优秀的案例,2013 年,学校在 2008 年版的基础上,对教材进行了修订,形成了《资优生的必修课——领导与组织》(上海科学技术出版社)。

作为我校资优生德育必修课之一,该课程与《创造・实践・服务》(CPS)课程、《自我意识与人际智能》(双 I)课程环环相扣,共同构成了学校资优生德育的三个特色课程。LO 课程对于学生组织领导能力的培养着眼于学生的未来,着眼于学生全面的发展和潜能的开发,着眼于学生个人价值的实现。正如一位参加第一批 50 人 LO 课程学习小组的毕业生所言“谈及 LO 课程在我生活中的应用,我认为这一体现是潜移默化的且无处不在的。在上海中学期间担任学生干部的过程便是一直对LO课程的实践应用，尤其进入大学生活以后，由于了解了LO课程中关于如何更好地与同事们相处的相关知识，我得以在开展班级工作和学生会工作时游刃有余，得心应手”。

3. 注重心理品质

对于资优生的成长来说，由于他们承受的来自各方面的压力较大，以后承担的任务更重与面临的挫折更大，必须关注他们积极的心理品质的塑造，在锻炼坚强的韧性中内化为自身的抗挫能力，在这方面上海中学是注重开创性的探索的。

团体心理健康教育

● 从24小时到48小时生存训练

大家是否还记得中日青少年野营的一次训练比拼，中国青少年的野外生存状况明显处于下风。可惜那一次没有派上海中学学生去，如果是这样的话，或许是另一番风景。上海中学从1994年开始探索学生野外生存训练，且一直坚持到现在，内化了学生的生存韧性与团队合作能力，体验了生存的意义。

1994年5月7日至5月8日，学校组织高一30名男生在东海之滨进行24小时野外生存适应训练，他们自带行李、徒步行军、自搭帐篷、自筹粮食、自我保障，还进行实弹打靶，取得了很大成功。《文汇报》《青年报》《上海教育报》分别发表文章，肯定了本次训练所取得的成果。其中《青年报》文章的题目是“全国中学生头一回生存训练　30名男孩不平凡的24小时”。上海前预备役师熊庆师长对这次活动也给予很高评价，他说：“从某种意义上讲，这是加强国防后备力量，从学生抓起的预备役训练。部队进行野战生存训练有七字：走、打、吃、住、藏、管、保，你们这次除了‘藏’不进行外，其余都作了实践，而且都做得不错，学生的精神状态良好。”

48小时生存训练

学校感到24小时生存适应训练是一次有益的尝试，24小时生存训练是从第一天的13:00开始从学校出发，到第二天的12:00这段时间内，进行“背包行军”、“安营扎寨”、分组“生火做饭”等活动，留给学生的不仅仅是一次“训练”，而是锻炼学生生存能力、培养学生危机意识，最终增强其心理素养的一次成功探索。在整个生存训练过程中，教师与教官都不插手，让同学们自己去解决生存中遇到的各种困难，让他们出一点洋相也没关系，这对他们认识自己很有帮助。他们终有一天要独立去面对生活，这就需要他们更多地去体验并积累生存的本领。

该活动从刚开始的24小时后发展到48小时生存训练（2006年），并逐渐形成了完整的课程，通过48小时适应性生存训练，培养参训学生的环境适应能力、社会交往能力、互相协助能力和艰苦奋斗精神，进行生命教育。围绕“爱国，卫国，强国”，引导学生树立整体国家安全观，增强使命感和社会责任感，激发学生报效祖国的志向。如今，这一活动已经成为上海市教委向全市中小学推广的项目。正如不少参加训练的同学所说：“48小时让我们学会了坚持、坚强、团结、有责任感、忍耐。48小时并不轻松，可是换来了成长，这就是活动最大的意义。”这一课程从刚开始的30名学生到一个班，再到现在的一个年级，从当初的摸索到现在完整的活动记录和规则，逐步发展完善，获得了广大媒体的关注。如2014年我校特色德育课程《48小时适应性生存训练》在东方绿舟成功进行，《德育报》（2014年4月28日，头版）以“教室外的成长体验课”为题进行了报道；《中学生报》（2014年5月12日）以“自给自足48小时”为题进行了报道；《家庭教育周刊》（2014年5月12日）以“野外生存挑战自我——上海中学学生48小时户外生存体验”为题进行了报道。

学校还专门组织力量对“寄宿制重点高中学生心理卫生状况”、“上海中学学生积极心理品质”进行了研究。通过建立全国中学首创的心理咨询实验中心，提供专业心理辅导老师对学生进行心理疏导，缓解学生的心理不适，并且开通心理网上咨询服务，来促进学生各项心理品质的全面健康发展，促进学生心理体验、社会体验与素质内化。

为促进学生的实践、体验与内化，学校经常性地加强德育途径的探索与研讨。1990年11月28日，校外教育委员会成立。1991年5月7日，上海中学首次召开德育工作研讨会。1992年9月19日，上海中学校友讲师团成立。1996年开始首评“上海中学小小家”22个（含学生在实践活动中突出者）；1997年首开高一学生防灾逃生演习；2003年成立了德育联席会议制等。这些举措在推进学生思想道德品质的内化发挥了重要作用。2005年学校被评为“上海市普教系统德育工作先进集体”。2012年11月9日至10日，上海中学召开德育联席工作会议探讨“如何以人文学科支撑德育课程”。经过讨论与交流，教师们在以下两个方面达成了共识：首先是将学生的能力提升作为德育课程的衡量标准；其次是确定了双I课程、LO课程、CPS课程等上海中学的德育特色课程的规范化建设思路。

● **双I与自我成长**

2002年9月上海中学三名学生进行了一项调查研究“发展学生的人际智能和自

双Ⅰ课程授课

我认识智能需求的调查”，课题揭示出学生的自我认识智能和人际交往智能被放到一个被忽视的角落。学生如是说：“学校和老师一般不将认识自我作为教授的范围，而我们的家长们一般仅重视我们的学业、身体外显性格方面是否健全等，多不重视教授我们正确的自我认识。更重要的是，学生在这样的一个环境中，渐渐漠视了对于自我的反省反思，分数成为我们最为关心的，但内心中又无法回答为什么自己会考试失败，为什么不合群，为什么没有同伴支持等一系列问题。”同时他们也真切感受到“在校园与社会生活中，与朋友成功的合作，往往会酝酿出意想不到的杰出成果；班中同学密切的协作及努力，可以创建一个团结进取、不可战胜的班集体；舞台和赛场上的默契配合会带给我们胜利和喜悦，对父母长辈的关心和体谅使亲情更敦厚，师生间的理解和信任则使心与心之间的距离更近”。

这项学生课题引起了学校的重视，也显示了自我认识智能与人际交往智能在学生发展中的重要性已毋庸置疑，并成为所有学生特别是资优生走向成功不可或缺的能力。作为学校，我们的思考角度是如何通过各种措施，来提升学生的思维品质与自我道德教育能力。最终，学校决定从创设课程的角度入手，找到一种培养两种智能的有效载体，双Ⅰ课程。2003年上半年双Ⅰ课程正式启动，并首先在高一年级学生中试点，后延伸到高中三个年级，并渐显磅礴发展之势。在学校培养学生的这两种智能中，找到了一种外显自我认识（如自我认识、自我控制、自我体验中形成的自律、自尊、自信、自强、自新等）和内化积极正向的人际交往品质（如诚实、体谅、合作、互信、责任、宽容、尊敬等）的机制。

双Ⅰ课程采取攻守结合的策略。其一是通过双Ⅰ课程的主动实践，学生自我认识与人际交往智能获得不断提升，对自己感兴趣领域的选择逐渐趋于理性，优势潜能也逐渐浮出水面，志向的确立开始充分考虑社会的发展，并与社会需求相适应，这我们通常叫做双Ⅰ的“攻略”。其二是在双Ⅰ课程提供的平台上，学生可以直面自己在志、趣、能的发展过程中的缺点和不足，及时发现在学科学习与人际交往中制约自己长远发展的弱项，并一一加以改正，这我们通常叫做双Ⅰ的“守略”。也就是说，在学生正确认识自我，确立积极的人生观、价值观中，在发展自己的志趣能中，要做到攻守兼备，以攻为守，使自己得到更好的成长与提升。在2008年前，我们把双Ⅰ课程的推进重点放在“守”上。2008年之后，在聚焦志趣、激发潜能的办学思路引领下，双

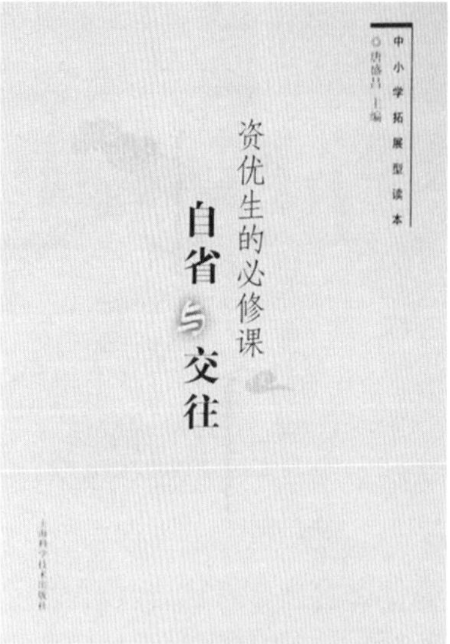

双I课程校本教材

I课程的推进重点转为以攻为主,攻守兼备,取得了良好效果。

2013年8月,双I课程的校本教材《资优生的必修课——自省与交往》(上海科学技术出版社)正式出版。也标志着我校双I课程正式成为一个包括理论支撑、教材、评价方式、实施策略等在内的完整课程。

2014年起,双I课题在内容上和形式上得到了进一步的完善。内容上,选题与学生职业生涯教育更密切联系,学校侧重从动机和兴趣出发,借助双I平台唤醒学生对未来所选择从事职业的愿望,引导学生实现志、趣、能的有机结合。形式上,双I拓展训练通过对MBIT(迈尔斯布里格斯类型指标)的介绍分析、心理剧等形式在高一前期学员中展开,获得了较好的反馈。

双I课程是尊重学生思想的体现,是满足学生需求的必然,是资优生成长的必要。从国家教育的层面来看,该课程的创设弥补了现行德育课程体系缺乏自我反思类课程的不足,满足国家对高素质人才的需求;从学校层面来看,有利于学校培养具有健全完善人格的学生;从个人层面来看,有利于学生更好地认识自己与开发自己的潜能,并在人际交往能力的提升中促进学生志、趣、能更好的发展。这些价值可能不会在一年两年内显现,但我们相信,必将随着时间的推移而历久弥新。

● **小小乒乓球的魅力**

1997年3月,学校本着一流的学校教育要有一流的学校体育的思考,为培养一批有道德、有文化、有理想、有专长的中学生乒乓球运动员,促成了与华东理工大学乒乓俱乐部的合作,共同组建了上海中学乒乓球班,推进小学、中学、大学三级联动的"一条龙"培养模式,以吸引优秀学生。

"乒乓班的孩子近40人,来自五湖四海,边读书边打球。每天训练两次甚至三次,读书时间只有其他孩子的一半,普通的教育办法肯定不行。"上海中学副校长、体育特级教师王辉说。考虑到学生的特殊性,学校根据他们的学习基础、学习时间等具体情况,适当选用各学科教材,结合专门为学生编制的自编教材,制订了《乒羽班各学科的教学纲要》,涵盖数学、物理、语文、英语、化学、计算机等多个学科,形成了具有特色的乒乓班课程,为孩子们开起了"小灶"。使各学科的知识点和知识结构符合学生持续发展的需要,并增加德育课程和人文课程,让学生在今后的人生道路中均衡发展。

上海中学乒乓班成立十余年来，球队已有数十位同学进入大学深造和升入各个高层次球队发展，培养了包括国家运动健将在内的中高级等级运动员40余名，在国际、国内的各项乒乓球赛事中，也取得良好的成绩，如代表中国中学生参加世界中学生乒乓球锦标赛就有7次，获世界中学生乒乓球赛事冠军奖牌40余枚。在第十届全国中学生运动会上，上海市中学生乒乓球队的队员全部是上海中学的学生，获得了5枚金牌。在2013年全国中学生乒乓球锦标赛中获得7金4银2铜；在上海市学生运动会取得高中组6金，初中组2金的好成绩。在上海中学承办的2014年第12届全国学生运动会乒乓球项目上，以上海中学运动员为主的上海乒乓球队一举夺得6个项目冠军，更为重要的是我校乒乓球队员良好的文化素养、精神风采，得到了各方面的好评，促进了学生未来的可持续发展。

学生在2010年世界中学生乒乓球锦标赛中获佳绩

在第12届全国学生运动会中，冯校长曾经这样描述上海乒乓球代表团的比赛："每次看到0比2我就走了，没有想到你们3比2追了回来。"而上海中学本部的同学担任了全程接待志愿者，全程见证了我们的乒乓球班同学在赛场上的全力以赴，也很受触动。2016届的蒋知耘同学在志愿服务小结里这样写道："这是我第一次参加规模这么大的志愿服务活动，刚开始的时候挺紧张的，生怕自己有什么做得不够好的地方。但随着比赛日程的推进，和所带队伍的队员们的交流的深入，我也渐渐地开始享受整个志服活动，享受整个赛事。队员们在赛场上努力拼搏，我们志愿者在一旁加油打气。比赛中赢得一分时自豪地去总台报分，落后一分时的紧张急切，扳回一局时的欢欣雀跃等都构成了这个夏天最美的光景。年龄相差无几的少年们在中运会的赛场上挥洒属于青春的汗水。有不少人会觉得这十天还不如做点暑假作业,但我绝不后悔参加了这次的志愿者服务。经历过这十天的志服,我认识了不少新朋友,拥有了不少宝贵的回忆。但更重要的是,通过这次志愿服务,我见识到了真正的拼搏,体会到了付出的辛苦所带来的甜蜜。”上海中学始终相信优秀与优秀互动所产生的奇妙结果,本部的同学加入到乒乓班的年度聚会中来,乒乓班的同学加入到本部特色志愿服务中去,用这些真实的体验,让学生近距离感受到体育竞技的魅力,充分发挥体育竞技在磨砺学生意志品质方面独特的作用。

十几年来,一个小小乒乓球的魅力将学校的体育文化勾勒得淋漓尽致,搭建了中外学生互动的舞台。2012 年,上海中学还成功承办了中美乒乓球外交 40 周年纪念活动。学校每年举办上海市青少年最高级别的“上中杯”乒乓球比赛。2014 年 5 月,上海中学迎接全国乒乓球后备人才培养基地专家组现场评估,对上海中学乒乓球运动员训练与教育场所表示了充分的肯定。

二、探索拔尖创新人才早期培育新路

1998 年,上海中学率先通过市实验性示范性高中规划评估。自此以来的十余年里,上海中学一直思考怎样解决这样一个问题:对于集聚了大批资优生群体的优质高中来说,怎样突破“应试教育”藩篱与“学科竞赛”框架,落实素质教育对高中生创新素养培育的要求,落实国家规划纲要对高中阶段创新人才早期培育的期望,探索拔尖创新人才早期培育新路。

1. 树立聚焦志趣与激发潜能的导向

高中阶段是学生志(志向)、趣(兴趣)、能(潜能)逐渐形成的关键期,高中生在成长过程中普遍存在“志”不高、“趣”不强、“能”不明的问题,这个问题成为这一阶段创新素养培育必须突破的瓶颈。在国际视野下探索我国高中生创新素养培育的有效路径,学校经历了一个不断探索、实践、研究、反思、深化的过程,逐步形成了“聚焦志趣、激发潜能”的发展思路:“志”是让学生的志向与对社会责任、理想及一定领域联系起来;“趣”让学生兴趣在选择学习中逐步聚焦,促进个性化知识构成,形成创新素养培育的重点领域;“能”是让学生在兴趣聚焦领域基础上,形成未来发展的阶段最佳指向性领域,个性化地发展创新潜能。

2004 年唐校长接待时任市长韩正等领导

● **我要进入心仪专业**

在上海中学,学生自主招生中如果名校给予的专业与自身的发展志趣不符，学生宁愿放弃自主招生而选择“裸考”，以进入自己的心仪专业。这早已不是什么新闻，其根本原因在于学生在毕业前就通过对上海中学课程的选择学习，已经初步了解了自己的专业取向。当然，在这里面，学校也是下了很多功夫的。

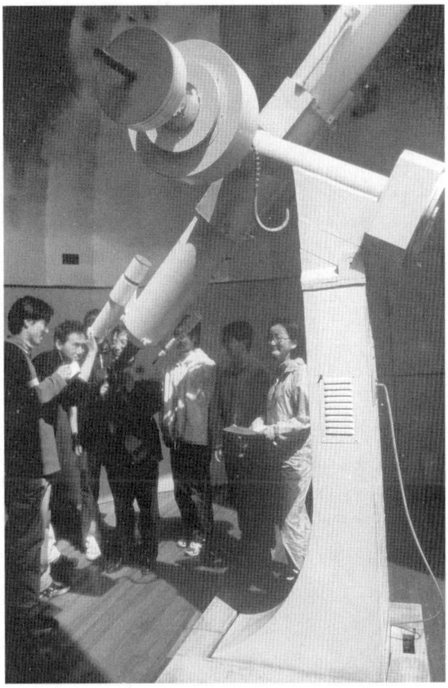
让学生成为仰望星空的人

学校多年的研究实践表明学生的“专业取向选择”，主要有感性的、初步理性的和基本理性的三个层次。第一层次是基于“感性”的专业取向选择。这类学生高中毕业时的升学专业取向选择，主要是出于单纯的兴趣或功利考虑(如未来的就业前景、教育投资回报率等)，在高中阶段并没有专门学习过相应的课程或开展相关活动，也不清楚自己是否具备适合这个专业的兴趣和潜能。当前，许多高中生在升学时作出专业选择就属于这一层次。很多学生都想学热门的金融，但金融究竟是什么、金融行业对从业者有哪些基本素养要求、各院校的金融专业实力如何等，学生并没有接触过，也没有深入了解过，仅凭大致印象或外在的影响(如家人推荐)就报考了这个专业。这就容易造成学生进入大学后对自己所学专业不满意或学习积极性不高等隐患。

第二层次是基于“初步理性”的专业取向选择。通过对学校课程的选择学习，学生对某一或某些专业领域有了初步的认识而作出的专业取向选择。比如说，学生填报“金融”志愿时，他们对自己所选方向这一领域有过课程的学习或接触，学生报考金融领域专业前，学习过学校或者相应机构提供的这方面课程介绍，对其要求的知识结构、金融行业的现状与前景、自己从事金融工作的兴趣与潜质等都有了初步的了解。当然，学生也可以通过拓展阅读、项目实践、专家研讨会等方式获得这种初步理性。

第三层次是基于“基本理性”的专业取向选择。通过对学校开设专门领域的课程选择学习或参与相关活动、项目、课题等，学生对自身志趣和潜能有了比较理性的判断，并尝试去提升自己志趣能匹配领域的学习水平，作出与自身志趣能基本匹配的专业取向选择。学校教育存在的一个普遍误解是，认为学生知识与能力达到一定水平后，读哪所大学、哪个专业没有本质的区别。其实不然，学生的可持续性发展与其自身的志趣能密切相关，学生的未来发展是否与其优势领域匹配，直接影响其发展高度。创新能力和优势潜能也是分领域的。高中阶段需努力创设有利于学生认识自身志趣能匹配水平的课程,促进他们形成基于“基本理性”的专业取向选择。

时任国务委员刘延东等领导来校调研

高中生进行切合自身志趣能匹配的专业取向选择与探索,是一个持续的、动态的过程。然而,在高中三年学习里,学生对课程的选择学习的时间是有限的,只能是在经历这个阶段后,形成这一阶段适合自己的最佳专业取向,今后还可能随着自身知识、阅历的积淀不断作出调整。但这个阶段的最佳专业取向形成,是在学校课程选学基础上形成的理性判断与思考,考虑到与自身志趣能的匹配度,学生自主学习动力就会增强,在未来的学习过程中就不会迷茫或者不知所措,也不会因学生的盲目选择以及后续的转向学习而无形中延长人才的培养周期。因此,从学校层面来说,进行相对系统、完整的课程设计与实施,能够促进学生基于志趣能匹配认识基础上的专业取向选择。

结题证书

课题类别:全国教育科学“十一五”规划教育部重点课题(DHA090173)

课题名称:实验性示范性高中推进优秀创新人才早期培育的实验研究

课题负责人:唐盛昌

证书号:2213

主要参加人:印杰 徐向东 张群 顾正卿 冯志刚 李英 薛建平 刘茂祥

此项课题已完成,经审核准予结题,鉴定等级(　　),特发此证。

全国教育科学规划领导小组办公室

2012年10月20日

学校承担的“十一五规划”教育部重点课题结题

● 科技班与工程班的出炉

作为一所名校,需要积极回答“钱学森之问”,在推进拔尖创新人才培养上创设良好的土壤。2007年,时任上海市教委主任沈晓明与唐盛昌校长等考察了韩国的釜山科技高中,回国后就谋划上海市应当在全国率先在高中推进科技创新人才的早期培育。首先选上海中学做实验，是基于上海中学在科技创新方面有基础，唐盛昌校长有自己的思路，并且能够提供非财政自筹资金安排实验，因而上海中学被选为率先开展创新素养培育实验的学校。

这个创新实验举动，不仅得到了市教委的关心，而且得到了时任上海市委副书记殷一璀等的关怀，调研会就开了多次。唐校长还亲自走访了复旦大学、上海交通大学、中科院生物研究所等多所高校和研究院，征求专家的建议，确定了改革方案。

2008 年 4 月，上海中学被批准率先开展高中生创新素养培育实验，在延续数学实验班的同时，全国首设科技班，进行探索。科技班当时设置了“物理学、化学、生物学、工程、计算机”五个专门方向，旨在培养学生的创新素养、科学精神与人文底蕴。上海中学创新素养培育实验项目一出炉便引发热议。《新民晚报》(2008 年 4 月 9 日，A5 版)刊文“探索人才培养？抢夺优质生源？”很多人质疑“能否通过三年的集训，达成这一目标？”三年下来，学校向社会交出了满意的答卷。

在学生升学上，整体态势良好，我校 2011 届学生中 99%进入全国重点大学与国外名校，有 24%的学生进入清华、北大、港大、港科大等国内顶级名校(科技班为 51.2%，数学班为 40%)；有 48%的学生进入复旦、交大、浙大、中国人大等全国排名前 10 的大学(科技班为 41.1%，数学班为 40%)，申请出国的学生(约 5%)全部进入美国排名前 40 位与日本排名前 10 位的大学(科技班为 7%，数学班为 20%)。在提升速度上，实验班学生高于平行班学生(进校中考成绩从高到低依次是平行班为 499.3 分、科技班 489.2 分、数学班 496.4 分，高考平均成绩从高到低依次是科技班 547.8 分、数学班 541.4 分、平行班 533.9 分)。在学生成长方面，学生不仅创新素养得到提升，而且仍保持较高竞赛等第：首届科技班三年来，共获国际奖项 5 个、国家级 16 个、市级 120 个，发表论文 8 篇(其中 2 篇发表在 SCI 上，2 篇发表在 CSSCI 上)，数学班连续三年有学生获世界奥数金牌，其中两个满分，获全国一等奖以上的 90 人次；在 2008—2010 学年，全校共获国际奖项 17 个，国家级 266 个，市级 792 个。

科技实验班学生的成长，与他们设置的独特课程体系分不开。他们的基础课程就与通常班不一样，强调加速学习与数学、物理学、化学，采用双语双课本(国内教材与国外原版理科教材使用相结合)的方式进行教学，并设置了相当或略高于大学预科的专门课程与探究课程，以高校、科研院所专家为主开发课程、课堂授课和课题指导。

复旦大学—上海中学“学术兴趣与素养培育的导师制计划”签约仪式

为此，学校先后与上海交通大学、复旦大学、中科院上海分院等高

2008 年牟晓生获国际数学奥林匹克金牌

校和科研院所建立了以专门课程开发与授课、课题与项目指导以及实验室建设为载体的实质性合作关系。学生在高一、高二时每周二、四两个下午的时间学习志趣聚焦领域的专门课程与探究课程，探求与自身潜能的合适性，并提供现代仪器分析、激光与光纤等现代数字化实验室，配备先进的专门仪器，促进学生基于数字平台与感兴趣专门知识领域的整合学习和探究，促进他们将自己的探究成果送去参加各类创新大赛活动等，不断识别与开发自己的优势潜能领域，促进学生形成基本理性的专业取向选择。

考虑到高中生兴趣爱好的广泛性与对自身潜能认识的多样性，学校还允许这些学生在周五下午选学面向通常班学生开设的选修课程(如前述)。到了高三，除部分获得“保送”资格学生继续选学这方面的专门课程(如相应的 AP 课程)与开展课题研究外，其余学生仍在“文理分科”的范式下备考。不可否认的是，经历了强化模式的课程学习后的学生，对高中毕业后的阶段性最佳专业方向已经有了基本理性的认识，有更强的内动力去实现自己的追求。

2012 学年，学校在已有数学实验班、科技实验班的基础上，增设了“工程实验班”。工程实验班侧重工程、通讯、传媒、能源、环境等五个专门方向，科技实验班则调整为物理学、化学、计算机科学、生命科学、医学等五个专门方向供选学，研究领域进一步拓宽。2013 年工程班的“工程”方向拓展为土木建筑与城市规划两个点。2015 年，学校第一届工程实验班的学生顺利毕业。

● **高中课程新形态——专门课程**

在示范性高中推进优秀创新人才早期培育，需要创设适合高中生创新素养提升的合适载体，经过多年的探索，上海中学完善学校基础型课程教学纲要(从 2000 年以来一直在探索，定期更新，2014 年教学纲要已经修订完成)，创设了高中课程的新形态——专门课程，这是我校提出并实施的创新思考。

为促进高中生的志趣聚焦与优势潜能的开发，促使他们形成基于志趣聚焦的未来发展专业指向性领域，学校推进了高中课程新形态的开发“专门课程”。高中“专门课程”不同于大学专业课程，不需要完整的学术性阐述，但高于现行的高中课程，视野更宽，在某些点上有相当的深度，适合对某一方面感兴趣与有潜质的高中生学习。专门课程旨在培养高中生的学科悟性与对某一或某些领域的感觉，激励学生围绕某些主题进行较为深入的学习，不断促进个性化知识构成。为促使高中生明确未来发展的专业指向性领域,学校除了为科技实验班、工程实验班提供加速学习的基础课程,同时还开发了科技、工程方面的专门课程,供学生选学,这些专门课程分为10个领域,课程内容相当或略高于国外大学预科课程。

学校还与多所大学合作,设立了金融、法学、微电影、戏剧表演、节能汽车、软件工程、人体医学等实验组,开发专门课程供学生选学。如金融实验组的专门课程,一个学期的前半学期学宏观经济学、微观经济学等基本知识,然后分资本市场利率形成实验、资本市场定价与投机泡沫实验、通货膨胀实验、货币创造实验四个专题进行选学。不是学习系统的、学术性很强的内容,重点是增进对金融领域的了解并培养兴趣,为这方面有发展潜质的学生形成该专业领域的发展指向性领域提供良好载体。

专门课程的学习促进了学生基于基本理性的专业取向选择。据统计,从2011届到2015届已毕业的科技班毕业生,他们在上中所学专门课程、所做课题与他们升学专业领域选择的匹配度超过了90%。2011届金融实验组学生,50%选择进入经济、金融等相关专业深造;2012届则为45.2%。2012届校媒体团学生,68.8%选择进入媒体技术、人文社会等相关专业深造。2012届EP赛车组学生,66.7%选择进入机械、汽车等工程类相关专业深造。

九三学社上海市委、上海中学科普共建签约仪式

2. 着力构建高选择性学校课程图谱

上海中学借鉴IB课程"学科群"思想,集全校师生员工的集体智慧形成了上海中学课程图谱。既有我国学校教育的长处,又汲取了西方教育的特点,是一套融合了东西方文化的课程图谱,含金量很高。这套课程图谱分资优生德育、学习领域、优势

潜能开发三个子图谱。资优生德育课程图谱在之前的德育课程中已介绍,优势潜能课程包括竞赛课程、一些通过课题研究推进的专门课程,以及自主开发的大学先修课程,发展课程图谱涉及500余个科目与模块。

● 向选课教室飞奔

要说上海中学学生"每一个人都有一张课表"这一点都不为过,相比许多学校通过增加选修课来提高选择性,上海中学认为提高课程的选择性如果不能在基础性课程中取得突破,满足学生的个性发展要求就很难实现。实施菜单式课程的前提是,从纵横两个纬度提高课程的选择性。横向来说,扩大课程可选择的数量。纵向来说,实行分层课程。纵横结合,每位学生就可以拥有符合自身发展水平和特色的个性化课程体系了。

早在2003年,对数学、英语学科课程教学来说,已实施了分层选择课程模块。全年级407名学生被分为三个层次,其中数学学科分为教材提高班(C班)、数学拓展班(B班)和拓展建模班(A班)。英语学科分为教材提高班(C班)、大学英语班(B班)和"大英牛津班"(A班)。根据人数,A班与C班各编排两个班级,B班编排6个班级。

当然,由于学习的内容不一样了,学生的学习评价也就不一样了,拿一张数学期中试卷来分析吧,就有了这样的构架:A层学生请完成1、2、5题,并从3(2)、4(2)中选做一小题;B层学生请完成1、2、3、5(1)题,并从5(2)、5(3)中选做一小题;C层学生请完成1、3(1)、4(1)、5(1)题,并从3(2)、4(2)、5(2)、5(3)中选做两小题。"或许你会觉得这样的说明有些繁琐,一张试卷何必搞得如此复杂?可这张试卷背后隐含着上中一个崭新的教育概念——对应于层次选择课程教学的选择性试卷。

学校在数学、英语课程分层选择的成功实验基础上,学校又进行了新的探索,进一步扩大了在基础性课程中的选择范围与可选择比例。在提高基础型课程方面,我们采用了三种不同的模式。德育类采用核心科目+选择科目的形式,如高一的政治理论、学军、行为修养为核心科目,党课、团课、邓小平理论等为选择科目;智育类与体育类采用核心模块加选择模块的形式,如高一、高二的数学、外语学科,以三节课时学习核心模块,两节课时走班学习选择模块;美育类采用选择科目的形式,学生可在音乐、美术等科目中按自己意愿任选一科学习。经过多年的探索,学校语文、数学、英语等12门基础型课程的可选择性课时比例已超过30%。

随后的一些年,学校对一些基础性课程的走班分层与选择,在不断的调整与探索当中。2014年国家高考改革与招生制度方案出台,上海作为首批试点省市,积极推进学业水平考试与综合评价系统,在高考"3(语文、数学、外语)+3(自主选择三门参加学业水平考中的等第考)"的模式导向下,学校继续深化基础课程的选择分层走班学习与选修课程的走班跨年级学习。

上海中学除了在基础性课程拓展选择性外,在发展型课程中也大力加强选择性，以学习领域课程图谱为主要载体。学习领域可承图谱涉及语言与文学、人文与社会、实验科学等7个学习领域，语文、物理学等14个学科范畴，在2008年形成图谱第一版时，有700多个科目与模块，后在2010年、2012年版的修订中，将模块内容整合到专门课程与其他内容中，完善成可供选择的500多个科目供选学。

在2014年前后，学校又创设了数学、物理学大学先修课程，2015年开设了化学先修课程。科技班、工程班学生，各自设立5个专门方向可选学，采用“521”模式：即每个班5个方向刚开始该班学生都学，经过前5次的广告课后，学生根据自己的理解与意向，然后选择两个方向选听，在近一学期下来后，选定一个方向进行学习与探究，这些都是走班学习的体验。

每学期学校都为学生开设150门发展型课程或专门课程。每到开学第一周的“选课日”，在学生选课前，学校会把这一学期可能开设的选择科目都对学生做一个介绍，学生可以有针对性的学习。每到选课的时间，学生飞奔至电脑房，登录系统选择自己喜欢的课程，有的甚至请家长在家里，早早地点击自己的课程。每位学生根据自己的兴趣和未来发展的需求选择适合自己的课程。其中热门课程“模拟驾驶”“中西点心制作”等更是成为媒体关注的热点。《解放日报》(2012年10月9日)以“上海中学开514门选修课学生一学期可选多门——男生学做点心成班上‘红人’”为题，对学校的选修课程进行了报道。“面糊拌匀后，用调羹挖起面糊，拍在垫了烤盘纸的烤盘里。每小块最好不要小于60克，这样可以让奇普饼干的口感更丰富……”。在先棉堂辅楼烹饪教室里，岑老师正在上一门热门选修课——中西点心制作。这节课，岑老师教学生如何制作巧克力曲奇饼干，“选修这门课，就是为了让生活多一些情趣。”高二学生许明辽说，现在每个周末回家，他和父母一起制作各种点心，并分发给亲友、邻居品尝。高一(5)班的男生汪同学直言，每周二上完这门选修课，他会将自己制作的各种点心带进班级，和同学们一起分享，这也让他成为班级内较受欢迎的男生之一。2005年，《新闻晨报》以“模拟驾驶走进中学课堂”(2005年9月20日A21版)，对我校的另一门热门选修课程“模拟驾驶技术”进行了报道：“才在驾驶室里开了一次车，高一、高二学生就已经念叨着再上一堂生动实在的模拟驾驶课。汽油表、车速表、离合器、刹车……坐上这个按照真车驾驶座1∶1仿真而得的L-300全电脑控制汽车模拟驾驶系统，学生们非常兴奋。这门课程让学生在愉快操作中了解交通安全和汽车知识。”对于学校选择课程的介绍，还出现在上海

学生网上选课

电视台“超级家长会”哩。

经过学校课程的改革，学生手里原来统一的课表不见了，取而代之的是一张张各不相同的菜单式课表。课表的转变不仅是形式上的，关键是改变了教师教和学生学的方式。在原来的统一课表下，教师只需一次性备课，就可以在不同班级进行重复式劳动，现在教师每上一节课，都要研究学生和教材，教的创造性被激发出来。随着 2008 年、2010 年、2012 年、2015 年课程图谱的不断修订与完善，上海中学学生因为选择学习，形成了自身的个性化知识构成，形成了属于自身特点的单核、双核或多核的知识结构，认识了自身的兴趣、激发了自身的潜能。

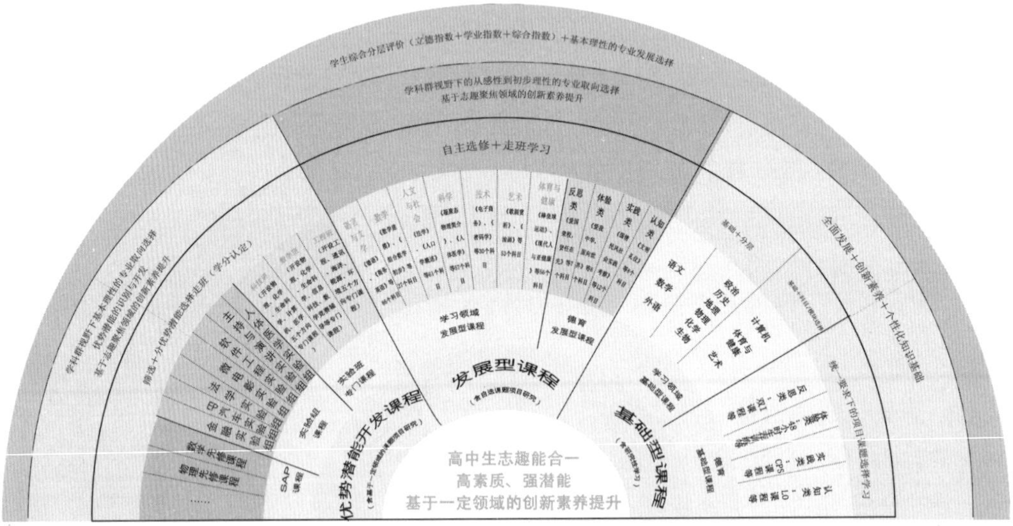

● **我们的创新点子并非异想天开**

1999 年，中共中央关于全面推进素质教育的决定，探索面向新世纪人才培养的现代素养思考，尤其是学生创新精神的培养，成为学校在推进现代教育必须思考的课题。上海中学的课程注重与学生的创新素养培育相匹配。先来看上海中学捧得全国中学生创意设计竞赛桂冠的创新金点子吧：行人踩着桥上的小脚印给湖水充氧。

上海中学有一个中兴湖，湖水上有一座曲桥。原本清澈的湖水，因为排水口不够通畅，形成了小范围的“死水”。让湖水重现当年的美丽，引发了俞博闻这个充氧桥的金创意。行人踩着桥面上一个个小脚印花纹，压出一个个小水泡，给水面输送氧气。

理论基石：湖水污染的主要原因是湖水中的有机污染物不能得到及时分解。分解水中有机污染物的任务主要由水中的好氧菌来完成，而好氧菌的分解效率则取决于水中的含氧量。因此，根据现有的处理有机污染的途径，最有效也是成本最低的一条途径就是往水中通入氧气。把湖上的曲桥设计成一座充氧桥，利用人通过桥面时的重力作用，把空气压入水中，以提高湖水溶解氧含量的指标，起到净化水质的作用。(摘自《新闻晨报》2006 年 12 月 19 日报道)此项目后来获得上海市科技创新大赛与全国创新大赛一等奖。像这样的课题研究获得的成果,上中还有许多。这得益于学校研究性课程的开设与研究性网络学习平台的搭建。

重视学生实验探究能力的培养

学校的课题研究性学习早在 2001 年之前就开始实行了,旨在层层推进学生的创新意识与素养。课题研究的目的:使学生学习课题方法、体验研究过程、培养问题意识、讲究科学态度、激发创新精神。采用分时段推进的操作流程,高一年级上半学期展开学科大作业,学习如何围绕主题搜集资料、提炼观点、进行论证等研究的基本方法;然后完成学科小论文,这就需要学生以发散性思维与批判性思维来开阔思路,并形成自己的观点。第二学期开展指导性课题研究,让学生了解进行课题研究的全过程及讲究科学态度、科学方法的必要性和重要性。高二年级侧重于自选性课题研究,旨在培养学生的问题意识,提高他们发现问题与提出问题的能力,激发学生的创新精神,鼓励学生提出自己独特、富有创造性的想法。高三侧重于完善性课题研究,特别提倡研究中的协作意识与团队精神。

2001 年,学校与专业公司合作,开发了研究性学习网络平台,学生的课题均能在网上实现申报、中期检查与结题,进行创新性核查筛选。上海中学的课程注重学生的创新发展,还表现在学校与上海交大等 17 所高校、科研院所的实质性合作。最近 5 年来,各高校、科研院所都派出了他们顶级的教授、专家来上中授课、指导。据不完全统计,2008 年至今,在专门课程开发方面,学校共邀请大学、科研院所专家 200 余人来校授课指导,包括院士、长江学者以及 973 首席科学家,进一步为上中学子的成长搭建广阔的舞台。

计算机竞赛学生与指导老师合影

上海中学正是在学生的创新中不断认识与发现着人才培养的规律。创新人才是分领域、分层次的,学校在探索中要根据学生的志趣与优势潜能,创设广泛的发展空间与多样的平台,不要忽视优秀学子的创新。在 2012 年的一次金融实验课上,上海财经大学的教授给上中选学金融方向的一道题,说给大家见识一下,他的许多研究生没有做出来,让这位教授没有想到的是,有许多学生在该节课下课时就做出来了,这让教授对中学生的创新惊讶不已。在科技班的 7 年探索里,一些学生可以在 SCI 杂志上发文章了。

由此可见,学生的创新点子并非异想天开,是有课程平台支撑的,在这一课程的引领下,学校的课题研究频频获得世界、全国、上海的高等第奖,目前学校累计已获得 9 枚国际数学奥林匹克金牌。近 6 年来,学生获英特尔国际科学与工程学大赛团体奖、中国青少年科技创新奖——邓小平奖、上海市青少年科技创新奖——市长奖等各类高等第奖 3 500 多个。在 2011 年前后,学校对学生做了一个调研,发现了学子们的这样一个心声:请不要因为对社会创新的诚信危机而忽视我们的创新意识。

● **一样都不能少**

美国纽黑文市耶鲁大学校内,正当学生下午上课结束的时候,几个中国籍学生在教学楼前的广场上,手中举着各式各样的中国结,在不停地吆喝着:"Hei, share in the spirit of Chinese New Year, a time of joy and luck for all!"(嘿,与我们一起分享中国春节的圣物——中国结,它将给大家带来幸运与快乐!)

一个高挑又显瘦小的青年手上拿着一张大海报,叫得特别起劲。在海报上写着他们的活动计划:"Supporting Education in Rural China"(支持中国的乡村教育),原来他们在组织"中国结"慈善义卖活动,目的是为了让中国的贫困学生完成他们的初中学业。

亚特兰大奥运会"奥运火炬手"许伟杰

这个高挑而瘦小的青年,就是此次活动的组织者。他是上海中学 2001 届毕业生袁健,一个有远大抱负而又心系祖国的学生。自从进了耶鲁大学后,有感于中国农村的一些贫困家庭的孩子不能上学,组织了"中国结"慈善义卖活动,每年将募集的 500 美元捐给内蒙古钱家店中学的四名贫困学生,支持他们完成学业。

说到袁健同学,在我校读书期间可谓名气不小。英语竞赛、物理竞赛、化学竞赛、数学竞赛以至作文比赛都在全国、上海市获得过一等奖,如 2001 年参加第 16 届全国数学冬令营获得银牌;2001 年他高二时参加研究生的 GRE 考试,获得了 2 370 分,名列全国第二,在学科学习方面,能如此全面、如此深入确实难能可贵,他同时还是一位德育优异的学生干部。

在他的身上,体现了学校注重培养学生基础厚实广博的培养目标。学校希望学生将来既是一个领域内的专业人才,又可通达多个领域,甚至还是具有相当号召力的领导人才。

在美国大学放暑假时，他回到了母校，与学弟学妹们说："上中的环境对我的个性、品行、思想、学习习惯、生活方式都有很大的影响。不管我走到哪里，我都会非常怀念。这绝对是我所拥有的一笔巨大财富。在国外念书的时候，我常想再一次站在高三大合唱的舞台上，道出自己的真心付出；常想再一次做张老师出的周周练；常想再一次在昔日的宿舍与室友彻夜卧谈；常想再一次在上中做早操、自习、排队吃饭、测试；常想再一次在开学典礼上聆听校长的报告……"

在中学时期，学校要发掘所有学生的潜力，给每位学生信心，要让学生各方面的智能在原有基础上都得到其应有的发展，又让学生的一个或几个方面的优势潜能得到开发，自然要更注重根据时代特点进行课程教材的开发，在这方面，上海中学走在全国中学中的领先位置，学校早在1999年就开始筹划系统的课程教材编写。下面是唐盛昌校长与特级教师孔繁刚编写校本教材的对话。

"老孔，你在上中教历史已经几十年了，你觉得现有的历史教材存在哪些问题?"孔繁刚老师是中学历史教育界的权威，平时著书立说不少，是一位知识渊博、思维敏锐、敢于创新的老教师，以他作为教材建设的突破口应该没错。

"唐校长，我觉得传统历史教材的主要问题是过于重视结论性的东西，而忽视过程性的东西。这是不符合历史学科的客观规律的，因为历史发展本身就是一个过程，这就好像个体对自我发展的认识也是一个过程一样。"孔老师回答。

"那么，我们是不是可以在原有教材之外，再编写一本适合我们上中学生特点的历史教材?"唐校长紧接着问。"编是可以编，不过要编一部独特的历史教材可不是一件容易的事啊。"孔老师露出为难的神色。

尽管编写具有现代性的、适合学校学生发展的教材是困难的，但在学校的激励下，一本以我校教师为主、上师大教授参与的《文明的长河》一书正式由上海科技教育出版社出版，与它一起出版的拓展型课程教材还有《神州的呼唤》《生命的透视》《经济的浪潮》《青春的雕塑》等四部教材，内容分别涉及地理、生物、经济学和品德教育等不同领域，其中后面两部教材还填补了我国基础教材中的空白。

学校校本教材的编写，十分关注现代科技内容的渗透，如《生命的透视》涉及了13项诺贝尔奖开展的基础实验项目。同时多元化、系统化的校本教材弥补了统编教材可能带来的"吃不下、不够吃、吃不饱"的缺陷，学生可以根据自己的能力和特长，选择相应的教材，并采取不同的学习策略和模式，极大地促进了学生的潜能开发与创新素养的提升。

接下来，学校同时进行不同类型的教材建设：一是提高型教材的编写，这类教材主要集中在数、理、化等领域，以学科意识和能力的培养为特色，采取分层次建设。一是双语型教材的建设，这类教材与我校的双语课程相匹配，以"学科渗透、英语为主、板块结构、综合见长"为编写思路，增强教材内容的可选择性。适用的学生群为全体参与双语课学习的学生。经过多年的努力,这两类教材的建设也卓有成效,现在已有 24 本提高型教材和 16 本双语型教材可供师生选择使用。

在拓展型、提高型、双语型教材成功建设的基础上,目前学校又将重点放在了大力建设发展型教材上。到 2003 年,学校教师编写的校本教材已经有 120 本,其中 34 本已正式出版。到 2008 年学校课程图谱编写完成后,学校编写与选用的校本教材已经超过 800 多本了,其中自编教材超过 350 本。我校的试验教材以其先进的理念、独特的风格和鲜明的特色,产生了一定的积极影响。有些中学已经采用了上中的部分试验教材,上师大历史、地理、生物等系科已将试验教材作为学生的选修教材,向我们索要试验教材的学校就更多了。许多学校参照我校的经验,也纷纷尝试校本课程教材的开发。

在课程架构方面,我们调查发现 82.3%的学生认为基础课程的加深拓广、发展型课程或专门课程学习、课题研究性学习是学校环境中促进自已志趣聚焦的主要平台。如果我们站在上海背景、全国背景,乃至世界背景下,看学校的课程改革,至少有以下几个方面具有不可忽视的积极价值:一是在全国率先开展学校课程与校本教材的开发。二是积极拓展课程开发的国际视野。三是建设了一批与高校合作开发的现代实验课程与模块,并建设 30 个现代新型实验室,极大地促进了学生现代素养的发展与基于数字平台的创新能力的提升。四是极大地增加了课程的选择性。五是注重德智体美全面课程建设,尤其值得一提的是学校在艺体课程建设上也独树一帜,首创性建立了美术中心(有国画、油画、版画等多个模块供选择学习)与音乐中心(学生可以学习健美操、声乐、口琴、手风琴、美声唱法等科目与模块),极大地提升了学生的艺术修养。各类课程实施后,教育质量都达到了地区的顶级水平,本部学生高考重点大学达线率基本稳定在 99%,所有这些在国内是绝无仅有的,在世界上也是罕见的。

唐盛昌校长与国际数学奥林匹克金牌获得者吴忠涛合影

学校注重学生全面而又个性的发展,绝不会因为学生某一方面的特长突出,而偏废其他。这也是为什么学校在课程突破设计时,将德育与学习领域课程图谱并列,以立志来推进激趣,关注志趣与潜能匹配的重要原因。例如上中学生的数学学科竞赛在全国乃至世界都是有名的,从 2008 年以来每年有学生进入国际数学奥林匹克中国国家队,并连续 7 年有学生获得国际数学奥林匹克金牌，培养了上千名数学强潜能学生。学校坚持的一个做法是不能因为学生要参加数学竞赛而偏废其他学科以及必修的德育课程、活动。2014 年我校高继扬同学参加国家队选拔，因集训时间与军训有冲突，未能参加军训，在 2015 年则与新一届学生一起参加军训。2014 年该学生获得了国际数学奥林匹克金牌，2015 年再次入选国际数学奥林匹克中国国家队，并再次获金牌。2015 年 3 月接受《周末画报》的采访，该刊派了一个外国摄影师来拍摄，其流利的英语、良好的素养得到了外国友人的称赞。2014 年 7 月，全国中学数学奥林匹克协作体夏令营以及协作体校长年会在上海中学举行，24 所著名中学的 300 多名数学尖子参加，高继扬还被选为主持人，主持颁奖会。这样的例子不胜枚举，学校强调的理念只有一个，那就是促进学生德智体全面而有个性的发展。

冯志刚校长与 2014 年国际数学奥林匹克金牌获得者高继扬合影

● **大学前的热身**

在美国高中，一些成绩好、有余力的高中生在上高中二三年级时可以选修 AP 课程，其成绩也是申请美国顶尖大学的重要支撑材料之一。而我国，关注共同知识基础的课程体系造成大多数学生完成高中学业之后，对自己感兴趣的领域及将来的发展方向并没有清晰的认识。为了能够实现中学与大学教育的平稳过渡与衔接，一批高校已经开始进行大学先修课程的尝试，但作为中学独立探索大学先修课程的探索，上海中学还是第一个吃螃蟹的。这也意味着上海中学学有余力的资优生可以在中学选修自己感兴趣的大学先修课程。

2013 年，上海中学申请的上海市级课题《高中自主探索大学先修课程的实践研究》获得立项，上海中学的先修课程实施以课题实践研究的形式展开。2013 年 5 月，学校组织了上海中学大学先修课程领导小组。同年，学校以数学、物理学两个学科作为试点，组织了高二年级 7 个平行班中学有余力的学生，和 3 个实验班中所有学生每科共 190 人左右参加了该课程。

课程内容的选择是学校遇到的第一个问题，结合学校的实际情况，领导小组协调各科教师共同确定了 14 个主题内容，以两种模式进行。对于 3 个实验班，先修课程内容穿插在平时的课堂教学中；对于平行班在高一学年结束时，根据学生意愿择优录取。课程每周两节，期末进行统一考试，学生在课堂和考试的表现将与学校的综合评价体系挂钩。

“中学自主开展大学先修课程的实践探索”被立项为上海市教育科学规划课题，冯志刚校长让朱臻副校长担任主持人，朱臻副校长不仅是物理学特级教师，而且懂英语，他说:“与目前一些大学以及其他中学尝试开设的中国大学先修课程不同，上海中学自主构建的先修课程更偏重于借鉴 IB 课程、AP 课程等国际主流课程的经验，教学材料也是学校根据学生特点编制而成，而不是直接拿大学教材用，充分考虑知识的衔接和学生的接受水平。”作为大学前的热身，学校开设这些课程的目的是让这些学有余力的学生提早接触大学课程，为将来更为理性地选择大学专业奠定基础。

在 2014 年出台了新的招生考试制度后，上海中学自主开设大学先修课程，既有上海中学国际部 IB、AP 课程开设的丰富经验作支撑，也有这方面的学生需求基础与师资力量。自主开设大学先修课程，正成为学校优势潜能开发课程的重要组成部分。2015 年学校对优势潜能课程图谱进行了进一步修订，将竞赛课程、科技与工程班的专门课程、自主开设大学先修课程等都纳入其中，进一步拓展了学生优势潜能开发的舞台。

3. 努力形成拔尖创新人才早期培育链

上海中学在 2010 年时，被批准作为国家教育体制改革项目“探索建立拔尖创新人才早期培育”试点学校。据 2015 年 4 月 2 日教育部委派国家教育行政学院专家来校调研时介绍，当时试点学校都设在大学，全国就设了 4 所试点学校在中学，上海中学是其中探索经验最为丰富的学校。在 2008 年学校率先推进“上海高中生创新素养培育实验项目”时，唐盛昌校长就将该实验项目的资源助推力放在“以中学为主，大中学生实质性合作培育”上，最早开始是与上海交通大学合作，后来逐步拓展与丰富，并对大、中学合作推进“拔尖创新人才早期培育链”的建构有了深刻的认识。冯志刚校长接任后，继续深入推进与完善“拔尖创新人才早期培育链”的建构。

● **由 1 所到 17 所**

时光回到 2008 年 4 月的上海交通大学闵行校区校长办公楼。上海中学原校长唐盛昌在交大闵行校区模型旁听完介绍，与交大张杰校长进行了简单交流后，进入了时任副校长印杰的办公室，交流如何推进上海交通大学与上海中学合作推进科技班的教育教学。印杰副校长陪同唐盛昌校长进入了一个会议室，在会议室里已经早早地集聚了十多位各专业领域的博导、教授。他们听说上海中学准备开设科技班，并寻求与高校合作，感到这是一次加强人才培育沟通的良好机遇，当天下午的讨论很热烈，形成了不少建设性的意见。5 月，交通大学派出了专家教授团来参加上海中学针对优秀初中生的自主招生选拔。

2008 年 9 月，首届科技班开学，交通大学派出了 5 个专门方向的专门课程教师来校授课。时任教学处主任的冯志刚还清晰地记得，原上海交通大学副校长、后任上海市教委副主任的印杰与我校签订合作协议时讲的一句话:“可能我们到上海中学教授的学生在三年后不一定报考上海交通大学，但我们将引导他们走向相应的领域、方向，这从培养人才的角度本身就是有价值的，我们是一定要做的，而且要大力支持。”

上海中学意识到拔尖创新人才的早期培育，是一项系统的工程，仅仅依靠中学的力量是远远不够的。因此，上海中学一直注重拔尖创新人才早期培育链的构建，注重与高校、科研院所的实质性合作，推进不同领域、不同志趣爱好的优秀与特长学生得到更好的发展、更为专业的指导，促进这批有潜质学生的优势潜能得到开发与可持续发展。2008年，上海中学与上海交通大学签订实质性合作协议，这也标志着上海中学拔尖创新人才早期培育链开始形成，也正是这种实质性的合作，让大学和中学之间的桥梁越来越畅通。从最早开始与上海交通大学合作到如今与复旦大学、同济大学、华东理工大学等17所高校、科研院所合作，从最初的数学、科技领域逐渐拓展到如今的数学、科技、工程、人文、艺术等领域的16个专门方向。不仅包括科技班、工程班的专门课程方向，而且包括与某一领域顶尖大学合作的实验组专门课程的授课与指导。

与上海财大合作的金融课程授课

学校开设的专门课程，强调与专门领域享有盛誉的大学合作，逐步推进。在2009年与上海财经大学合作开设金融实验课程，主要面向平行班学生开设，特邀上海财经大学金融学院副院长、博士生导师、教授、金融科学实验中学主任等全程授课，课程的主要内容是西方宏观、微观经济学，让学生知道为什么要做金融实验、怎样做金融实验、如何分析金融实验的结果，激发学生对金融的兴趣，在促进大学、中学合作培育金融方面有创新潜质的学生上作出探索。首届金融实验组的毕业生中有近50%的学生已投身于经济与金融专业学习。

2010年与上海交通大学医学院合作开设人体健康与医学课程，介绍人体解剖结构、生命征象体验、预防医学与公共卫生、营养学等内容，让学生对人体医学有深入的理解，激发学生对医学的兴趣与爱好，培育在医学方面有潜质的人才。

2011年与华东政法大学合作开设法学课程签约仪式

2011年与华东政法大学合作开设法学实验组。华东政法大学组成最豪华的讲师团走进上海中学开设“走进法的世界”法律课程，授课教

与同济大学签约苗圃计划

师有华东政法大学教授、博士生导师、当代中国法学名家、全国十大杰出青年法学家等，他们将引领有这方面兴趣、爱好的学生走进法的世界。学校通过这一方式，旨在培育法律方面有潜质的学生，以及为未来的拔尖创新人才及早了解法提供良好的平台。

2010年与上海同济大学合作开设节能汽车实验组，同济大学提供技术和经验方面的支持，指导这方面感兴趣的学生设计、制作节能汽车，提高学生的动手能力、想象能力、团队协作能力等。学校于2010年专门成立龙门车队，每年制作一辆节能汽车，参加中国节能竞技大赛。

2012年与上海戏剧学院合作设置主持与演讲、微电影实验组。主持与演讲课程根据目前学生普遍存在的三大障碍：旧观念、陌生感、当众性，让学生在一次次的课堂实践中解放自己，解放天性，克服怯场，保证良好的心态。在每周一次的课堂讲授中，进行有关口语传播的智力与功力的训练。智力由倾听力、思维力、记忆力、联想力所构成。功力由语感、语流、语体和语点四个方面组成。微电影实验组的专门课程涉及目前最为炙手可热的影视创作形态——微电影，系统的讲述一部电影从筹备、拍摄到制作、完成的整个流程，及各个环节所包含的诸多要素，使学生全面了解电影作为一门综合艺术的魅力。

2012年在设工程班时，其工程方向主要与交大合作，后在2013年拓展了建筑与城市设计方向，与同济大学合作；环境与能源方向与华东理工大学合作；海洋方向与上海海洋大学合作等。2013年与上海同济大学软件学院合作开设软件工程课程。课程涉及计算机科学与软件工程基础、嵌入式系统、计算机网络、容错与安全计算、信息安全、数字图像处理、计算机视觉与模式识别、人机交互与界面设计、计算机图形学、数据工程、基于位置信息的移动应用、云计算、物联网等。本实验组课程内容通俗易懂，教师讲解深入浅出，使学生对计算机科学和软件工程学科的理论基础及重要方向有宏观的认识。

2013年上中举行"拔尖创新人才早期培育链的构建"研讨会

2008—2015年的7年间，学校在构建拔尖创新人才早期培育链方面不断推进。各高校、科研院所非常重视，都派出了他们顶级的教授、专家来上中授课、指导。据不完全统计，7 年来共有 300 多名教授、专家来校授课指导，其中包括院士、长江学者以及 973 首席科学家。2013 年 3 月，冯志刚校长推进主办了“拔尖创新人才早期培育链的建构”研讨会暨上海中学校外专家授聘仪式，学校将当年来校上课的十多个领域的 100 位大学、科研院所的教师聘为校外专家，标志着这一合作机制的进一步完善。冯志刚校长在发言中指出：“这些年来，我们与高校、科研院所的实质性合作，为上海中学学生的志、趣、能开发创设了多样的、优良的发展平台。上海中学的学生是幸运的，他们还没有进入高校，就已经得到了你们这些大师的悉心指导与教诲，使他们明确了自己的志趣领域与优势潜能领域，志存高远。许多学生在毕业时，就选取了自己在校学习时你们带教的方向或领域。”

2013 年日本筑波大学教授团与工程班学生交流

	专门方向	来校开设专门课程的高校、科研院所名称
数学班	数　学	华东师范大学
科技班	物理学	上海交通大学、上海天文台
	化　学	上海交通大学
	计算机科学	上海交通大学、华东理工大学、复旦大学
	生命科学	上海交通大学、中科院原子能研究所、上海市生物信息研究中心、中科院生化细胞所
	医　学	上海交通大学医学院
工程班	工　程	上海交通大学
	通　讯	上海交通大学
	能　源	华东理工大学
	海　洋	上海海事大学、上海海洋大学、上海交通大学
	环　境	华东理工大学
实验组	EP 汽车实验组	同济大学
	人体医学实验组	交大医学院、瑞金医院、仁济医院
	金融实验组	上海财经大学
	法学实验组	华东政法大学
	微电影实验组	上海戏剧学院
	主持与演讲实验组	
	软件工程	同济大学
实验项目	学术兴趣与创新素养培育导师制计划	复旦大学

学校获上海市首届科普教育创新奖唯一一个团体一等奖

除了与国内顶尖高校之间的合作之外，学校还不断探索与国外高校的课程合作，与日本筑波大学生命环境系建立了长期的学术交流关系。与此同时，上中学子也对高校、科研院所的专家授课、指导给予了发自内心的高度评价，他们对高校、科研院所的专家授课、指导满意率超过了96%。

这些年来，上海中学致力于拔尖创新人才早期培育链的构建，产生了良好的示范辐射作用与社会影响。上海市以及其他省市的许多兄弟学校已经开始认识到与高校、科研院所合作培育有潜质学生的价值，正在积极行动起来。学校的探索，也得到了社会各界的大力支持与认可，首个设在中学的青少年科技工作站的建成、上海市青少年科学社上海中学分社的设立、首个也是唯一一个上海市科普教育创新贡献奖(组织奖)落户上海中学，都是鲜明的佐证。

● **让大学教授们刮目相看的中学生**

有一次在金融实验组的课程上，一位教授为了使学生对金融知识感觉深一些，就说:“同学们你们看看，金融方面问题是非常困难的，我给你们看几个题目，这几个题目是我的研究生做了两三天还没有一个做对的，让你们看看有多么难。”结果在半小时以内该实验组的学生就有六个同学全对，这位教授为之惊讶。这种场景不仅仅出现在这一个课程上，工程班的智能工程专门课程中，上海交大的教授就经常慨叹中学生水平不可小觑。同济大学汽车学院的楼教授，作为上海中学汽车组的特聘指导老师，在一次接受记者的采访时对自己的学生赞不绝口:“上中的学生的确优秀，可以说他们更敢于设计、想象没有限制、他们的创新意识和动手能力已经超过了很多大学生!”(摘自上海教育新闻网2010年11月8日报道“中学生制作节能赛车　大学教授赞不绝口”)

150年辉煌——上海中学参加2015年上海教博会

大学教授们惊讶于中学生的

能力和水平一方面说明社会固有思想对于中学生能力水平的定位有待改变，另一方面也反映了中学教育与大学教育衔接性较差这一现状。因此，上海中学积极探索构建拔尖创新人才早期培育链，让高校、科研院所等机构的早期介入中学教育，能使社会相关人员对高中生的潜能有一个正确的认识，有利于创设对高中生创新更为良好的社会认可环境（在学校 2011 年对学生的问卷调查中，学生对这一观点的认同率为 94.7%），其中参与由大学专家、教授授课的专门课程较多的科技班、数学班学生的认同率更高。

● **龙门车队行驶在大学赛场上**

“1 乘以 0.745 乘以 10，括号，除以括号 29.3 乘以 10 的一3 次方，约等于 254.27 千米每升！”削瘦的脸涨得通红，额头上布满了汗水，年轻的龙门队队长王小荣，拿着计算器紧张地计算着之前的比赛数据。钢制车身、特制的 logo、裸露的外置前轮，之前还略显紧张的王小荣，在谈起节能车的原理时，滔滔不绝，显得从容而自信。这已经是上海中学第 5 次参加本田中国节能竞技大赛，在熟悉节能车的人眼中，很难相信这群忙碌而专业的队员仅仅是一群高二的中学生。龙门车队往届最好的成绩是第 12 名，作为仅有的两支高中生参赛车队，领队郭绍海身上的压力很大：“是校长的慧眼让我们能够参加这样的比赛，我们不能让学校失望！”（摘自《中国青年报》2014 年 10 月 23 日 08 版“吹响青春的‘龙门号’”）

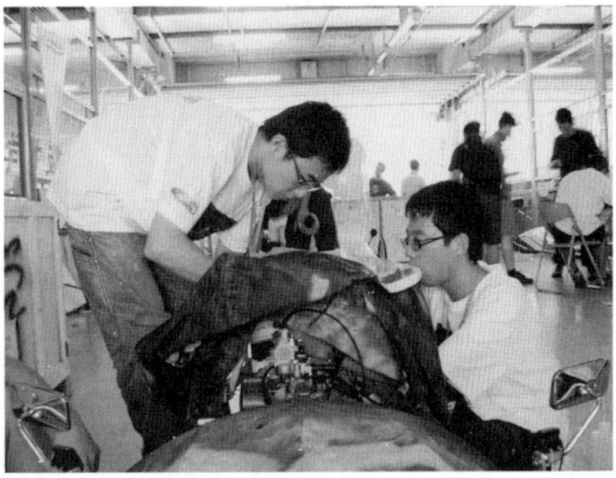

龙门车队的节能汽车工作室

上面这段文字描写的是上海中学“龙门车队”2014 年 10 月 17 日至广州参加由广州本田主办的第八届节能汽车大赛的场景。上海中学作为参赛队伍中仅有的两个高中之一，与其余的 49 所大学共同竞争，毋庸置疑有一定压力。在此次比赛中取得了 291 km/L，第 22 名的成绩。除此之外，EP 车队更是获得了四个大奖中的 Fun-tec 奖。这是龙门车队迄今为止 6 届参赛以来获得的最高奖项。

参赛的学生都来自上海中学“EP 汽车实验组”，这是学校 2010 年与上海同济大学合作开设的实验组，由同济大学提供技术和经验方面的支持，指导对该领域感兴趣的学生设计、制作节能汽车，提高学生的动手能力、想象能力和团队协作能力等。学校于 2010 年专门成立龙门车队，每年制作一辆节能汽车参加中国节能竞技大赛。上中龙门车队的学生一边学习《汽车基本原理与设计》，一边在同济大学的专家指导下进行节能赛车的制作，迸发许多创新点子（如自行设计一组离合器，当赛车滑行

奥地利教育代表团来访，看到学生制作的节能汽车十分惊叹

时，链条就会与轮子自动分开以减少滑行阻力）。第一届学生参加2010年第4届HONDA中国节能竞技大赛中（该赛事没有设中学组，我们车队参加了大学组比赛，大学组有92支车队），我们在预赛中每升油行驶281公里，决赛中赛车的成绩是273公里/升油，得到了赛事组委会的鼓励。2011年制作的赛车作为全国唯一一支高中车队参加第5届本田中国节能汽车大赛，与来自100多支全国各大高校学生车队同台竞技，获得第12名的成绩（1公升油跑了400多公里）。2012年获得第20名，2013年位列第21名。

虽然每次比赛"龙门车队"都能积极完成比赛并取得较好成绩，但是学校设立汽车实验组的目的不在于参加比赛，而在于培育在汽车设计、制作方面有兴趣的人才。正如曾经的车队成员所说"兴趣和能力是他们面试的最主要考察点，这一年来参加课题让自己的动手能力有了飞速提高。"EP节能汽车实验组的课程有效促进了学生基于感兴趣领域的专业选择，据学校的跟踪研究，首届EP赛车组学生，66.7%选择进入机械、汽车等工程类相关专业深造。

获奖奖杯

● **中学的创新实验是"大学化"吗**

在创新实验中，有一些争鸣必须应对，才能进一步明确方向。上海中学在推进大、中学合作培育实验室时，应对的一次争议不得不提。这次争议，最终让更多的人明确了推进拔尖创新人才培育链的价值。

2012年5月3日，解放日报在其著名论坛"解放论坛"里发表了一篇题为《中学"大学化"，好吗?》的署名文章，将中学开展的、与大学合作推进的实验称为"大学化"，该文指出："现今中学出现了一种大学化的苗头。有的大牌高中最近在创新班、实验班基础上又开出工程班，请大学老师来校为'小小工程师'授课。"论争的导火索由此展开。

文章发出后，引起了诸多人士的议论，很显然其中有些看法是针对上海中学当时新开设的“工程班”。当学校的一名教师看到此文向校务办公室反映后，校办的老师认为有必要向时任校长唐盛昌汇报。

唐盛昌校长敏锐地意识到，如果将中学开展的、与大学合作的实验认为是大学化的，就很不利于今后中学的创新实验开展，当即决定撰写回应文章。文章迅速在一天内完成。当我们与《解放日报》联系并要求在“解放论坛”发表回应文章时，他们回应说：“争论的文章不能在此栏发表。”此时，《中国教育报》正在开展高中教育改革方向的讨论，我们把文章投递到《中国教育报》，并与《上海教育》杂志社联系准备作出应对。

《中国教育报》看到了唐盛昌校长写的《中学的“创新实验”，是大学化吗》文章后，觉得很有价值，决定刊发。由于此事出自《解放日报》，我们决定先礼后兵。致电《解放日报》总编办公室，如果《解放日报》不准备刊发回应文章，我们将在北京相应报纸上刊发。经过几番周旋后，《解放日报》最终在2012年5月17日的“解放论坛”同一个栏目刊发了唐盛昌校长的回应文章，值得一看，题目为《中学的“创新实验”，是大学化吗?》：

中学教育是只强调学生学好语、数、外等基础学业知识，强化“千人一面”的同质化，还是从学生的个性特点入手，关注学生的兴趣、志向、潜能，提供适合学生发展的多样化教育方式？当前优质高中与大学、科研院所实质性合作推进的创新实验，究竟是有益的教育改革探索，还是中学“大学化”的不良趋势？笔者想从一个实践者的角度提出我的一些观点。

一批优质高中在教育行政许可的前提下开展创新实验项目，无论是被称之为创新班、实验班、工程班，还是各种各样的实验组，对学生的基础人文素养与核心知识要求没有丝毫的削弱；学生选学的科技、工程、金融等方面专门课程与探究课程，也并非大学专业课程。这些课程的学习、课题的探究，着眼点是让这方面有兴趣的学生了解不同领域的概貌与发展情况。这既有利于学生兴趣激活、潜能开发，真正从课程层面支撑学生的个性化发展，又培养了他们的批判性思维与对创新的感悟、面对困难的坚忍人格力量。所有这些，国外一批同类型名校已开展了多年实践，这其中哪有“大学化”的影子？

根据学校对参与创新实验项目学生的调研，他们认为现行基础课程对于激活志趣与创新思维、人格的认可度只有20%左右，而学生充分认可专门课程（数学班为48%）与课题研究（科技班为40%）相结合的方式。如果把我们现行的高中课程与有影响的高水平国际课程（如IB、AP）比较，理、化、生方面相同的内容只有30%，不同的内容高达70%。而这不同的70%内容当中，国外已经把最近科技发展的一大批基础内容充实到教材中。我们高中课程仍未摆脱“窄而深”的影响，而国外主流教育走的是“广而浅”的路，且对那些有潜质的学生强调其在感兴趣领域的深入学习、探索、思辨甚至创新。如果我们仍然继续强化“窄而深”而不给予学生选择发展的可能,许多领域的创新人才培育基础就会受到限制。高中阶段是学生思维与人格定型的关键阶段,也是推进创新人才培育的重要时期。如果高中阶段仍让那些有潜质的学生局限在传统课程里,怎么能推进不同资质、不同领域的创新人才脱颖而出?

识别与培育有创新潜质的学生,只考虑基础学业知识,而不考虑立志、做人、能力、思维、探究方法的基础,就无法真正批判到应试教育的实质。正是学校在夯实学生基础学业知识的同时,推进他们感兴趣领域、可选学的专门课程与课题研究,学生不仅全面基础素养得到提升:眼光更高,能力更强,创新思维与人格也有了发展;而且有了个性化的知识构成,对哪些是自己真正喜欢的领域与值得坚持的发展方向有了比较理性的思考,学习内动力极大增强。这些学生绝不只是考高分,更重要的是在大学乃至大学之后的学习中表现出越来越强的潜能。这才是他们为什么受国内外高校欢迎、得到社会认可的真正原因。

在优质高中的创新实验中,一大批高校、科研机构实质性地早期介入,为这些学生的培养付出了艰苦努力。他们在为高中生讲授专门课程与指导课题研究时,清晰地认识到不能把大学专业课程简单地移植到高中。为此,他们精心准备,深入浅出地介绍各领域的概况与进展;帮助学校建构适合高中生潜能开发的实验室,开放自己的实验室,以拓展学生的视野,提升学生的动手与实践能力。他们指导学生做课题探究,培育探究精神,以形成对某些领域的悟性、自主学习动力和发展追求。

当高校不只是在招生阶段与中学接触,当高校不只是将考分作为衡量学生的唯一指标,当高校、科研院所将注意力放在学生的个性潜能开发上,这其实是一种人才培育的改革与进步。难道仍然像过去一样继续将我们的优秀学生局限在高中围墙里,学习与所有学生一样的基础知识才是正确的导向吗?

教育改革要沉下心来,几年、十几年甚至几十年地坚持。为此探索,我们做了十多年的准备。从科技班到现在有四年多,已经有了毕业生。对于工程班的筹建,也是缘于我国高层次优秀工程人才的紧缺并建立在十余年“工程技术”课程的实践之上。我们的教育改革实验尚处于探索之中,但我们认为大方向是正确的。当我们真正看到中国变革对教育的需求时,应该从基础教育就开始研究怎样把具有不同优势潜质、不同天赋的孩子培养得更好,需要整体、系统地考虑各个学段之间,特别是大中学之间的有效衔接。

自此,这一争议,最终以明确大、中学有效衔接结尾。与此同时,唐盛昌校长另外写了一篇题为《高中改革方向:促进学生志趣能匹配》,在2012年6月1日《中国教育报》刊出,以回应《中国教育报》关于高中教育改革方向的讨论。之后,大、中学合作推进拔尖创新人才早期培育链得到广泛认可、持续深化。唐盛昌校长在《创新人才教育》(2014年第1期)上刊发了《构建拔尖创新人才早期培育链的实践探索》一文，系统分析了怎样从实践的视角有效推进拔尖创新人才早期培育的衔接。我们有理由相信，通过这种培育链的建构，必将在未来某个时期真正推进我国拔尖创新人才的脱颖而出。学校总结出了拔尖创新人才早期识别与培育的四个维度八个方面的指标要素。

激活内动力	责任与思想境界
	兴趣与潜能的匹配
养成创新思维	思维的批判性、深刻性
	思维的跃跃性、缜密性
养成创新人格	钻研与痴迷
	坚忍性
基于聚焦志趣领域的发展指向性	个性化的知识构成
	基于一定领域发展的可持续性
	（学科悟性、发展指向性、专业智慧生成等）

冯志刚接任校长后，带领团队继续深化拔尖创新人才早期培育链的建构，除召开研讨会、举办外聘专家授聘仪式外，还在2014年推进了与复旦大学合作的“学术兴趣与创新素养培育导师制计划”，首批选定了上百名学生与大学教授、专家建立定期联系，推进学生学术兴趣与创新素养培育。

此外，冯志刚校长还同国际部马峰、刘炼两位副主管，将本部的这一经验迁移到国际部高端学生培养上。上中国际部还构建一系列新的实验室来满足国际部有创新潜质学生的培育。

三、率先构建数字化校园

现代信息技术与数字技术的迅猛发展，不仅改变着人们的思维方式、工作方式、交往方式以及生活方式，也深刻影响着现代中学教育，并渗透到教育观念、教育内容、教育方法、教育评价的方方面面。2000年，教育部提出“以信息化推进教育现代化，推进教育的跨越式发展”。上海中学在信息化与数字化建设上走在了全国前列，有些项目（如数字实验室的建设）即使与世界相比也毫不逊色，形成的主要传统有根据学校发展的内在寻求来推进教育技术的变革以及在信息技

上海中学的数字化校园系统图

术与数字技术运用中明确导向,让管理决策基于信息整合之上。

1. 发展需求引领技术进步

由于信息技术与数字技术的更新换代很快,学校在数字校园的硬环境建设上采用的策略是改一次投资为多次投资,改一步到位为滚动更新和按需配置的做法,始终关注以学校发展的内在需求来引领学校教育技术的变革。

- **从"有线"到"无线"到"MP"再到"桌面云"**

数字时代的步伐飞速向前,学校只有继续踏准技术发展的步点,才能永远保持领先,保持一流。学校实施滚动更新的策略,大大提高了设施使用的年限和效率。自 1997 年以来,学校在硬件投资方面分批仅投入约 1 485 万元,但上中数字化硬环境始终保持在全市,乃至全国中学中领先水平。

上海中学是全国最早配置电脑、开设计算机课程的中学之一,在上海市最早采用诺威网(Novell)实现计算机互联。1996 年上海市率先建成并开通了校园网;1997 年 4 月与国际互联网联通;2000 年完成校园网千兆网的升级、改造;2002 年上海市第一家完成无线网覆盖全校园;2003 年率先在全国中学中开通多空间视频音频实时交流系统 MP 网。2007 年 6 月,上海中学又开辟了新的互联网访问渠道。学校为托福考试建立了专用的网络,100 兆光纤连到上海交大,可以为 200 多位的考生同时提供考试环境。2007 年,上海中学被批准为全国第一所在中学设立托福考点的学校。2009 年,校园网在华为公司的协助下,完成了第三次大规模的升级,并开始思考推进桌面云系统,在 2014 年通过了"上海中学桌面云平台项目",旨在通过逻辑桌面云支撑所有服务来统一桌面云数据中心,中心将提供国际部部分计算机教室和图书资料中心阅览室、龙门楼教师办公室提供桌面服务,用于替换现有的 PC 机,支持基于 Windows 操作系统的教学、办公等日常需求。

上海中学校园网络的建设是一个逐步完善的过程。随着学校教学区域的扩大,上中的校园网络还在动态更新和扩容中。经过十几年的建设,上海中学现在的校园网络已经形成了"三网二出口"的规模:即"有线、无线、MP"三网合一,拥有科技网、教科网的国际互联网访问的出口,形成并完善了数字化学校必须具备的一个能够适应并保障数字技术在教育教学中的应用网络系统,硬环境的大部分指标已达到或超过欧美学校的平均水平。

目前,学校拥有笔记本电脑近 500 台、PIII 以上台式电脑 600 多台、高性能台式电脑 400 多台、"桌面云"终端近 500 台。上千台电脑能同时基于网络进行大容量、高速度平稳安全运作,有力地支撑与保障了信息技术、数字技术与课程、教学、管理有机整合与运用,为学生今后参与数字时代的竞争,创设了与世界一流相媲美的起跑线……

根据学校发展的需要,上海中学的教育技术在不断地推陈出新,保持领先,推进学习方式的现代化、课程的现代化、教学方式的现代化。

● **花千万建现代实验室值吗**

学校还花了近千万元建造了与之匹配的现代实验室，对学生学习方式的改变产生了积极的影响，也为创新意识的培养打下了较好的学科基础。

曾有同行撰文质疑：花这么多钱来建实验室值得吗？对于这个问题，学校的回答是：如果实验室的创建能为学生的创新发展搭建良好的平台，且能为开展学生的创新潜能或激发学生的兴趣所服务，即使花再多的钱也是值得的。

学校自2001年开始进行现代实验室创建。到2015年已经建成包括“化学仪器分析实验室”、“激光与光纤实验室”、“环境工程实验室”等30余个数字化实验室。这批以数字技术为基础的新型现代化实验室与原有的传统实验室、计算机与网络中心一起，初步形成了上中的数字化学习环境，对于培养学生的创新精神，提高学生实践能力，提供了新的可能和空间。现将部分实验室名称列举如下：

现代生物学基础实验室	智能楼宇实验室	现代仪器分析实验室
数字化物理通用实验室	汽车模拟驾驶实验室	激光与光纤实验室
植物学实验室	智能工程实验室	生态学数据采集实验室
自动化控制基础实验室	环境监测与治理实验室	人体医学病理学实验室
摄影实验室	天文与地理实验室	信息安全实验室
电机变频技术实验室	纳米合成基础实验室	嵌入式实验室
纳米材料基础与合成实验室	纳米技术与分析实验室	细胞生物学实验室
电脑音乐实验室	非线性编辑实验室	金融实验室
电脑美术实验室	微生物学实验室	数学视频创作实验室

这些实验室的支撑使学生得到了良好的发展。借助信息技术平台，学生可以主动围绕社会热点、现象进行分析、探究，如在毒大米、地沟油、牛奶三聚氰胺事件期间，学生通过现代仪器与分析实验设施将大米、食用油、牛奶的样品进行测量，探明学校或家庭中的食品是否安全。借助人体医学实验室的仿真人体及软件模拟系统，可以开设《生命征象检验》《急救知识》《人体解剖结构》等课程，包括“触诊”“创伤急救”“心肺听诊”等专题；借助整合数字技术的细胞生物学实验平台，可以开设如《现代分子生物学》《细胞生物学》等课程与进行“细胞的冻存”“病理切片观察”“组织化学染色”等专题的学习。借助数字平台，极大地促进了学生基于数字平台与专门领域的整合创新。2013年新建的环境工程实验室拥有先进的环境监测及污染控制工程仪器20余台。能进行水资源开发及利用、固体废弃物综合处理、空气污染监测等研究。学生利用该实验室进行空气、水污染等方面的课题研究。

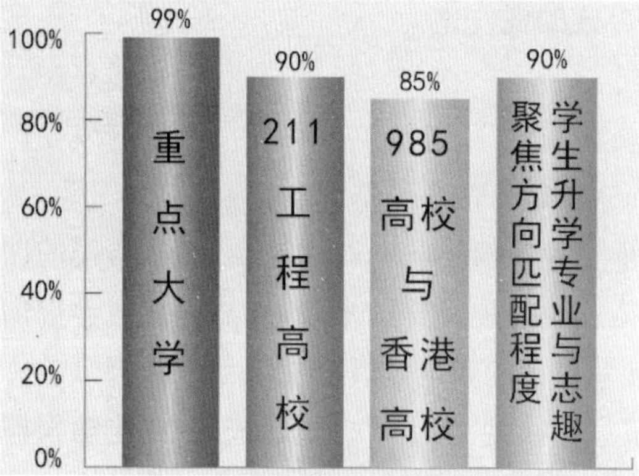

学生升学情况

创新实验室的建设有效促进了学生在科技、工程等领域潜能的开发。以2012年科技创新大赛为例，我校学生共有72项课题研究成果获取市级以上获奖，自然科学类的课题中运用数字技术的比例占到了100%，其他领域的课题中运用数字技术的超过70%。2009—2014年来，上海中学学生的各类课题获国际奖20余个，在各类科技、工程竞赛上获高等级奖2 000余个，学校在2012年上海市首届科普教育创新奖(科普贡献奖)中获得唯一一个团体一等奖。跟踪研究表明，创新实验班学生毕业之后绝大多数选择进入高校理工科学习(90%以上)。据统计，2011—2015年毕业生在校期间所学专门课程、参与的课题项目研究与其升学专业的匹配程度达到80%—90%。

如今的上海中学，在数字化校园建设方面已经成为上海乃至全国的领先实践者。很多来访者(包括国外的教育专家)，都曾感慨地说："上海中学的设施与课程，已经超越了中外传统中学课程的要求。一所中学能拥有如此众多设施先进的现代化实验室，在中国，在世界上任何国家，都是一流的。"

● **从"桌面云"到"物联网"**

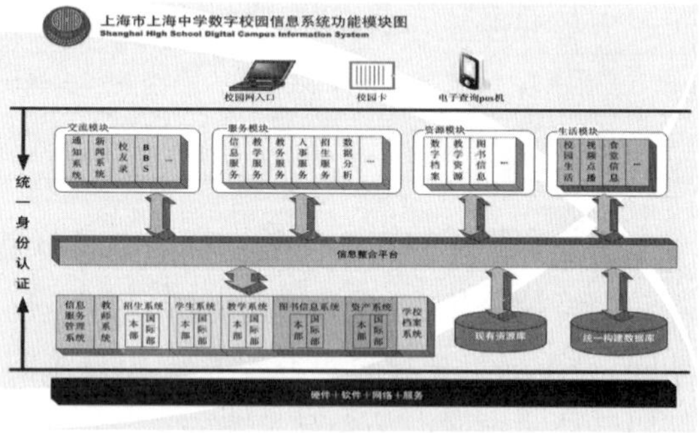

学校信息化校园系统

上海中学数字化校园建设经历了四个发展阶段，其中第一个阶段是1997—2001年，其关键词为"有线""固定"，此时校园网基本成型，能够提供比较完善的互联网服务以及相对独立的信息化管理软件，日常教学中信息手段开始使用。第二个阶段是2002—2008年，其关键词为"无线""移动"，该阶段多样、固定、移动终端并存，千兆光纤接入，无线网建成，IP地址大幅度增加，带宽明显扩大，终端数量显著增加，数据库基本整合，教育教学信息管理系统建成，信息孤岛问题基本解决。管理与教学中信息技术广泛使用成为常态。第三个阶段是2009—2013年，其关键词为"云计算及其应用"，该阶段传统网络与云计算终端并存，云计算比例达到40%左右，云计算部分基本实现桌面虚拟化、应用虚拟化和服务器虚拟化。下表为上海中学数字化校园建设前三阶段的信息环境状况。

上海中学数字化校园建设前三阶段的信息环境

项目/时间	1997—2001 年	2002—2008 年	2009—2015 年
校园网主干	十兆、百兆	百兆、千兆	百兆、千兆、万兆
网络架构	有线	有线、无线	有线、无线、3G
典型终端	台式机	台式机、笔记本	台式机、笔记本、移动终端
校园网出口带宽	1 M	10 M	100 M
公网 IP	1 个	32 个	200 个
无线带宽		11 M、54 M	300 M
认证用户日流量		<30 GB	>100 GB
终端最大容量	300 台	1 000 台	2 500 台
上网方式	直连、代理	直连、代理、PPPOE	直连、web 认证
运行系统	孤立信息平台的运行	基于统一数据平台的信息化管理系统	传统的信息管理系统与“云计算”中心(一桌面云、服务器虚拟化)协调运行
应　用	网络基本服务、成绩管理软件、图书管理软件等	教学、管理全过程的基本覆盖	基于信息平台的个性化学习、探究性学习、反转及混合式学习不断突显

2011 年上海中学率先实施了“桌面云”系统工程。至 2012 年，已经投入使用的“桌面云”终端有百余套，将多媒体计算机教室、图书资料信息中心、学生教室、教师办公楼等场所紧密联合在一起，不仅提供海量的教育资源，还有超强的计算能力。在完善第三阶段的同时，我们也在探索第四个阶段。2011 年起，学校还引入“物联网”技术，初步建成了“逸夫楼智能展示系统”与“影视传媒中心动感隧道”，让学生感受科技魅力。同时也开始触及数字校园发展的第四个阶段，即“智能化阶段”。该阶段的显著特点是“物联网”系统初步成型，在管理与教育的各个领域初步运用，对现有的信息系统获取的信息，开始具备数据挖掘、分析的能力，并能够主动获取外部信

原国家教育委员会副主任柳斌来校考察

息、数据并进行分析、反馈。目前学校的数字化技术还未能达到智能化阶段的要求，在未来的发展中，学校将继续探索数字技术与教育教学的深度融合，整体规划布局，主动搜集信息，让上海中学的教育改革与实践在大数据时代能够有所作为。

2. 数字技术促进课堂超越

数字技术给教育领域带来了深刻的变革，未来学校运用数字技术对于课堂教学而言，应该做些什么，可能做些什么，学校进行了一系列前瞻性的思考，不断寻求新的发展方向。

● 五用主义

上海中学信息技术与数字技术的使用，一直注重使用导向，在与课程教学的整合上，关注的整合之道是“五个有助于”：能否有助于学生对学科知识的理解，能否有助于发展学生相关的学科能力，能否有助于培育学生探究的学习精神，能否有助于培养学生积极主动进取创造的态度，能否有助于教师工作的精益求精。

基于五个有助于，学校给予教师相应的信息技术整合使用的激励。学校每学期进行一次《信息技术课时使用率统计表》，全校的信息技术与数字技术的课时整合率已超过44%。学校形成的环境是“技术培训‘教’你用，统计课时‘要’你用，信息环境‘逼’你用，树立典型‘促’你用，奖金政策‘推’你用”。（参见唐盛昌著：《终生的准备与超越》，高等教育出版社，2004年版，第248页）

在信息技术与数字技术使用当中，经常遇到的一个问题是，运用或开发怎样的软件才是适用的，基于上述“五用主义”，上海中学的导向无论是购买软件还是开发软件，适合于自己的学生与教学内容才是最好的，以此来鼓励教学软件使用的家常化。

学校并不提倡花大量的时间去制作精致的软件，而是注重提倡“适合”。在2001年的时候，香港赛马会行政总裁来校参观，就非常有感触。一节英语课，他看到了教师讲解“Olympic Game”课题，教室大屏幕不断映出色彩鲜艳、图文并茂的演示文稿。在介绍完奥运会背景知识后，老师要求学生回答“五环旗”的含义，教室里沸腾起来：有的学生“抢占”教室里的电脑，到网上搜索答案……

学生在环境工程实验室做实验

诸如此类的教学软件在学校已经十分普遍。学校已经开发出学科教学平台3个，教学网站36个，教育资源库40余个，几乎所有的教师都有自己的电子资料库，学校则提供多样的平台供教师使用与信息共享:108 间教室配备多媒体投影仪,为每位教师开通个人 FTP 空间,将定期更新的信息发布在校园网上……

学校认为接受学习环境的信息技术使用软件宜以学校开发为主,当学校标准化程度达到一定阶段时,再过渡到产业开发。提倡制作符合学校实际、学生特点的个性化课件并用于日常教学,这些都取得了良好的效果。

学校正确的应用导向使校园网络文化不断普及、提高。美国白宫代表团和俄罗斯总统教育顾问在浏览学生制作的主页后赞不绝口,称赞上海中学的学生主页已达到专业水平。上海中学的教师、学生在程序设计、网页比赛和电子作品参赛中屡屡获奖。到 2003 年学生共获奖 47 项,其中全国和上海市一等奖 15 项,教师获奖 12 项,其中全国全市一等奖 7 项。

● **课堂超越五模式**

作为数字时代的"原住民",现在上海中学学生在开展数字平台的学习、探索、实验中体现的信息素养与信息意识完全不同于以前,数字技术运用已经成为他们学习、生活(包括将来工作)的一部分,这些是学校追求的超越课堂、突破课堂界限的一个重要方面,也催生了课堂超越的五种模式。

构造式探索。在基于数字技术与专门领域的建构、创新方面,当代的中学生是有优势的,他们的数字技术掌握与运用能力可能比上一代强。如上海中学严冠文同学在高二时曾做过这样的尝试,通过构造与设置模型、设计程序开展《HIV 蛋白酶抑制剂的分子动力学与三维定量构效关系研究》,这是他参与的上海交通大学导师领衔项目中的一部分,涉及生物信息学相关领域,对于高二学生能做吗? 由于他的编程水平远远高于这个课题组里面搞生物的那些研究生、博士生,他设计了一个非常漂亮的模型,推进了研究,取得了良好进展,后来研究论文刊登于 *Chemical Biology and Durg Design*(SCI 期刊,其影响因子达到了 3.2)上。上海中学在这方面的探索还有利用 VEX 机器人实验室、智能工程实验室开展的各种智能机器人的搭建、机械结构自动控制等。

收敛式探索。上海中学一名叫原野的同学提出了《利用生物信息学手段寻找大豆可能的耐盐基因》这样一个课题,研究影响大豆的耐盐的基因,要从两百多个相关因子中找出哪些是最有可能的耐盐基因,他们通过借助数字技术与开展相关实验,进行一个个因子的排查,最终找到了 3 个最为主要的基因是

微生物学实验室

跟耐盐有关系的。他们经历了这样的历练,进了大学以后跟同龄人比,思考的境界就不一样了,即使与世界上同龄人相比也绝不会逊色。

虚拟式探索。上海中学有一个专门的金融实验室,其中所有的股票信息、数据都有,可以开展对投资、金融、证券、股票的模拟实验。虽然他们没有真正从事过股票等相关交易,但是在实验室中学到关于金融的知识和操作,虚拟式的平台让他们可以实时调取有关股票信息、基础数据等资料。

低碳式探索。上海中学有一个节能汽车实验室,让学生制作节能赛车参加全国性的大学生节能汽车大赛。汽车实验组的学生利用数字平台对汽车模型进行虚拟设计与进行节能赛车制作,用常用的软件 AutoCAD 对节能汽车进行虚拟设计,建立车身、车架模型,进行相关探索与分析。在比赛中,学生制作的节能赛车在比赛跑道上用一升汽油跑了三百多公里,牢固树立了低碳节能理念。

验证式探索。上海中学中有许多学生对人体医学感兴趣,学校的人体医学实验室里面有一些数字化的人体模型,学生通过对这些人体模型的接触,可以知道一些常见病理与应急处置。譬如学生要测试这个人体模型的肝脏是否疼痛,就可以自己去感受,这个部位摸了不对,它没有感觉,摸对了,这个人体模型通过链接的电脑就会发出声音:“痛”。实验室还包括一些急救的程序设计,例如发生心肌梗塞,该怎样急救呢?就要用一定的药品进行注射,如果用药对了,药打进去后,模拟人就醒过来了;如果用得不对,它马上就“死”给你看:“哦,断气了”。生动有趣的人体模型可以用不同的程序来进行设计并验证相关病理知识,通过语言、动作等显示你的操作是否正确或得当。还有诸如国际文凭课程 IB 化学中 EE 拓展性论文“建立模型总结温度对水质影响”的实验,在连续取水样一年后,运用七种不同的电子探头获得的数据,通过数据软件的处理和分析,试图建立模型并归纳总结出其中的规律。

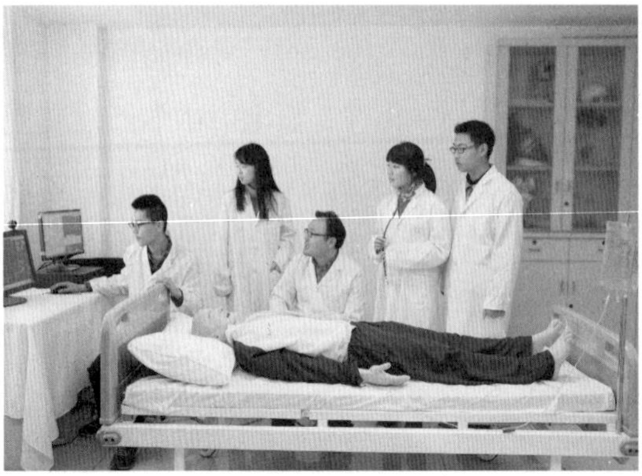

人体医学实验室

数字技术推进课堂超越还有一些难题需要去解决,但不可逆转的是,超越课堂将是学校运用数字技术的发展方向。基于数字技术的探究学习、教学互动符合新时代的人才培养要求,是培养有创新能力的高素养人才的重要途径。

● **开窗放入大江来**

“要看银山拍天浪,开窗放入大江来。”宋朝诗人曾公亮的这句诗,形象地道出了中学教育改革在数字化时代应该有的气魄。教育部 1997 年启动并实施了“全国中小学教育技术实验学校工程”，在全国不同地区和不同教育层面上遴选 1 000 所中小学校作为全国现代教育技术实验学校。上海中学作为首批“全国现代教育技术实验学校”之一，与兄弟学校一起，积极地开展教育技术整合学校方方面面的探索，取得了一定成绩。

应中央电化教育馆之约，2009 年上海中学被作为全国教育技术实验学校的教改 10 年改革成果，进行探索总结，形成了《直面数字化挑战的中学教育改革》一书（北京师范大学出版社），该书从学校课程、学校德育、教与学的革新、教师专业发展、学校管理改革、数字校园建设六个方面阐述了数字化挑战带来的思考和学校教育技术的发展成果。

应对数字时代挑战学校必须解决三大现实问题：一是基于数字平台的教与学，将成为学校发展最为重要的特征之一。二是构建数字化校园，促进信息技术与教育教学、教育管理的深度融合。三是不断拓展国际视野，借助教育信息化深化人才培养模式创新。如果这三个现实问题不能得到有效解决，将意味着整个学校教育的落后。我校作为教育技术示范校，在多年的实践中提炼出了推进学校教育信息化的有效策略。

策略一：精准切入，层级推进。第一是数字化实验室建设（2002 年筹建，2003—2005 年成规模，2006 年后持续更新）。目前已建成现代仪器分析实验室、细胞生物学实验室等 30 余个现代化数字实验室，鼓励学生基于数字技术与专门领域学习的整合，创新成果层出不穷。第二是数字化校园信息系统的构建，促进信息从孤岛走向联通。2006 年开始，2008 年完成，之后分期完善。已形成基于统一数据平台的信息服务管理系统、招生、教学等八大应用系统，实现了信息共享。第三是数字智能系统的建构与运用（2009 年准备，2010—2011 年突破）。上海中学数字化校园建设目前处于第三阶段。2011 年，学校率先实施了“桌面云”系统工程。至 2012 年，已经投入使用的“桌面云”终端有 150 多套，将多媒体计算机教室、图书资料信息中心、学生教室、教师办公楼等场所紧密联合在一起，不仅提供海量的教育资源，还有超强的计算能力。2011 年起，学校引入“物联网”技术，让学生感受科技魅力的同时也将学校信息环境建设的触角伸向了第四阶段。现桌面云、物联网技术开始运用于学校教育教学。通过这样不断的精准切入与突破，学校信息化的层次得到长足的提升。

策略二：滚动更新，持续发展。这一策略主要用于解决学校资金承载能力方面的问题。首先，在信息化硬软环境建设上改一次性大规模投入为多次、持续、分阶段适量投入。其次，强调设备更新的层次性。学校的滚动更新策略，既关注前沿科技的融入，适时添置需要的先进设备，又要考虑到学生、教师应用层次差异，充分发挥普通设备、传统配置的价值；另外考虑到软硬件的兼容问题，分层更新也会提高利用率。第三，注重信息化校园环境建设的系统性、安全性与有效性，为后期更新、升级留出足够空间。

策略三：任务驱动，全员提升。这一策略主要针对教育信息化进程中人员信息素养的提升问题。管理人员注重分析实际需求进行方向把握，提高基于信息做出决策的能力；专业技术人员注重技术前瞻分析、推进设备更新与技术升级；教师关注教育教学与信息技术的深度融合，鼓励学生基于数字平台的学习与创新；职工队伍持续推进基本信息素养提升。强调分类培训、任务驱动与全员参与。

2013 年，学校被命名为教育部首批教育信息化试点学校，继续推进数字化校园向智慧型发展。2014—2015 年，校园电子门禁系统、走班上课考勤系统、二维码运用、移动校园等得到了进一步发展。

3. 数字技术激活管理创新

从数字技术运用于学校管理的发展趋势来看，构建与完善从孤岛走向联通的统一数据平台已经成为学校寻求高水平管理发展的切入口。为解决在"孤岛"走向"联通"过程中出现的统一性与个性化之间的矛盾，学校开始挖掘数字技术的新发展方向，即创新管理。

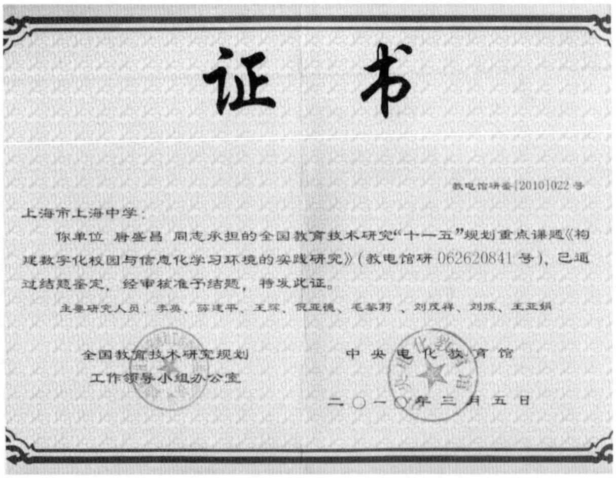
证书

教电馆研鉴[2010]022 号

上海市上海中学：

你单位 唐盛昌 同志承担的全国教育技术研究"十一五"规划重点课题《构建数字化校园与信息化学习环境的实践研究》(教电馆研 062620841 号)，已通过结题鉴定，经审核准予结题，特发此证。

主要研究人员：李英、薛建平、王琛、倪亚德、毛黎莉、刘茂祥、刘炼、王亚娟

全国教育技术研究规划工作领导小组办公室

中央电化教育馆

二〇一〇年三月五日

学校承担的"数字化校园与信息化学习环境的实践研究"重点课题结题证书

● 大数据时代

进入 2012 年，"大数据"一词成为当今最热的概念之一，上海中学推进数字技术与信息技术管理的整合过程中，也开始充分关注基于大数据来提升决策的科学性，在这方面主要是基于大型管理软件，建立图书信息中心来提升对信息资源的获取与分析，从而进行科学决策。

数字技术与教育管理的整合，首先是要解决"信息不对称"对学校发展的制约问题。目前学校已经开发了 20 多个大容量的数据库管理系统，基本实现了学校信息、

信息资源、教学管理、行政管理系统四方面的相互联系，实现了学校管理的系统化与信息化。当学校的数字化软件开发到一定学校的时候，学校正在先一步地思考构建数字化校园信息系统。“数字化校园信息系统”(Digital Campus Information System, DCIS)是学校在一定范围内的网络信息门户，整合学校教学、管理需要的信息，提供师生各方面服务与信息资源，使用统一身份认证的学校信息系统。在全市、乃至全国中学中率先构建这样的信息系统，分交流、服务、资源、生活四大模块，着力形成信息服务、教师、招生、学生、教学、图书信息、资产、学校档案等八大系统。2009年至今学校传统的信息管理系统与“云计算”中心(桌面云、服务器虚拟化)协调运行，除了满足教学、管理全过程的基本覆盖之外，还主动通过各类传感器获取信息，促进了基于信息平台的管理。

唐校长在2010全国数字化研讨会上做报告

上海中学数字化校园信息平台中规划了八大应用系统，促进了校园数字化环境从孤岛走向联通，分别为信息服务管理系统、招生系统(本部、国际部)、学生系统(本部、国际部)、教师系统、教学系统(本部、国际部)、图书信息系统(本部、国际部)、资产系统(本部、国际部)和学校档案系统。这八大系统中，信息、招生、学生、教师和教学系统都经过了全新开发，在开发时做了比较完全的分析，尤其是在各系统之间的连通性上加以关注。

在应用系统开发上，上海中学不仅考虑了应用系统的功能齐全，还在应用开发上作了科学的规划。部分模块只需要记录结果的就不对流程进行数字化记录；部分由于人员涉及量较少，并且规模较小的模块则简化流程，或提供操作者多角色功能。这样既能够确保必要数据的保留，还从一定程度上简化了系统的复杂性和用户操作的繁琐。

数字化校园信息系统和平台实现的功能如下图：

序号	系统名称	主要模块内容	备　注
1	信息发布系统	实现学校信息的统一发布和管理	学校外网、门户都已使用该系统进行信息发布
2	本部招生系统	实现招生信息数字化，提供完善的后台管理功能	学生可通过招生系统进行志愿的申报
3	国际部招生系统	实现招生信息数字化，提供完善的后台管理功能	管理新生信息，新生信息能及时流转到国际部教务系统中
4	本部教学系统	实现教务信息数字化，教学任务、排课、排考、评测、成绩管理、报表等模块	面向本部教务人员

（续表）

序号	系统名称	主要模块内容	备　　注
5	本部学生系统	学生基础信息、选课、评教、活动、生活模块	面向在校学生和家长
6	国际部教学系统	实现教务信息数字化，教学任务、排课、排考、评测、成绩管理等模块	
7	国际部学生系统	学生基础信息、选课、评教、活动、生活模块	
8	教师系统	任课教师、班主任、人事、总务（机动车、出车管理、教学楼）、后勤（校车、宿舍）模块	主要面向任课教师、班主任及非教务业务管理人员
9	门户平台（统一身份认证平台）	实现用户的统一身份认证和各系统的单点登录	已集成所有开发的系统及研究性学习平台
10	中心数据库	国标、校标代码、教师信息、学生信息	以 DB2 为基础构建的中心数据库
11	数据整合平台	以 wii 为基础构建	实现教务、财务、医务、招生系统数据库数据的整合

随着信息化、数字化进程的推进，学校校园网上运行的应用系统越来越多，信息系统变得越来越庞大和复杂。从结构上，校园内网包括教学局域网、图书资料中心局域网、办公自动化局域网等，校园外网包括学校提供对外服务的服务器群、与 Internet 的接入以及远程移动办公用户的接入等。从服务上，形成的校园网服务器群，能提供多角度、多方位的服务，主要包括 DNS、Web、FTP、Proxy、网络 u 盘、视频点播以及 Mail 服务等。

上中桌面云系统

上海中学的数字化校园建设在全市、全国已处于领先，得益于按需配置、滚动更新，科学规划、适度超前，在国家大环境整体落后于发达国家的背景下实现了学校小环境的先期优化，使上海中学的学生在数字时代不会一开始就处于竞争的劣势，而是与世界名校的学生相比基本站在同一起跑线上。参照世界一流标准来构建数字学校，搭建数字平台，利用大数据思想，锻造学生适应未来数字化环境的生存素养，使学校获得了跨越式发展。

● **数字化管理全方位**

学校的全方位管理包含的要素很多，譬如考虑到学校的 30 个数字化实验室使用率较高，建立了实验室申用网上管理系统；考虑到师生看病的效率，建立了医疗信息系统（处方、药费结算的电子化运作）；安防方面的视频探头报警网络、烟雾报警系统；校车运行的 GPS 监控系统（我校利用 GPS 监控系统实时了解 100 多辆校车的运行状态）；宿舍巡查、校园巡逻点打卡系统等。校园短信平台的系统(会议信息、重要事务等都会通过学校的短信平台发送至教师的手机),还有教务管理系统、图书资源管理系统、档案系统等。

2014年,学校找准信息化发展趋势,紧抓"移动"校园这一发展点。上海中学移动平台"i-上中"正式上线,开启了上海中学数字化校园的移动时代。2014年暑假,学校完成数字平台服务器迁移(数据从2007年购置的服务器迁移到2014年新购置的高性能服务器)。2014年底上海中学移动平台一期开始启动,二维码出入校考勤是移动校园建设的第一个移动应用,旨在对学生进出校行为进行辅助管理。学生出入校时需要进行认证,门卫显示器监控进入学校的学生、使用移动设备进行考勤认证。在发展课程管理中,教师也使用手持式的移动设备进行课程考勤,分在线模式和离线模式。在线模式:wifi连接,可进行课程验证和学生验证。离线模式也可以批量上传验证考勤信息。在后续的发展中,学校拟将学生的学习资料与二维码技术结合,周末学生可以通过扫描知识点或者习题旁边的二维码获得相应的讲解等。

电视台数字化演播厅

如何保证大容量的校园网系统稳定可靠、安全高效运行,是学校必须认真面对的课题。为保证大容量的校园网系统稳定可靠、安全高效运行,学校在网络集成设计与网络技术运用上保持先进性与前瞻性,主要方略有:入因特网的各网络用户进行权限控制,目前主要采用基于Web界面的论证方式,并保存所有的访问记录日志文件。全校80%左右的服务器安装稳定性强、可靠性高的Unix操作系统,提供全天候的网络服务;结构化综合布线,全校信息节点数达600多个,无线AP数量达50多个,充分满足学校500余台笔记本无线上网功能与各类信息技术设备的使用。采用居于FreeBSD的IPF技术,有效防止了黑客的攻击和病毒木马的侵入,防火墙设置能屏蔽大部分游戏网站与不良网站。经过升级后的校园骨干网全部交换机配置均能满足数据处理需求,资源利用率不超过30%,为学校未来日益增大的数字资源使用储备了大量的空间。

● 数字化助推教学与管理转型发展

上海中学的数字化环境领先,不仅在理念上,而且在行动上。2012年底,教育部启动"全国数字化校园建设示范校"工程,上海中学唐盛昌校长被选为示范校评估专家组组长,并在启动会上作了题为"数字化环境引发教学重构"的大会报告。2010年,全国中小学教育技术发展年会在深圳展演,上海中学应邀作了以"学校运用数字技术的发展方向:超越课堂与创新管理"为主题的主题报告。2013年,以教育信息化为主题的上海教育博览会上，学校应邀作了题为“信息化助推教学模式转型”的报告，显示了学校引领上海乃至全国学校信息化建设的方向。这些成果先后在《中国电化教育》《中小学信息技术教育》等刊物上发表。这里主要介绍信息化促进教学与管理转型的一些成果与经验。

学校承担的“十一五”规划课题被评为优秀研究成果

信息化助推教学模式转型，主要体现在助推学校课程转型，信息化极大地促进了学科与信息技术整合的新型内容、科目的出现，既丰富了课程的可选择性科目、模块，又促进学生基于网络平台的选课。

学科	与数字技术结合的课程
语文	《现代汉语对网络语言的定位》《当代小说中的网络小说新语》《〈客〉文化中的写作》《网络文学与商业炒作》《中国文化在多元文化中的发展》等
数学	《借助计算机进行多元多次方程求解》《对计算机程序二进制的新认识》《数学建模》《数学符号的起源与发展》《图形计算器的发展》《数学与游戏》等
外语	《网络英语词汇》《英语主流文化与网络文化》等
历史	《数学技术与考古》《信息技术再现历史》《信息科技与人类伦理道德观念冲突》等
地理	《气象地理》《空间地理》《地理信息技术》《天文学》《遥感技术检测资源和能源》《导航电子仪》《电子地图》等
政治	《网络道德与法律规范》《政府信息公开》《网上银行的运行与规范》等
物理	《图形和轨迹的演示》《光学的虚拟实验室》《电器工作图像技术》《物理模拟系统》《数字逻辑电路》《手机微波对人的影响》《超导技术的运用》等
化学	《金属活动规律新认识》《化学计量学基础》《原子、分子、晶体结构模拟》《用 TI 计算器和 PH 探头研究溶液酸碱性》《超文本电子元素周期表》等
生物	《基因工程技术》《DNA 生物芯片》《现代生物学基础实验》《Biology Biography》等
音乐	《舞剧的现代音乐配曲》《LD、VCD、DVD、MTV 音乐》《电子音乐创作》《电脑音乐》《音响、音像、网络下载》《高科技手段与声光和谐》等
美术	《表演的数字舞台设计》《美术摄影与摄像》《电脑美术》《平面美术设计》等
体育	《体育运动与模拟现场》《数字科技与体育过程再现》《数字技术鉴定比赛误差》等

借助信息技术，许多原来在中小学难以开设的内容变得可教、可学，例如借助仿真人体及软件模拟系统，可以开设《生命征象检验》《急救知识》《人体解剖结构》等课程，包括“触诊”“创伤急救”“心肺听诊”等专题；借助整合数字技术的细胞生物学实验平台，可以开设如《现代分子生物学》《细胞生物学》等课程与进行“细胞的冻存”“病理切片观察”“组织化学染色”等专题的学习。

信息化助推教学内容转型。信息时代的到来，促进了不同领域对学科内容的现代理解与架构，重新审视学科内容的编排，关注与现代生活的联系、现代科技的发展、学科的交叉整合。信息化助推学习方式转型，从接受式学习转向自主、探究学习，借助信息技术平台，学生主动围绕社会热点、现象进行分析、探究。例如，在毒大米、地沟油、牛奶三聚氰胺事件期间，学生通过相关现代化实验设施将大米、食用油、牛奶的样品进行测量，探明学校或家庭中的食品是否安全。信息化助推教学手段转型，利用数字技术进行教学逐渐成为常态，从辅助课堂走向超越课堂。如在讲述“对称”概念时，教师请学生用 iPad 拍下不同的对称图形，并且用 Doodle Buddy 打开这些图片，画出这些图形的对称，学校国际部的 1—3 年级，iPad 教学常态化，本部则在英语、美术、音乐等学科进行了试点。信息化助推评价方式转型，数字技术强化了以学生发展为本的教与学的效果评价，上海中学教师可利用计算机数据管理软件和校园网平台，对学生成绩和其他相关数据进行实时地收集和分析，对其学习状况进行综合测评；教师学生也可通过网络平台对教师进行教学满意率测评。

信息化助推管理转型，则体现在以下几个方面：学校资源的数字空间，交流的数字空间（如学生班级博客、龙门物语网站、QQ 群）；探究的数字空间（如学校专门开发的研究性学习网络平台，开题、中期报告、结题等有关程序都在该平台上进行，已存储上万个课题研究过程资料供参阅；相对系统的数字化创新实验室）；选择的数字空间（如学生发展课选课系统）；教学的数字空间（如国际部 1—3 年级阅读、数学学习中 iPad 运用常态化，在音乐、地理、英语等学科中 iPad 试点运用）。校园活动的数字空间延伸，如利用数字技术记录整个学校活动过程中不同角色的过程信息，如学生“身份”卡，实现发展课考勤、门禁等多样化功能，运动会、艺术节、科技节等活动的网络化服务，实验室使用管理平台，预先登记，统筹安排；心理卫生的数字空间，师生到医务室看病的医疗信息系统，如处方、药费结算的电子化运作，心理咨询方面的心理实验系统，配备 WL-HA-2 脑波治疗仪；安全保障的数字空间，视频探头报警网络、烟雾报警系统；校车运行的 GPS 监控系统，宿舍巡查、校园巡逻点

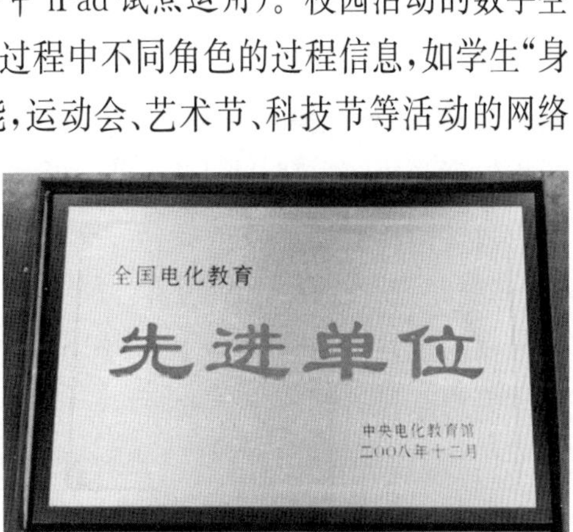

上海中学为全国电化教育先进单位

打卡系统等。这里重点介绍我校校车的 GPS 系统，中央电视台给予了报道，教育部领导充分肯定。

校车上的 GPS。很多第一次来上海中学的人都会发现学校每天百余辆校车接送遍布上海各区域的学生上下学，秩序井然。在上海复杂的路况下，保证如此多校车定点定时运行的秘诀是什么？所谓“知己知彼百战百胜”，学校校车管理团队之所以能够“运筹帷幄”还得益于“校车即时管理 GPS 系统”。上海中学校车接送范围是以学校为中心的直线距离 13 公里内，覆盖全市 11 个区的大部分区域。2010 年 12 月我校为每辆校车安装了 GPS，为了做到最合理的站点设置，我校首先收集了学生地址信息，依靠计算机对其距离、时间、小区学生数量等各数据进行分析。利用数字化手段，在最大限度考虑学生需求的基础上规划出便捷的行车路线和站点设置。这些行车路线及站点设置都反映在“校车即时管理 GPS 系统”中，该系统由电脑监控软件和 GIS(车载机器)组成，从系统的主界面中可以看到其主要功能如“车辆管理”、“监控调度”、“数据处理”等。

唐校长在全国教育信息化校长论坛上作报告

实时监控：能够掌握车辆实时信息，并能够直观、清晰反映出车辆的具体位置、车速以及行驶路线。车辆的车牌号、司机联系方式、司机姓名等。车辆遇到故障，校车办就可以及时发现并与驾驶员或公司车队取得联系，同时预测到校时间，以便通知学生及教师，并安排短驳车接送学生。如果车辆没有按照规定的路线行驶，校车办也可以及时纠正，保证学生的正常接送。

回放查询：该系统可以进行轨迹回放，将保存的车辆行驶记录如路线、某一停车点停靠时间等随时调出，向车辆管理员、师生以及家长提供比较准确的历史行车信息。另外，面对家长的质疑，可以提供客观的事实依据，以化解矛盾。且该记录数据可以保持半年，存储时间相对较长，相对来说提供依据的时间跨度也较大。

为将来规划行车路线提供参照：根据该系统我们可以找到每条线路的行驶规律，并随时进行线路优化，规避行驶路线中的拥堵点。如果出现新的站点，例如学生的家庭住址发生变化，也可以参照历史数据，选择最优路线。

冯志刚校长在数字化校园建设上，进一步思考推进基于数字平台的教育教学改革与创新，如在学生考勤与进出校园上推进二维码技术；推进上海中学移动校园时代，深化桌面云管理系统，实现实验学科实验课管理的预约系统等。

四、激活公办学校办学活力

作为一所一校两部体制的学校，上海中学极大地激活了公办学校的办学活力。学校在 2003—2007 年主持了全国教育科学“十五”教育部规划课题“公办学校活力激发的行动方案研究”，完成了公办学校活力激发的管理机制变革行动方案，公办学校活力激发的办学体制改革行动，公办学校活力激发的高绩效组织构建行动方案，公办学校活力激发的数字化学校构建行动方案，公办学校活力激发的教育人力资源开发行动方案，公办学校活力激发的创新人才早期培养行动方案，成果公报刊登在《中国教育科研》上，发表了 20 余篇高质量论文，其中《公办学校活力激发的行动方案研究》一文发表于《上海市师范大学学报（基础教育版）》并转载于中国人民大学报刊复印资料《中小学学校管理》上。2008—2012 年，学校又主持了全国教育科学“十一五”规划教育部重点课题“实验性示范性高中推进优秀创新人才早期培育的实验研究”。在学校改革与课题驱动下，上海中学的公办学校活力一直凸显，加之 20 世纪 90 年代学校适应社会主义市场经济改革的教育分配制度改革的奠基，学校实现了高绩效管理的运作并培育了一批高素质师资队伍。

学校承担教育部重点课题论证会

1. 两部融合的无限魅力

上海中学国际部与本部在同一校园，通过市场运作，上中国际部持续发展，20 多年来积累了雄厚的办学资金，为整个上海中学的办学条件改善与在上海市乃至全国率先开展“创新素养培育实验”提供了良好的支撑。上中国际部的发展作为上中教育现代化的“助推力”，增强了自我造血功能。多年来，两部的和谐共进使得上海中学这所百年老校持续焕发光彩。

● 你中有我，我中有你

上海中学本部与国际部互相交融，不断拓展优势互补的空间，本部所积淀的理科优势、扎实的基础教学、优质的师资、良好的管理团队，为国际部的发展奠定了坚实的基础。与此同时，上中通过创办国际部，深切了解中西方教育在教育观念、课程理念、教材编撰、教学内容、教学方法、教育评价等方面的异同，懂得了哪些要素可以迁移或加以改造后能在本部教育改革中运用，也提供了各种先进且又可行的方案样本与优质的人才培训，使得本部的教育教学能站在国际一流的视野来发展、改革与创新。可以说，上中国际部，既是实施国际教育的实体，也是了解世界教育的窗口。

它的这种双重性,为我国基础教育现代化的实现提供了参照系。在课程方面双部课程共进。上中国际部课程的高选择性与课程内容的现代化为本部课程的选择性与现代性的提升提供了极为丰富的资源。目前,本部构建了与学生高素质、强潜能发展相匹配并体现高选择性与现代性特征的课程期望图谱,能提供超过700门的科目与模块供本部学生选择学习。基于比较、借鉴、创新基础上的课程教学实践,上海中学本部的教育质量达到了同类学校难以企及的高度,全国重点大学录取率99%。

上海中学本部与国际部学生在这种国际化的环境中,对各国的思想、文化背景、教育理念有了从感性到理性的认识,上海中学学生的国际意识更趋清晰,能尊重多元文化,包容心更强,视野更开阔,胸襟更宽广。如学生的"模拟联合国大会",由于上海中学本身就是一个"小小的联合国",成员完全可以由不同国家与地区的学生充当"模联"大会的代表,这样学生对别国文化的尊重与多元文化的理解就更为真切,国际意识就更为包容、宽广。诸如此类的双部学生交流还有"不同国家的文化交流周"、"中日韩学生武术交流"和"艺术节同台演出"等,都从更为宽广的层面拓展了学生的国际视野。

上海中学本部教师往往在国际部兼课,国际部教师也在本部兼任发展课,这样既充分利用了人力资源,更使教师对中外文化差异、课程教材的差异有了更为深刻的理解,从而锻造了双部教师更为宽广的视野。上海中学的教师70%都有出国经历,在这样的氛围里,一些学科教师对国外同学科的发展趋势和教学特点,在了解的基础上都有不少心得,许多教师均具有研究中外教材,进行比较教学的能力,在《课程·教材·教法》等核心刊物上已发表了许多比较研究的论文。

上海中学国际部还成为上海教育引领全国教育的重要标杆。首先是学校召开的高中国际课程研讨会。还记得办公室在唐校长指导下筹备2013年4月份"高中实施国际课程面临的挑战与对策"时,我们当时给全国各地既是各省市前三甲、又办有国际部或国际班超过200名学生的知名高中校长发邀请函,办公室本来担心是否能请到这些学校的大牌校长来参加我们这个研讨会。当时我们预计,这些学校能派一个副校长或国际部主管来就不错了,结果出乎我们预料,竟然这些大牌校长都亲自来了,要不是4月下旬正好有"上海禽流感问题"吓跑了一些,前来与会的顶级名校校长会更多。为什么?因为上海中学国际部在全国有独特的地位与影响力,外地学校办国际部都曾来上中学习与取经,因为上海中学国

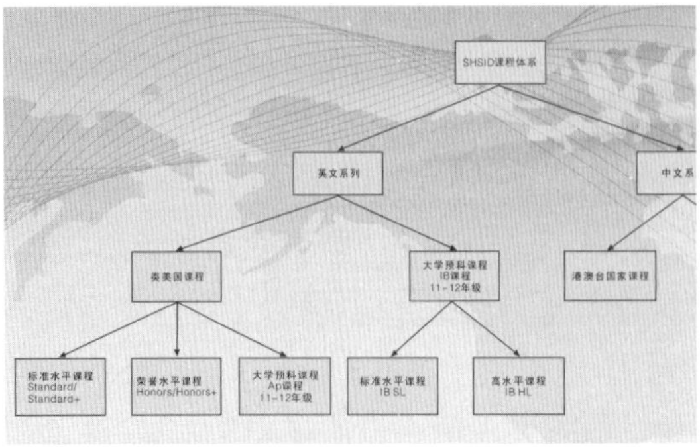

国际部的课程体系可资借鉴

际部是实施国际课程、国际教育的绝对而且是响当当的“老大哥”。“老大哥”一摇旗，自然得到了各地名校校长的积极响应。当唐校长倡议成立“公办高中实施国际课程协作体”时，清华大学附中王殿军校长当时在会上就发出了这样的感慨：“我们终于找到组织了。”

2011 年原教育部副部长韦钰院士来访

之所以说上海中学国际部是上海教育引领全国教育的重要标杆，第二个方面是曾为上海乃至全国教育改革提供了来自国际教育实践方面的启迪与突破口，包括课程的选择性、现代性、数字化以及提供学生适合的教育。上海中学、上海中学国际部与唐校长是融为一体的，正因为在唐校长引领下的上海中学及国际部成功办学，使得国家、教育部制定的许多教育文件都愿意来倾听上海中学国际部的声音。办公室经常收到许多来自教育部发来的文件“征求意见稿”，如《教育部关于推进普通高中多样化教育发展的指导意见》《教育部关于推进教育国际化的纲要》等文件，能将国家教育部的有关征求意见稿文件寄到中学来，本身就显现了上海中学具备引领者的实力和影响力。当时大多收到的时候，还写着“文件机密、不得外传”，其中包括《国家中长期教育发展与规划纲要》中有关教育国际化的调研与对策，现在已经公布。当时，唐校长总是与上海中学国际部管理人员、教师团队认真研究，提出了许多修改意见，许多在正式的发文中已被采纳。

上海中学国际部是上海教育引领全国教育重要标杆的第三个方面是，成为推进上海教育率先探索的实验田与制定标准的重要场所。说到上海中学的推进率先探索，每一次上海市教育改革前，领导与专家会密集来校调研与开现场会，这是一种“风向标”，且不说时任市长的韩正三次来访，且不说国家教育部、市委、市政府领导与历任教委主任均来校调研，且不说这些年大大小小国内外知名代表团频频点名访问上海中学及国际部，单说 2002 年前后推进的改革如今仍是全市乃至全国的经典，就显示了其前瞻意识与情怀。这里

2013 年教育部副部长杜玉波等领导来校调研

有10年前就开始构建的系统化、数字化现代实验室让全国高中“望而兴叹”,这里有全国最早系统引进国外原版700多种教材、实施独特的多元高选择性课程与多层次走班教学,让世界刮目相看,这里有上中杯钢琴赛、上中画廊等艺术天地,也让国内外同行赞为“教育经典”,还有这些年来积淀的150多位学科英语教学师资与集聚的110多位外教让同行“高山仰止”。如今,上海中学不仅推进了国内第一个专门以国际课程为研究对象的比较研究所——上海市基础教育国际课程比较研究所,而且成为其他学校开设国际课程的重要认证场地,成为这方面标准的制定者,现在已经有许多国际部教师已经参与到上海市高中试行国际课程的认证与教材审查中,这项工作在全国也将发挥辐射作用。

两部相互促进,促进了上海中学作为公办学校的办学活力,因此学校被批准作为上海市教育体制改革试点单位,一所学校有两个独立账户,主要发展资金靠学校自我造血,且一直处于上海乃至全国公办学校的领先水平,上海中学本部与国际部在同一校园的运作是走向人力资源强国视野下学校教育治理的一个不可多得的成功范式。

● 由“坑坑洼洼”到“模范绿化”

到20世纪80年代末,上海中学的校园建筑物已严重老化,楼馆功能布局不当,居民、学生交错混杂等弊端日益明显,300多亩地的校园显得有些凌乱。借助于一校两部的运作,学校积累了雄厚的发展资金,也为学校的改造带来了支撑。

2002年5月的一个风和日丽的下午,上海市环境保护科学研究院院长率领几位专家在上海中学勘查学校的生态环境。经过专家的认真检测,有了令人振奋的结果。“我们走进了中南海啊!”鉴定总结会上,研究院院长爽朗地说。

“你们走进了中南海?”他们明明是在上中勘察,怎么会走进“中南海”? 勘查组的专家为我们揭开了谜团。上中的空气质量与绿化环境可以与中南海相媲美。上海中学校园绿化面积达81 100平方米,绿化覆盖率达42%,人均绿化面积为35.6平方米。校园内大气环境中SO_2、NO_X、CO、TSP等污染物因子都低于《中华人民共和国大气环境质量标准》中规定的二级标准浓度限值,个别因子(SO_2、CO)甚至远低于一级标准的浓度限值,上海中学校园的大气环境质量与中南海差不多啊!

喔,原来研究院院长是说我校的生态环境接近了中南海! 这几年来,上海中学的生态环境的确发生了很大的改变。而在唐校长刚来的时候,“天晴一片灰,下雨一片水”的校园是上中人的记忆。你若走在上中的路上,可得低头看路,稍不留神,你就会与路坑“约会”。

如今,学校的建筑得到了修缮,从上海交通大学回归的土地也已面貌一新,正作为国际部初小年级的学习场所,一幢幢新的建筑拔地而起,网球中心、音乐中心等。学校的绿化面积扩大,绿化覆盖率提升。学校占地面积193 617平方米,绿化面积达

中兴楼前的中兴亭春意盎然

81 100 平方米，绿地率为 42%，绿化覆盖率达 42.5%，人均绿化面积为 30.6 平方米。如今校园生态环境迷人，绿树成荫、鸟语花香，每年春夏季节前来栖息的各种鸟类多达万余只。绿化品种增多，绿化品质优良，目前上海中学各类树木花草鱼等品种多达 500 余种，仅红鲤鱼就有上万尾。落叶林与常绿林、灌木林、乔木林比例适当，绿地与树木、湖、楼馆分布合理。学校自建暖房，培育各类花卉，使校内四季有鲜花。学校还注重对古树名木等特色绿化资源的保护。如枸骨、三角枫等 9 棵树木被认定为上海市古树及后续资源，绿化组派人给予特别照顾。

上海中学校园呈现园·林·水·坪四类绿化和谐结合的特色。一是有中国传统特色的"园景"(如中兴楼前的亭桥搭配等)十余片；二是有三片大的水杉林 13 000 多平方米；三是有两个景色优美的人工湖——中兴湖与念慈湖，水面面积达 4 000 平方米；四是有微型高尔夫球场草坪、足球场草坪、东西植物园草坪等大型草坪 10 000 多平方米。四类绿化与上中三四十年代的楼馆(龙门楼、先棉堂被定为区保护古建筑)、现代建筑(如体育馆、逸夫楼等)相互映衬，为中外学子与中外教师营造了良好的学习、工作环境。学校绿树成荫、古树参天、水杉成林、鸟语花香，被评为"全国绿化模范单位"。

学校的绿化、美化，离不开学校的经营。学校经营有宏观经营与微观经营。在宏观经营上，上海中学在长期探索中形成了五种办学模式：校办产业模式、中外合作办学模式、独立办国际学校的模式(1999 年正式独立经营)、名校办民校模式(1999 年与华泾实业合办华育中学、2002 年与七宝投资经营有限公司合办了上宝中学、2006 年与张江集团有限公司合办了张江集团学校)与优质教育跨区域辐射模式(2007 年与南汇教育局签约在南汇承办上中临港分校，于 2009 年开学)。由于上海中学国际部的良好运作，自 2008 年以来，每年的经营收入超过了 1 亿元人民币。在唐盛昌校长的努力下,在市委市府的支持下,通过宏观经营,使学校有实力在2006年9月将原属上中、后被划给上海交通大学作为应用技术学院的40余亩土地,得以购回(上中出资1亿3千万,市教委出资1千万),这是上中的校史上应当记住的一大功绩。

2006年学校获全国绿化模范单位荣誉称号

从2006年以来学校先后投入了上亿元的资金,用于学校绿化建设、硬件建设与软件建设。学校网球中心的建成,室内游泳馆的完成,现代实验室的不断更新,校园绿化功能布局的不断调整,极大地促进了学校的环境改善。

这些年来,学校不仅宏观经营取得了成效,微观经营也取得了良好的效果。优化与高效还表现在学校设施向社会的适度开放上,如上海中学的体育场地定时向社区开放,每年来学校参加体育锻炼的居民数超过6万人次;上海中学的大礼堂、电脑房、实验室也根据需要适度为社会服务,每年使用人次逾万。在校园改造上,本着"旧貌换新颜"的精神,从生态环境、功能环境和教学环境三个方面全力推进优化工作,促进了内在价值追求与外在物质保证的有效结合。

● 国际视野中的文化认同

在国际视野下办学,办中国人自主管理的国际学校,首先要考虑的一个重要问题是如何让外教认同中方的管理,让国际生认同中国学校的国际教育。对外国人来说,认同意味着尊重和接受。上海中学的外教进来时都要经过学校组织的培训,让他们先了解我们,这是尊重和接受的前提。对于国际部学生,我们不仅要强调尊重和接受,还要让他们到一定时候愿意成为我们的一分子,学校在课程和活动中渗透中国优秀传统文化,如"中华文化周"活动等,在潜移默化中让学生感受到中国文化的博大精深和中国人民的智慧友爱。刚进校时,有的外国学生可能觉得自己是"高的",我们是"低的",但随后他们会发现,中国虽然是一个发展中国家,但上海中学比一般的国外学校还要"高"。

民族性是国际性的基础。我们常说,民族的就是世界的,差异是发展的动力。没有民族特色,就失去了交流的基础。创办上海中学国际部,就是要在国际教育交流的舞台上展示自己的实力和风采。因此学校一直关注在顺应国际教育潮流的同时,凸显中国特色。首先,学校确立了"国际性与民族性相统一"的办学理念。上中国际部的办学宗旨是"博取人类先进教育的精华,吸取世界各国文化的精髓,传授当代科学技术的成就,培养21世纪的英才"。具体而言,我们不仅要培养国际型人才,还要培养传播中国文化的使者。其次，我们努力打造具有中国特色的课程体系。上中是国内最早同步推行汉语系列与英语系列课程的外国人子女学校。对那些想学习中文的外国人子女来说，上中具有独特的吸引力。第三，我们建立了中西文化相融合的管理机制。国际部实行"主管—段级主任（小学段、初中段和高中段）—年级组组长"三级矩阵管理，既注重规范，又注重关爱。此外，我们还在招生、校园文化的营造、教育教学资源的利用等方面凸显中国特色。各种方式与策略汇集到一点，就是培养有中国情结的国际人才。

2007 年学校行政人员合影

考虑到国际课程的实施对象大多数是以英语为母语的学生，这就要求教师不仅要具备深厚的专业知识，能够熟知国外教材的知识结构体系，更要有能熟练地运用英语传授学科知识的能力。这对国内教师而言，可谓是一个巨大的考验，为了突破这一难关，上海中学采取的应对方式或许有一定的启示作用：首先，学校图书馆提供了大量原版英文教材及参考资料供教师备课使用，并安排外籍教师与国内教师在同一办公室备课坐班，促进教师之间的请教与交流。其次，开设一些专业水平和英语运用能力的有针对性的培训项目，以进一步提高教师英语水平及教学能力。除了满足上述条件之外，国际部的教师还应具备国际视野，能够准确把握国际化课程的教学要求及评价标准，因此学校还积极创造机会让本土教师参加国际交流，放眼世界，提升自己。

2. 构建高绩效的组织系统

面对新世纪科技与经济发展的双重挑战，上海中学的学校管理通过构建高绩效组织，适时地从计划经济背景下的学校管理走向市场经济条件下的学校管理，从权力管理走向人格管理，从惯性管理走向程序管理，从维持管理走向创新管理，从而促进了有限教育资源的再发展与再创造，形成了激励、优化、高效的现代学校管理体系。而这一体系优良传统的形成最为关键的在于三条,一条是注重激励集体的力量,二是凸显了经营的理念,三是注重校园文化的熏陶,极大地促进了办公学校的办学活力。

● **双焦十二点的延伸**

进入21世纪后,上海中学的影响越来越大,如此庞大的一个学校体系,校级领导却不多,这主要源于学校良好的制度规范与注重集体力量的发挥,以及高绩效组织系统,形成了"一校两部三级五段五流构架",本部的三级是校长室→各部门→年级组、教研组,国际部的三级是主管室→学段→年级组、教研组,五段是指国际部的11—12年级段,9—10年级段,7—8年级段,5—6年级段,1—4年级段,五流是针对学校资源运作的物流、人流、财流、教学流、学生流等设置总务处、人事办、校务办、教学处、德育处与学生处等相应的职能部门。注重强调集体的力量,而集体力量的前提是学校的规范运作与激励机制的营造。

2014年教师节庆祝表彰"优秀教师""先进职工"大会

在20世纪90年代初,学校开始探索由适应社会主义计划经济时期的管理,走向适应社会主义市场经济的管理。学校通过1990—1992年,1992—1995年规划的落实,具体完成了"双焦十二点"的任务,实现了管理的转型。所谓"双焦"是抓好学校德育与教育质量工作,"十二点"(学风:名严实高,教风:严谨创新,校风:严实奋进)。而支撑是落实双焦的12项专门支撑点。而这十二点的实现,又是通过6项制度调动教师集体力量来达成的。

校长负责制。唐校长把主要精力集中于调研、协调和决策等工作,主要为学校下一步的改革进行宏观的全局性的指导。同时,校长负责制是建立在全校教职工民主管理基础上的校长负责制,因此学校一系列重大问题,校长总是充分听取意见。

例如奖金分配方案和分房方案的制定与实施、教学评优活动、职称评审、岗位责任制的建立和班级活动的开展等都是经过全校教工讨论定下来的。若遇到意见不统一，就采取投票表决的方式。

岗位责任制。加强层次管理，使高、中、低层都达到了责权利统一。上海中学各层办事效率和质量明显提高。在1992年底补报高级职称材料15份，从得知信息到完成材料上报只有整整58小时（包括学农教师从长兴岛赶回小结），这样的效率是惊人的，受到职改办的称赞。

精神激励制。学校在以上基础上设计了一套激励教工奋发向上的竞争机制。学校明确制度是"冷"的管理，激励是"温暖"的管理。真正的温暖并非仅在于动听的好话和深情的慰问，更在于能对在学校各项工作的进展中发挥作用的每位教职工进行肯定和鼓励。

按量核奖制。学校根据教师的工作量和工作成绩给予相应的物质奖励。按量核奖制彻底改变了过去那种"求教师上课"、"求人当班主任"的现象。这种按量考核的制度，促进了学校新局面形成和改革的发展，也推动了学校管理科学化的进程。教师们高兴地说："现在学校内有凝聚力，外有吸引力。"

班组等级制。学校因势利导，及时地把教师的兴奋点，引导到加强教育教学管理，提高教学质量上来。由于班组等级考核主要依据质而不是量，所以班级等级考评有效地克服按量核奖制即根据工作量发放奖金的局限，使大家更会注重工作质的提高。

流动优化制。在学校管理中，促进人员流动是转换机制的重要途径，也是促进教职工提高素质，增强活力的有效方法。学校十分强调在动态管理中稳定骨干，在积极流动中优化队伍。对于学校骨干，通过合理流动，使之扬长避短，人尽其才。流动优化制曾轰动上中校园，触动了每位教师和职工。逐渐的，上中教工的观念发生了明显的变化，特别是"进了学校门，就是国家人"的观念在发生转变，教工过去那种眼睛盯着国家，靠吃"皇粮"过日子的安全感在逐步消失。

在1995年到1998年规划、1999年到2003年规划、2003年到2008年规划、2008年到2013年规划的完成之后，上海中学形成了自身的管理文化与校园文化，进一步注重集体矢量最大化。因此从双焦十二点延伸开来，学校逐步提炼出上中持续发展的校园文化"32字"，即学生优先，事业优先；认真负责，追求高质；团结协作，共进共荣；光明磊落，顾全大局。这32个字概括了上海中学的文化气质，也在教职员工的身上得到了体现。

● **一花独放不是春**

学校管理者既要充分调动每个教师的优势领域，为完成集体的共同目标而努力，又必须意识到：仅靠几位特级教师、学科带头人的力量不可能保持学校教学质量

党的群众路线教育实践活动研讨会

的长盛不衰,唯有充分调动每个教师的优势潜能,朝着集体的目标共同努力,才会持续不断地推进教学质量走向新的高峰。“一花独放”不能让人感受到春天的到来,唯有万紫千红、百花争艳来共同装扮春天,才能让我们感受到春天的妩媚多姿!

上海中学关注集体的力量的形成与对教职工的激励是合在一起的。教师队伍的建设和管理是学校发展的关键。从1989年到1998年,学校的师资队伍经历了两次大震荡。一次是1989年一批教师或通过考研,或通过其他途径要调离,离开了学校;另一次是1996年初高中脱钩,一批初中剩余师资必须转岗。在新世纪面对社会主义市场经济的挑战,如何让教职工认真处理奉献与索取的关系,处理好劳动质与劳动量的关系,调动教职员工的凝聚力,增强学校的凝聚力,最为关键的就是激励,并且应该正确处理教师激励与职工激励之间的关系。

在教师激励方面,上海中学针对教师的成长创设了新的激励方案,不同于“首席教师制”(2002年春夏,《文汇报》《新民晚报》等媒体相继刊载了一些重点中学推行首席教师制的消息,首席教师年薪8至10万不等),设立园丁业绩奖。本方案打破了年龄与资历的限制,照顾到绝大多数教师的发展,更为重要的是要将中青年教师的潜能充分激发出来。学校基于上述考虑形成了《上海中学“园丁业绩奖”实施方案》并不断完善,合理拉开奖金差距,分为优异、优秀Ⅰ、优秀Ⅱ、优良Ⅰ、优良Ⅱ五个等级,奖金最高3万元,最低6 000元。每年评定一次,不搞终身制。2003年1月7日,《上海中学“园丁业绩奖”实施方案》以压倒性多数票在六届五次教代会讨论通过。经过几年实践探索,这一机制运作正常,按质分配的奖金额在总数中已超过50%,月奖金差距可达3至5倍,全过程透明运作,员工积极性高涨,动人事迹不胜枚举,工作质量显著提高。每年教师的受奖面为60%左右。在教师激励上,学校形成了以质为主,质量结合的完善分配制度,除介绍的园丁业绩奖外,还有根据平时工作业绩每学期进行的过程质量奖。后来,每个等第的基数又往上调了3 000元。2014年,随着上海市普通高中绩效工资制度的出台,学校适时通过了《上海中学绩效工资方案》,在教代会上予以了通过。在2014年9月,学校又修改了《上海中学基本工作量核定制度》,进一步明确了教师的工作量要求。

在职工激励方面,学校自1999年开始,借鉴星级宾馆的服务要求,在校内职工中推行星级服务制度,对于每个职工的岗位,都制定了星级服务标准,含平时表现(包括岗位考勤、礼仪态度、服饰环境等)与岗位特点(不同岗位设有不同要求)。每一个职工根据服务年限、工作表现申报一星、二星、三星、四星、五星等不同星级,每年评比一次,将不同星级与奖励挂钩。在精神激励方面,星级评比的材料(如个人小结、原星级、申报星级等)进行公开展示(2011 年新增了跟帖墙,每年以不同的方式呈现,有时以集体的方式,有时以集体特色加个体的方式呈现)做到公平、公正、公开,加强制度公信力的同时,推动了职工工作的内在积极性。评比过程为本人申请、日常检查、公开考核、互相交流、主管批准五个步骤,并制定了详细的星级服务评定标准(满分 100 分)。为了进一步保证该制度的顺利实施,学校专门成立职工星级服务评比小组,小组成员由主管副校长及相关部门负责人组成。在星级评比会议进行期间,在小组成员的监督下每位职工陈述自己的个人年度工作实绩、参评理由及需要申请的星级。

职工星级服务交流

2015 年 1 月 31 日,在全校教职工大会上,校务办将当前年级服务的每个组卡通形象在会上展示,王辉书记将主题定为:星梦·幸福·信服。上中职工,本着为教育教学服务的宗旨,任劳任怨,在星级服务的岗位上默默奉献;上中职工,同样有着为上中走向卓越奋进的心,用自己的行动为学校的发展增光添彩。

● **累并快乐着**

我们经常会听到上中人使用着这一句话来回应外界的询问:“累并快乐着”。上海中学充分关注人力资源开发,并追求人力资源使用效能的最大化,同时创设人力资源良好的成长环境与发展空间,在上海中学工作的教职工,若从工作量来看,绝对是其他学校难以比拟的,当然从工作的环境与创设的发展空间来说也是其他学校难以比拟的。

“教师周平均课时达 17 节。”当学校 2003 年 10 月 25 日的“上海市实验性示范性高中”评估会上(上海中学是上海市最早通过实验性示范性学校评估验收的学校),向与会的专家说出这一数据时,许多专家在脑海里留下了惊叹号与疑问号。发展至 2015 年,教师周平均课时已经达到 19 节。

在一定意义上说,提高教师的课时量是教育教学改革走向深入的一种表现。素质教育要求促进学生生动、活泼、积极、主动的发展,开发学生的个性潜能,于是要求加大课程的选择性、提高课程的综合性、推进研究性学习与双语教学。这就要求教师思考如何突破传统的“只教单一学科”的狭隘思路,以适应“跨学科、跨教材、跨年级、跨语言"的教学。

社会主义市场经济的不断发展,要求学校分配制度进行相应改革。教师多、课时量少,教师个体的收入必定上不去,效率也不一定高,当教师工作量上去了,教师收入提高了,工作的积极性也会受到激励,教学效率反而进一步提升。正如时任校长唐盛昌在其"学校发展与教师幸福"一文中所说"我认为,教师不能只是'苦行僧',教师的生活同样应当是丰富多彩的,只有在其点燃了学生的同时,又发展、充实、提升了自己,才能真正感到幸福。我认为教师幸福观的形成主要有四个影响因素,即价值观与成就感、人际关系、物质保障、成长平台。"上海中学提供给了教师足够的物质保障和成长平台,让教师在其个人价值的充分发挥中获得成就感。

从另一个方面来讲,教师的课时量增加,也是国际教育发展的趋势。现在美国、加拿大教师的工作量都在每周20节以上,我国的香港、澳门地区周课时量也在20节上下。我校国际化的教育环境也决定了教师工作量的增加。

2008年IMO开营式在上中举行

上海中学学生的特点,决定了教师的培养要注重自培,以促进以资优生教育与国际教育匹配的教师专业持续发展,他们边教学、边学习、边成长。从十五、到十一五、到十二五,学校连续三个五年师资培养都得到了有关部门的充分肯定。现主要介绍"十二五"上中师资培养的一些体会与经验。

在"十二五"(2010—2015年)期间,上海中学的师资自培立足于学校以"聚焦志趣、激发潜能"为导向的优秀创新人才早期培育的新路探索,立足于"自强不息·乐育菁英"的办学理念落实,立足于国际教育从大走向强,建设世界一流的中国名校,致力于建设一支具有国际视野、精湛专业功底、良好师德与人文素养的高素质师资队伍,为培养未来促进民族振兴的中流砥柱人才夯实坚实的基础。得天下英才而教育之,学校教师何其乐也,然而这些学生都是有强潜能的,我们教师要教好他们,必须不断提升自己,发展自己,因而是累并快乐着,需要不断通过自培与他培提升自己。

上海中学师资自培建设了一支敬业奉献、热爱学生、精通业务的高素质、强潜能师资队伍。进一步优化师资队伍的学历结构,努力形成学科特色更多(80%以上的教师基本具有某方面的特长)、教育成果更多、在市和区甚至在全国有一定影响的骨干队伍。培养了能不断适应学校教育教学改革和国家、上海课程教材改革要求,以及上中国际部发展需要的教学和管理队伍。深化国际教育教学和管理的理论与实践探索，国际教育和管理队伍更趋成熟。学科双语教学能力与基于数字平台的教学能力进一步提高。学校形成更为庞大的全英语学科教学师资队伍（超过 150 人），大力推进教师基于数字平台的教学（包括利用现代数字化环境推进教学质量提升），完成全国教育技术“十一五”重点课题“构建数字化校园与信息化学习环境的实践研究”，上中涌现了一批在市、区有影响的特级教师与学科带头人；完成一批在全国、市区有影响的教育教学科研课题立项和成果；促进了学校课程图谱建设的实践与理论研究取得新进展。通过师资自培，实现了教师梯队结构的优化。教师能力结构的优化，教师专业结构的优化，教师教学个性的优化，教师集体氛围的优化，促进了学校的可持续发展。

“自培基地”每位教师五年内必须完成 36 学分（师德与素养课程 12 学分，知识与技能课程 14 学分，实践体验课程 10 学分）。其中，参加市级共享课程学习修满 5 分（师德与素养课程 1 分，知识与技能课程 4 分）。“自培基地”统筹安排三类培训课程，完成除市级培训以外的学分（师德与素养课程 11 学分，知识与技能课程 10 学分，实践体验课程 10 学分）。其中，专业类培训内容所占比例不少于 50%，通识性培训内容所占比例不超过 50%。

2015 年，学校现有在编教职工 241 人，中外学生 4 200 余名，另聘用外籍教师 110 余人，留学回国人员 40 余人。教师中能用英语进行学科教学的超过 150 余人，硕士、博士的比例超过 50%。在十二五期间，我校的师资自培取得了丰硕的成果，主要显现在以下几个方面。各门学科的教学中取得了领先的成绩。在这一高素质的教师团队的引导下，近年来我校学生在各类平台上展示才华，连续 7 年有学生获得世界数学奥林匹克金牌，累计超过 9 枚，获因特尔国际科学与工程学大赛团体奖、中国青少年科技创新奖等各类高等第奖 3 000 多个。

完成《上海中学基础型课程教学纲要》修订。《上海中学基础型课程教学纲要》（以下简称《纲要》）是以教育部课程标准和上海市地方课程标准为基本依据并结合上海中学的教学传统和教学实际确定各学科的教学内容与教学要求，就各章节知识在学科教学中的地位和作用做简要说明。上海中学课程图谱的重新梳理整合。2014 年，学校将课程图谱进行了重新梳理，并重点完善“优势潜能开发课程图谱”以及“上海中学大学先修课程”。梳理发现近三年图谱中的课程科目、模块已开设 80%以上。教育教学研究取得丰硕成果。五年来，上海中学教师在正式出版物上发表的字数超过千万。其中包括上

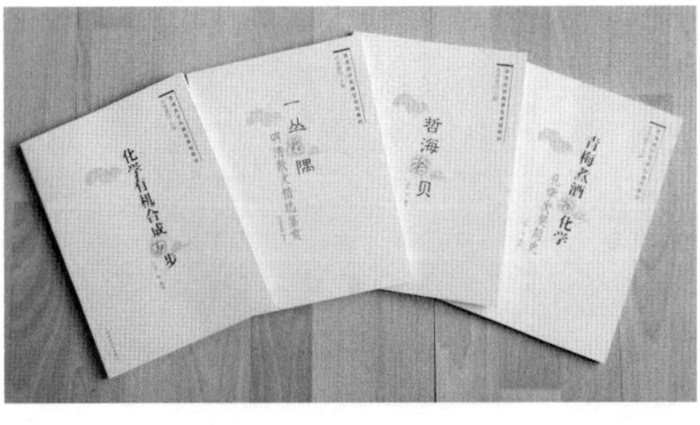

与课程图谱匹配的部分校本教材

海中学资优生德育特色课程系列《资优生必修课——组织与领导》《资优生必修课——创新、实践与服务》《资优生的必修课——自省与交往》(2013 年由上海科学技术出版社出版)。该丛书为各学校教师开设此类德育课程提供了很好的理论支持和案例指导。化学教研组出版的《青梅煮酒论化学》《化学有机合成初步》、语文教研组出版的《一丛花隅·明清散文精选鉴赏》、政治教研组出版的《哲海拾贝》作为普通高中拓展型课程教材,也于 2011 年由上海科学技术出版社出版,是值得学生在有限的拓展课学时之余深入学习的课外读物。

在“十二五”校本师资自培中,我校师资自培亮点主要集中在以下几个方面:充分利用“一校两部”的优势,国际部作为师资培养基地促进本部教师双语能力、比较研究能力提升与国际视野拓展。本部教师在国际部兼课,既提升学科英语能力,又关注了学科课程国际比较研究,促进学科动力的深化。他们有意识地将其中现代元素迁移到本部教学,使本部学生对学科的认识、悟性与理解站在比国际同类学生更高的起点上。

构建拔尖创新人才早期培育链,进一步提升教师专业水平和课题研究指导能力。2013 年 3 月 9 日,我校举行了“上海中学校外专家授聘仪式暨拔尖创新人才早期培育链的构建研讨会”。在此次会议上,上海中学不仅将来校上课的物理、化学、生命科学、计算机科学、医学、工程、能源、环境、海洋、通讯、金融、法学等十多个领域的 100 位大学、科研院所的教师聘为校外专家,而且就“创新人才培育链的构建”这一话题进行了研讨。这一培育链的构建,让中学教师与大学教师共同指导学生的课题研究,提升了教师的研究性学习指导能力。

促进教师专业发展与资优生的潜能开发相匹配,致力于促进教师朝着视野宽、功力强、师德好、有特长、可持续、多元化的方向不断发展。学校每年邀请专家、学者来校为教师做形势报告、师德教育、理论宣传等工作,并通过政治学习、教职工大会、小组学习等多种形式展开。同时每年暑期会派一批教师去国外大学进行为期一个月的培训,还鼓励并提供机会让教师参加国际学术会议,与其他学校进行合作交流。学习对于不同层次的教师制定了不同的培训计划,如青年教师培训规范、教师培训长期计划、青年高端教师培训计划等。据统计,我校每位教师每年至少完成 200 课时的培训。教职员工培训率 100%。全年员工培训总支出超过 100 万元。

部分双语教材、竞赛课教材、拓展课教材

高选择性的课程图谱集中了上海中学教师的智慧,也给教师提供了更为广阔的空间。

教师可以在课程开发与实施过程中提升学科驾驭能力与课题指导能力等。与课程图谱的实施相匹配的现代化实验室建设等资源也可以让教师站在更高的平台上思考学科定位及发展趋势。深入探索“三高教学”与学生内动力激活的活力高效课堂建构。学校通过立足于学生学习内动力的激活与活力高效课程的建构，进一步深化三高教学模式的改革，通过研讨课、公开课、大奖赛等多样途径，促进富有上中特色的优质化教学模式建构。

时代发展的节奏在加快，学校发展的步伐在加快，作为上中的教师，不论是工作量还是工作质，都要紧跟时代的节奏！这种节奏用计划经济的思维来衡量，我们会看到其残酷性的一面；我们用市场经济的眼光来解释，这就是一种高效的管理，让教师用最少的时间投入，获得综合的高效的产出和回报。

3. 优质教育资源的拓展

上海中学作为一艘教育改革的超级航母，注重打造品牌效应，办学经验在多个办学基地得以成功复制，进一步拓展了学校的优质教育资源辐射。

● **上中的办学基地**

学校现有四个办学基地：上海市民办华育中学（1999 年）、上海市民办上宝中学（2002 年）、上海市民办张江集团学校（2006 年）、上海中学东校（2009 年），在上海基础教育领域里产生影响。

上海市民办华育中学由华泾实业发展有限公司全资投入，由上海中学输送管理理念，于 1999 年 6 月联合创办这所全日制民办初中，是上海中学的初中教学基地及德育教育基地。2007 年 3 月，学校通过上海市民办中小学依法办学专项评估，为徐汇区唯一获得“优秀”评价的民办初中。该校自 2003 年有毕业生以来，在历年中考中，始终居于徐汇区领先位置。自 2007 年已连续九年中考成绩居全市第一，升入重点高中的比例稳步上升，近几年保持在 95%以上，每年有 100 名左右学生考入上海中学。

上海市民办上宝中学是 2002 年由上海七宝资产经营有限公司主办，上海市上海中学输送管理理念的一所民办初中。如今，经过十余年的发展，教学质量达到了“稳居闵行前茅、进入上海一流”的预设目标，社会认可度日益提高，学校被评为 2009—2010 年度上海市文明单位。

上海市民办张江集团学校是 2006 年由上海张江（集团）有限公司主办，上海市上海中学输送管理理念。作为上海中学在浦东新区开设的初中教学基地，由上海中学输出改革经验进行优质管理，同时由上海中学及其初中教学基地进行骨干教师培训。学校建立以来，办学成绩稳步上升，2010 年中考平均分位列浦东新区第一名。

值得一提的是上海市华育中学、上海市民办上宝中学、上海市民办张江集团学校三校自 2012 年以来包揽了上海市中考成绩的第一、二、三名。

上海中学支持社会主义新城镇建设,图为上中东校
建设开工典礼,2009 年正式招生

上海中学东校是上海中学与上海市浦东新区合作托管的一所新建的、位于临港新城的公办完中,创建于 2009 年,于 2009 年开始招收初中起始年级,2013 年开始招收高中起始年级。学校在这六年多的发展中,全面移植上海中学以聚焦志趣、激发潜能为突破口的学生创新素养培育方略,注重将上海中学的德育课程图谱、学习领域课程图谱中的 100 多个专门课程迁移至东校的教育教学中;推进学生基于探究学习的创新意识、创新精神的培育;构建了数字化校园信息系统,与上海海洋大学等合作建设了适合中学生的特色数字化实验室;学校注重借用上海中学、周边的上海海洋大学等大学、科研院所的力量,培育学生的创新素养,取得了良好的效果。学校尤其注重初高中有潜能学生的培育衔接与他们的创新素养持续发展。尽管学校是一所新建的完中,由于全面运用了上海中学的育人理念与改革成果,取得了飞跃式发展,2013 年起该校的初中教育质量已处于上海市公办初中的领先地位。

上海中学东校是响应上海市人民政府加强临港新城建设而创建与发展的。上海中学委派党委副书记薛建平担任上海中学东校校长。东校的教育管理与教育教学主动传承上海中学"明、严、实、高"的校园文化,管理团队与教师队伍得到了迅速成长,教育质量实现了飞跃式发展。

● **让名校的音体美散发无穷魅力**

许多传统观点认为,名校之所以"名",在于升学率高。然而,上海中学的认识是,作为名校,不仅要升学率经得起考验,而且

"上中杯"钢琴赛音乐会

在音体美学科上也要散发出无限魅力，让学生的音体美素养成为未来可持续发展与创新的重要组成部分。对于上海中学来说，作为上海市中小学行为规范示范校、德育示范基地、科技特色示范校、知识产权示范校、首批双语教学特色学校已不怎么稀奇，重要的是它还是上海市艺术教育特色学校、体育特色学校、全国体育传统项目学校，形成了自己的音体美的拳头产品，不仅在全市产生影响力，而且成为国际交流的重要展示项目。

学校专门成立美术中心注重学生的艺术修养提升

先说说音乐，除了举办汇报展演，如声乐汇报会，戏剧表演展、器乐汇演等以外，每年一次的校艺术节、校内艺术单项比赛等盛事，以及中国民族乐器独奏比赛、电脑音乐制作班级赛等以外，还提供民间舞、社会舞蹈、主持、表演等40多个科目可供选学。学校专门设立了音乐戏剧中心，在2005年建成。学校在上海大剧院专门举办了上海中学师生音乐会。自2010年开始，每年在我校举行一次上海市学生音乐夏令营。2010年8月18日，为期5天的2010年上海市学生音乐夏令营在上海中学隆重闭幕，时任上海市政府副秘书长翁铁慧、市教委副主任李骏修和唐盛昌校长等领导出席结营式。该活动既凸显点上活动的高水平、艺术性，又兼顾面上的群众性、普及性，融赏析、互动、实践于一体。2012年开始，由上海中学发起的“上中杯”钢琴赛举行，目前已经成为上海市教委认可的艺术表演单项比赛，在上海市中小学音乐比赛中享有盛誉。

再谈谈美术。上海中学美术教育也在2005年专门建成美术中心，美术教育共设置大小美术课程近40余门，其中35门已经在我校美术教学中开展并轮换实施。我校美术教研组现拥有十多名专职教师与多名外籍老师，其中有多名国家级画师，他们是一群拥有优秀绘画技能和教学技能的复合型人才，在保证教学内容多样的前提下，坚持学科本位的原则，用自己的专业水准不断提升教学的含金量。小班化、分层细化教学也促成了上海中学美术教学的专业性。本校独立使

上中师生音乐会在上海大剧院举行

上海中学美术教学研讨会

用的两处美术中心总面积达 1 500 平方米,包括专门的素描、油画、陶艺、水彩、电脑美术、国画、版画、卡通画等专业教室。在多方协作与努力下,我校美术教学获得了多项成果:2009 年 5 月在上海刘海粟美术馆举办了一次相当规模的师生画展,多次校内专题学生作品展,连续 6 年出版了师生画册。我校的美术教育一大创新是在上海市设立了首个“美术画廊”,用于展示上海市著名画家以及师生的美术作品,被评为上海市艺术教育特色项目。学校还专门为学生举办个人画展、集体画展,在上海市中小学美术教育中形成了自己的品牌。

最后谈谈体育。上海中学的体育,在全员体育上,以“一五结构”而闻名;在特色体育上,以体教结合的乒羽班教育而在全国有影响。上海中学的体育已从传统的竞技型、运动技能训练为主,转向促进学生身体素质、心理素质发展为主,形成了大体育观(大力推进体育与教育、体育与智育、体育与生活的结合)引领下的“一五结构”(即初步形成个人体育兴趣特长,身体素质、心理素质、运动技能、保健知识、卫生习惯协调发展)。为促进学生体育素养发展,学校共开设了 45 个体育类子课程的科目与模块,学校还聘请外校的体育教授、专家 20 多位,来校开设了跆拳道、桥牌等裁判培训发展性课程,以及各类讲座。如结合 2008 年奥运主题的“与世界冠军对话”,邀请沪上的世界冠军朱建华等来校与同学们面对面交流,畅谈对人生理想和国家荣誉等话题的体会,在同学中激发了强烈的共鸣与热烈反响。在体教结合上走出了一条自己的路,1997 年在唐盛昌校长推进下,学校与华东理工大学乒乓球俱乐部达成协议,共同培育高水平的乒乓球运动员,开创了学校乒乓球传统项目体教结合的新篇章。上海中学与华东理工大学联手推进上中乒乓班的学生发展,与徐汇区体育局联手推进上中羽毛球队的学生发展,形成了完善的乒羽班课程。学校乒羽班在乒乓球项目上已连续 7 次代表中国中学生参加世界中学生乒乓球锦标赛,成功获世界中学生乒乓球比赛冠军 40 余项,为

2013 年上中杯乒乓球赛

高校及省级以上专业运动队输送运动员超过 30 名。上海中学乒乓球队也代表上海出征全国学生运动会，为上海赢得了荣誉，以 2014 年全国学生运动会为例，上海中学乒乓球队就获得了男子双打、单打，女子双打、单打，男团、女团 6 个项目的冠军。

首届“上中杯”获奖选手与领导合影

在“体教结合”的乒乓班教育成功基础上，学校又与徐汇区体育局合作，推进中学生羽毛球运动员的培育，从 2008 年组建羽毛球体教结合项目，已有多名学生在全国的中学生羽毛球锦标赛上获得了 5 项全国冠军。上海中学不仅是全国体育传统项目学校，而且成为了全国乒乓球后备人才培养基地，日本乒乓球名将福原爱与我国乒乓球世界冠军多次来校与学生交流、训练。

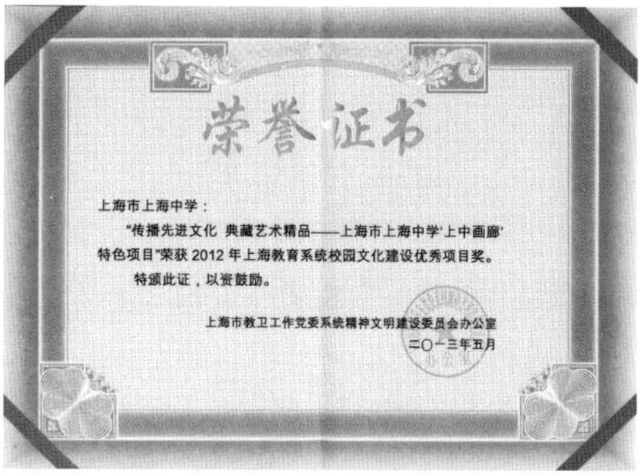

荣誉证书

上海市上海中学：

“传播先进文化 典藏艺术精品——上海市上海中学‘上中画廊’特色项目”荣获 2012 年上海教育系统校园文化建设优秀项目奖。

特颁此证，以资鼓励。

上海市教卫工作党委系统精神文明建设委员会办公室

二〇一三年五月

上中画廊奖状

上海中学音乐、体育、美术教学，在上海、全国都形成了自己的音乐以及拳头产品，在国际交流中发挥了良好的示范作用。2006 年学校承办了世界中学生乒乓球锦标赛，这也是该赛事首次由一所中学成功承办。我校党委书记王辉为体育特级教师(曾在日本留过学)，主管学校音体美，在他牵线下与日本筑波大学合作，引进筑波大学的老师来校进行科技交流，还请筑波大学的老师来校开设茶道、跆拳道、剑道等课程。王辉分管学校音乐、体育、美术，继续推进了学校体教结合的可持续发展。2011 年，纪念中美乒乓球外交 40 周年活动在上海中学举行，中美多名世界乒乓球冠军来校交流，包括王励勤等。2015 年学校被评为全国乒乓球后备人才培养基地。

由于学校音乐教学的品牌与特点，国外知名乐团也经常来校演出，如 2010 年爱尔兰皇家乐团来校演出，2011 年意大利国家交响乐团来校演出等。

● 红头文件中的上海中学影子

上海中学的大量教育教学成果获得了政府政策层面的认可与同行的应用。如 2010 年，上海市教育委员会充分肯定了上海中学的创新素养培育实践成果，专门发文开展“上海市普通高中学生创新素养培育实验项目”(沪教委基[2010]31 号)。自此，上海市20余所高中和4个区域参与此项目。学校“聚焦志趣、激发潜能”的改革实验成果也在2012年《教育部关于推动普通高中多样化发展的若干意见》(征求意见稿)中得到了充分显现，并写入了改革意见：“在评价内容上，要综合考察学校在促进学生全面发展和个性发展方面的工作，既要关注学生品德修养、学业水平、身心健康等方面的情况，又要关注学生志趣爱好、优势潜能等方面的发展情况。”2012年4月，上海中学的课程改革经验被刊登在教育部的《基础教育课程改革》内参上。

团中央书记处书记傅振邦来校慰问
全国学生运动会志愿者

说到红头文件上的上中影子，还有许多方面，主要体现在推进学校课程改革，关注学生发展的志趣能，大力推进创新人才培育以及教育信息化上。2011—2015年教育部在制定教育信息化发展规划纲要时，中央电教馆的专家专门到上海中学调研，并做了专题报告。教育部副部长杜玉波、郝平等领导也来学校调研拔尖创新人才早期培育。上海中学还作为第一批开展党的群众路线教育实践活动的单位，强化了党组织在学校人才高地建设上的引领作用。始终坚持依法治校，走中国特色的现代学校发展之路，推进校长负责制下的科学与民主管理，大力推进现代学校内部管理改革，构建了高绩效的管理型组织，极大地促进了学校文明创建的自觉性。2015年，学校被评为全国文明单位。

● **响当当的品牌**

如今，无论是在基础教育领域还是在国际教育方面，提到上海中学，一连串的词就可以冒出来，国际课程、课程图谱、创新人才……作为中国基础教育改革的先行者，上海中学已经成为一个响当当的品牌，在国内引领发展，在国际上发出中国教育的响亮声音。

上海中学不仅被誉为“上海市基础教育的一面旗帜”，是与东西方文化交流的窗口，而且在上海市实验性示范性高中建设与高中生创新素养培育实验项目中发挥引领作用。上海中学为上海市率先通过实验性示范性高中规划评审(2009年)、中期评审(2011年)与终期评审(2013年)的学校。1990年，在上海市率先开办促进数学强潜能学生培育的数学班。2008年被上海市教委批准率先开展“高中生创新素养培育实验项目”，全国首创科技实验班。2010年批准为国家教育体制改革项目“探索建立拔尖创新人才培育实验基地”与“高中多样化改革”首批试点学校之一。2012年上海中学在全国首设工程实验班。学校点面结合，率先推进不同领域的拔尖创新人才的早期培育实验，在全市、全国发挥引领作用。学校在创新改革中，敢于挑战世界名校，吹响了“构建世界一流的中国名校”的号角。

上海中学不仅在国内基础教育领域引领潮流，学校国际部还引领全国公办学校国际部“遍地开花”。国际部创立于 1993 年 6 月，创立之初曾饱受争议；20 多年后，上海中学国际部从创办时的 18 人发展到现在近 3 000 名学生在读（来自 60 多个国家与地区），缔造了一艘中国人自主办国际教育的“超级航母”，成为全国唯一一所能在校内考 IB、AP、PSAT、SAT、TOEFL、GRE 的高级中学。毕业班学生的 AP 成绩平均分达 4.5 分以上（满分为 5 分），IB 全科平均分超过 41 分（满分 45 分），连续三年名列全球第一，达到世界领先水平。更为重要的是学校在国际教育中，注重中国元素的无痕渗透，培植了上万名学生与家长对中国的亲近感与良好的中国情结，凸显了办学的政治、文化与教育影响。如今诸多省市办起了国际部的学校大部分均来上海中学考察与学习过。中国人自主管理的国际教育高质量，为上海基础教育赢得了国际声誉。

上海中学国际部行政人员合影

20 余年的国际课程办学经验，让学校能够从国际主流课程中汲取更多养分，上海中学课程图谱借鉴 IB 课程“学科群”思想，历时十余年，三次改版，最终形成了纵向衔接、横向交叉的课程体系，包括资优生德育课程子图谱（提供 39 个科目 150 多个模块供选学）、学习领域课程图谱（创设 7 个学习领域 14 个学科范畴 500 多个科目供选学）、优势潜能开发课程期望图谱（提供生物学、工程等 10 多个专门领域供选学）三大部分。学校每一个课程子图谱均包含基础型（夯实基础）与发展型（在基础夯实上根据自身兴趣、潜能进一步提升，专门课程大都归入这一范畴）两大部分。每一个科目与模块的实施，都要明确八项要点：名称、适用对象、教学内容安排、选用或编写校本教材、教学方法、教学评价、实施设备、参考资料等。自编与选定的与课程图谱匹配的实验教材 802 本，其中学校自编实验教材 381 本，公开出版 50 余本，双语教材、资优生德育必修课、理科竞赛教材、拓展课教材等一批精品课程与教材成为同类学校参照适用的范本。学校 100％学生参与基于学校课程图谱的选择学习，近三年图谱中的课程科目、模块已开设 80％以上，每学期按照图谱开设的选修课在 150 门左右。

提到上海中学的品牌效应，就不得不提到上海中学的教师队伍，这一批充满活力的优秀教师，平均年龄不到 33 岁，其中能用全英语进行学科教学的教师超过 150

唐校长被聘为鄂尔多斯市教育顾问

人，120 多名外籍教师与 50 多名海归人士为学校发展助力，这在许多同行看来“不可思议”的事情都在上海中学真实地存在着。

为加强对少数民族地区教育的支援，上海中学还定期为鄂尔多斯的校长进行培训或派师生到鄂尔多斯交流。2011 年唐盛昌校长被鄂尔多斯市人民政府聘为教育顾问，自此之后形成了上海中学支援鄂尔多斯教育的佳话。

资优生教育、创新人才早期培育、数字化校园、创新实验室……这一个个上中品牌，凝聚着一代代上中人的梦想与追求，也撑起了“构建世界一流中国名校”的上中梦。上海中学的办学经验，在国内外也产生了广泛的影响，国内许多省市的教育行政团以及国外高层访问团纷纷慕名来访。

冯校长接待全国优秀中学校长研修班学员

“乐育菁英、譬之树木，喜看桃李、蔚然成材”。上海中学，人杰地灵，英才辈出。伴随着中国、上海改革开放新时代的到来，为上海中学再创辉煌提供了历史机遇。在科教兴国、科教兴市和拔尖创新人才培养体系战略思想指导下，上海中学坚持教育“三个面向”的思想和科学发展观，扎实推进素质教育，以“国内领先，国际一流”为目标，在“兴校报国”“兴校强国”道路上勇于开拓，不断创新。

1997 年《上海教育报》以“迈向 21 世纪的上海中学”为主题全面介绍了上海中学。从上海中学复校到 1997 年，尤其是 20 世纪 90 年代以来，学校实现了以下几方面的创新：体制创新，高效、高质保运行；模式创新，实现办学大发展；技术创新，实现全面信息化；理念创新，培育“大家”储英才。

世纪之交，经济全球化浪潮汹涌，新科技革命蓬勃发展，综合国力竞争日益激烈。科教兴国，教育为本。上海中学在传承“储人才、备国家之用”办学宗旨中，形成了“乐育菁英”的办学理念。着眼于上海中学学生群体性的资优生思、能、行可持续的和谐的发展，在教育现代化、国际化和数字化等方面进行了开创性探索，基本实现了"全国领先、国际一流、教育高质、管理高效"的办学目标。上海中学成功的国际教育、优良的育人环境、开放的胸襟与视野,使学校成为中外文化交流的窗口。

2005 年 10 月,上海中学举行了 140 周年校庆,学校精心安排了以"兴校报国"为主题的"八大对话"系列(与院士、世界冠军、将军、革命前辈、音乐家、企业家、外国领事等的对话,其中大部分对话名流是学校校友)。正如文汇报记者苏军在报道中所说的那样:"从上中的对话对象的'特性',可以清楚地看到学校的长远眼光和办学走向国际化的思路。而这一切,与学校确定的校庆主题'兴校报国'是相吻合的。上海中学具有光荣的传统,通过校庆,要让广大学生明确肩负的历史责任,自觉地把自己培养成报效祖国的新人"。这一代的学生基础扎实、视野宽阔、心胸博大,也许更能适应未来中国构建创新型国家与人力资源强国之需,更能适应实现中华民族伟大复兴之所需。

在 2008 年上海中学被率先批准开展"高中生创新素养培育实验项目"以来,上海中学本部致力于构建拔尖创新人才早期培育新路,形成了聚焦志趣、激发潜能的办学理念,不断深化不同类型、不同领域的拔尖创新人才早期培育探索。上海中学国际部树立了"从大走向强"的发展方向。两部优势互补,大力推进国际视野下高中生创新素养培育,教学成果在 2014 年获得首届全国基础教育教学成果奖一等奖。2008 年 7 月 21 日下午,中共中央政治局委员、国务委员刘延东,以及教育部部长周济在上海市副市长沈晓明等领导的陪同下,前来上海中学调研,对上海中学"以国际一流为参照系·探索高层次高中教育发展之路"的探索给予了充分的肯定。中共中央政治局委员、国家副主席李源潮校友在 2011 年以校友的身份回母校参观时说,希望我校对优秀毕业生进行跟踪,做一些实证研究,对拔尖创新人才的成长规律进行深入的探索,以期望在国家推进"千人计划""万人计划"中提供启迪与思考,学校为此做了专门的调研。在唐盛昌校长的率领下,学校为建设人力资源强国、构建创新型国家、努力实现中国梦而乐育英才,取得了历史性的突破。成为上海基础教育推进素质教育的一面旗帜,也在全国树立了领先地位,在世界享有盛誉,成了东西方文化交流的窗口。

冯志刚接任上海中学校长后,强调集体接班的理念,凝聚学校教职工继续奋发有为,努力构建拔尖创新人才早期培育链,推进国际教育进一步走强,在促进本部、国际部双部互动、优势互补上不断开拓进取,努力建构全国领先的创新型、研究型学校,深化高中生创新素养培育,完善学校课程图谱,寻求信息化教育突破,推进绩效工资改革,加强教师队伍建设,注重教学创新,保持了学校新老交替的平稳过渡,促进了学校的可持续发展。

龙门发轫进无疆,一柱中流海上。150 年风雨历程,几代人的心血与汗水,铸就了上海中学的"自强不息、思变创新、乐育菁英"的龙门精神;打造了上海中学在上海

唐盛昌校长71岁时主动卸任，
冯志刚校长接任上海中学校长

领先、全国有影响、国际知名的一流名校。

● 上海中学是一所当时少有的高质量的学校，具有“治学严谨，教学相长，滋培人才，校风朴实”的特点。当年的师资队伍已是一流的，学校的设置、教材选用、教学质量要求都较严格，培养了很多后来在学术界及企业界的精英人才。上海中学的贡献不仅限于知识传授，政治上也出类拔萃，涌现出大批革命青年(诸如原上海市副市长叶公琦)。

● 国际文凭组织(IBO)亚太地区总监约翰·歌德班，他在亚洲工作了几十年，1997年到上海来专程考察中国IB学校的发展，说上海中学用四年的时间创造了一个奇迹。

●《上海教育报》在1997年10月以“迈向21世纪的上海中学”为主题全面介绍了上海中学：她经历了中国晚清以来风风雨雨的变迁，伴随着中国近、现代基础教育发展的历史，走过了130年艰难而又光辉的历程。面临世纪之交，上海中学以“全国一流，国际知名”的崭新姿态，充满信心地迈向21世纪。

● 名校之所以成名，必有其独特之处。由首届“上海市教育功臣”、“特级校长”唐盛昌撰写的《中学教育的求索与超越》，向我们展示了上海中学作为品牌学校的不断创新之路。开卷阅读，我们可以感受上海中学的教育经验在几代师生身上的不断升华，看到百年校园文化孕育出的新成果，为我们办好基础教育学校，提供了很有价值的办学思想和办学方法(原中共上海市委副书记、现任上海市人大常委会主任殷一璀在该书上的题词)。

● 上海中学在全国率先创办了由中国人自主管理的国际学校——上海中学的探索，扩大了自己在国际教育领域的影响，是有开创性意义的(原中共上海市委副书记、现任上海市人大常委会主任殷一璀)。

●上海中学始终坚持“名校之名师资为本”,培育出了一支身正学高、敬业爱岗的复合型师资队伍,适应了“跨语言、跨学科、跨教材、跨年级”的教学要求。上海中学率先通过上海市实验性示范性高中验收并被首批命名,在教育改革和创新实践中所作的探索性努力,具有积极的示范窗口作用。上海中学具有的聚焦资优生发展的学校课程、领先的数字化校园文化、敬业奉献的高素质教育师资力量和先进的教育理念,使上海中学成为上海素质教育的一面旗帜、上海基础教育的领头羊、上海国际教育的一个窗口,并在全国乃至世界教育领域享有盛誉(原上海市副市长、后任全国人大副委员长严隽琪在上中建校140周年的讲话)。

●一次在北京举行的工作会议上,国务委员陈至立问我上海市最好的中学是哪一所,我笑了笑反问她认为是哪一所,她说据她观察与了解,应该是上海市上海中学(原上海市政协副主席王荣华在2006中国长三角校长高峰论坛上致辞时说的这番话)。

上海中学本部行政人员合影

●近20年里,上海中学走出了一条属于自己,又对大家有启发的变革之路。对于上海中学,上海教育界较熟知的是:改革开放以来,上海中学首创了国际部,开展了研究性学习与双语教学;上海中学的生源好、师资强,是不多的几所可以把自己的办学目标定位为“国内领先,国际一流”的学校之一(华东师范大学教授、博士生导师叶澜)。

●上海中学是上海基础教育的一面旗帜,是上海教育对外交流的重要窗口(原上海市教委主任、上海市副市长、现任上海市浦东新区党委书记沈晓明)。

●从教51年,任上海中学校长24年,唐盛昌所达到的高度,鲜有人企及,开启了上中的唐盛昌时代。他用了近十年的时间,重塑上中文化,把上中带回顶峰;他以战

唐校长在全国教育信息化展会上点击学校展示系统

略家的眼光,战术家的智慧,实干家的坚韧,创办中国第一个招收外籍学生的国际部,并用 20 年时间使之在国际上占有一席之地;他聚焦资优生德育和创新人才早期培育,为我国高端人才的早期培育进行了规律性探索……(摘自《上海教育》2013 年第 6B 期第 14 页)。

● 令人信服的十个突破:第一,率先开展上海市示范性高中建设,引领了本市高中内涵建设的方向。第二,率先进入国际课程领域创建国际部,并获得国际文凭组织和学术性组织席位。第三,率先系统实现高中课程图谱的思想。第四,率先建设数字化校园,为上中转型为世界名校奠定了基础。第五,率先开展拔尖创新人才试验,并提出志趣能相匹配的新理念。第六,率先在郊区开办分校——上中东校,成为第一批优质教育资源向郊区辐射的两所学校之一。第七,率先创办上中系优质民办学校教育,华育、上宝、张江、星河湾双语学校,个个非常优秀。第八,率先成立基础教育国际课程比较研究所,系统研究国际课程的内涵。第九,率先准备在国外创办中国的第一所名校——卡塔尔上中名校(注:后因多方因素,暂缓推进)。第十,率先突破基础教育校长的任职年限,为我们今后优秀校长长远地发挥他们的作用拓展了可以想象的空间(摘自原市教委基教处处长、后任奉贤区副区长倪闽景的文章《令人信服的十个"突破"》,见《上海教育》2013 年第 6B 期第 30 页)。

● 上海中学在拔尖创新人才早期培育上取得了具有引领性的改革成果,希望继续发挥在拔尖创新人才早期培育实验上的引领作用(2014 年教育部党组成员、副部长郝平来校调研党的群众路线教育实践活动的发言)。

结语：为“构建世界一流的中国名校”之上中梦而奋勇前行

2015年，上海中学迎来了建校150周年。龙门发轫进无疆，一柱中流海上。1865年，龙门书院应运而生，成为当时沪上最早的官办最高学府。从1865年到2015年，上海中学敢为人先、不走寻常路，经历再多风雨，始终坚持不懈，走过了150年不平凡而又辉煌的历程。

150年来，上海中学一直秉承“储人才，备国家之用”的办学宗旨，励精图治，跨越三个世纪，英才辈出、饮誉海内外。150年来，上海中学始终与国家、民族的发展同呼吸，共命运，成为中国近现代基础教育发展的一个经典缩影。150年来，每一代上中人都怀揣梦想与追求，坚守“传承中思变”的精神，践行着上海中学“兴校救国、兴校报国、兴校强国”的时代使命。150年来，上中人挥洒汗水、贡献智慧，一步一个脚印，铸就了上海中学的“自强不息、思变创新、乐育菁英”的龙门魂。

如今，上海中学发展的接力棒已交到我们这一代人手中，深感责任重大。我们这一代上中人要做的是，站在前人的肩膀上继续努力，为“构建世界一流的中国名校”之上中梦而奋勇前行。站在我国教育从大走向强的转型背景下，我们上中新一代

现任校长、享受国务院特殊津贴专家冯志刚

人需要做些什么，这是我从2013年2年接任上海中学校长后一直在思考的问题。我多次翻阅了由我的前辈、师傅——唐盛昌校长主编的2009年版《史品上中——菁英教育的缩影》，形成了一个基本的行动思路，那就是在传承中发展，在发展中思变，在思变中创新。

上海中学的先辈们创造了许多学校发展的智慧、财富，这些智慧、财富在唐盛昌先生主编的《史品上中：菁英教育的缩影》(2009年版)这本书里得到了体现：忧国忧民，探索近代新学教育之路；挽救国难，探索中国师范教育之路；生生不息，探索救亡图存教育之路；尊师重教，探索社会主义教育之路；求真务实，探索改革开放教育之路。构建世界一流的中国名校，这是上海中学探索改革开放教育之路所追求的使命与目标，是我国从人力资源大国走向人力资源强国对教育的期望使然，也是唐盛昌校长把握时代发展脉搏进行学校发展的变革使然。

唐盛昌校长一直强调，建设人力资源强国的"强"，其参照系不是国内，而是国际，是以世界一流或先进水平作为参照系，不认识到这一点，就不可能实现"强"。我们的教育也是如此，如果我们的改革视野不放在国际一流或先进水平，就不可能实现教育强国梦。为此，唐盛昌校长在上海中学实现了国内领先、国际知名的办学目标后，提出了"构建世界一流的中国名校"的上中梦想，并且经过了20多年的努力已经为梦想的实现奠定了坚实的基础。

改革开放以来，上海中学在"文革"停办之后重生与引领发展，有两位校长功不可没。一位是叶克平校长，他为探索社会主义初期又红又专的教育与"文革"后上海中学复校恢复元气作出了不可替代的贡献。另一位是唐盛昌校长，他引领上海中学不仅成为上海基础教育的排头兵，而且在全国基础教育中树立了领先地位，在国际教育中也占有了重要席位，是上海中学走向卓越与辉煌的引路人。我十分幸运，师从唐盛昌校长，与叶校长也有过接触。我是1990年大学毕业后分配至上海中学任教数学班数学，从那时开始就一直在唐盛昌校长的指导下成长，在数学与数学奥林匹克教学上得到了唐盛昌先生的教诲与无微不至的帮助，使我能够从一名普通的数学教师、奥数教练到教学处副主任、主任、副校长、校长。在刚到上海中学教书时，我去市里经常会去乘111路公交车，有好几次我看到叶克平校长也来挤公交车。有时来了一辆上不去，就等第二辆，我还帮他挡住后面的人，好让他能挤上去。从叶校长挤公交车这件事，我看到了老校长的朴实，因此也经常坐公交出行，我觉得这个"传统"很好，应该坚持。

对于上中的优良传统，我们这一代上中人会一直保存并发扬下去。唐盛昌校长身上，有许多好的传统与做法，我会一直努力学习、研究、继承与发展的，最让我钦佩的是他能一直站在国际视野下去思考上海中学的发展与创新。2013 年 5 月 29 日，在唐盛昌校长从教 51 周年教育思想与实践研讨会上，我在发言中讲到:唐校长是上中的标志性人物，是我们崇拜与景仰的学者，对我们而言，他可能也是一个无法超越的"上中人"，永远是我们学习的榜样。他在上中做校长的 24 年中，终身的准备与不断的超越是其对自己严格的要求，从他的工作中，我们领略到的是"思想的引领和创造性的实践"，如果没有他的带领，上中不会有现在的辉煌。

奥数将两位校长紧紧联系在一起

唐盛昌先生心中一直有一个梦想，那就是:将上海中学办成世界一流的中国名校，为此，他所作的思考、形成的思想、带领我们所作的每一个重大实践都是开创性的，都是划时代的。主要体现在以下五个方面:

第一，首创性地提出践行资优生教育。这关系到我们培育的优秀人才为"谁"服务的导向问题，资优生的教育不能将智力水平、学业水平视为决定高度的唯一指标，责任与思想境界的提升才能不断为孩子调整航向。

第二，探索拔尖创新人才早期培育新路。以促进学生志趣能为导向，以促进学生个性化知识构成为基本载体，以基于一定领域的探究性学习作为培育学生创新思维与创新人格的主要途径，以数字技术与专门领域的整合为当代学生创新的重要激活方式，以与高校、科研院所等进行实质性合作为优秀创新人才早期培育的资源助推力。

第三，中国人自主办高质量的国际教育。坚持国际标准与中国特色的整合，形成了自身具有国际影响力的"强教高地"。率先开展对国际课程的实践与研究，进一步推进我国高中课程体系建设的现代化水平。

第四，系统建构数字化校园。建设数字化校园是唐先生将上中打造为国际一流名校的配套性思考，是学校教育真正国际化、现代化的一项基础性工作。在整个城市乃至国家的数字化环境总体落后于发达国家的情况下，只要做好顶层设计，注重信息教育投资的方式与效益，变一次性投资为多次投资，实施滚动更新，学校小环境在一定条件下就可以先期实现数字化校园环境的优化。上海中学在学校数字化校园的构建方面，一直走在全国中学教育信息化的“领跑”线上。

第五，深化学校领导与管理的机制革新。激发了公办学校的办学活力，形成了多元办学模式兼容、高绩效的领导集体、建立了以质为主的质量结合分配机制、构建了校长培训基地实训新模式等多个管理创新。

我曾在《现代基础教育研究》（2013 年第 4 期）发文对唐盛昌校长的优质教育思想进行了系统的介绍，指出他是一座不可多得的教育“富矿”。他从一名数学教师成长为一名好校长；他，用教育家办学的高度、前瞻和睿智，引领上海中学在上海乃至中国基础教育领域发出耀眼光芒；他，在全国率先抢滩公办学校办国际教育，并让中国人自主管理的国际教育品牌引领全国、在国际基础教育领域不断发出中国的声音；他，在全国率先吹响了“中国也应建世界一流中学”的号角，在坚持中国特色与融合国际经验上走出了一条创新人才早期培育的新路；他，敢为人先地推进了学校课程图谱构建、数字化实验室创设等多项教育改革，在上海乃至全国发挥了示范、辐射作用；他主编和撰写了一批教育论著（据不完全统计，其主编、编译和撰写的专著超过 80 本，发表论文近 200 篇），在数学教育、资优生教育、国际教育、课程教学、创新人才培养、数字化校园、学校管理等方面形成了丰富的优质教育思想，在基础教育领域产生了广泛的影响。

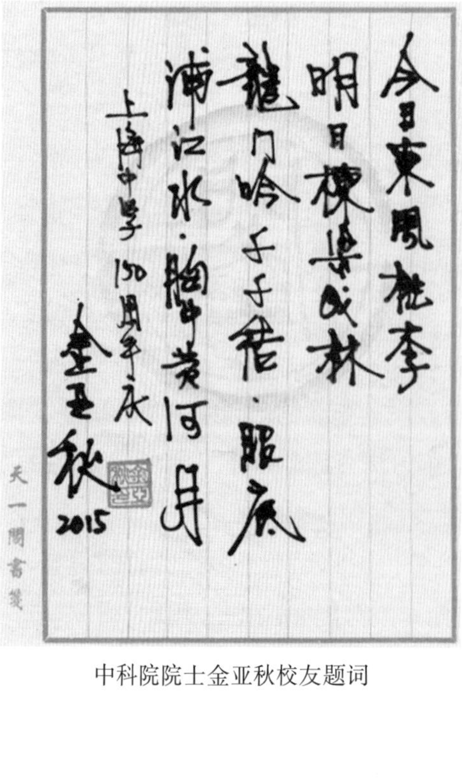

中科院院士金亚秋校友题词

唐校长在上中带领所有上中人所做出的开拓性成果也是上海最近 20 多年发展的一个缩影、是上海基础教育一个标杆性的亮点，也显现了上海诚信、包容、大气、创新的城市精神。他提出了“构建世界一流中国名校”的上中梦，并为之作出了诸多努力与奠基。实现“构建世界一流中国名校”的上中梦需要一代代上中人为之努力，既然接力棒已经

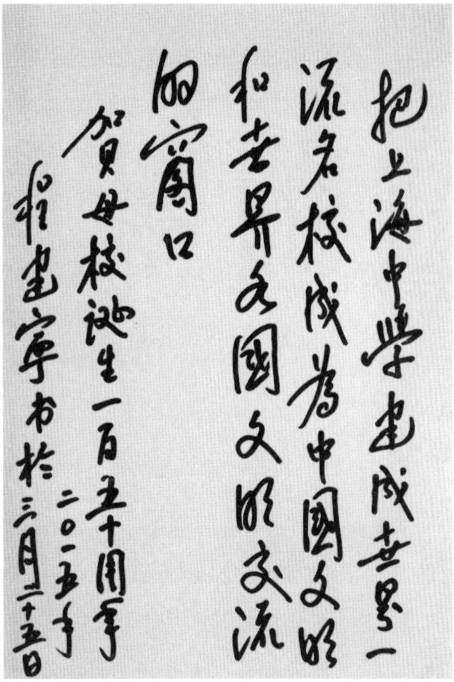

程建宁将军题词

交到我们这一代人身上，我们唯有奋勇前行，才能不辜负唐盛昌先生的期望，不辜负代代上中人的期望。

为此，我们首先要做的是将改革开放以来上海中学改革与发展的智慧学习好、整理好、发扬好，搞清楚进一步发展的根基。这也是我们为什么在上海中学建校150周年对《史品上中：菁英教育的缩影》(2009年版)最后一章进行修订的原因。原版内容只写到2008年左右，对于2008年之后上海中学在唐盛昌校长引领下进行的“拔尖创新人才早期培育实验”，以及国际教育从大走向强的探索经验加以提炼与充实，如果缺失这一重要的部分，就不能完全反映上海中学150年发展的历程与上海中学在上海乃至中国教育中现在所处的位置。

在学习、整理这些优良传统和遗产的同时，我们也对“构建世界一流中国名校”之上中梦的根基有了一个深刻的认识。课程的选择性与现代性夯实，国际教育走强的奠基，IB等国际教育认证与国际课程开设成绩领先的驱动，走向世界校园文化的魅力，数字化校园的智慧转型，高素质学科双语师资队伍建设，现代创新实验室的探究平台构筑，这些都是我们进一步构建世界一流中国名校的坚实基础。

基于这样的共识，我们这一代人在“构建国际一流中国名校”上中梦实现征程上唯有进一步凝聚全体上中人的智慧、力量不断前行。最近几年进一步的探索主要有：继续深入推进拔尖创新人才早期培育实验，工程班拓展了土木工程、建筑等多个点，实验组增设软件工程组，增加环境工程等现代实验室，与复旦大学签署了“学术兴趣与创新素养培育导师制计划”，与同济大学签订了“苗圃计划”，进一步深化了拔尖创新人才早期培育链的建构；学校课程图谱进一步完善，修订形成了2014版基础型课程教学纲要以及2015年版学校课程图谱，进一步开展优势潜能开发课程图谱的研究；资优生德育工作进一步深化，强化社会主义核心价值观教育，修订德育综合评价系统；加强教学实践研究，提升教师的教学实践与研究的内动力；推进智慧型校园信息化工程，二维码刷卡系统等投入使用，进一步拓展桌面云系统与移动校园建设；国际部教育调整学段结构，加强小学、初中建设，进一步提升高中教育质量，增设

原最高人民法院副院长华联奎校友贺词

A-LEVEL，ACT等国际课程考点；进一步完善教师绩效工资基础奖考核与职工星级服务定岗定级考核等。

集思广益，修定了校园部分楼宇改扩建的设想规划。提出对学校可持续发展可能带来制约和隐患的陈旧校舍、基础设施，结合“校安”工程的改建和加固项目的实施，予以重新整体考量、调整布局，希望有计划、分步骤地实施改造与更新。对学校现有的部分危旧校舍，视其实际现状、使用功能和历史延续，结合校园整体布局规划，分别实施“拆除重建、改建和加固”等举措予以改造。

“储人才，备国家之用”是上中的办学宗旨。何为人才？我觉得：守得住理想，耐得住寂寞，干得成事情，就是人才。在我们的设想中，上中成为国际一流名校的着力点在于课程与活动，课程处于上位，落实于学习与活动中。唐盛昌先生做上中校长的24年中，在他的带领下已经创造了一个又一个神话，进入21世纪以来上海中学高考成绩一直是上海领先；1993年创办的国际部从最初的18名学生成长壮大到1—12年级建制的近3 000名学生，并开始形成中国人自己的成熟的国际课程体系。学科竞赛方面，自2000年实现国际数学奥林匹克金牌零的突破后，非常有意思的是2008年至今，每年一块金牌，成就了金牌学校的一个新纪录，一个难以超越的神话。从这些例子我们看到的是什么？看到的是坚守、看到的是执著，表现出上中人的一种特有品质：平淡中孕育神奇，坚守中创造神话。上海中学不应该做出风头的事情，只做要花十年、二十年才能做成的事情，每年都有一些思变与创新，守住心中的理想，争取厚积薄发。

每位学生在走出校园时，都会打上所就读学校的印记。上海中学承载着为国家培养栋梁之才的历史重任，学校的文化与厚重带给学子的印记是：自信、执著和淡定。“聚焦志趣，激发潜能”是唐校长时代形成的理念，在未来相当长一段时间内都会是上中的办学理念。我们希望：从尊重每一位学生的兴趣出发，去建立公约，来规范我们的行为；从科学合理的课程体系与活动设计出发，去搭建平台，来武装我们的头脑；从树立远大理想，兴校强国的目标出发，去共筑“中国梦”，来呵护我们的心灵。

借助上海中学建校150周年的契机，我们将进一步凝心聚力，在构建世界一流的中国名校之路上努力探索,进一步开展国际视野下拔尖创新人才早期培育研究,促进示范性研究型、创新型学校建设,打造一支志趣引领型、研究型、创新型的教师队伍,大力推进上海中学校园“十三五”规划建设,持续推进国际教育走强与教育信息化领先,为率先实现教育现代化而励精图治。

努力实现“构建世界一流的中国名校”,也是我们新一代人上中人的梦想。为实现这一梦想,作为新一代上中人,我们将在梦想的追逐中凝聚力量,奋勇前行,续写上海中学发展的新篇章,为实现中华民族伟大复兴的中国梦而乐育英才。

上海中学校长

冯志刚

2015 年 10 月

图书在版编目(CIP)数据
史品上中:菁英教育的缩影 /《史品上中》编写组编写. —上海:
上海教育出版社,2015.9
ISBN 978-7-5444-6334-8

Ⅰ.①史… Ⅱ.①史… Ⅲ.①上海中学—校史 Ⅳ.①G639.285.1

中国版本图书馆CIP数据核字(2015)第205112号

选题策划 方鸿辉
封面设计 王　捷
责任编辑 方鸿辉

史品上中
菁英教育的缩影
本书编写组　编写

出　版　上海世纪出版股份有限公司
　　　　上　海　教　育　出　版　社
　　　　易文网 www.ewen.co
地　址　上海市永福路 123 号
邮　编　200031
发　行　上海世纪出版股份有限公司发行中心
印　刷　上海中华商务联合印刷有限公司
开　本　787×1092　1/16　印张 24　插页 2
版　次　2015 年 9 月第 1 版
印　次　2015 年 9 月第 1 次印刷
印　数　1–10,000 本
书　号　ISBN 978-7-5444-6334-8/G·5191
定　价　46.00 元(精)